U0961026

图书馆工作论丛·第六辑

主　编：张白影　聂道良
副主编：易碧胜　邹萌生
甘建伟　陈国祥

广东省图书文化信息协会
2016 年度科研课题立项评审会议成员

张白影　曹树金　聂道良　夏　旭　易碧胜　邹萌生　甘建伟
陈国祥　夏年军　周　军　许惠玲　黄燕君　吴力武　李金秀

北京理工大学出版社
BEIJING INSTITUTE OF TECHNOLOGY PRESS

图书在版编目（CIP）数据

图书馆工作论丛．第六辑/张白影，聂道良主编．—北京：北京理工大学出版社，2017.12

ISBN 978-7-5682-5024-5

Ⅰ.①图… Ⅱ.①张…②聂… Ⅲ.①图书馆工作-文集 Ⅳ.①G25-53

中国版本图书馆 CIP 数据核字（2017）第 302919 号

出版发行／北京理工大学出版社有限责任公司
社　　址／北京市海淀区中关村南大街 5 号
邮　　编／100081
电　　话／（010）68914775（总编室）
（010）82562903（教材售后服务热线）
（010）68948351（其他图书服务热线）
网　　址／http：//www. bitpress. com. cn
经　　销／全国各地新华书店
印　　刷／三河市华骏印务包装有限公司
开　　本／787 毫米×1092 毫米　1/16
印　　张／20.5
字　　数／655 千字
版　　次／2017 年 12 月第 1 版　2017 年 12 月第 1 次印刷
定　　价／89.00 元

责任编辑／李慧智
文案编辑／李慧智
责任校对／周瑞红
责任印制／施胜娟

前　言

广东省图书文化信息协会成立后，本着组织图书馆界、图书出版发行行业以及文化信息单位从业人员开展有关学术与专业课题研究，推进专业领域学术研讨与交流的工作理念，适时成立了“学术委员会”。学术委员会成立伊始，即进行了2014年度社会科学研究部署，提出了科研立项选题指南，积极组织会员申报。这批研究课题，围绕深入贯彻党的十八大与十八届三中全会精神，结合有关图书文化信息学科发展前沿进行创新思考，紧扣经济发展与社会民生的理论与实践问题进行研究，在提升相关专业人员的科学理论与管理水平、为政府决策提供有价值的研究成果方面，表现出了科学研究的前瞻性与创新性。

广东省图书馆文化信息协会2016年度社会科学研究工作，受到了协会的上级主管部门——广东省社会组织管理局的高度重视与大力支持，特批准本年度科研立项由广东省社会组织管理局与广东省图书文化信息协会联合启动。社会组织、群众学术团体、行业协会与上级主管部门联合组织科学研究工作已有先例，例如广东省文化厅与广东省图书馆学会组织的科研项目。我们认为，这是一种切合时代发展的创新，是社会组织、群众学术团体、行业协会主动争取上级指导与提升自身科学及知识品质相结合的一种较好形式，由此也更能激发广大会员结合实践从事科学研究的积极性。

本次经学术委员会评审通过的科研课题共74项，至2016年提交论文52篇，除少量几个项目申请延期外，结题率超过71%；其中有相当部分论文已在专业期刊发表。我们认为广东省图书文化信息协会2016年度科研立项工作是成功的，成绩是显著的。本次科研成果汇编出版的这部论文集，书页间飘溢的是新时期图书文化信息领域智慧的芬芳。我们既庆贺广东省图书文化信息协会2016年度科学研究的丰收，也期望广大会员能够在今后的科研工作取得更大的成绩。

目　录

阅读疗法的实施流程探讨*

贾国洁

（广东医学院图书馆 东莞市）

摘　要：基于目前国内阅读疗法的实施流程缺乏明晰框架结构的现状，本文从六个方面较系统地介绍了阅读疗法的实施流程：治疗人群的遴选，阅读治疗师的确定，书目的选择与编制，阅读治疗的实施、疗效评价和用户反馈等，希望能对阅读疗法的有效实施有所启示。

关键词：阅读疗法

北京大学王波所著《阅读疗法》[1]一书第四章“阅读疗法实务”主要涉及阅读疗法的实施，但书中对阅读疗法的实施没有给出一个完整的框架结构，也没有解决不同治疗对象、不同层次的阅读疗法师如何实施阅读疗法等问题。郝京清等在对该书进行评论时也指出，该书所论述的“阅读疗法四要项”应包括“阅读治疗师”“用书”“病人（读者）”和“疗效”。[2]我们认为，阅读疗法的实施包括治疗人群的遴选、阅读治疗师的确定、书目的选择与编制、阅读治疗的实施、疗效评价和用户反馈等流程。

1. 治疗人群的遴选

阅读疗法究竟适用于哪些人呢？客观地讲，阅读疗法适用于所有人。事实上，对于阅读疗法适宜人群的划分，也仍然是仁者见仁，智者见智。我们认为，可以按照医学领域的人群划分方法，将人类划分为健康人群、亚健康人群和疾病人群（病人）。世界卫生组织（WHO）做的全球性调查显示，完全健康的人只占人群的5%左右，患病的约占20%，多达75%的人处于亚健康状态。[3]这么庞大的人口需要在生理、心理、社会适应上进行调整，如果使用药物那该是多么庞大的开销啊。所以说，阅读疗法之于健康人群、亚健康人群和病人，都不失为简单有用、经济实惠的治疗方法。

2. 阅读治疗师的确定

阅读治疗师的确定，也就是选择主持实施阅读治疗的人员。王波根据阅读疗法的分类，指出临床阅读疗法必须由受过专业训练的具有资格的医师和心理专家实施，而发展阅读疗法师可以由教师、图书馆员、儿童监护人、社区护理工作者等阅读的组织者和指导者来担任。[1]我国台湾地区学者王万清认为，从事读书治疗的咨询员至少要有教育学、心理学、咨询学专业学士以上学位，且须接受图书馆学、文学、心理学的训练，并拥有一年以上的教育或图书馆经验及使用读书治疗的经验，才有资格进行发展性的读书治疗；如要进行治疗性的读书治疗，则要求更高，需要有硕士学位以上学历，接受过专业的心理、咨询、治疗的训练，学习过文学、图书馆学，有临床的经验。[4]王波在其《阅读疗法》一书中总结了阅读师们的五项素

* 本文系广东省图书文化信息学会社会科学研究课题“阅读疗法在大学生心理健康中的应用”的成果之一。

质要求：热情、和蔼、负责、知性、专业。[1]国外特别重视培养阅读治疗师的三种技巧：倾听、交谈和朗读。[5]无论是阅读治疗师的五项素质要求还是三项基本功，我们认为都是一个阅读治疗师应该具备的基本条件，而不像有些学者所说的是对阅读治疗师的理想化要求。因为阅读治疗师需要的不仅仅是上述几个条件，他还必须拥有医学、医学心理学或中医学的专业背景，文学、图书馆学、教育学、咨询学的技巧，能够通过学习和实践不断完善知识结构，通过合作、交流、沟通以及检索技巧不断充实和完善自我，同时不断进行阅读疗法的临床实践，通过临床实践不断总结经验。可以这样说，高层次的阅读治疗师（如临床阅读治疗师）应当首先是医师或心理咨询师或心理学专家或健康教育与卫生宣传教育经验丰富的护理人员。至于医学图书馆员、医学院校教师，能够胜任发展阅读治疗师也就相当不错了。

那么，到底应该如何确定阅读治疗师呢？我们认为，还是应该从知识结构上寻找突破口。为方便操作，我们将阅读治疗师的专业背景、素质要求和知识要求等分为五大块，即核心专业 + 相关学科 + 一般学科 + 基本素质 + 实践经验。核心专业是指医学、药学、医学心理学；相关学科是指文学、教育学、图书馆学、咨询学、医学信息学；一般学科主要是指艺术、哲学、语言文字学等；基本素质可以是国内外学者所提出的热情、和蔼、负责、知性、专业、倾听、交谈、朗读等；实践经验则是指曾经实施过阅读疗法，积累了一定的经验，当然，这种经验不一定就是临床阅读疗法的经验，发展阅读疗法的经验也是一个合格阅读治疗师必须具有的，这是医学发展的必然要求。

3. 书目的选择与编制

王波在《阅读疗法》一书中提供了阅读疗法书目，其中泛读性书目较多，而有针对性、有说服力的书目偏少。因此，泰山医学院宫梅玲教授指出，阅读疗法书目的产生应该像新药研制一样，要经过临床检验，即应该出自阅读治疗师与读者（病人）之间的多次交流反馈，总结出的被实践证明效果好的书目，方可普及推广。[6]宫梅玲教授提出的这种观点在某种意义上就是循证医学思想的反映，准确地讲是循证阅读疗法思想的反映。

3.1 书目的选择

阅读疗法常用的工具为书籍，几乎任何图书都可以起到某种治疗作用，文学艺术类作品是最有效的治疗工具。自助类书籍特别是诗歌，对改变青少年不良行为有明显效果，对精神患者是有力的治疗工具，如：德国诗人海涅的作品《赞歌》可缓解抑郁症，英国诗人济慈的佳作《睡去》可以治疗失眠症，《钢铁是怎样炼成的》《命运》《站起来走》《蔑视死亡》这一类书籍在帮助患者战胜疾病时发挥了很大作用。[7]

以下是某图书馆针对大学生的具体心理问题特别开列的一些阅读疗法书目：

针对人生目标不明确：《毛泽东传》。

针对精神抑郁：《聊斋志异》《威尼斯商人》《笑林广记》《围城》。

针对交际困难：《人性的优点》《人性的弱点》《快乐的人生》。

阅读疗法的“药物”是文献，文献中的“主药”是图书。从以上零散的分析来看，实施阅读疗法的关键在于书目选择，选书相当于医生为病人开处方，如图书处方、信息处方主要是指提供阅读书目。阅读疗法常用的图书包括文学作品和一般知识类图书、专门指导人们解决困难的自助类图书。要想精心选择对不同人群有效的书目，就要按照不同人群、不同症状、不同疾病进行集中归类，针对不同的团体开展阅读治疗的随机对照，在明确了相关书目的确具有阅读治疗效果后才形成阅读治疗书目，这才是真正符合阅读治疗的书目。但这些事情由谁来实施？评价阅读治疗有效的标准又是什么？诸如此类的问题使得按照循证医学思想选择阅读疗法书目的想法只能是“一帘幽梦”。就算是采纳上述原则和标准，要精心选择能够满足上述原则和标准的图书也非常不容易办到，只能是在选书时尽量按照既定的原则和标准来执行。如果选择的图书完全满足上述选书原则和标准，阅读治疗师对于阅读治疗的效果将更加满意，也会更自信。

3.2 书目的编制

书目的编制是一项非常严肃的工作，同时也是专业性极强的工作，它相当于医生开处方。因而书目编制一般应由阅读治疗师或心理治疗师、心理咨询师完成。像图书馆员、护理人员、医生等可以视情况推荐一些书目给病人，如果要开图书处方就一定要慎之又慎，因为阅读疗法的副作用同样存在，且有时异常强烈。

王波在《阅读疗法书目》一文中提出了书目编制的一些建议：在借鉴国外的阅读疗法书目，编制更适合我国文化和国情的阅读疗法书目时，没必要从形式或内容上完全照搬，可以在这些范例的基础上进行一些创新。在书目遴选上，可以广泛发动各大学基本上都有的现当代文学专业的教师和研究生参与，整合众人的阅历，真正把那些对一些心理问题有辅助治疗潜力的精品编制到阅读疗法书目中。[8]

4. 阅读治疗的实施

阅读治疗的实施就是利用阅读疗法图书对治疗对象实施治疗的过程，它包括阅读治疗地点的选择、用书的方法、阅读治疗师与治疗对象的配合等。

4.1 阅读治疗地点的选择

4.1.1 病人图书馆[9]

病人图书馆一般设在医院较为偏僻且安静的地方，那里光线柔和，环境幽雅，一排排整齐的书架摆放着针对不同人群、不同疾病的图书，身穿白大褂的图书管理员既是服务员，又是阅读治疗师，他可能还是心理咨询师。不管怎样，病人和家属可以随时进入病人图书馆进行阅读，甚至还有隔音效果很好的小包厢可以让读者使用，尝试阅读带来的轻松、愉悦和惬意，通过酣畅淋漓的阅读舒缓自己的情绪和心情。病人图书馆服务的对象主要是病人及其家属，当然医生也会随时光顾，因为有些临床医生也需要利用阅读疗法的积极作用稳定病人的情绪，帮助病人平心静气，以便接受后续的临床治疗。目前医院可以做到的有：开辟病人阅览室或开设病人借阅书刊专架。医院也可以视情况开设病友图书馆、病区图书馆或健康教育图书馆。[10]

4.1.2 图书疗法阅览室[11]

图书疗法阅览室其实就是阅读治疗之阅览室，也就是读者自助开展阅读治疗的场所。它和病人图书馆相同的地方在于，所有图书都分类上架，这样就能满足不同人群的阅读需要。当然，图书疗法阅览室可能不会有专职图书管理员，所以不一定会有人充当服务员或阅读治疗师，阅读是读者自己的事，所以读者更需要有选择地浏览馆藏图书，以确保阅读的图书对自己有好处。图书疗法阅览室的服务对象可以是一般读者，也可以是医生和病人，还可能是社会读者，这些人主要是通过自助书疗来达到自己的目的。

4.1.3 读书疗法门诊部[12]

目前还没有见到有开设了读书疗法门诊部的医院，但关于阅读疗法诊所的提法以及图书处方、信息处方等几乎都能找到信息来源。早在 1916 年，美国人克罗色尔斯就在美国发行量很大的《大西洋月刊》上发表了一篇文章《一家文学诊所》，用很长的篇幅介绍一位医生在教堂里开设阅读疗法诊所，把不同的文学书籍类比为不同的常见药，按“药性”上架，对症提供给病人阅读。读书疗法门诊部的设立，很显然是需要有医学专业人员坐诊，他们可能是阅读治疗师，也可能是心理咨询师，还可能是临床学科馆员和图书馆员，这些人具有医学专业知识和相关专业知识，通晓心理学、阅读疗法和心理治疗，所以读书疗法门诊部的作用较之病人图书馆和图书疗法阅览室更大，也更专业和规范，必要时阅读治疗师还会开具图书处方或信息处方，并提供疗程和用法用量，这样的阅读疗法才能称得上是真正的治疗。不管阅读疗法的效果如何，以门诊部的形式接待各种读者并实施阅读治疗是阅读疗法受重视的体现，也是阅读疗法有效的最好佐证。

4.1.4 书疗博客

相对于病人图书馆、图书疗法阅览室、读书疗法门诊部而言，书疗博客可能是读者最愿意接受的阅读治疗场所，因为网络的虚拟、临境和交互以及治疗对象个体的完全放松，使之成为接受阅读治疗的最没有心理障碍和阴影的场所。目前国内书疗博客并不多，像“书疗小屋——大学生健心房”属于国内非常受欢迎的书疗博客，该博客荣获2010年山东省高校大学生心理健康教育十佳博客。这个博客由泰山医学院图书馆研究馆员宫梅玲教授推出。宫教授是大学生心理健康中心的心灵导师、二级心理咨询师、中国图书馆学会阅读与心理健康委员会委员，2010年获全国高校心理健康教育工作先进个人称号。她十多年专注于大学生心理问题阅读疗法研究和阅读治疗实践探索，主持了两项省教育厅研究课题，发表研究论文20余篇；开设了我国高校第一个阅读治疗咨询室，义务为大学生进行阅读治疗和心理疏导。2006年10月，宫教授开办了“书疗小屋——大学生健心房”博客，拓展了网络阅读治疗服务新领域；设置了排忧解难、阅疗书方、阅疗心得、交际指南、恋爱指导、就业智慧等栏目，动态发布阅读疗法书目和对症书方、阅读疗法成功案例，接受阅读治疗的学生的亲身感受，解决大学生常见心理问题的针对性文章等；聘请了热心于社会公益事业的心理医生，为学生免费解答心理问题，为大学生搭起与心理医生交流的平台、与阅读治疗师交流的平台，得到了大学生的支持和好评。

4.2 用书的方法

在实施阅读治疗时，起主要作用的工具就是阅读用书，其使用方法包括个体用书和团体用书。个体用书是由阅读治疗师向治疗对象（患者）推荐书籍，并让患者在每一阶段说出读书的感想，治疗师与患者针对其感想进行讨论。团体用书其实就是试验方法研究，均采用试验组与对照组进行对比研究。Cuijpers[13]报告中试验组的治疗时间为4~11周；治疗方式分两种：一种是在治疗师的指导下进行阅读，一种是由治疗师推荐书籍，以患者自学为主。指导方式分为面授（集体指导、个体指导）和电话指导两种，在阅读前、阅读后1~6个月内测评3~4次。Felder-Puig[14]将患儿及陪护的母亲作为同组研究对象，采取试验组与对照组进行对比研究，阅读书籍于手术前1天发给试验组成员，对照组不发书籍。两组均在手术前1天和手术后第2天晚上发放STAI量表（用于评估母亲焦虑程度）和自制的儿童问题表。

4.3 阅读治疗师与治疗对象的配合

要提高阅读疗法的效果，阅读治疗师与治疗对象的配合与交流非常重要，在治疗过程中以下几种方法比较常见：自我管理法、最少接触法、治疗师管理法、治疗师指导法。

自我管理法是指在治疗之前，治疗师和患者先开一个会，此后治疗师和患者就不再接触，患者从治疗师那里收到读物，读完后开始进行效果测定，这种方法也称非接触式阅读治疗。

最少接触法是治疗师提供图书给患者，然后通过写信、打电话等方式与患者保持联系，但尽量不直接接触患者。这种配合方式通常是治疗师与患者有联系，但不是面对面的交流，而主要是通过书信、电话的方式进行交流。

治疗师管理法就是患者在治疗一开始就收到阅读书目，治疗师在每一个治疗阶段都用到这些图书，在整个过程中都要对图书的内容开展讨论，强调书中所写能够帮助患者解决面临的问题。

治疗师指导法指的是传统的周期性见面的治疗方法，其核心是干预，常常是以布置家庭作业或其他干预性活动的方式，将阅读安排在常规疗程之间，这种治疗措施通常会在患者的自助手册中加以强调。在一些自助手册中，通常留有自我观察表格，设计和使用这些表格的目的是使患者在治疗期间也能对自己的病情继续保持关注。

5. 疗效评价

由于阅读疗法是一种非接触式治疗方法，它对治疗对象起的作用无非也是一种基于信息刺激和信息传递产生的效果，也就是通常所说的认识、净化和领悟，主要表现在情绪的改变、心态的变化、心理上的放松和压力的释放等方面，其目的主要在于调适心绪，增进自信，促进自我认识和自我发展。因而对其疗效的评价不太准确，甚至是一种定性的评价方法。临床上用于评价药物治疗和其他各种方法治疗的评价标准，如治愈、有效、部分缓解、无效等指标，并不适合阅读疗法的疗效评价。当务之急是要研制适合阅读疗法效果评价的量表，从定量角度对阅读疗法的疗效进行一个准确、客观和全面的评价。

6. 用户反馈

阅读疗法的实施过程就是用书的过程，也就是给治疗对象提供阅读书目的过程，对于这一过程的疗效评价前已述及，那么怎样才能持续地了解阅读疗法的长期治疗效果呢？最主要的解决方法就是定期对用户进行随访，及时收集用户接受阅读疗法后的生理、心理改变及社会因素的改变。生理和心理上的改变相对而言比较好把握，最好的办法是让用户自己叙述所处的健康状态，而社会因素的改变主要是针对那些有社交障碍或患有社交恐惧症的用户，看看他们在社会交往方面是否有积极的变化。为了使阅读疗法达到预期的效果，加强与治疗对象的沟通交流非常有必要，因为这既是了解阅读治疗效果的直接方法，同时也是及时调整阅读疗法书目、增强阅读治疗效果的有力手段。将用户的意见及时反馈回来也是循证医学的必然要求，因为不同阅读疗法师治疗的病人，反馈意见必然会千差万别，要使相关阅读治疗实践对今后的阅读治疗起指导作用，能够成为今后阅读治疗的依据，有必要让后来的阅读治疗师们清楚地知道他们所治疗的对象与已有的阅读治疗对象是否具有可比性，让他们判断要不要采用已有的阅读疗法书目，这也是促使阅读疗法的疗效评价由定性转向定量、由估计转向精确的重要环节。

当然，上述六个步骤不一定全部都需要，如果治疗对象自己通过阅读疗法来解决自身之不适或心理上的障碍，那么治疗对象也是阅读治疗师，此时也不需要用户反馈了，自己反思一下阅读治疗的效果和不足就可以了；如果是阅读治疗师来实施阅读疗法，那么充当阅读治疗师角色的人选又有很多，如医师、心理咨询师、教师、图书馆员、护理人员等，这些人实施阅读疗法的过程和方法迥异，似乎也不太可能设计出一个统一的模式来帮助实施阅读治疗。当务之急是需要有一个“阅读疗法指南”来指导阅读疗法的实施，在目前尚未出台这样一个治疗指南的情况下，如能按照循证医学的思想和循证行动来实施阅读疗法，那当然是最理想的选择。本文提出的阅读疗法实施“六部曲”事实上已经部分地将循证医学实施的主要步骤融合在了阅读疗法中，下一步将试图在阅读疗法实施的基础上进一步探究循证阅读治疗的实施过程与方法。

参考文献

[1] 王波．阅读疗法［M］．北京：海洋出版社，2007.

[2] 郝京清，马恒通．开拓面向阅读的心理治疗新领域——评王波的《阅读疗法》［J］．图书与情报，2008（5）：131－133.

[3] 王迪浔，周浩礼．健康、疾病与亚健康［J］．医学与社会，2007，30（5）：5－8.

[4] 王万清．读书治疗［M］．台北：心理出版社，1999.

[5] 董宇豪．阅读疗法在大学生心理健康教育中的实证研究［D］．合肥：安徽大学硕士学位论文，2013：5.

[6] 宫梅玲．一部阅读疗法的教科书——评王波的《阅读疗法》［J］．图书馆工作与研究，2009（3）：110－112.

[7] 郭汉萍，郭胜华，刘锐，等．阅读疗法在临床应用的研究进展［J］．中华护理杂志，2006，41（9）：842－844.
[8] 王波．阅读疗法书目［J］．高校图书馆工作，2004（5）：14－22，38.
[9] 韩焕玲．从阅读治疗谈建立病人图书馆的必要性［J］．医学信息学杂志，2007（2）：168－170.
[10] 王炳森．医院图书馆开展阅读疗法的设想［J］．科技情报开发与经济，2006（16）：86－87.
[11] 孟默涵．心灵驿站——亟待设立的高校图书疗法阅览室［J］．晋图学刊，2005（1）：63－64.
[12] 王波．一家文学诊所［J］．图书与情报，2009（2）：21－27.
[13] CUIJPERS P. Bibliotherapy in unipolar depression：a meta-analysis［J］. J Behav Ther Exp Psychiatry，1997，28（2）：139－47.
[14] Felder－Puig R，Maksys A，Noestlinger C，et al. Using a children's book to prepare children and parents for elective ENT surgery：results of a randomized clinical trial［J］. Int J Pediatr Otorhinolaryngol，2003，67（1）：35－41.

高校图书馆社会服务对留守儿童阅读能力培养策略研究

江秋菊

（广东医科大学图书馆　东莞市）

摘　要：高校图书馆将社会服务的目光投向留守儿童阅读能力的培养，不仅有利于促进留守儿童的健康成长，而且也能彰显高校图书馆自身的价值，塑造良好的公众形象，提升吸引力和美誉度，赢得政府、学校领导的重视与尊重。文章首先从留守儿童阅读现状入手，分析了高校图书馆社会服务对留守儿童阅读能力培养的可行性，然后从留守儿童阅读需求、阅读引导课程、阅读兴趣激发、阅读场所建设与完善、儿童家长（监护人）的阅读指导几个维度，探讨高校图书馆对留守儿童阅读能力培养的策略，最后指出高校图书馆应与公共文化服务机构、社会机构、学校、家庭一起努力，为留守儿童营造良好的阅读环境，实现和保障留守儿童的阅读权利，逐步培养他们良好的阅读习惯。

关键词：高校图书馆；社会服务；留守儿童；阅读能力

在经济大潮的涌动下，越来越多的农村劳动力流入城市，留守儿童的数量也在飞速增长。据 2013 年 5 月全国妇联发布的《我国农村留守儿童、城乡流动儿童状况研究报告》中的统计数据，我国已有超过 6 000 万的农村留守儿童。[1] 如此庞大的留守儿童群体，使得留守儿童问题不再仅仅是某个家庭的问题，而是整个社会的问题。留守儿童的教育直接关系到整个社会的和谐与稳定，所以不但要家庭尽责，还需有更多的社会关怀与政策帮扶。古人云，读万卷书，行万里路。高尔基也曾说过，书籍是人类进步的阶梯。阅读可以帮助儿童增强自身文化修养，开发智力与开阔视野，提高注意力和阅读能力。如何保障留守儿童的阅读权利、提高其阅读能力水平、满足其精神文化需求，既十分重要又刻不容缓。在经济发达的大城市，为一般少年儿童提供阅读条件是少儿图书馆和社区公共图书馆的职责。然而，在我国经济欠发达的地区，由于少儿图书馆和社区公共图书馆的欠缺，农村教育资源的匮乏，加之农村公共文化服务的荒漠化与空洞化，导致农村留守儿童精神文化生活既枯燥又单调，阅读成了留守儿童遥不可及的“奢侈品”。高校图书馆作为文化教育机构，可以为留守儿童开展社会服务，培养留守儿童的阅读能力，引领他们的读书学习新风尚，引导人们“爱读书、读好书、会读书”，为建设书香社会添砖加瓦。

1. 留守儿童阅读现状

1.1　阅读环境欠佳

目前留守儿童的阅读环境欠佳[2]，主要原因有：首先，现阶段我国农村公共文化设施相对比较落后，乡镇文化站、农家书屋、学校图书室等虽然重视硬件设施的配套，却在软件管理方面功力不足，这些都导致了农村整体文化氛围不浓；其次，农村中小学图书馆（室）馆藏书刊相对比较陈旧，图书种类不够丰富；再次，农村家长对阅读不重视，本身因家庭的经济条件有限，不情愿或很少为子女购买课外书籍，家庭藏书数量不足，良好的家庭阅读氛围难以营造；最后，留守儿童受应试教育的影响，将大量时间精力花在校内的课程上，课外时间还要做力所能及的家务和农活，对课外阅读心有余而力不足。

1.2 阅读的随意性与盲目性

留守儿童的阅读存在很大的随意性与盲目性，缺乏准确的阅读引导，主要原因有：首先，留守儿童的父母自身文化水平相对较低，加之平时大都在外务工，往往对子女的管教不够，留守儿童的日常生活由隔代监护人或亲戚照料，基本不能给予孩子学习方面的帮助和指导；其次，乡镇文化站、农家书屋、学校图书室的图书资源相对有限，同时又受资金、人力、管理等条件的影响，对留守儿童的阅读指导做得不够；再次，受应试教育的影响，农村教师片面追求升学率，而忽视对留守儿童的课外阅读引导；最后，随着互联网的飞速发展，与网络相关的游戏厅、网吧等娱乐场所在农村也遍地开花，留守儿童自身缺乏社会阅历，不具备正确的认知能力，加之监护缺位，无法正确判断和辨别网络里良莠不齐的信息，很容易迷失在充满诱惑的网络世界里。

1.3 缺乏良好的阅读场所

据留守儿童课外阅读场所的调查显示[3]，家里、学校、书店等依次是农村留守儿童阅读的主要场所，乡镇文化站、农家书屋却极少被利用。家里虽是留守儿童阅读首选的场所，但因家里藏书的数量和种类都非常有限，很多家庭没有固定的书房，这些情况都对留守儿童的阅读产生了不利影响。

1.4 阅读资源不够丰富

现阶段我国少儿读物出版业绩非凡，形势喜人。据 2014 年《中国统计年鉴》的数据显示，我国 2013 年少年儿童读物出版量有 32 400 种，总印数达 4 568 万册，适合儿童的阅读资源相当丰富。但目前乡镇文化站、农家书屋、学校图书室由于藏书量不足、开放时间短、更新慢等诸多问题，不能满足留守儿童的阅读需求。与此同时，留守儿童的父母打工寄回来的钱一般都是贴补家用，很少为子女购买课外读物，即使购买也是购买一些课程辅导类的读物，而很少关注到其他适合儿童的读物。据调查显示[3]，同学互借、父母家人购买、学校图书室、老师提供等依次是留守儿童获得课外读物的主要渠道。总体来说，留守儿童的课外阅读资源依然不够丰富，这必将对留守儿童良好阅读习惯的培养产生影响。

2. 高校图书馆社会服务对留守儿童阅读能力培养的可行性

2.1 政策与法律法规的鼓励支持

2015 年 12 月教育部关于印发《普通高等学校图书馆规程》的通知中第六章第三十七条指出：高校图书馆应在保障校内工作秩序和校内服务的条件下，发挥专业学科优势，为社会用户服务[4]；《中华人民共和国高等教育法》（2015 年修订版）第十二条规定：国家鼓励高校之间、高校与科研机构及企事业机构之间开展协作，实行优势互补，提高教育资源的使用效益[5]；《中华人民共和国公共文化服务保障法》自 2017 年 3 月 1 日正式实施，其中第十条明确国家支持和鼓励学校教育与公共文化服务结合，第三十二条和第四十二条规定：国家鼓励支持学校、机关、企事业单位文化体育基础设施面向公众开放，也可以通过赞助、捐赠产品、提供设备等形式，参与公共文化服务。[6] 留守儿童长期缺失父母亲情，而其祖辈或亲朋等托管人，在主观上很容易将“养育”的责任变成“监管”的任务，从而忽视对孩子在思想交流、生活习惯、人际交往等方面的正确引导教育。高校图书馆可以适当利用人力资源和时间资源，对留守儿童开展社会服务，充分发挥社会教育职能，以个性化的服务方式，与社会多方加强合作，开展丰富的阅读引导活动，逐步激发留守儿童的阅读兴趣，培养他们的阅读能力，促进他们的健康成长。

2.2 高素质的人力资源和充裕的时间资源

为留守儿童开展社会服务，需要高素质的人才。高校图书馆馆员普遍具有较高的学历，图书情报专业知识较丰富，同时具备良好的职业道德和服务爱心，加之由于长期面向一线学生群体服务，相对而言，基本能够把握儿童的阅读需求、阅读倾向和阅读心理。另外，高校本身就是培养人才的摇篮，有很多专业教师和大学生，高校图书馆可以吸纳进来一起参与留守儿童教育。高校众多的专业教师能够更好地把握留守儿童问题，可以从更高层面，更具体、更全面的角度援助留守儿童。[7] 大学生的年龄一般都在 18 ~ 22 岁，他们充满青春活力，还有部分学生来自农村，具有农村生活体验，能够现身说法地与留守儿童交流、谈心，解答留守儿童学习与生活上的困惑。寒暑假尤其是留守儿童集中精力学习课外知识的黄金时间，高校图书馆可以利用寒暑假以及节假日或周末这一段充裕的时间，组织下乡关爱留守儿童活动。这些高素质的人力资源和充裕的时间资源，是开展留守儿童社会服务的有力保障。

2.3 丰富的阅读推广经验

近年来，很多高校图书馆的阅读推广活动开展得如火如荼，积累了丰富的阅读推广经验。比如：湖南大学图书馆的“一校一书”、宁波大学园区图书馆的“亲子阅读”、天津财经大学图书馆的“书与剧的碰撞，你与我的思扬”话剧比赛、清华大学的“读有故事的人，阅会行走的书——学在清华真人图书馆交流分享”等阅读活动。很多高校图书馆一年要举办多次阅读活动，形成了自己的阅读文化活动品牌，丰富的经验能够保障留守儿童阅读能力培养活动的顺利开展。

3. 高校图书馆社会服务对留守儿童阅读能力培养的策略

3.1 以阅读信息卡的形式了解阅读需求

充分了解留守儿童的阅读习惯和阅读需求，是做好留守儿童阅读服务的前提。[8] 阅读信息卡可以将留守儿童阅读的情况详细记录下来，如平时喜欢看什么书、看过哪些书、在哪里看书、一周花多少时间去看书等，能够直观反映阅读习惯和阅读需求。高校图书馆可以对留守儿童发放阅读信息卡，通过信息卡的信息进行跟踪与动态分析，了解其阅读需求和阅读兴趣的变化，然后面向留守儿童的阅读需求，开展有针对性的阅读活动，逐步提高其阅读兴趣，培养其主动阅读的意识和良好的阅读能力。

3.2 利用阅读引导课程培养留守儿童阅读意识

高校图书馆可以利用阅读引导课程，逐步培养留守儿童的阅读意识，提高留守儿童的阅读效率。阅读指导课程主要包括：

3.2.1 图书馆利用指引

如何利用图书馆是阅读引导课程的入门课。留守儿童掌握了这门入门课，就能了解图书馆的开放时间、服务项目、规章制度、借阅规则、图书分类排架的特点等，馆员可以组织留守儿童到馆内实地参观学习，加深对图书馆的认识，进而吸引其积极利用图书馆开展阅读学习活动。

3.2.2 阅读资源选择的引导

阅读资源的选择直接关系到留守儿童的阅读效果。晦涩难懂或者太浅显的书刊，都不一定能引起儿童的阅读兴趣。对于留守儿童如何理解、评价、甄别和选择阅读资源，图书馆应做出相应的引导。由于儿童个体存在兴趣、认知水平和年龄等方面的差异，因此要引导他们结合自身兴趣爱好特点和自身知识量，选择知识性、科学性、趣味性或文学性的阅读资源，促进他们身心的健康成长。与此同时，图书馆应充分尊重留守儿童的成长规律与心理年龄等特点，依据不同年龄层次留守儿童的阅读水平和心理特点，做好阅读资源的推荐。如对于12～14岁的留守儿童，可以推荐他们选择儿童文学、名人传记、科普读物，开展一些探讨性研究活动；对于6～11岁的留守儿童，可以推荐他们选择童话、民间故事，开展一些相对复杂的如表演、复述等类型的阅读活动；对于0～5岁的儿童，可以推荐他们选择以绘本、图画书、画报为主的读物，开展做游戏、听读故事等简单有趣的活动。

3.2.3 阅读方法的引导

阅读方法的好坏直接影响阅读效率和阅读质量。因此图书馆要引导留守儿童掌握好的阅读方法，让他们熟练运用精读、速读、略读和泛读等阅读法，让他们能够正确处理课外阅读与课内阅读的关系，指导他们撰写读后感、读写结合、摘抄名言妙句、写读书笔记、编写内容简介等，引导他们利用工具书以及掌握快速查找文献资源的途径与方法。

3.2.4 数字化阅读的引导

随着网络技术的飞速发展，数字化阅读也逐步成为热门的阅读方式，因此图书馆也要跟上阅读趋势，向留守儿童提供多元化与全方位的阅读环境。图书馆要做好网络资源的组织与建设，将相关网络资源做好整合处理，做好健康网站目录的推荐，在图书馆主页上设置网络资源导航、推荐书目等，在网络阅读内容方面加强指导，规范与引导网上阅读行为，教他们掌握一定的文献信息检索技能，同时引导他们合理而又科学地做好数字化阅读时间安排。

3.3 以丰富多样的读书活动激发留守儿童的阅读兴趣

丰富多彩的读书活动是推动社会阅读发展进步的有效途径。高校图书馆应抓住留守儿童的阅读需求，结合其心理与生理特点，利用多种形式组织开展寓教于乐、丰富多彩的读书活动，激发留守儿童的阅读兴趣，培养他们的阅读能力。高校图书馆开展读书活动时，应重视与关注不同性格的留守儿童、不同文化层次的家长间的个体差异，提供有针对性的阅读服务。

3.3.1 线上线下相结合开展形式多样的读书活动

高校图书馆可以利用互联网信息技术开展线上读书活动，借助于网络丰富留守儿童阅读活动的载体和形式，让资源与服务融入留守儿童的生活。例如高校图书馆可以借助于网络为留守儿童推荐阅读书目，组织网络读书会、阅读讲座、阅读攻略分享会等，形成留守儿童阅读学习交流圈。与此同时留守儿童也可借助于多种社交网络平台，向图书馆或相关部门反馈学习的心得体会，发表个人见解或提出建议、意见。学习者可以互为老师，大家互相探讨，共同进步。

除了线上平台外，线下高校图书馆可以联合共青团、关工委和妇联等部门，充分利用“服务宣传周”“世界读书节”“未成年人读书节”等活动契机，借助于留守儿童所在学校图书室、乡镇图书室、农家书屋等场地，合作开展多种读书活动，主要以阅读讲座、名著知识竞赛、成语接龙、诗词朗诵、绘本剧表演、手工美术制作、真人图书分享等形式，促进留守儿童阅读，不断激发他们的阅读兴趣，培养他们的阅读能力。

高校图书馆开展形式多样、不拘一格的读书活动，活动组织者需要具有美术、演讲、外语或表演、项目管理和品牌营销等方面的专业技能，图书馆虽然也有多方面的专业人才，但是毕竟十分有限。因此高校图书馆需要建立志愿者服务机制[9]，可以从本校大学生、教师和社会爱心人士中招募优秀志愿者，下乡参与留守儿童的读书活动。主要包括对留守儿童进行摸底并建立留守儿童档案，然后制订关爱计划，与留守儿童“结对子”，一对一帮助留守儿童的学习和生活，让志愿者充当爱心妈妈、爱心爸爸、知心姐姐、知心哥哥角色，为留守儿童开展补课、讲故事、导读、互动讨论、好书分享等活动，定期对关爱效果进行总结，并建立留守儿童进步档案；也可以开展心理咨询、法制教育、安全知识等专题讲座，为留守儿童发放安全手册，进行逃生演习，提高留守儿童安全教育和自我保护意识。

除了吸纳志愿者参与外，高校图书馆还需与社会机构加强合作，例如幼儿教育机构、民间读书会、外语或美术培训机构、书店、出版社、作家协会等，通过购买这些机构的有偿服务，或利用它们的爱心赞助，促进高校图书馆下乡读书活动的多元化、专业化和长期化。[10]

3.3.2 以展示和评选阅读成果的形式提高留守儿童阅读积极性

儿童阅读，既渴望从书中获得知识，又希望得到家长、老师和同学的赞扬与认可，获得成就感。[11]留守儿童与其他儿童具有同样的心理需求。因此，展示、评选并奖励他们的阅读成果可以快速有效地提高他们的阅读积极性。高校图书馆可以利用寒暑假时间，打造寒暑假阅读成果展活动品牌，主要根据留守儿童的阅读情况，为他们创造展示才能的平台和机会，适时组织开展评选“最佳读书笔记”“名著知识竞赛”“成语接龙比赛”“讲故事比赛”“分角色朗读比赛”“最佳小读者”“读书小明星”等活动，在校图书室、农家书屋或学校班级等地方，展示他们的读书笔记、简报、手抄报或读后感等阅读成果，并给予他们适当的奖励（如笔记本、优盘、电子书阅读器等）。高校图书馆通过平台展示，让留守儿童的阅读成果与更多人分享，促进他们之间的相互学习与交流，让留守儿童收获与体验周围人的赞扬与认可。这样就慢慢形成一股激励力量，点燃他们阅读的热情，激发他们阅读的兴趣，让他们逐步养成良好的阅读习惯，从而营造一个以“爱读书、会读书、读好书”为荣的文化氛围，成为建设书香社会的一股清流。

3.4 对口帮扶完善留守儿童阅读场所建设

留守儿童的阅读场所除了家庭，主要包括农村图书馆（乡镇图书室或文化站、农家书屋）和学校图书馆（室），总体来说这些阅读场所的建设还不够完善。目前我国农家书屋工程从2007年起建设实施，具备为留守儿童服务的有利条件。但农家书屋在购书经费、藏书结构、管理等方面还有诸多不足，存在缺少资金更新书刊，图书品种单一、复本多，缺少适合留守儿童的书刊和管理不完善等问题。早在“十一五”期间，中央财政就安排近40亿元专项资金，支持各地扩建和新建规模不低于300平方米的农村乡镇综合文化站，计划实现“乡乡有综合文化站”的目标。[12]但是，据2017年2月文化部所抽查的浙江省宁波市镇海区乡镇综合文化站服务建设情况看，还存在文化站功能单一、管理不规范及群众参与率低等问题。[13]虽然2003年教育部制定了《中小学图书馆（室）规程（修订）》，要求加强中小学图书馆（室）建设，但是至今农村中小学图书馆（室）的建设状况仍然不佳。一些中小学图书馆（室）整体的馆藏量比教育部规定的标准要低得多，而且图书品种主要是题集、试卷、作文指导等教辅类，儿童文学、名人传记、科普读物等相对缺乏，图书内容过时，新书相对较少，而且对学生开放的时间极其有限，更不用说相应的阅读指导了。[14]

鉴于留守儿童阅读场所存在的种种问题，高校图书馆有必要充分利用自身人才、专业知识、技术等方面的优势，对口帮扶行政村所在的农村图书馆（乡镇图书室或文化站、农家书屋）和学校图书馆（室），根据其建设情况，送去必要的图书资源，对其管理人员进行一定的业务和技术方面的指导，完善管理制度，从灯光照明或改善书架、书桌摆放位置等方面帮助改善阅读环境，指导其从馆藏布局资源的组织方式上加以改善，让阅读场所不仅仅依据中图法排架，还以某个主题方式组织藏书，如设立儿童经典文学书架、教辅类书架、获奖图书专架等，帮助营造良好的阅读氛围，促进留守儿童阅读场所的建设与完善。

3.5 针对留守儿童家长（监护人）开展多种阅读沙龙或专题讲座活动

在留守儿童阅读活动中，也不能缺少留守儿童家长（监护人）的陪伴和指导，而其指导水平直接影响留守儿童的阅读效果。因此，儿童家长（监护人）必须掌握一定的沟通技巧、儿童心理知识、阅读指导技巧，特别是应具备书刊评价、鉴赏、甄别和选择等方面的能力。提高留守儿童家长（监护人）的指导水平，无疑对于培养留守儿童阅读能力非常重要。高校图书馆可以发挥人力资源优势，组织志愿者或邀请本校专家学者、儿童教育专家、阅读推广专家、儿童文学作家等，面向留守儿童家长（监护人），针对儿童心理、儿童教育、阅读指导等方面定期开展多种阅读沙龙或专题讲座活动，为留守儿童家长（监护人）建立交流儿童教育体会的平台[10]，让留守儿童家长（监护人）掌握科学的教育方法，增强教育与监护意识，促进留守儿童的健康成长。

4. 结　语

留守儿童是一个特殊群体，受到社会各界的广泛关注。留守儿童的阅读能力可以说关系到未来的国民整体阅读水平和文化素质水平。高校图书馆开展社会服务在图书馆界已经达成共识，高校图书馆将社会服务的目光投向留守儿童阅读能力培养，不仅有利于促进留守儿童的健康成长，而且能够彰显高校图书馆自身的价值，塑造自身良好的公众形象，提升吸引力和美誉度，赢得政府、学校领导的重视与尊重。而留守儿童阅读需求、阅读引导课程、阅读兴趣激发、阅读场所建设与完善、儿童家长（监护人）的阅读指导是留守儿童阅读能力培养的关键所在。高校图书馆需要与公共文化服务机构、社会机构、学校、家庭一起努力，为留守儿童营造良好的阅读环境，保障他们的阅读权利，逐步培养他们良好的阅读习惯，提升他们的学习思考能力和阅读能力，引领读书学习新风尚，引导人们“爱读书、读好书、会读书”，为建设书香社会添砖加瓦。

参考文献

[1] 苏琳．全国妇联发布《我国农村留守儿童、城乡流动儿童状况研究报告》[EB/OL]．[2017-04-15]．http：//www.ce.cn/xwzx/gnsz/gdxw/201305/10/t20130510_24368366.shtml.

[2] 邓小昭，张敏，刘灿．农村留守儿童课外阅读环境研究——以重庆市为例[J]．图书情报工作，2013，57(5)：50-55，37.

[3] 邓倩．农村留守儿童阅读现状的调查分析——以重庆市为例[J]．出版发行研究，2015(1)：80-83.

[4] 教育部关于印发《普通高等学校图书馆规程》的通知[EB/OL]．[2017-04-08]．http：//www.moe.edu.cn/srcsite/A08/moe_736/s3886/201601/t20160120_228487.html.

[5] 中华人民共和国高等教育法（2015年12月27日修订）[EB/OL]．[2017-04-10]．http：//www.sdedu.gov.cn/sdjy/_jyyw/758989/index.html.

[6] 中华人民共和国公共文化服务保障法-新华网[EB/OL]．[2017-04-11]．http：//news.xinhuanet.com/2016-12/26/c_129419435.htm.

[7] 苗晓青．全民阅读时代高校图书馆关怀农村留守儿童方式的思考[J]．农业图书情报学刊，2014，26(8)：132-134.

[8] 周坚宇．关于图书馆如何做好农村留守儿童阅读指导的思考[J]．图书馆建设，2013(12)：50-54.

[9] 万美琼．县级图书馆对农村留守儿童阅读推广服务研究[J]．河南图书馆学刊，2015(7)：110-111.

[10] 曹桂平．亲子阅读活动中绘本运用形式与策略[J]．国家图书馆学刊，2014(6)：28-32.

[11] 魏凤彩．如何让孩子爱读书会读书[J]．才智，2014(25)：77.

[12] 程天赐．中央财政40亿元支持乡镇文化站建设[N]．农民日报，2007-09-28.

[13] 文华．文化部抽查浙江省宁波市镇海区乡镇综合文化站服务效能建设情况[N]．中国文化报，2017-02-28.

[14] 刘灿．农村留守儿童信息贫困问题研究[J]．农业图书情报学刊，2011(12)：169-171.

高职院校与本科院校图书馆延伸服务研究比较及展望*

谢　欣

（佛山职业技术学院图书馆　广东佛山市）

摘　要：［目的/意义］总结高校图书馆延伸服务的研究现状，展望高职院校图书馆延伸服务的研究方向。［方法/过程］运用文献调查法探析本科院校图书馆延伸服务的方式、面临的挑战与发展对策，以及高职院校图书馆延伸服务的研究重点。认为高校图书馆可从服务时间、服务空间、服务内容、服务对象四个维度入手，对延伸服务项目进行合理规划，提升服务的广度、深度和精度。［结果/结论］建议高职院校图书馆结合学院特色，借鉴本科院校图书馆的服务经验，加强对图书馆服务情况和用户需求的调查研究，进而有效提升图书馆的服务能力。

关键词：延伸服务；高校图书馆；高职院校图书馆；本科院校图书馆；图书馆服务

引　言

当前，高校图书馆面临着信息技术环境的变革，传统的图书馆服务模式难以满足用户多元化的信息需求。在以用户为中心的服务理念深入人心的背景下，高校图书馆的延伸服务成为图书馆适应时代发展的一种必然趋势，要求图书馆借助于现代信息技术，创新服务机制，拓展服务范围，提升服务能力，从而为用户提供多层次、个性化的优质信息服务。在学校的发展定位、人才培养目标以及读者的信息素养和需求等方面，高职院校图书馆面临着不同于本科院校的服务环境，因此，高职院校图书馆的服务工作需结合自身情况进行思考和定位。近年来，本科院校图书馆延伸服务的相关研究较为深入而成熟，而对于高职院校图书馆延伸服务这一主题的研究，也开始引起我国学者的关注。

1. 本科院校图书馆延伸服务研究现状

在与普通高校图书馆延伸服务相关的研究中，学者较关注的是本科院校图书馆，主要研究其延伸服务的实现方式，分析其面临的挑战，以及探讨服务发展的对策。

1.1　延伸服务的方式

高校图书馆通过多种方式开展延伸服务，综合各地高校图书馆的实践经验和学者的观点，笔者认为可归纳为四个维度——服务时间、服务空间、服务内容、服务对象，不同维度下的图书馆延伸服务可能存在

* 本文系广东省图书文化信息协会2016年度社会科学研究项目“高职院校图书馆延伸服务的实践与探索研究”（项目编号：GDTWKT2016－3）的成果之一。

交叉。高校图书馆可以从这四个维度入手，进行立体化的考虑，寻求图书馆服务提升的突破点，在开展图书馆基础服务的基础上，实现图书馆服务的创新和拓展。

1.1.1 服务时间的延伸

从服务时间的维度来看，延伸服务是指图书馆在保障原有服务时间的基础上，利用各种方式延长为读者服务的时间。主要包括三种方式：

①延长开馆时间，图书馆可根据实际情况，实行馆员轮岗制度，增加开放时间，满足到馆读者的需要；

②提供网络服务，图书馆利用信息技术和网络平台，方便读者随时访问和利用图书馆资源，实现全天候的服务；[1]

③发展自助服务，突破人工服务的时间限制，为读者节省时间。[2]

1.1.2 服务空间的延伸

从服务空间的维度来看，延伸服务是指图书馆的服务不能局限在馆内，还要为馆外的读者提供信息服务。对于高校图书馆而言，即面向社会提供服务，以及通过网络将服务范围向虚拟空间拓展。

（1）服务企业

高校图书馆可面向企业提供信息服务，拓展服务范围。例如，贾萍指出，图书馆可与企业加强交流与合作，为企业提供业务培训等服务。[3]徐菲认为，图书馆可与企业合作开展竞争情报研究，为企业提供业务咨询、行业信息推送等服务。[4]

（2）服务社区

高校图书馆可将服务范围延伸至社区公众，助力公共文化服务的发展。例如，高校图书馆可面向社区用户提供图书借阅服务，开展读书活动，提供信息素质教育培训、文献检索等服务，与社区、中小学以及特殊群体建立帮扶与联动机制，以及与各类文化机构加强合作，参与公共文化服务体系的构建。[5-7]

（3）虚拟空间延伸

除了物理空间上的延伸以外，高校图书馆的服务还应实现虚拟空间上的延伸。高校图书馆应有针对性地加快新技术的应用，为读者提供基于网络的个性化信息服务。[8]在移动阅读兴起的背景下，发展移动图书馆服务，可为读者提供便捷的数字资源利用方式，这也是图书馆服务在网络化环境中延伸的体现。[9]

1.1.3 服务内容的延伸

服务内容维度上的延伸服务，是学者的研究重点。笔者将高校图书馆所开展的延伸服务按服务内容归纳为以下三种形式：

（1）基于信息资源的服务延伸

高校图书馆可依托自身的馆藏资源优势，拓展服务职能，开展有特色的服务项目或读者活动。王中明等学者认为，高校图书馆可广泛开展资源宣传推介、图书推荐、读书征文、知识竞赛、讲座、展览等活动，提高馆藏利用率，充分发挥教育职能，同时实现服务创新。[10]

（2）基于原有服务项目的服务延伸

高校图书馆可对传统的服务内容加以改进，以适应用户的需求变化。例如，孙娇认为，高校图书馆的参考咨询服务应向个性化的方向发展，利用信息技术手段为用户搭建参考咨询服务平台，并提供有针对性的知识服务。[11]文秀华等学者探讨了高校图书馆电子阅览室实现服务延伸与拓展的方式，认为电子阅览室不仅提供数字资源阅览，还可承担读者咨询服务、读者荐书服务、培训服务等工作。[12]

（3）针对用户信息需求的服务延伸

高校图书馆可围绕用户某一方面的需求，如教师教学与科研、学生就业、学校管理等方面的需求，发挥学科专业优势，提供个性化的信息服务。彭骏等学者认为，高校图书馆可发挥专业资源优势，提供深层次的信息服务，包括检索服务、定题服务、科技查新，也可面向社区用户开展专业教育培训工作。[13]陈红英认为，高校图书馆可以课题跟踪服务等方式，开展学科化服务，为教学和科研工作服务。[14]刘立冬提出，图书馆可围绕学科专业建设及科研工作对文献信息的需要，开展课题跟踪等个性化服务，实现服务内容的延伸。[15]李灿元提出，高校图书馆可参与校园舆情信息管理工作，做好校园舆情的收集、分析和教育引导工作，为校园舆情信息机制建设提供支持。[16]

1.1.4 服务对象的延伸

服务对象维度上的延伸服务，是指图书馆对用户群体进行划分，向不同用户群提供有针对性的服务或帮助。穆亚凤指出，应重视面向学生的导读服务工作，开展读者培训服务，引导读者开展研究性学习。[17]付雪平借鉴国外高校图书馆的经验，认为高校图书馆可对学生群体进行再细分，针对不同群体开展延伸服务。[18]

图书馆针对服务对象的延伸服务应以用户的需求为导向，要求图书馆对不同用户群体的信息需求多加关注，因而有学者对延伸服务的用户需求开展调查。吴郁指出，应重视读者中的弱势群体，为弱势群体的读者提供专门的服务或指导，这是开展延伸服务的重要内容。[19]孙晓凤通过开展问卷调查，了解读者对图书馆开展参考咨询延伸服务的需求。[20]罗亚泓调查了华裔留学生的信息素养、偏好，以及对图书馆的认知和个性化需求，提出应关注文化差异、识别用户的需求和偏好。[21]植素芬通过对高校图书馆的兴趣导向交流平台进行研究，指出图书馆可根据用户的兴趣需求，为特定用户开展有针对性的延伸服务。[22]

1.2 延伸服务面临的挑战

高校图书馆开展延伸服务是为适应用户需求而开展的服务，有利于更好地发挥图书馆的教育职能，使馆藏资源得到更充分的利用，为院校的学科建设、教学和科研工作提供信息支持。但在实践过程中，延伸服务也受到一些制约因素的影响，高校图书馆延伸服务面临的挑战主要体现在以下五个方面：

1.2.1 服务理念

图书馆应转变被动服务的观念，树立主动服务的理念，提高工作人员的服务意识，这是提高图书馆延伸服务水平的关键问题。[23]

1.2.2 人员素质

高校图书馆开展延伸服务所需的专业技术人员不足，工作人员的业务素质也有待提高，图书馆的人员素质问题制约了延伸服务的开展。[24]

1.2.3 服务体系

高校图书馆的延伸服务体系不够完善，缺乏统一的发展规划和服务标准，没有形成长效机制。[25]

1.2.4 激励机制

高校图书馆缺乏完善的延伸服务激励机制，影响了馆员的工作积极性，也降低了服务创新的动力。[25]

1.2.5 经费压力

我国高校图书馆面临着资源利用率不高与经费不足的双重问题，这成为制约图书馆服务能力发展的因素，因而应寻求提高经费利用效率、缓解经费压力的途径。[26]

1.3 延伸服务的发展对策

在总结国内外高校图书馆开展延伸服务的实践经验的基础上，学者从服务广度、深度、精度等多种角度出发，提出了应对挑战和促进延伸服务发展的策略，可作为图书馆发展和改进延伸服务的参考。

从延伸服务广度的角度来看，图书馆应尽可能扩大服务的覆盖面，充分利用信息技术，方便读者使用图书馆的资源。有学者建议高校图书馆推进社会化延伸服务，增强主动服务社会的意识，促进区域图书馆联盟发展，提升为全民阅读服务的能力。[27]

从延伸服务深度的角度来看，图书馆服务要嵌入用户的学习与研究过程，根据用户需求，整合信息资源，为用户提供深层次信息服务。高校图书馆应将延伸服务定位为满足读者深阅读的需求，针对师生的学习、教学和研究需求开发深层次的文献信息资源，为其提供学术前沿动态、学科研究热点等信息。[28]

从延伸服务精度的角度来看，图书馆要注重延伸服务的实质效果，分析和挖掘读者需求，不断提升服务质量，寻求更好地满足读者需求的服务方式。王丽萍指出，我国高校图书馆应重视用户体验，加强对用户行为的研究，由读者需求驱动图书馆创新，让读者参与新服务的设计过程。[29]

2. 高职院校图书馆延伸服务研究重点

与本科院校图书馆延伸服务的相关研究相比，高职院校图书馆的相关研究成果在数量上较少，内容也不够全面，学者较关注的研究内容是高职图书馆如何革新服务方式，并探索提升服务水平的措施。总体来看，这部分的研究以理论探讨为主，学者的研究视角有不同的侧重，主要从服务空间、服务内容、服务对象这三个角度进行探索，可相应地将相关研究的观点归纳为以下三个方面：拓展服务范围、创新服务项目、契合用户需求。

2.1 拓展服务范围

与本科院校图书馆类似，有学者探讨高职院校图书馆为馆外读者服务的途径，主要是面向社会用户提供服务，力求充分利用图书馆的文献信息资源和教育资源，拓展图书馆的服务功能和覆盖范围。

有关学者研究了高职院校图书馆面向社会延伸服务的方式，其关键在于加强对外交流与合作。刘静春指出，高职院校图书馆可与社区图书馆合作共建文献资源网络体系，实现统筹管理与服务，向社区提供多样化的服务，包括对社区用户开放借阅、组织培训讲座、开展信息素养教育、提供文献信息服务。[30]赵庭勇提出，高职院校图书馆面向社会延伸服务有多种途径，包括开办第二课堂、推出读者选购服务、成立流动图书馆、联合地方政府设立农家书屋。[31]张晴认为，高职院校图书馆可通过校企合作和产学合作的途径，利用馆藏资源，开展特色服务，将专业馆藏向相关行业的企业用户开放，举办培训、讲座、展览等活动，推广技术情报服务，拓展图书馆的社会服务功能。[32]

2.2 创新服务项目

高职院校图书馆与本科院校图书馆相比，基础服务的保障比较薄弱，因而在开展延伸服务方面，要在做好基础服务的基础上，从图书馆的实际情况出发，创新服务项目。学者呼吁关注图书馆的服务环境，综合开发利用图书馆的资源，合理规划和构建图书馆的服务体系。

在服务发展规划方面，图书馆应加强对服务内容的整体规划和顶层设计，实现延伸服务的有序开展和科学发展。王爱君等学者认为，高职图书馆要发展具有可持续性的延伸服务，须立足于自身的资源状况和服务基础，重视高职院校本身的特性和所处的信息环境，把握读者信息需求的变化。[33]孙宇认为，高职院校图书馆应充分利用现有资源，向企业延伸服务，对师生开展特色服务，发展自助图书馆项目，建立馆员联系各系部制度。[34]

在服务的技术手段方面，图书馆应充分利用信息技术，增强服务的便利性。何婷着重探讨了在网络环境下高职院校图书馆延伸服务的策略，包括更新网络终端设备、建立微信服务平台、提供信息内容的增值服务等。[35]

2.3 契合用户需求

从服务对象的角度来看，校内用户是高校图书馆的主要用户，包括教师和学生两大用户群体。图书馆开展延伸服务，实现服务创新，应契合用户需求，关键是要满足不同层次类型用户的信息需求。

用户需求是图书馆服务创新的关键，学者建议高职院校图书馆对用户需求多加关注，并在此基础上对延伸服务项目进行合理规划。包祖军等分析了高职院校图书馆教师和学生用户群体的信息需求特点，提出图书馆应开展多元化延伸服务，包括开展学科服务、特色阅读推广服务、用户教育和培训。[36]王志国等分析了高职学生的创业信息需求，提出高职图书馆服务创业教育的策略，包括开展创业教育与宣传、开展信息素质教育、加强创业网络信息资源导航建设。[37]胡云波提出，高职院校图书馆应结合学院的重点学科和优势专业的建设要求，构建满足学科专业发展需要的特色资源体系和服务体系。[38]

随着图书馆网络化服务的普及和用户需求的转变，学者倡导图书馆开展个性化服务，提供主动型服务，并对高职院校图书馆服务理念以及服务方式的创新提出了一些指导性的意见。例如，梁列怡认为，高职院校图书馆应突破传统固有的服务方式，开展读者培训服务、导读服务、网络化阅览和咨询服务。[39]孙海艳指出，高职院校图书馆应树立主动服务的意识，利用多元化的服务平台，开展形式多样的读者活动，同时加强读者活动的品牌建设，形成其自身的服务特色。[40]

3. 高职院校图书馆延伸服务研究展望

综观相关研究文献，下面对高职院校图书馆延伸服务的研究现状进行总结和评价，指出现有的研究成果中存在的不足之处，并提出今后的研究方向。

3.1 目前研究的不足

在研究对象方面，在检索到的与高校图书馆延伸服务相关的研究文献中，学者多是以本科院校图书馆为研究对象，而对高职院校图书馆的延伸服务情况关注较少。如何提升高职院校图书馆的服务质量和水平，是值得进一步深入研究和探讨的问题。

在研究内容方面，从整体来看，高职院校图书馆延伸服务的相关研究层次较浅。很多学者分析了延伸服务的特点与重要性，少数学者对其所在馆的延伸服务做法进行介绍，但多数学者并没有很好地结合具体实践进行探究，对高职院校开展延伸服务的具体服务内容、服务方式的研究也不够系统深入。此外，有些研究与本科院校的相关研究内容呈现同质化，没能有效地与高职院校的实际相结合，没有充分体现出高职院校的特色。

在研究方法方面，目前学者对高职院校图书馆延伸服务的研究，以理论探讨为主，所使用的研究方法较为单一，多是进行理论阐述和定性分析，而相关的实证调查与定量分析较少，缺少足够的实践案例和调查数据作为研究成果应用于实践的依据，因而目前的研究成果尚难以对高职院校图书馆延伸服务的实践起到具体指导的作用。

3.2 未来研究的方向

对于高职院校图书馆延伸服务这一研究领域，笔者认为有以下方面的内容值得进行更深入的研究：

3.2.1 总结和借鉴本科院校图书馆延伸服务的经验

我国高职院校图书馆与本科院校图书馆相比，在信息服务的整体水平上存在差距，学科服务基本停留在以馆员作为学科联络人的阶段，传统的借阅流通服务也有待向更深层次的参考服务方向发展。[36]在开展延伸服务的实践上，本科院校图书馆以及公共图书馆已有成功经验。如何更好地参考与借鉴国内外图书馆延伸服务的经验，实现对高职院校图书馆服务的创新，是值得研究的问题。可通过调查国内有代表性的高校图书馆开展延伸服务的现状，对各地高校图书馆开展延伸服务的服务项目或相关做法进行归类梳理，选取典型的实践案例进行分析和研究，从中总结相关经验。

3.2.2 对高职院校图书馆的服务情况开展调查

高职院校强调“校企合作”的办学特色和“工学结合”的人才培养模式，对图书馆的服务提出了挑战，也指出了发展方向，例如在为企业和社区服务、开展读者信息素养培训和教育、开展学科服务和特色阅读推广服务等方面，高职院校图书馆可以有所作为。在借鉴其他图书馆的先进经验时，应做到因地制宜，深入挖掘延伸服务的内涵，并结合高职院校的特色、图书馆的发展现状，充分利用现有的服务条件，因而有必要对高职图书馆的服务现状进行调查。但在目前的相关研究成果中，缺少对高职院校图书馆延伸服务的调查与实践经验总结。因此，相关的调查研究还有待开展，可利用网络文献调查法、网络问卷调查法等调查方法，对同类型的院校即高职院校开展调研，发现其中存在的问题，寻求改善的途径，为高职院校提升图书馆服务水平提出建议。

3.2.3 加强对用户的信息需求与获取行为的研究

在对高职院校图书馆的服务进行探讨时，学者较多关注图书馆的服务措施，而对用户的需求研究不足。因此在今后的研究中，应多关注用户的需求和意见，基于用户的视角进行延伸服务内容的设计和实施。可通过问卷调查、访谈等方法，对校内外用户开展调查，从而了解高职院校用户的信息素养水平、用户信息需求的内容、获取各类信息的渠道等信息需求与行为特点，收集用户对图书馆服务的满意度、服务需求及相关意见建议。

4. 结　语

通过对国内高校图书馆延伸服务研究现状的分析，我们可以看出，延伸服务是在常规服务的基础上拓展服务范围，提供多样化、个性化的服务，满足校内外用户的需求，充分发挥图书馆的职能，是图书馆服务创新的重要趋势。本科院校图书馆延伸服务的经验对高职院校图书馆具有参考价值，高职院校图书馆需要对延伸服务项目进行合理规划，从而提升图书馆的服务能力和竞争力。如何结合高职院校的办学特色以及借鉴本科院校图书馆的服务经验，探索高职院校图书馆开展延伸服务的有效方式，还有待图书馆界进一步实践与研究。

参考文献

[1] 孙静. 高校图书馆延伸服务对公共文化服务体系的影响 [J]. 科技情报开发与经济，2011，21 (26)：64－65.

[2] 杨秋鸿. 高校图书馆延伸服务的创新与实践——以重庆工商大学“七定”服务为例 [J]. 高校图书情报论坛，2009，8 (1)：25－27，58.

[3] 贾萍. 高校图书馆延伸服务体系建设管见 [J]. 图书馆学刊，2011 (6)：97－98.

[4] 徐菲. 信息共享空间理念下图书馆面向企业延伸服务的平台设计与实现 [J]. 四川图书馆学报，2014 (4)：59－61.

[5] 王玲. 试论高校图书馆面向社会的延伸服务 [J]. 图书馆理论与实践，2010 (12)：104－105.

[6] 刘丽巍. 以延伸服务理念提升高校图书馆公共文化服务水平 [J]. 科技情报开发与经济，2008，18 (28)：55－56.

[7] 杨克香. 延伸高校图书馆的服务范围，构建公共文化服务体系 [J]. 农业图书情报学刊，2009，21 (12)：224－226.

[8] 胡凤萍．地方与高校共建图书馆延伸服务多元化探索［J］．兰台世界，2013（8）：99－100.
[9] 刘伟辉．移动阅读与图书馆延伸服务［J］．河南图书馆学刊，2011，31（5）：52－53，62.
[10] 王中明，赵美珍．搞好高校图书馆延伸服务的新举措［J］．科技情报开发与经济，2009，19（31）：40－41.
[11] 孙娇．高校图书馆数字参考咨询延伸服务研究［J］．农业图书情报学刊，2014，26（2）：192－194.
[12] 文秀华，胡玮，朱小军．浅谈高校图书馆电子阅览室的延伸服务［J］．科技情报开发与经济，2009，19（9）：33－35.
[13] 彭骏，惠朝阳．高校图书馆开展延伸服务的几点思考［J］．中华医学图书情报杂志，2009，18（2）：45－47.
[14] 陈红英．高校图书馆延伸服务的实践与探讨——以中国传媒大学图书馆为例［J］．当代图书馆，2012（1）：35－37.
[15] 刘立冬．高校图书馆延伸服务的实践与探索［J］．科技情报开发与经济，2009，19（22）：48－49，51.
[16] 李灿元．开展校园舆情信息服务：高校图书馆延伸服务的新亮点［J］．图书馆工作与研究，2012（1）：93－95.
[17] 穆亚凤．浅谈高校图书馆延伸服务——以中国矿业大学图书馆为例［J］．农业图书情报学刊，2009，21（10）：190－192.
[18] 付雪平．浅议高校图书馆的延伸服务——基于中外高校的对比研究［J］．科技情报开发与经济，2014，24（5）：75－76.
[19] 吴郁．重庆市高校图书馆延伸服务的探索——以西南政法大学图书馆为例［J］．科技情报开发与经济，2011，21（22）：12－14.
[20] 孙晓凤．高校图书馆参考咨询延伸服务读者需求研究——以中山大学图书馆为例［J］．图书馆研究，2014，44（2）：119－123.
[21] 罗亚泓．高校图书馆华裔留学生延伸服务策略研究——基于两所“侨校”的问卷调查［J］．图书情报工作，2016，60（5）：17－24.
[22] 植素芬．高校图书馆兴趣导向交流平台延伸服务初探［J］．图书馆学研究，2016（7）：72－79.
[23] 田燕芳．对高校图书馆开展信息延伸服务的思考［J］．科技情报开发与经济，2009，19（29）：55－57.
[24] 刘立冬．基于可持续发展的地方高校图书馆延伸服务初探［J］．现代情报，2009，29（11）：158－160.
[25] 肖红．试论高校图书馆延伸服务的激励机制［J］．新世纪图书馆，2013（4）：37－40.
[26] 李爱玲．我国高校图书馆延伸服务述评［J］．情报探索，2015（5）：103－107.
[27] 孙向丽，杨维利，彭迪．全民阅读环境下高校图书馆的社会化延伸服务［J］．科技情报开发与经济，2015，25（22）：30－32.
[28] 王延斌．我国图书馆延伸服务实践形式评述［J］．河北科技图苑，2012，25（6）：26－28.
[29] 王丽萍．美国高校图书馆延伸服务的实践及思考［J］．图书馆论坛，2014（11）：115－120.
[30] 刘静春．高职院校图书馆服务社区的思考［J］．柳州职业技术学院学报，2011，11（5）：88－90.
[31] 赵庭勇．数字时代高职院校图书馆延伸服务初探［J］．卫生职业教育，2015，33（9）：21－23.
[32] 张晴，滕莉．高职高专图书馆服务质量的提升与服务功能的延伸［J］．出版与印刷，2009（2）：42－44.
[33] 王爱君，王萌．高职院校图书馆延伸服务可持续性因素分析［J］．图书情报工作，2015，59（S1）：128－131.
[34] 孙宇．刍议高职院校图书馆延伸服务体系的构建［J］．青岛远洋船员职业学院学报，2015（4）：66－69.
[35] 何婷，朱素云．网络环境下高职院校图书馆延伸服务的探讨与实践［J］．图书情报工作，2015，59（S1）：124－127.

［36］包祖军，蔡小红，崔倩，等. 高职院校图书馆多元化延伸服务探索与实践——以苏州卫生职业技术学院为例［J］. 大学图书馆学报，2014（1）：119－122.
［37］王志国，王军. 创业教育环境下高职院校图书馆延伸性服务研究［J］. 职业教育研究，2013（6）：144－145.
［38］胡云波. 高职院校图书馆多元化延伸服务的研究［J］. 浙江交通职业技术学院学报，2014，15（4）：86－89.
［39］梁列怡. 高职校图书馆读者延伸服务探析［J］. 职教通讯，2014（14）：40－42.
［40］孙海艳. 高职院校图书馆延伸服务的实践探索［J］. 科技情报开发与经济，2014，24（5）：101－102，105.

高校图书馆大学生创新创业智库服务体系建设

——以华南理工大学图书馆“智慧华图”智库服务平台为例

王庆涛[1] 高 爱[2]

([1]华南理工大学图书馆 广州市；[2]广东白云学院图书馆 广州市)

摘 要：[目的/意义] 针对高校图书馆智库服务现状，结合华南理工大学“智慧华图”智库服务平台的经验，提出国内高校图书馆智库平台的建设建议。[方法/过程] 首先介绍了智库在国内的发展情况，及笔者对智库产业属性的认识和对智库平台建设的理解。[结果/结论] 着重介绍了华南理工大学图书馆“智慧华图”智库服务平台的基本情况，从设施条件、师资队伍建设、组织管理机制、保障机制、学生受益面及平台成效等方面全方位翔实地介绍了“智慧华图”智库服务平台建设及运营的实际经验，随后总结了智库平台建设经验，并提出国内高校图书馆智库平台建设的建议，希望借此能对智库平台建设及研究起到积极的参考及借鉴作用。

关键词：图书馆；智库；智库产业；创新创业；创业教育

智库即智囊机构，也称“思想库”，是指由各领域专家组成的，为决策者出谋划策的公共研究机构。而高校图书馆所开展的大学生创新创业智库服务形式，应当根据大学生的个性化创新创业需求，由图书馆员（或学科馆员）开展，充分利用图书馆各项学术资源，协调学校各部门，切实帮助学生解决问题，为学生开展创新创业活动铺平道路，同时将智库服务制度化，将创新创业智库服务常态化、持久化，构建新型的高校图书馆创新创业教育智库服务体系，发挥高校图书馆应有的智慧服务功能。

1. 关于智库

1.1 我国智库的由来及发展

在中国悠久的历史过程中，“古代智库”以不同的形式、不同的称呼出现在历史的各个阶段，如谋士、幕僚、幕宾、谏议大夫、师爷以及翰林院等，均以其丰富的知识经验和智力，运筹帷幄辅佐领导者决策。[1]中国“现代智库”的真正开端始于1978年的改革开放，当时邓小平等领导人已经认识到了决策咨询的战略意义，提出要实现“决策科学化”的口号。在新的历史阶段，面对纷繁复杂的国际国内形势，党和政府更加重视智库的建设。2004年1月，《中共中央关于进一步繁荣发展哲学社会科学的意见》在党的历史上第一次以中共中央的名义明确指出，“要使哲学社会科学界成为党和政府工作的‘思想库’和‘智囊团’”。中共十八大提出了坚持科学决策、民主决策、依法决策，健全决策发挥思想库作用的新要求。习近平总书记在2012年中央经济工作会议上指出，要健全决策咨询机制，按照服务决策、适度超前的原则，建设高质量智库。习近平总书记、李克强总理做出关于加强中国特色新型智库建设的重要批示。2013年5月30日，刘延东副总理在“繁荣发展高校哲学社会科学推动中国特色新型智库建设座谈会”上指出，建设中国特色新型智库是服务党和政府科学民主决策、破解发展难题的迫切需要，对于坚持和发展中国特色社会主义、提升国家软实力、全面建成小康社会具有重要意义。发展智库产业，建设思想市场，必将为实现民族复兴的中国梦贡献积极的力量。[2]

1.2 智库的文化产业属性

智库服务是一种朝阳服务产业[3]，无论是企业发展、政府部门运作，还是区域经济社会发展，要实现新常态下的创新，需要集聚众人智慧，因地制宜出谋划策。然而，一个机构内部的人力资源总归有限，为了集聚智慧，实现跨越式发展，一批民间智库已在国内悄然出现，并逐渐成为助力企业和区域经济社会发展的新生“智慧力量”。

文化产业可以被理解为向消费者提供精神产品或服务的行业，就所提供产品（咨询服务、调研报告等）的性质而言，笔者认为智库服务就属于文化产业。从特征来看，文化产品具有创新性、广泛性、持久性、思想性，而智库就是利用其创新性，把集体智慧融合，服务社会决策，并能广泛、持久地传承下去。

智库服务作为一种文化产业，自然也有它的产业功能，分别是经济功能、政治功能、社会功能。首先最为突出的是经济功能。智库服务可以帮助决策，面对国内外的诸多问题，寻求最优的解决办法；可以节约资源，避免决策失误带来的浪费；可以提高效率，促进政策的推进；可以促进经济的增长。智库产业本身也可以成为新的经济增长点，为未来社会财富积累做出贡献。其次是政治功能，最直观的就是教化功能，让智库服务在提供服务的同时，通过创新创业教育服务，对大学生产生积极正面的影响，树立正确的就业观与择业观，树立创新的信心，对大学生个性的培养、人格的塑造起到积极的作用。社会功能主要为审美功能，智库服务作为一种产品，人们消费的不是它的物质外壳，而是它的精神内涵，从智库服务中获得的丰富的知识，可以满足人们探究问题、探究真理的精神需要，使心灵受到陶冶和熏陶。

2. 大学生创新创业现状

推进“大众创业，万众创新”，是社会发展的动力之源，也是富民之道、公平之计、强国之策，对于推动经济结构调整、打造发展新引擎、增强发展新动力、走创新驱动发展道路具有重要意义。[4]但大学生在创新创业活动中，存在创新意识不强、创新能力不足及创业实践缺乏的问题，创新创业成果推广难、转化难，高校教育资源的利用不充分，等等。开展创新创业智库服务，可以帮助大学生树立创新意识，培养创新精神，提高创业能力，为大学生开展自主创业奠定坚实基础。

3. 高校图书馆服务环境现状

国内高校图书馆每年花大量的财力购买各种学术数据库，但数据库的使用情况堪忧，大多数是闲置在那里，利用率不高。一方面是大量闲置的学术资源无人利用，另一方面又是学生强烈的创新创业需求无法满足，面对这个问题，我们需要一个契合点，即智库，来解决这个问题。

首先，高校图书馆服务的主要对象就是高校的教职工及不同年级的在校生，在校生包括本科生、硕士研究生、博士研究生，而因为硕博研究生都已经由导师带领，深入课题研究，硕博研究生群体对高校数据库的利用还是比较充分的，由于其自身有学术需求所限，需要做科研项目，写毕业论文、学术论文等。真正的短板是本科生，由于我国现在的教育教学体制所限，除了个别科研兴趣很浓厚的本科生外，大部分本科生只有在大四的下半学期开始做本科毕业设计的时候，才真正开始接触数据库，而在大四之前他们大多是来图书馆自习，或者是借阅图书及期刊，没有把图书馆的学术资源充分利用起来，这是现阶段高校图书馆普遍存在的问题。

而从另外一个角度来看，本科生是学校培养的主要学生群体，因为硕博研究生毕竟数量少，大量的本科生才是高校教育的主要受众，而这个群体，比较现实的需求是什么？是找工作，是创业，是开展创新创业活动的时候，得到有效的知识支持及知识服务。但他们根本不知道从哪里可以获取创新创业活动的帮助。高校图书馆智库服务，正是在这种情况下应运而生。

4. 华南理工大学图书馆“智慧华图”智库平台建设实例

4.1 “智慧华图”智库平台建设理念

整合学校优势资源，充分利用图书馆丰富的学术资源，依托信息素养教育课程，充分发挥高校图书馆知识服务职能，有目的、有意识地引导有创新创业想法的学生，积极鼓励学生参与校内外各项创新创业活动，并提供积极有益的指导及相关的技能培训，技能培训着重于信息的获取及处理，及创业相关的知识产权知识及法律法规政策培训。通过智库服务平台，将图书馆的各项资源及人员优势与学生创新创业需求深度整合，实现图书馆资源的最大化利用，为学生的创新创业活动提供坚实的基础和保障。

4.2 “智慧华图”智库平台基本情况

4.2.1 场地条件

“智慧华图”智库平台设置在华南理工大学图书馆，充分利用了图书馆现有场地优势。华工图书馆由北校区总馆、北区化机分馆和大学城校区图书馆组成，馆舍总建筑面积达到6.7万平方米。馆内环境优美，设置有大型电子阅览室、自由学习空间、多个学习研讨会议室、影音体验室等，各室功能完备，为学生提供外借、阅览、创新创业教育培训、信息与课题咨询、馆际互借与文献传递、用户培训、多媒体视听等多类型多层次的优质服务。

4.2.2 学术资源保障

据2014年年底数据，华工图书馆馆藏总量约680余万册，其中，纸质文献366万册，电子文献314万册。图书馆已经初步建设成为国内领先的数字图书馆，具有强大的数字图书馆服务功能，业务工作全部实现自动化管理，现有各式数据库总库93个、子库155个，自建特色库累计40个，各类镜像数据已达49TB。丰富的学术资源，可为智库平台的发展建设、创新创业活动的开展提供丰富的学术资源保障。

4.2.3 师资队伍保障

图书馆现有教职工130余人，拥有一大批各种专业背景的博硕士研究生、双学位以及本专科毕业的业务、技术人员，本科学历（含）以上人员占88.4%，具有高级、中级职称人员占74.8%，可为智库平台发展建设提供充足的后备师资队伍保障。

4.2.4 活动组织管理经验

图书馆每年都举办丰富的展览及阅读推广活动。如《建馆60周年专题图片展》《绿色摄影展》等各类大型展览，TEDxSCUT系列沙龙活动，世界读书日、好书推荐等阅读推广活动。

4.2.5 学生管理工作基础

图书馆勤工助学学生人数超过300人，工作岗位近20余种。图书馆已经建立了完善的勤工助学学生考勤、考核管理制度，有丰富的学生活动组织管理经验和基础。

4.3 “智慧华图”智库平台组织管理体系

4.3.1 智库平台的组织管理体系

依托图书馆现有管理体制，发挥各部门优势，形成合力。办公室为整个智库平台的管理中心，负责平台的日常运营，对内协调管理，创新创业项目初期审核、中期考核、后期结题等工作，并负责平台的防火防盗等安全管理。学科服务部负责平台内教师及学生的培训工作，同时承担各项科研创新活动。信息咨询部负责智库平台的学术服务工作，如文献调研、课题分析等活动。技术部负责宣传平台的各项活动，并负责收集校内外各项科研创业信息，负责维护相关的网站及微信等媒体平台。

4.3.2 平台日常运行模式

由管理办公室负责平台的日常运行，培训实践部负责实施各项创新创业项目，参考咨询部及媒体宣传部提供各项服务保障。

4.4 “智慧华图”智库平台师资队伍建设

4.4.1 现有教师人员

华南理工大学图书馆“智慧华图”智库平台现有教师人员 13 人，为图书馆在岗在编人员，其中 4 人具有高级职称，其他为中级职称。13 人中有 10 人为硕士研究生学历，3 人为本科学历。

4.4.2 平台人才储备

华南理工大学图书馆现有教职工 130 余人，本科学历（含）以上人员占 88.4%，74.8% 的人员具有高级、中级职称，是平台发展建设有力的后备师资队伍保障。

4.4.3 平台教师培训

为平台教师定期举办培训、研讨会、项目经验交流会等活动，提高教师个人的创新创业业务水平及平台整体的创新创业服务水平。

4.4.4 平台教师遴选机制

首先依据个人意愿，综合考虑专业方向需求、经验丰富程度、项目需求等因素，择优选拔智库平台教师。

4.4.5 平台教师退出机制

所负责项目结题后，通过平台办公室考核验收合格，平台教师可申请退出。教师承担指导项目过程中，若出现违反平台相关规定（我校相关规定、法律、规章制度等）的情况，即刻责令指导教师限期整改，拒不整改的，可由本单位通报批评，并上报相关部门。

4.5 “智慧华图”智库平台保障机制

为保障和促进“智慧华图”智库平台的建设和可持续发展，规范平台的管理，保证平台各项工作正常有序开展，为大学生创新创业提供优质咨询服务，为社会培养高素质创业型人才，根据国家有关法规政策，吸收国内外优秀智库平台管理经验，结合本校特点，初步建立了一套科学完善的创新创业智库服务平台管理办法。

4.6 “智慧华图”智库平台学生受益面及平台成效

“智慧华图”智库平台自2015年年初建成后，直接或间接受益的本科生达300人以上，直接参与创新创业项目的本科生有15人，培育学生创新创业团队2支。智库平台科研教师团队撰写学术论文20余篇，承担校内外创新创业研究课题多项，包括：广东省高等学校数字化文献资源共享服务体系建设项目1项（已结题）、广东省图书馆学会项目3项（已结题）、广州市文化厅项目1项（在研）、中央高校基本科研业务费项目2项（已结题）、校级SRP学生研究计划项目4项（2项已结题，2项在研）。

4.7 “智慧华图”智库平台特色服务总结

充分利用图书馆的学术资源，依托图书馆承担的信息素养教育课程，形成点（学生个体）——线（创新创业团队）——面（全校师生）信息素养教育的全覆盖。同时抓住“互联网+”等新思潮新技术新平台，利用慕课、微信、微电影、云服务等新兴传媒，开展智库服务。并利用PSR等评价模型对智库承担的创新创业项目进行科学规范管理。

结　语

智库是一条搭建在高校图书馆与创新创业大学生群体之间的桥梁，通过智库服务平台，可实现图书馆资源的高效利用，为创新创业学生提供学术支持，践行高校图书馆的智慧服务理念。站在服务产业高度，若把智库服务链条称为一条产业链的话，掌握丰富学术资源的高校图书馆必然是作为智库服务的提供方，而有创新创业需求的大学生就是智库服务的需求方，联系双方的媒介就是新型的智库服务，包括个性云、慕课、微信等“互联网+”服务新媒体新平台新方式，由此形成产学研一体化的智库服务链条。

参考文献

[1] 任玉岭. 建设中国特色智库产业迫在眉睫［EB/OL］.［2016-07-09］. http：//jjckb. xinhuanet. com/opinion/2013-07/01/content_ 453201. htm.

[2] 新华网. 刘延东：发挥高校独特优势　为建设中国特色新型智库贡献力量［EB/OL］.［2016-07-09］. http：//news. xinhuanet. com/politics/2013-05/30/c_ 115976353. htm.

[3] 区日报社. 民间智库：朝阳服务产业喷薄而出［EB/OL］.［2016-03-15］. http：//www. nbyz. gov. cn/art/2015/12/24/art_ 1743_ 286893. html.

[4] 国务院. 国务院关于大力推进大众创业万众创新若干政策措施的意见［EB/OL］.［2016-07-09］. http：//www. gov. cn/zhengce/content/2015-06/16/content_ 9855. htm.

技术与思维：高校图书馆文献资源建设新探*

张国杰

（广东第二师范学院图书馆　广州市）

摘　要：文章解读了高校图书馆资源建设中可以运用的新技术和互联网思维，分析了国内高校图书馆现行文献资源建设模式现状与问题，探讨了在新技术新思维融合下的高校图书馆文献资源建设策略。

关键词：技术；思维；高校图书馆；文献资源建设

1. 引　言

信息技术的革新与思维的创新推动着经济社会各个领域的发展和变革。随着技术的进步，图书馆已从传统的手工管理升级为计算机系统管理，云计算、大数据、移动互联等新兴技术又给图书馆带来了新的机遇，使图书馆突破了服务瓶颈，大大提高了服务质量，迎来了质的变化；图书馆已从传统的藏书阁发展到开放式图书馆，进而又发展为数字化图书馆、复合图书馆、一体化图书馆。毋庸置疑，“技术的变革”和“思维的转变”犹如两驾马车，协同拉动着图书馆快速发展，为图书馆各类业务注入了新的活力，演绎着图书馆之美。图书馆的发展从传统到现代，图书馆学关于馆藏建设的研究也从藏书建设发展到文献资源建设或信息资源建设，馆藏建设也从单一的纸质资源建设转变为纸质资源和电子资源协调发展的局面。

资源、技术和服务是图书馆建设中非常重要的三个方面，而资源建设为重中之重，是图书馆的根本和核心，没有资源的支撑，服务再完善，技术再先进，亦如无源之水、无本之木。[1]随着社交网络、语义网的发展，云计算和大数据技术的应用，需运用新思维来思考的“互联网＋”时代的到来，以服务读者为出发点的图书馆，在文献资源建设问题上，不再是孤单的个体，因为有了互联的机制，资源可以整合，可以共建，可以推荐，可以共享。总之，在技术不断进化、思维不断创新的时代，高校图书馆文献资源建设将面临诸多挑战。本文将从高校图书馆文献资源建设运用新技术、新思维的角度出发，探讨资源建设的新模式、新理念，以适应时代发展要求，对高校图书馆资源建设工作创新给予一定启发。目前，关于“文献”的定义众多，本文认同严怡民、周文骏、《文献著录总则·1983年》等认为“文献是记录有知识的一切载体”[2]的看法，即文献是指以文字、图像、符号、声音、视频等为主要记录手段的一种知识载体。本文研究的文献资源建设相关内容也是以此定义为前提的。

2. 技术的进化

技术创新是互联网发展的原动力，信息技术正快速改变着世界，新科技引发各个行业的巨大变革，也给各个领域带来巨大机遇。随着大数据、云计算、物联网、人工智能等多种技术与互联网的跨界融合、快

＊ 本文系广东省图书文化信息协会课题“大数据视角下高校图书馆信息资源建设研究”（项目编号：GDTWKT2016－5）的成果之一。

速渗透，各行业都争先开启智能化或智慧时代。把握科技革命就是把握生产力，全球新一轮科技革命和产业变革正在孕育兴起，世界主要国家竞相寻找科技创新的突破口。习近平总书记多次强调，“谁牵住了科技创新这个牛鼻子，谁走好了科技创新这步先手棋，谁就能占领先机、赢得优势”[3]。最新修订的《普通高等学校图书馆规程》指出：图书馆应不断提高文献服务水平，采用现代化技术改进服务方式，优化服务空间，注重用户体验，提高馆藏利用率和服务效率[4]。该规程明确了图书馆应采用现代化技术的理念，因此，新技术应引领图书馆的发展，为图书馆文献资源建设的发展服务。在众多的新技术解读中，本文认为大数据技术、云计算技术、语义分析技术、移动互联网技术以及物联网技术这五类技术可应用于高校文献资源的建设和发展中。

2.1 大数据技术

从各种各样的数据（包括结构化、半结构化和非结构化数据）中快速获取有价值信息的技术，就是大数据技术。图书馆应最大限度地集成相关的多源数据，建立多源数据间的关联，挖掘宝贵的用户行为日志，关注用户参与及用户交互，利用大数据技术去识别、分析、研究和挖掘隐含在读者行为中的价值数据信息，读懂读者想法，找到读者使用信息资源的偏好和路径，制定文献资源建设方案。[5]

2.2 云计算技术

美国国家标准与技术研究院（NIST）定义：云计算是一种能够通过网络以便利的、按需付费的方式获取计算资源（资源包括网络、服务器、存储、应用软件、服务）并提高其可用性的模式，这些资源来自一个共享的、可配置的资源池，并能够以最省力和无人干预的方式获取和释放。云计算是并行计算、分布式计算和网格计算的发展，也是虚拟化技术、基础设施即服务（IaaS）、平台即服务（PaaS）和软件即服务（SaaS）等概念的混合演进。云计算可以在图书馆的资源检索平台上发挥优势，优化资源检索，提高资源推送准确度，辅助文献资源建设方案的决策。

2.3 语义分析技术

语义分析，本文指运用各种机器学习和智能技术方法，挖掘与理解文本、图片等的深层次概念，提取海量文本数据的潜在特征，并从海量文本中精炼高质量信息。在高校图书馆资源建设中，可以运用语义分析技术挖掘各类资源的相关关系，为资源找到需求的潜在用户，也可以为用户找到潜在的资源。语义分析技术、大数据技术与云计算技术是密切相关的，都可以让图书馆数据变成“智慧数据”，为文献资源建设服务。

2.4 移动互联网技术

互联网行业的发展已经进入一个新阶段，伴随 HTML 5 技术及多平台/多架构应用开发工具的支持，移动互联网技术的发展和运用日益成熟，传统的互联网业务都已开始利用移动互联网技术和概念拓展新业务。近年来，接受图书馆移动互联网服务的用户数量在快速增长，高校图书馆运用微信公众号或图书馆 App 提供移动信息服务的情况日益普遍化，使用移动互联网技术，可以在资源建设中有效实施读者决策采购服务方案及资源推送机制。

2.5 物联网技术

物联网技术的定义是：通过射频识别（RFID）、红外感应器、全球定位系统、激光扫描器等信息传感设备，按约定的协议，将任何物品与互联网相连接，进行信息交换和通信，以实现智能化识别、定位、追踪、监控和管理的一种网络技术。[6]国内一些图书馆已广泛使用物联网技术，射频识别技术已在图书馆纸质图书的馆藏智能化排架、批量借还方面发挥了重要作用，在馆藏资源建设“智能盘点”“批量验收”等工作中起到了关键作用，大大缩短了图书从采购阶段到读者手中的时间，提高了图书采购效率。

3. 思维的泛化

思维是脑对信息进行分析、综合、比较、抽象和概括的过程。[7] 从广义上讲，思维是高级动物对接收到的各类信息，由特定的组织体型对信息进行解码分析，并对此做出概括与间接的能动反映。思维是认知的高级形式，体现了人的智慧和创造力，很多时候，如果我们能突破思维的枷锁，就能向成功迈出一大步。一直以来，突破思维的禁锢都使大脑联想机制挖掘出巨大潜力，提升了创造力，更好地改变着世界。头脑风暴与思维导图，是开发思维潜力、提高思维能力的好工具，后者已成为21世纪风靡全球的思维工具。随着社会发展进步，互联网时代已经到来，互联网思维开始吸引人们的眼球。百度CEO李彦宏于2011年首次在《中国互联网创业的三个新机会》的演讲中提出“互联网思维”这一概念，随后，一些行业领先人物将互联网思维与自己的企业转型结合，用成功的思维来引领企业的未来，如雷军、马化腾、周鸿祎等，并带来了“互联网思维热”，形成了众多有关互联网思维的观点，但共性是互联网思维重新回归用户这个中心，注重以人为本。最新修订的《普通高等学校图书馆规程》指出：图书馆应合理组织馆藏纸质资源，便于用户获取和利用，图书馆应坚持以人为本的服务理念。[4] 该规程明确了以人为本的理念，因此，互联网思维也完全可以与图书馆的发展结合，与图书馆文献资源建设的发展融合，引领未来。在众多的互联网思维解读中，赵大伟将其系统、全面地概括为“九大思维”：用户思维、简约思维、极致思维、迭代思维、流量思维、社会化思维、平台思维、大数据思维、跨界思维。[8] 本文认为这一观点比较有代表性和影响力。本文认为其中的用户思维、流量思维、社会化思维、平台思维、大数据思维这五大思维可应用于高校文献资源的建设和发展中。

3.1　用户思维

用户思维就是工作中的各个环节都要“以用户为中心”去考虑问题，了解用户需要什么，如何去满足用户需要，注重用户参与感与用户体验，体现以人为本。在高校图书馆文献资源建设中，通过用户思维的深度去理解用户，了解用户需求，让用户参与进来，并给予用户良好体验，是提供令用户满意的服务的重要前提。

3.2　流量思维

流量思维就是以关注用户数量、访问频率、活跃度的思维去思考问题，流量本质就是用户关注度，即对用户注意力的一种占有。在高校图书馆文献资源建设中，资源的利用率是资源建设评估的最重要的衡量指标，对购买的资源用户关注度如何是资源建设绩效的直接反映。

3.3　社会化思维

所谓社会化思维，是指组织利用社会化工具、社会化媒体和社会化网络，重塑企业和用户的沟通关系，以及组织管理和商业运作模式的思维方式。[8] 在高校文献资源建设中，需要通过社会化工具来更好地与用户沟通，改善用户关系，并做好资源推荐，提高用户的依赖度和认可度。

3.4　平台思维

平台思维是指善用平台，构建开放、共享、共赢的生态圈的思维。平台是互联网时代的驱动力，依靠平台模式才能更容易出成绩，有了平台才能更好地展示自己，汇聚一切可以利用的力量，构建多方互利共赢的系统。平台思维有助于高校图书馆借助于现有的平台或构建自己的平台更深入地开展用户资源需求调研，更便捷地收集相关意见和建议，以拓展服务渠道，提升知名度。

3.5 大数据思维

大数据思维就是通过互联网和云计算技术，对相关的海量数据进行挖掘、分析、计算，以大观小，从而获得新价值的能力。互联网时代，数据就是资产和财富，拥有数据的规模和分析运用海量数据的能力已成为一个企业、部门、组织甚至一个国家核心竞争力的重组成部分。大数据思维能通过分析读者数据为高校图书馆资源建设方案提供精确的数据支撑，相关工作人员将以数据为中心开展采访、编目、服务等工作。

4. 国内高校图书馆现行文献资源建设模式现状与问题分析

4.1 “大采访”模式

“大采访”模式就是把所有语种、类别、所有载体类型的文献资源全部集中在图书馆一个部门进行建设的模式，主要由图书馆的资源建设部或采编部组织所有类型文献资源的采购工作，一般通过招标方式选取质优的一家或多家供应商。该模式有利于图书馆文献资源的统一调配以及图书馆文献购置经费的统一控制管理，对相关数据的统计分析也容易具有一致性，但由于资源建设由一个部门主导，容易出现主观采购的问题，造成资源建设和读者服务之间的结合不紧密，特别是在纸质文献资源购置中，容易出现供应商提供的书目不能很好地满足读者需求或者是读者需要的图书因各种原因供应商又提供不了的情况，但职能部门为了按时完成采购任务，只能以量换质，难以做到从服务的角度出发去完成采购任务，未能真正做到因服务而采购。

4.2 “分类采访”模式

“分类采访”模式就是将不同语种、不同类别、不同载体的类型的文献资源分别在图书馆不同的部门或同一部门不同组别进行建设的模式，比如纸质资源中的一般纸质图书由采编部进行建设，其中西文纸质图书及中文纸质图书分别由专门小组各自负责，纸质资源中的纸质期刊由期刊部进行建设，电子图书、数据库资源及其他多媒体资源由技术部建设，特色资源由特藏部建设等。该模式注重资源建设的针对性，可以更好地发挥图书馆各类采购人员的专业特长，在采购过程中职责更清、任务更明，有利于图书馆文献资源建设的分类管理和购置经费的分类控制。但对于“大采访”模式中的缺陷，该模式仍未能解决，唯有把服务和读者需求摆在首位，才能使采购工作做到最好。

4.3 “学科馆员”模式

“学科馆员”模式就是学科馆员除担任学科的文献服务工作外，还参与学科的资源建设，使院系与图书馆一同合作建设文献资源的一种模式。但这种模式中，文献资源的主体仍然是图书馆员，提供参考意见的学科馆员只是起到辅佐作用，学科馆员并不能支配文献采购经费，因此未能从根本上把文献资源建设发展为以服务为主导。

4.4 “读者决策”模式

“读者决策”模式即需求驱动采购模式，是赋予读者决策权的文献资源建设模式，即依据读者的实际文献需求或者电子图书的使用情况来确定文献的购入，它直接把读者从文献资源建设的被动接受者转变为主动发起者、决策者。该模式有效解决了馆藏利用率低下的问题，是一种真正做到以服务为导向的文献资源建设模式，但该模式也不是完全没有争议的：满足读者的一时之需能否保证建设的是高质量的完整的馆藏？有保存价值或将来用户可能需要的图书是否就不适合购买？读者决策采购是即时性的，但对资源建设的整体性来说并不全面，潜在的阅读需求并不能被较好地激发和满足，还需要通过其他方式来完善。

综上，仅从资源建设主要模式看，可知任何模式都各有利弊，且从广义的角度出发，文献资源的揭示和开发工作也是资源建设的一部分，文献资源利用率很低、服务手段落后、深层次开发利用文献资源的能力缺乏等问题都属于现阶段资源建设与服务集中存在的问题。如何从服务的角度出发，完善高校文献建设流程，是关系到政府经费能发挥多大效用，更好地服务人才培养和教学科研支持等方面的大问题，也是提高图书馆服务能力、提升图书馆影响力的有力保障途径。文献资源建设是高校图书馆服务的基石，也是高校图书馆各类工作的重中之重，为读者服务与文献资源建设如天平上的砝码，需共同发展才能平衡，把文献资源建设根植于服务中，改变固定模式，用新技术、新思维去探索文献资源建设的新方向、新模式，才能更好地发挥资源的作用，提升服务的水平。

5. 新技术、新思维融合下的高校图书馆文献资源建设新探

新环境下的高校图书馆资源建设，就是要用新思维去重新审视资源建设的整个价值链和信息服务生态系统，以用户服务为出发点，利用技术创新，运用数据挖掘分析，改进用户体验，以适应移动互联网信息传播的新情况。

5.1 找准出发点，以服务为导向的思维根植于资源建设中

程亚男指出，服务是贯穿于图书馆发展中的主线，是图书馆的核心价值观，图书馆现代化发展的最终目的就是提供更好的服务。[9]图书馆早就提出了“读者第一”“全心全意为读者服务”等口号，服务是图书馆的出发点，图书馆服务大抵可分为基于文献资源的服务、基于空间和设备的服务、基于技术的服务，但大多数的服务类型的最终基础是文献资源，即图书馆服务的核心条件是文献资源，因此，文献资源建设必须以服务为导向，具体点说就是购买的资源需以服务为出发点。基于文献资源的服务形式有多种，流通阅览、馆际互借、文献传递、文献咨询、信息推送、查证引证、定题服务、查新项目、学科服务、知识发现等形式都是高校图书馆基于文献资源的服务形式。高校图书馆应根据自身特点，打造尽可能多的服务种类，完善服务体系，以已提供的或将来要提供的一些服务为落脚点，围绕核心服务，设计好文献资源建设的保障方案，参考师生人数、馆藏检索记录、借阅服务情况、数据库使用情况等各类服务数据及服务热点，学校重点学科服务、学校特色学科服务等情况，依照实用性原则，在协调好各类文献类型构成比例的基础上，制定合理的、适合学校学科发展的文献资源建设方案。

5.2 吸引用户参与，以多方式结合的建设模式贯穿于资源建设中

每种文献资源的建设模式都有它的优点，若仅靠单一的模式建立的高校文献资源必定有它的局限性，不能适应学校发展需要。随着高校图书馆资源建设内容的多元化发展、学科服务团队的不断壮大、国内PDA的本土化实践，本人认为较全面的资源建设模式是“分类采访” + “学科馆员” + “读者决策”的综合模式。术业有专攻，“分类采访”模式可以较好满足多种载体文献类型多元化建设的需要；学科助资源，“学科馆员”模式可以充分利用学科老师的专业性，让院系师生参与到资源建设中，既有利于图书馆与院系间的沟通联系，又有助于学科资源的建设；需求促建设，“读者决策”模式能有效解决读者资源需求，打破读者、书店、图书馆之间的数据壁垒，是传统图书馆采购方式的有效补充。要将这三种模式交织、贯穿、融合在高校文献资源建设中，相互弥补不足之处，充分吸引用户参与资源建设，形成较为完善的高校图书馆文献资源建设新模式。

5.3 摸透用户需求，以数据为参照的分析运用于资源建设中

强化数据的分析，在服务数据中找价值数据辅助资源建设。在文献典藏和流通过程中，图书馆自动化系统及相关平台会产生很多数据，可以运用大数据分析方法，找出有关联性的数据，从而为文献典藏提供数据参考。[10]通过对服务数据的分析处理，并利用语义分析技术，发现资源之间及其内在的语义关联，深度聚合相关资源，将更多资源针对不同学科、不同领域的知识进行更为精细化的分类处理和分类建设，如针对学术类、学习类、休闲类等功能文献制定更为细化的文献资源建设方案，从而满足不同人群、不同时段的知识需求。因此，要定时采集图书馆各类信息服务数据，充分了解用户需求，通过分析摸透用户需求，及时调整和优化文献资源，才能有效提高资源建设效果。

5.4 品质源于专业，以专业化智库的建立服务于文献资源建设中

在浩瀚的文献资源里，一定的经费范围内如何配置适合学校发展的文献资源其实是一项很大的工程，高校图书馆的文献资源建设应该善于集中各方面智慧，建立文献资源建设专业化智库的“智囊团”，可以借鉴西方专业智库发展的经验，如信息资源的建设都以其研究项目为导向。[11]我国高校图书馆应转变资源建设理念，充分发挥类似教学指导委员会、各学科团队、学校各类智库机构、图书馆工作委员会等“智库的雏形”的智慧，就文献资源建设的具体方案向其咨询意见，促进学校文献资源的协调发展。

5.5 注重平台建设和优化用户体验，以良好的体验感受为调节器装置于资源建设中

用户体验思维就是让用户感觉到满意，对于高校图书馆资源建设而言，就是购买或自主建设的数据库或产品令用户满意了，文献资源建设才算成功。随着智能手机和平板电脑等设备的风靡，终端和平台日趋多样化、便捷化，但用户的个性化行为则更注重实际体验的感受，应用的体验越佳，就越受用户青睐，如何在资源建设平台中提供便捷的荐购方式，做好资源共享和联合采购工作，尤其在电子资源方面，吸引读者享受使用资源的过程，提升其体验感受，将良好的体验感受当作“调节器”装置于资源建设的整个过程中，是完善高校图书馆资源建设和利用的方向。高校图书馆可以运用大数据手段获得用户需求，引导用户使用相关资源，把用户与信息源串联起来，整合人、资源和空间的关联配置，建立一个功能多样、轻松惬意的体验环境，让用户沉醉在利用资源和建设资源的快乐中，提升用户参与的积极性和主动性。[12]

6. 结　语

高校图书馆文献资源建设是一项重大的系统工程项目，技术的革新与思维的转变，必将为资源建设模式带来新观点、新方法，对优化学校文献资源的配置有着重要的作用。以服务为导向，跟随读者，使用大数据分析技术，对相关资源进行语义聚合、引证等分析，寻求用户或潜在用户利用率高的资源，采用多种方式结合的建设模式，摸透用户需求，强化用户体验，及时调整和优化文献资源建设方案，强化共享共建理念，建立联合采购机制，是未来技术发展和思维创新下的高校图书馆资源建设主策略。

参考文献

[1] 史小军．新技术的发展与资源建设、服务提升密不可分［N］．新华书目报．2015－12－11（A10）．
[2] 周文骏．文献交流引论［M］．北京：书目文献出版社，1986：7－8．
[3] 习近平：上海要继续当好全国改革开放排头兵［EB/OL］．［2017－05－03］．http：//epaper.bjnews.com.cn/html/2014－05/25/content_513934.htm？div＝－1．

[4] 中华人民共和国教育部．教育部关于印发《普通高等学校图书馆规程》的通知 [EB/OL]．[2017-05-05]. http：//www. moe. edu. cn/srcsite/A08/moe_ 736/s3886/201601/t20160120_ 228487. html.
[5] 张国杰．大数据视觉下图书馆服务发展走向及策略研究 [J]. 图书馆工作与研究，2014 (6)：8-12.
[6] 物联网技术 [EB/OL]．[2017-05-11]. http：//baike. baidu. com/item/% E7% 89% A9% E8% 81% 94% E7% BD% 91% E6% 8A% 80% E6% 9C% AF/83253.
[7] 唐孝威．一般集成论——向脑学习 [M]. 杭州：浙江大学出版社，2013.
[8] 赵大伟．互联网思维——独孤九剑 [M]. 北京：机械工业出版社，2014.
[9] 程亚男．再论图书馆服务 [J]. 中国图书馆学报，2002 (4)：18-21.
[10] 赵波．技术驱动下的图书馆馆藏资源建设与优化策略 [J]. 图书与情报，2014 (2)：127-130.
[11] 吴育良．国外智库信息服务的分析及启示 [J]. 报刊复印资料：图书馆学情报学，2015 (5)：149-155.
[12] 张国杰，陈喜红．大数据环境下高校信息共享空间服务功能拓展研究 [J]. 图书馆工作与研究，2015 (5)：105-108.

新媒体环境下高校图书馆阅读推广优化策略研究*

徐　红

（广东工程职业技术学院图书馆　广州市）

摘　要：新媒体是一种新的传播形式，它对全民阅读推广将会产生比较大的影响，高校图书馆是全民阅读推广的主要阵地之一。在新媒体传播形式的环境下，如何充分发挥新媒体的优势，更好地为书香中国建设出力是本文探讨的核心内容。文章主要介绍了新媒体的内涵和优势，结合目前高校图书馆阅读推广的现状，提出了新媒体环境下优化高校图书馆阅读推广工作的四项策略。

关键词：新媒体；阅读推广；策略

引　言

阅读是我们生活中不可或缺的一部分，是学习知识和传承文明的一种手段；而阅读推广则是图书馆工作永恒不变的主题。在信息化时代，阅读能够让人充实，让人面对纷繁复杂的社会环境能够多一分恬静和坚强，少一分浮躁与迷茫。在新媒体环境下，信息传播快捷，方式更加多样，这对在网络环境下成长起来的当代大学生的阅读会产生深刻的影响。在这种新媒体环境下，如何充分发挥新媒体的优势，进一步推动高校图书馆阅读推广工作是一个值得我们认真研究的课题。

1. 新媒体的内涵和优势

新媒体是相对于传统媒体而言，是指利用数字技术、网络技术，通过互联网、宽带局域网、无线通信网和卫星等渠道，以电脑和手机为终端，向用户提供视频、音频、语音数据、远程教育等交互式信息的新的传播形式。

新媒体既可以传播文字，也可以传播声音和图像，它表现形式多样、信息发布实时、传播迅速，能够给用户带来更好的享受，具有交互性、全息化、数字化、网络化等优势，更符合用户对现代化生活的要求（徐大叶，2014）。这种以数字技术为代表的新媒体，最大特点是打破了各种媒介间的壁垒，消融了传播介质之间以及传播者与接受者之间的界限。

* 基金项目：广东省图书文化信息协会项目“新媒体环境下高校图书馆阅读推广策略研究”（项目编号：GDTWKT2016－7）成果。

2. 新媒体环境下高校图书馆阅读推广的现状

2.1 阅读对象日趋广泛，阅读方式以新媒体阅读为主

根据中国互联网络信息中心（CNNIC）发布的第39次《中国互联网络发展状况统计报告》（以下简称《报告》），截至2016年12月，我国网民规模达7.31亿人，互联网普及率达到53.2%，网民职业结构中的学生群体规模最大，占比为25.0%，远高于其他人群，大学生的互联网普及率为100%；《报告》同时显示，网民中使用手机上网的人群占95.1%，台式电脑、笔记本电脑的使用率均出现下降，手机不断挤占其他个人上网设备的使用比率。新媒体阅读成为大学生查找各类信息和阅读的主要方式（唐家玉，龙军，温泉，2013）。调查显示，大部分学生通过新媒体阅读来达到辅助学习的目的，使用电脑和网络查询资料的占71.2%。

2.2 阅读量下降，阅读品位呈浅表化

在新媒体阅读方式的冲击下，读者借阅量下降成为各高校图书馆的普遍现象。从我校近几年的图书借阅统计情况来看，科幻小说、言情小说、侦探小说等消遣类图书占头位，而且这些图书都借得快还得也快，是一种以消遣娱乐为核心的浅阅读、快餐式阅读，而经典文学、社科图书、工程类图书等专业书籍借阅较少，有许多图书甚至是零借阅的状态。大学生的阅读方式出现浏览式、跳跃式，具有随意性，这种日渐常态的碎片阅读导致阅读品位浅表化，缺乏想象和创造力。

2.3 阅读目的功利化

从我校近几年统计的阅读排行榜中发现，第一位是以科幻小说、言情小说、侦探小说为代表的消遣类图书，第二位是考证、考级类图书，第三位是最新出版的计算机应用类图书，排在第四位的是教材辅导类图书，排在末位的是学术类专著。排第二、第三、第四位的图书都是阅读目的比较强的图书，这是由于在巨大的就业压力下，高校特别是高职院校普遍重视学生的实践能力和动手能力培养，故而导致了大学生阅读目的功利化的现状。

3. 新媒体环境下高校图书馆阅读推广优化策略

2010年信息化“十二五”规划中提出建设智慧校园，众多高校也在积极推广和建设智慧校园，这从客观条件上为高校图书馆开展数字化阅读推广提供了更有利的条件。在新媒体环境下，高校图书馆阅读推广的手段、形式、渠道发生了变化，读者的阅读方式、阅读品位和阅读目的也发生了变化。因此，高校图书馆在阅读推广中必须充分发挥新媒体的优势。本文针对目前高校图书馆阅读推广的现状，从以下四个方面提出优化阅读推广工作的策略：

3.1 提升馆员的信息化素养

馆员是高校图书馆阅读推广工作的主力军，在新媒体环境下，阅读推广的服务创新对馆员提出了更高的要求：具备“一专多能”的新媒体工作技能，不仅需要有较强的活动策划能力和良好的写作能力，还需要具备信息化时代的职业素养。这就要求馆员不断学习新知识，增强自身的业务能力，掌握摄影、录像、视频处理、信息编辑处理、美工等技术；还要求馆员能较好地掌握信息技术知识、信息处理能力，使阅读

推广的作品更具有广泛交流性和传播性。

3.2 尝试挖掘读者的需求，将定点推送和全天候服务相结合

新媒体的出现对读者的阅读行为将产生影响，读者的阅读需求也在发生变化，要尝试挖掘读者的需求，将定点推送和全天候服务相结合。定点推送是大数据时代数字资源最常用的一种宣传推广方法，也是效果最为明显的宣传方式。高校图书馆应将这种定点推送引入阅读推广中，推送的内容除了是读者学习的专业知识，还有个性化的需求；根据读者的阅读史挖掘读者的潜在需求和读者订阅的服务类型相结合，定时、定点地向读者提供推送服务。如某读者订阅了文艺类信息，最近借阅的都是中国文学，那么图书馆将会适时向读者的手机或是 iPad 等移动终端推送相关的最新出版的文学新书以及讲座和读书会活动。全天候的服务是借助于移动图书馆 24 小时服务的特点，让读者在任何时间、任何地点通过网络都可以享受图书馆的服务。

3.3 借助于名人，扩大影响力

新媒体环境下出现了不少“网络红人”“网络大咖”“校园达人”，这些名人在网络上有着比较强大的号召力，对校园读者的阅读行为产生了巨大的影响。在高校图书馆的阅读推广中可适当邀请这些名人参与到阅读推广的活动中，借助于他们的点赞、点评、跟帖、转发，扩大阅读推广的覆盖面和影响力。

3.4 增强读者与图书馆之间的协作与互动

新媒体的产生，使读者从以往单方面接受同质信息（即一对多的传播）过渡到根据自身需求订制有关资讯（即多对多的传播），这样的变化就更需要加强图书馆与读者之间的互动。在高校图书馆阅读推广活动中应该增强读者与图书馆的协作互动，在活动中应充分利用网络技术和数字化技术的优势，结合读者需求制作微视频。例如，广东工程职业技术学院图书馆组建团队制作《图书查询与借阅》《资料收集之检索技巧》微视频，该视频通过网络进行传播，供读者在需要时进行观看，有效地增强了读者与图书馆的协作互动。在阅读推广中可通过微信、微博、移动图书馆 App、论坛、QQ 等多种渠道，吸引读者参与到阅读推广活动的策划、组织、执行和管理当中，形成积极向上的阅读氛围。

4. 结　　语

新媒体的出现对高校图书馆服务创新是一个极好的机遇，我们要积极地把它运用到阅读推广上来，使阅读推广与新媒体结合，提高阅读推广的效果。高校读者都是成年人，他们不仅具有独立的分析和理解能力，也有“看”“听”“说”“写”的权利，而新媒体进行阅读推广具有“独立性、自主性、协作性”的功能，保障了读者的权利。因此，在这种新媒体的环境下进行阅读推广，需要贯彻“独立性、自主性、协作性”的理念，优化上述四个方面的阅读推广策略的现实举措。

参考文献

[1] 徐大叶．新媒体视域下的高校图书馆读者服务研究［J］．渤海大学学报：哲学社会科学版，2014（5）：158－159．

[2] CNNIC．第 39 次《中国互联网络发展状况统计报告》［EB/OL］．［2017－05－07］http：//www.cnnic.net.cn/hlwfzyj/hlwxzbg/hlwtjbg/201701/t20170122_66437.htm．

[3] 唐家玉，龙军，温泉．新媒介视阈下高校图书馆的阅读推广研究［J］．知识管理论坛，2013（6）：

44 – 50.
[4] 黄慧敏，黄慧萍．新媒体与阅读推广［J］．办公室业务，2016（20）：49 – 50.
[5] 汪春春．新媒体时代的多元化阅读推广实践——以华南理工大学为例［J］．科技视界，2016（22）：239，274.
[6] 梅秀秀，秦萍，李雪琛．新媒体时代大学生阅读现状及阅读推广研究［J］．情报探索，2016（4）：62 – 66.
[7] 丁继红，王林．基于新媒体的推荐书目：高校图书馆阅读推广的重要途径［J］．内蒙古科技与经济，2016（2）：107 – 109，112.
[8] 沈爱琼．高校图书馆阅读推广研究综述［J］．沈阳师范大学学报：社会科学版，2015（3）：172 – 174.
[9] 陈丽云．新媒体时代图书馆立体阅读推广策略研究［J］．河北科技图苑，2015（3）：46 – 48.
[10] 余子佳．新媒体时代高校图书馆创新阅读推广服务策略［J］．闽南师范大学学报：哲学社会科学版，2015（1）：161 – 165.
[11] 汪丽萍．浅谈高校图书馆新媒体阅读推广策略［J］．图书馆研究，2014（6）：55 – 57.
[12] 吕振任．高校图书馆新媒体阅读推广服务的思考［J］．梧州学院学报，2014（3）：62 – 66.

阅读推广与图书馆服务创新

高彧军　黄祖伟

（广东建设职业技术学院图书馆　广州市）

摘　要：阅读推广服务已经是现代图书馆服务的主流业务，需要不断更新完善，有效推动全民阅读活动不断向前开展。图书馆阅读推广服务的创新在于：服务创新理念的形成与发展、服务目标均等化、服务对象精准化，并利用新媒体、新信息技术手段推动图书馆阅读推广服务优化创新，以达到全民阅读的目标。

关键词：阅读推广；图书馆；服务创新

引　言

阅读是人类永恒的话题，阅读对于个人、社会和国家都非常重要。提倡阅读，促进全民阅读，事关全民素养的提高，国家的繁荣稳定发展。在信息知识井喷式爆发的时代，信息来源、传送形式多种多样，国民获取信息的渠道多样化，单纯通过图书馆来获取资讯的时代已经结束，通过新媒体、移动互联网获取文献信息资源的渠道已经普遍化，图书馆文献信息资源的利用率呈逐年下降趋势。目前，图书馆事业的发展面临新的拐点，迎来新的发展机遇和挑战。传统的图书馆服务主要是借还服务、参考咨询服务和科技查新服务等，现代图书馆服务发生了变化，阅读推广成为图书馆服务的主流，是图书馆事业发展的新动力、新方向。

阅读推广成为现代图书馆课题科研的热点，其成因是社会对阅读的高度关注、国家对全民阅读的重视，是图书馆事业向前发展的需要。阅读推广是公共文化服务的重要组成部分，其社会价值不断扩大，许多专家学者踊跃研究阅读、阅读推广等相关课题。近十年来，国内外有关阅读和阅读推广的研究成果非常多，其中主要涉及图书馆阅读推广理论研究和应用研究。图书馆的功能从藏书楼到保障公民获取信息知识的基本权利，其间经历的发展历程，符合社会发展的规律，满足了社会发展需求，当然，也少不了国家政策的支持及图书馆的工作人员和有关专家学者付出的艰辛努力。“图书馆学对图书馆的认识经历了从机构到制度的变化，公共图书馆是社会为保障公民获取知识和信息的权利的而设立的。”[1] 为此，在阅读推广活动中，图书馆扮演着重要的角色，并发挥主导作用，引领社会各个部门积极参与到阅读推广活动当中。阅读推广和图书馆功能的相关课题瞬间成为图书馆学研究的热点、重点，其研究的领域非常广泛，并随着时代的发展而发展。其中，图书馆如何在阅读推广中创新服务，提高自身的社会价值，是值得我们去研究和探讨的。

1. 阅读推广与图书馆

阅读属于个人行为，一个人是否具备阅读能力，是否喜欢阅读，事关这个人能否从阅读中学会成长、学到知识、增长见识。个人素养的提高，可以通过阅读来实现。那么，全民素养的提高，则需要通过阅读推广，促进全民开展阅读活动，形成良好的阅读氛围，创造良好的阅读环境，构建健全的公共文化服务体系来推动。“阅读是成长的基石，是提高人口素质和国家实力的引擎，是人类文化交流的纽带，是知识繁衍的手段。阅读是一个国家话题，经常被上升到国家工程、国家战略的高度给予特别关注和支持。当前，阅读推广已经成为全世界的图书馆都非常重视的一项职能，无论是联合国教科文组织，还是美国、英国等发达国家，以及中国、埃及等发展中国家，无不对图书馆在阅读推广中所扮演的角色、发挥的作用寄予厚望。”[2]何谓阅读推广？目前，其定义尚未达成共识。社会各有关机构都积极响应国家的号召，倡导全民阅读，推动阅读推广活动向前发展，其中图书馆是最活跃、最积极的阅读推广机构，并在相关机构中占据主导地位，把阅读推广服务作为自身的主流服务来开展。“阅读推广又称阅读促进，是现代图书馆的一项重要活动内容，从开展形式上看，是指‘图书馆以故事会、推荐书目、读书论坛、专家讲座、摄影展、书展、观影会等形式向社会成员宣传图书资料，提升民众人文素质和审美能力、读写能力的活动’。阅读推广是促进人们参与阅读活动的一种宣传形式，是图书馆职能的重要组成部分。图书馆通过阅读推广体现自身的社会价值和使命特殊性，促使社会形成爱读书、重知识的阅读风潮。”[3]由此可见，阅读推广与图书馆有着紧密的内在联系，阅读推广给图书馆事业的发展指明了方向，图书馆作为公益性服务机构，需要加大力度开展阅读推广服务，实现全民阅读，构建书香社会。

2. 图书馆阅读推广服务创新的要求

传统图书馆的服务越来越不适应现代图书馆事业的发展，跟不上信息时代发展的步伐，这要求图书馆工作人员大胆开拓创新，根据社会发展背景和需求，开启图书馆服务创新的新篇章。阅读推广服务是现代图书馆的主流服务，现在从以下三个方面探索图书馆阅读推广服务创新：

2.1 图书馆阅读推广服务创新理念的形成与发展

思想是行动的先导，要开展阅读推广服务，首先，要学习新的阅读推广服务理念，明白阅读推广是什么，阅读推广为了什么。由于阅读推广基础理论知识还比较薄弱，其理论的发展还不够成熟，所以，需要我们结合其他相关学科的基础理论知识，结合图书馆学基础理论知识的发展规律，不断深入学习研究阅读推广理论知识。其次，对于阅读推广的理论知识，不只是需要一些专家学者进行学习研究，探索阅读推广理论、图书馆阅读推广理论，作为一名图书馆的工作人员，也需要及时解放思想，与时俱进，善于接受新事物、新理念，改变原来的旧思想、旧观念，在工作中学习、探索图书馆阅读推广服务。图书馆阅读推广服务活动形式多样，跟传统图书馆服务区别很大，这对于图书馆的工作人员来说是巨大的挑战，没有一定的工作能力，没有开拓创新精神，不具备一定社会资源，是难以做好图书馆的阅读推广服务工作的。因此，馆员自身要善于阅读，努力提高自己，从多种渠道获取更多的社会资源，使阅读推广服务理念深入工作当中，并不断总结经验，评价服务效果，为图书馆阅读推广服务创新理念的形成与发展注入新的活力。

2.2 图书馆阅读推广服务目标均等化

任何一项服务首先需要确立目标，有了目标才有方向，图书馆阅读推广服务目标要明确。“图书馆是通向知识之门，它通过系统收集、保存与组织文献信息，实现传播知识、传承文明的社会功能。现代图书馆秉承对全社会开放的理念，承担实现和保障公民文化权利、缩小社会信息鸿沟的使命。中国图书馆人经过不懈的追求与努力，逐步确立了对社会普遍开放、平等服务、以人为本的基本原则。我们的目标是：图书馆向读者提供平等服务。各级各类图书馆共同构成图书馆体系，保障全体社会成员普遍均等地享有图书馆服务。”[4]《图书馆服务宣言》明确提出图书馆的服务目标是向读者提供自由平等的服务，阅读推广服务是图书馆服务中新的服务项目，其服务目标要达到均等化，对读者实现无差别服务。“均等化是现代公共文化服务的基本要求。党的十八届三中全会通过的《中共中央关于全面深化改革若干重大问题的决定》要求，‘促进基本公共文化服务标准化、均等化’。这是构建社会主义和谐社会、维护社会公平正义的迫切需要，也是全面建设服务型政府的内在要求，对于丰富人民精神文化生活，提高全民族科学文化素养，具有十分重要的意义。"[5]现代图书馆是现代公共文化服务的重要组成部分，在现代公共文化服务体系中扮演着重要的角色，而阅读推广服务是现代图书馆服务的内容，图书馆阅读推广服务目标均等化与我国现代公共文化服务体系的服务目标一致，我们应该大力推行。均等化服务是相对而言，不是说在开展阅读推广服务的时候，对每个地区、每个读者都提供一样的服务，阅读推广服务具有活动化、碎片化的特点，我们要根据不同的地方，不同的民族，不同的年龄、性别和文化程度的读者来开展不同的阅读推广服务项目，让读者充分享受图书馆文献信息资源，自由、平等地享受阅读的权利和乐趣。

2.3 图书馆阅读推广服务对象精准化

物以类聚，人以群分，人类在社会历史的洪流中，按照不同的标准区分不同的人群，不同阶层的人所处的条件不同，对许多事物的认识都不一样。除了社会阶层的区分，按照不同的标准和定义，还可以把人分为很多种，比如：按照年龄可以分为婴儿、儿童、青少年、中年人和老人等，不同年龄的人，其阅读兴趣不一样，所需的服务也有所不同；按照学历可以分为小学学历、中学学历、大学学历和研究生学历的读者，读者的文化程度不一样，知识结构不同，对阅读的需求也不一样；按照性别可以分为男性和女性读者，性别不同，对阅读内容的要求也有所区别。范并思教授在《阅读推广与图书馆学：基础理论问题分析》中提出："阅读推广的目标人群是全体公民，重点是特殊人群。"他把图书馆阅读推广的服务对象分为：普通人群和特殊人群。特殊人群主要是："①因为缺乏阅读意愿不愿意使用图书馆资源和服务进行阅读的人；②因为文化程度较低，图书馆利用技能或信息技能不足，或受到经济社会环境限制不善于利用图书馆资源与服务进行阅读的人；③因为残障、疾患、体衰等原因无法方便地进入图书馆阅读普通书刊的人；④因年龄太小或太老无法正常利用图书馆，需要提供特殊资源与服务的人。"[6]根据不同的标准去区分不同的人群，其对服务的要求会发生很大的变化，跟传统的借还服务、文献咨询服务不一样，这需要图书馆工作人员具备创新精神，开拓创新阅读推广服务。

阅读推广服务打破了原来宁静的阅读氛围，给图书馆服务提出新的要求。之前图书馆服务的核心价值观是中立性，让读者自由地去查询、读书，自由阅读自己喜欢的、感兴趣的书籍，图书馆工作人员尽量不打扰读者。然而，随着社会经济的发展变化，人们对阅读越来越关注和重视，全民阅读成为社会的重点热点问题，促进全民阅读事关国家和社会的繁荣、稳定和发展，而图书馆是阅读推广的主导机构，阅读推广服务迅速成为图书馆服务的主流。要达到高质、高效、高水平的阅读推广服务，需要明确阅读推广服务的目标人群，联合社会各相关机构，做好充分的调查研究，运用大数据资源，认真分析研究不同的人群对阅读的需求，为实现图书馆阅读推广服务对象精准化提供真实有力的依据。阅读推广服务对象精准化是个动态发展过程，人们的阅读需求发生了变化，阅读推广服务也要随着发生改变，这要求图书馆时刻把握服务对象的情况，根据实际情况，创新规划不同的阅读推广活动，不断提高图书馆阅读推广服务水平。

3. 新媒体、新信息技术助推图书馆阅读推广创新服务

新媒体的出现给人类带来了新的发展机遇，可以说谁真正了解和掌握了新媒体，谁就可以在相关领域占据主导的地位，新媒体影响着各个领域的发展，图书馆在进行阅读推广服务之时，要正确利用新媒体技术为广大读者服务，为弱势群体提供更为便利、更为实用的服务。"不论是三网融合之势，还是物联网、阅读本、苹果 iPad、视频云计算等新技术的出现，都使图书馆面临百年未有之变：用户需求多样化、个性化；服务渠道多元化、宽带化；信息资源海量化、数字化；服务效果立体化，互动化。"[7]面对新媒体的到来，图书馆的各项服务都在发生变化，特别是阅读推广服务，根据用户的特殊性，如何以读者为中心，在任何时候、任何地点都给读者提供及时的服务，我们图书馆要认真研究和解决这一问题，从而有效地为不方便到图书馆来阅读的读者提供温馨而便利的服务，进一步扩大图书馆服务的范围，促进特殊人群能够阅读，并喜欢阅读。"清华大学图书馆自制视频——《爱上图书馆》，通过优酷视频、新浪微博等平台进行宣传，其新颖的形式受到了广大学生的喜爱。新媒体阅读推广服务方式不仅能在第一时间将图书馆信息推广出去，并能够准确定位宣传对象，扩大宣传面，增强影响力，更重要的是这样新鲜生动的宣传方式对大学

生更具吸引力。"[8]可见，新媒体在阅读推广服务当中发挥了自身的优势，推动了图书馆阅读推广服务不断向前发展，从而更好地发挥图书馆在全民阅读活动中的社会价值。

技术的发展带来不可估量的效用，其影响力非常大，电脑、计算机的到来，给许多行业解放了劳动力，让人们慢慢从体力、手工劳动转向脑力、自动化劳动。在科技的冲击下，图书馆从原来的手工抄写目录转向计算机检索目录，这大大减轻了图书馆手工制作查询目录的劳动，也减少了读者查找图书的时间。可见，信息技术的发展，对图书馆来说，解决了许多问题，比如文献信息传输速度和数量问题、图书馆开展服务和管理的成本问题以及图书馆如何适应这个社会发展需要的问题。"图书馆利用信息技术加快了信息的传递，降低了服务的成本，丰富了阅读的形式与内容。2005 年年底出现的图书馆 2.0 理念与技术更是成为众多图书馆阅读推广的有力武器。图书馆 2.0 倡导参与、透明、快乐的服务理念，能够有效改进图书馆阅读推广。如：图书馆可利用博客、Wiki 或 SNS，使阅读者能够参与阅读内容的制作、传播与评论，能够在阅读社区中与图书馆员或其他读者交流，从而有效地激发了读者阅读的兴趣。"[9]等待读者来到图书馆利用文献信息资源的服务方式难以适应信息时代的需求，更跟不上时代发展的步伐。主动服务，互动服务，通过开展多种生动活泼的阅读活动，跟读者分享阅读的乐趣和阅读的效益，进而吸引读者来到图书馆，并充分利用图书馆，使图书馆开展的阅读推广服务收到了良好的社会效益，凸显了图书馆作为公益性组织机构的社会价值。信息技术的发展，可以把图书馆阅读推广服务推向广大读者、特殊群体，让他们参与到各项活动的制作、组织和评价中来，提高读者参与的积极性，让他们成为阅读推广活动的组织者、参与者，这样可以有效激发读者内在的活力，积极投入阅读活动当中，让阅读成为自身的一种习惯，并传播给身边的亲朋好友和社会大众，从而形成良好的、高质量的、高水平的阅读推广创新服务。

4. 结　语

阅读推广与图书馆是紧密联系的，图书馆通过开展阅读推广服务，首先，是对传统的借还服务的一种挑战，是对图书馆核心价值观的一种突破和延伸发展；其次，这对于图书馆事业来说，是个良好的发展机遇，可以借助于国家和社会对阅读的高度关注，不断提高图书馆在社会上的认知度和认可度，激发人们热爱学习，通过阅读来提高自己、培养自己的热情；最后，图书馆服务需要不断创新，阅读推广服务给服务创新带来了动力和着力点，服务的创新需要意识的创新、理念的创新，进而扩大到服务目标、服务对象的创新，借助于最新的科学技术手段有效推动阅读推广服务优质化、便利化。阅读推广与图书馆服务还有很多领域可以去研究，其事关社会经济的繁荣、稳定和发展，事关图书馆事业的未来和国民素质的提高，意义重大。

参考文献

[1] 范并思．公共图书馆的制度研究：十年回顾与述评［J］．图书馆杂志，2013（7）：9－15.
[2] 许枫．浅论图书馆与阅读推广［J］．学理论，2012（9）：47－49.
[3] 范并思．阅读推广：高校图书馆服务"新常态"［J］．上海高校图书情报工作研究，2013（2）：1－4.
[4] 图书馆服务宣言［J］．中国图书馆学报，2008（6）：5.
[5] 蒯大申．现代公共文化服务体系的内涵与基本特征［N］．文汇报，2014－02－24（10）.
[6] 范并思．阅读推广与图书馆学：基础理论问题分析［J］．中国图书馆学报，2014（5）：4－13.
[7] 张芳宁．新媒体视角下图书馆的信息服务［J］．新世纪图书馆，2011（8）：45－48.
[8] 余子佳．新媒体时代高校图书馆创新阅读推广服务策略［J］．闽南师范大学学报：哲学社会科学版，2015（1）：161－165.
[9] 范并思．图书馆学与阅读研究［J］．图书与情报，2010（2）：1－4.

图书馆阅读推广的长效机制与多维思考

谭影虹

（广东江门景堂图书馆　江门市）

摘　要：社会变革的需要和图书馆事业的发展，把阅读推广推向一个新的战略高度，重要性日益凸显。本文强调改变阅读推广的短期行为，建立长效机制，拓宽思路，锐意创新，推动阅读推广工作向纵深发展。

关键词：图书馆阅读推广；阅读推广长效机制；阅读推广创新；时尚；阅读推广

引　言

4 月 23 日，是全世界读书人的节日！自从 1995 年联合国教科文组织通过决议，确定 4 月 23 日为世界图书和版权日（别称世界图书日，又称世界读书日）后，许多国家都在这一天举行书的聚会、书的狂欢，世界读书日到处迷漫着书香和花香！

我国参与世界读书日活动是从 2004 年第 9 个世界读书日开始的。当年国家图书馆和新闻出版总署举办读书活动，一些作家在会上朗读了自己的作品，湖南电视台发起图书漂流活动。2005 年国家图书馆在世界读书日前发出通知，要求各地图书馆在 4 月 23 日前后开展全民阅读活动。2006 年中共中央宣传部、文化部、教育部、新闻出版总署、中华全国总工会等十多个单位联合发出倡议书，号召在全国各地广泛开展读书活动。之后的 10 多年，每至 4 月 23 日各地图书馆普遍举办读书日、读书月活动，内容丰富多彩，方式多种多样，在祖国大地亿万民众中产生了巨大反响。据中国出版科学研究院调查统计显示，我国国民读书率多年呈连续下滑的趋势，于 2007 年被遏止，2015 年成人国民阅读率已回升到 54.8%，月度比上升 0.4 个百分点。这是一个了不起的成绩，“显示了党和政府与社会各界近年来积极开展的国民阅读促进活动初见成效”[1]。

1. 阅读推广，一个新的文化战略高地

自从 20 世纪 80 年代以来，人类被一种潜在的力量推动着，匆匆忙忙地遴行。那时，一种被称作“新技术革命”后又被称作“信息技术革命”的怪物，似乎在一夜间改变了人们的生产方式、生活方式，并且改变着人们的思维方式。1982 年奈斯比特在《大趋势》一书中提出“知识是我们经济社会的驱动力”，第二年保罗·罗默提出“新经济增长理论”，标志着知识经济理论的形成。1984 年中国学者段纪宪在一次国际会议上首次使用“知识经济”一词。“知识经济就是以知识为基础的经济”[2]。知识的生产、积聚、应用，尤其是知识进步及更新的能力，将在经济的发展、财富的增长和社会进步中发挥着至关重要的作用，乃至成为未来社会经济发展的决定性因素。与此同时，邓小平同志提出“科学技术是第一生产力”的论断，中国政府提出“科教兴国战略”和“人才强国战略”。[3]21 世纪初，“学习型社会”“技术创新”成为舆论的话题。人类正在进入一个“学习社会化，社会学习化”的时代。党的十八大也提出创建全民学习、终身学习的学习型社会。江泽民同志指出：“创新是一个民族进步的灵魂，是国家兴旺发展的不竭动

力。”[4] 从 2000 年起，欧洲率先推行大幅度减排，加速向可持续发展时代转型。2008 年的全球性经济危机促使各国政府努力探讨世界经济的未来。杰里米 · 果夫金先生提出，互联网、绿色电力和 3D 打印技术正引导人类进入第三次工业革命，人们将可能在家中、办公室、企业里生产自己的再生能源，并通过“能源互联网”实现绿色电力共享。[5]20 世纪 90 年代美国前助理国防部长、哈佛大学肯尼迪学院院长约瑟夫 · 奈提出“软实力”的概念，认为一个国家的综合实力包括以经济、科技、军事表现出来的“硬实力”，也包括以文化和意识形态吸引力表现出来的“软实力”。而文化软实力是国家软实力的核心，全民族的文化素质是国家软实力的基础。文化软实力已经成为综合国力和国际竞争力的重要组成部分。正如胡锦涛同志所说：“当今时代，文化在综合国力竞争中的地位日益重要，谁占据了文化发展制高点，谁就能够更好地在激烈的国际竞争中掌握主动权。”[6]

总之，人类已经进入了一个新的社会，这个社会是什么，还不十分清楚，还有不同认识，人们曾称它为后工业时代、信息时代、知识经济时代、学习型社会、第三次工业革命时代……但它有一条红线贯穿其间：就是读书、学习、知识、信息、教育、科技、创新。在这里，知识成为资本，文化成了产业，教育快速发展，知识和经济成为同命鸳鸯，整个世界成为生命共同体。

过去怎么也没想到，茫茫宇宙，高速运转的地球竟然把读书、学习和文化教育推到了前沿，阅读也是一种权利！

1985 年以来邓小平同志反复强调教育的重要性。他说：“我们国家国力的强弱，经济发展后劲的大小，越来越取决于劳动者的素质，取决于知识分子的数量和质量。”“忽视教育的领导者，是缺乏远见的、不成熟的领导者。”“我们要千方百计，在别的方面忍耐一点，甚至于牺牲一点速度，把教育问题解决好。”“再穷，也要照顾教育经费。”[8]

无独有偶，1996 年克林顿在美国总统竞选中谈论最多的一个问题就是教育，1997 年他在就任总统的演说中，首先谈到的还是教育。他说，教育是每一位公民最珍贵的财富，他将教育放在优先发展的地位；他承诺，1998 年联邦政府对教育的拨款将达到 510 亿美元，其最终目的是：使每个 8 岁的儿童都能够独立地阅读，每个 12 岁的学生都能够借助于国际互联网学习，每个 18 岁的青年人都能够接受大学教育，最终使每一个美国公民都能够掌握必要的知识和技能，以迎接 21 世纪的到来。[9]

几乎同一个时间，地球的这一面，中国新一届政府领导人朱镕基总理在其施政纲领中郑重指出：“科教兴国是本届政府最大任务。”国家主席江泽民提出：“把经济建设转到依靠科技进步和提高劳动者素质的轨道上来，真正把教育摆在优先发展的战略地位，努力提高全民族的思想道德和文化水平。”[10] 发展文化教育，重视阅读学习，是一种世界潮流，它波及世界各国各个行业，图书馆当然受到了深刻影响。联合国教科文组织决定设立世界图书与版权日。国际图联在《公共图书馆宣言》中强调“为个人和社会群体的终身学习、独立决策和文化发展提供基本条件”，“从小培养和加强儿童的阅读习惯”。美国图书馆协会在其公布的核心价值观中强调：“美国图书馆协会促进了创建、维护和提升学习型社会，确保学校图书馆、公共图书馆、大学和专业图书馆在每一个社区合作，为所有人提供终身学习服务。”中国图书馆学会也在《图书馆服务宣言》中提出：“图书馆努力促进全民阅读。图书馆为公民终身学习提供保障，促进学习型社会的建设。”英国文化、媒体和体育部发布的战略性文献《未来的框架：下一个十年的图书馆、学习和信息》中明确提出：“阅读是所有文化和社会活动的首要任务。”[11]

阅读的世界潮流把图书馆推向新的文化战略高地，阅读推广自然成为各类图书馆的重要职责和核心业务。但是我国图书馆界面对这一汹涌而至的重要业务，最初的反应是很迟缓的。如前所述，教科文组织 1995 年已确定 4 月 23 日为世界图书与版权日，但直到 2003 年我国各地还没有任何反应，“即使出版发行界的人士，知道这一节日的人也不到 5%”，“沉默到了几乎把这一天完全忘记”。直到 2004 年的第 9 个世界读书日才由国家图书馆和新闻出版总署在国家图书馆门前广场组织了一个活动。[12] 此后，虽然全国各地图书馆每年都举办各种形式的读书日、读书月活动，还在常熟举办过“阅读推广人”培训班，文化部制定的新的“公共图书馆评估定级指标体系”中增加了“阅读推广活动”项目，但总体来看，我国各图书馆的阅读推广活动还处在初始阶段：

①许多文化管理机构和图书馆还没有把阅读推广看作图书馆的主流业务，没有把开展这一服务放在重要位置，在发展战略工作计划中还缺少阅读推广的内容。

②很多图书馆把每年 4 月 23 日前后的阅读推广活动视为一种应景式的宣传活动，一种短期行为；活动

结束，场地一扫，完成任务；所以有人在报上发文希望读书日、读书月变为日日读、月月读。

③既然是应景活动，就只讲过程，不问结果；只图热闹，不讲实效；缺乏长期规划和明确目标，许多图书馆的阅读推广带有自发性、随意性，缺乏管理自觉；[4]图书馆缺乏阅读推广的组织建制和固定的阅读推广人员，因而平时无人管，过后不思量，更无人全面系统地研究；年年“4·23”，安排大同小异，很少创新创意，很难提高深化；[5]因缺乏管理自觉，当然也缺乏自律；因为每每自发，当然也缺乏监管，因而常常在阅读推广活动中出现一些问题而不自知。如许多地方举办千人广场阅读，统一着装，甚至着古装齐声朗读《三字经》《弟子规》，劳民伤财，精华与糟粕杂陈，是也？非也？再如裸读，网上疯传美国某市一群少妇在公园草地上，赤身裸体地读书，难免会有中国人模仿。还比如在学校，有的让孩子着装表演读书小品，衣服价位超出了家长的承受能力；有的让孩子学习古代“二十四孝”，内容中竟有“郭巨埋子”等内容而不加说明。

2. 建立图书馆阅读推广长效机制

把阅读活动搞得轰轰烈烈以振人心，诚然有用也有效，但毕竟效用不长。现在有的国家以阅读为立国之本，有的定为国策，有的每年举办几个读书节，总统、部长齐上阵。他们为了什么？为了国家民族的富强，为了永远立于不败之地，为了在新的世纪走在世界的前列，为了让每一个孩子掌握必要的知识和技能，过上幸福安康的生活。

有人说阅读是一个系统，我们说它更是一个系统工程，它是需要各路“神仙”共商大计、共同努力才能实现的伟大目标。

①我们需要有一个从国家层面指导这一系统工程运作的政策性、导向性、指令性的文件。不错，国家的许多文件都提到过阅读，国家领导人也发出推动阅读的声音，但是缺少这样一个指导全民阅读的文件，总觉得阅读推广不够坚挺，力度上不去，很难把阅读推广上升到国策的程度。

②建立一个阅读推广的领导管理机构，哪怕在国务院或文化部下设一个办公室也好。有一个组织，有几个人，办事才会有定力，才有人去集思广益，综合地、连续地、长期地思考阅读推广问题，才有全面长远的计划，才能出成效。单靠民间的学会、协会的能量是有限的。

③作为各省市文化教育部门，读书和藏书重镇，阅读推广主力的公共图书馆、高校图书馆，应该建立阅读推广部，配备有较高学术水平、对阅读颇有研究、热心阅读推广事业的专业馆员，制定本地、本校的阅读推广计划和实施措施。省、市、县公共图书馆要努力组织和推动当地各级图书馆的阅读推广活动，形成一个地区的阅读推广网络。

④国家有关部门应组成专家班子，通过对阅读推广工作调查研究，制定出关于省、市公共图书馆和高等学校图书馆阅读推广工作评估指标体系，并定期组织评估活动。对评估活动要进行严格监督，坚决杜绝评估活动中的虚假和腐败。

⑤有条件的科研机构、省市图书馆和高校图书馆可建立阅读推广研究所（中心），积极开展阅读推广理论、方法、政策研究，以指导阅读推广实践并作为管理部门制定方针政策时的参考。

⑥筹建阅读推广基金会、设立阅读推广基金。政府有关部门应该从文化发展资金、社会福利资金等项目中划拨一部分资金投入“阅读推广”活动中，并鼓励企业和个人捐赠善款，用于各种阅读推广活动中对优秀阅读推广地区、单位、个人的奖励。

⑦加强图书评论和阅读指导。书评是阅读推广的有效形式，可以宣传优秀图书，充分肯定其学术地位和艺术价值，吸引读者目光，引导阅读风尚。书评是深阅读的结果，只有仔细阅读、认真领会、认真思考，才能写出好的书评，所以在读者中组织书评学会、开展书评竞赛、书评演讲会，对于阅读推广、引导深阅读的开展是非常有用的。

⑧在图书馆指导下，成立读者自己的读书组织，是扎根基层、联系读者、推广阅读的有效办法。根据历年的经验，可以因地制宜地组建书友会、读书会、读者协会、读书研究会、藏书家协会、爱书者学会等。这些组织将是图书馆开展阅读推广活动的群众基础、有力助手，可通过它们带动更广泛的读者群。图书馆应在图书资料和活动经费方面给它们以支持并有专人指导。

3. 阅读推广常态化与创新思维

随着社会需求的变化和图书馆事业的发展，阅读推广已经成为各级公共图书馆和高校图书馆的核心业务、主流业务之一。图书馆管理人员应该改变传统观念，全面、系统、多角度研究和考虑图书馆阅读推广问题。

3.1 阅读推广常态化

长期以来，图书馆的阅读推广活动常常是一阵风，更像一种“推销”活动，缺乏连续性、系统性、长期性。今天，随着社会阅读需求的变化和图书馆工作的发展，阅读推广成为图书馆的核心业务、最重要的工作之一，阅读推广常态化已是必然趋势。图书馆领导班子应该从这一认识出发制定阅读推广长远计划和近期行动的目标，要将读书日变为日日读，读书月变为月月读，为实现全民阅读、建设书香社会、提高全国人民的文化素质做出新的贡献。

3.2 阅读推广动态化

自有图书馆以来，这里就是一个安静的地方，读书学习需要安静。进入图书馆第一眼看到的就是一个醒目的“静”字，走路无响声，说话不出声，只能听到笔在纸上移动的沙沙声，此处无声胜有声。阅读推广则不同，它具有一定的“推”的动感、“推”的力度。所以图书馆的阅读推广者要宣传、要鼓励、要举办各种动态活动，甚至于手之舞之、足之蹈之、歌之咏之，以求在民众和学生中引起震动、造成影响，让那些厌倦图书的人爱上阅读。

3.3 阅读推广的传统模式与时尚创新

传统的阅读推广方式仍然有用，也有效，但面对今日之社会环境和今日之读者，应该更多地用今天的交流语言。这就是王波先生提出的“时尚阅读推广”。他说，“‘时’的意思是时新，‘尚’的意思是受到推崇”，“时尚具有流动性和易变性”，“但是形成时尚的内在逻辑却是稳定的，可复制的”，“关键是找到更新的创意”。[13]他介绍说，北京大学图书馆在2014年开展仿照西洋名画拍摄读书图的阅读推广活动，2015年又推出了“书脸”这种摄影展加上书目展的形式，再次受到欢迎，引起轰动。同时，他还介绍了在他即将出版的《图书馆时尚阅读推广》一书中所列举的时尚案例：阅读疗法、一校一书、真人图书馆、手工做书，等等。他说这些案例“差不多都借鉴于欧美的图书馆”，他希望中国图书馆的阅读推广人“要有超越这些案例、创造真正属于中国图书馆界自己的经典的阅读推广形式的气魄，并有能力在活动之后，讲好这些图书馆阅读推广领域的‘中国故事’‘中国经验’”![14]

记得前几年一位馆长讲过：将时尚美学引进图书馆学已不是可不可行的问题，而是已经发展到大量引用、广泛接受、发扬光大的阶段。《时尚美学》一书的作者刘清平教授早已指出：“时尚文化的本质特征”用一个字概括，就是“炫”。按照《辞海》的解释，“炫”有两层意思——照耀和夸耀。“时尚文化几乎是全面完整准确地承袭了‘炫’的这两层语义”。“时尚文化的精髓，与其说在于审美，不如说在于‘炫美’”，“时尚美其实也就是炫之美”。他进一步将“时尚”定义为“人们在生活中出于肉体感性的炫美的目的所追求的某些新颖流行的行为方式”。“时尚是一位神秘的感性女神，不仅在内容上，而且在形式上都存在许多很玄妙、很复杂、很奇怪的地方，很难单纯凭借理性的思维将它的本来面目如实还原出来。”[15]

我们广东省的图书馆就有许许多多的“时尚符号”：富有音乐感的深圳图书馆正面外墙，整体造型犹如金如意的深圳大学城图书馆（科技图书馆），寓意为“美丽书籍”、造型怪异的广州图书馆新馆等。图书馆家具设备中的时尚元素就更多了：中山大学大学城分馆的大黑阅览桌面、华南师大图书馆大学城分馆红黑搭配的书架护板、岭南职业学院图书馆的大红阅览桌、佛山图书馆中的后现代派雕塑“智慧树”等。更具代表性的是广东省图书馆学年会上每年一度的“书车舞”表演，以及许多图书馆在新馆建设中添加的咖啡厅、茶室、琴室、外语沙龙、书画展室、文物（古钱、古镜）陈列室，等等。还有的图书馆统一着装、化妆上岗。所有这些看起来都有点“炫”，有点“时尚”，但人们不但不觉得不妥，反而有耳目一新之感，一洗过去图书馆沉闷压抑的氛围，给人以新颖、美丽、轻松、向上的气象。所以说王波先生倡议的“时尚阅读推广”肯定是受欢迎的。

但是、时尚诚宝贵，传统方法亦不可弃。

总结10多年来各图书馆开展阅读推广活动实践和近年开创的许多新的形式，可以归纳出以下55种，谨供各图书馆举办阅读推广活动时参考：

①评选优秀读者；

②寻找最美的读者；

③评选十大藏书家；

④年度十大畅销书（书店）；

⑤年度十大优秀读物；

⑥读书下乡活动；

⑦图书赈灾活动；

⑧文化扶贫活动；

⑨读书报告会；

⑩小学阅读讲座；

⑪初中阅读讲座；

⑫高中阅读讲座；

⑬大学阅读讲座；

⑭市民阅读讲座；

⑮农民阅读讲座；

⑯老人阅读讲座；

⑰妇女阅读讲座；

⑱作家面对面（报告、签名售书）；

⑲诗歌朗诵会；

⑳散文朗诵会；

㉑亲子阅读；

㉒读书夏令营；

㉓读书之旅；

㉔读者座谈会；

㉕推荐书目；

㉖书评竞赛；

㉗书评报告会；

㉘阅读记忆（读书笔记）；

㉙阅读书、画、影展（复制品）；

㉚阅读书、画、影视创作展；

㉛图书馆馆徽设计竞赛；

㉜读书会会徽设计竞赛；

㉝图书馆建筑艺术图片展；

㉞图书馆建筑摄影展；

㉟藏书票艺术展（复制品）；

㊱藏书票艺术创作展；

㊲书籍插图艺术展（复制品）；

㊳书籍插图艺术创作展；

㊴书籍装帧设计艺术展（复制品）；
㊵书籍装帧设计艺术创作展；
㊶书名接龙；
㊷书名灯谜；
㊸书中人物灯谜；
㊹巨人与巨著（名著展）；
㊺专题图书展；
㊻中外图书发展史图文展；
㊼中外图书交流史图文展；
㊽书人、书脸摄影展；
㊾读书疗法；
㊿图书之城；
51一校一书；
52真人图书馆；
53香氛；
54手工做书；
55一本书，一支玫瑰（书香、花香）。

参考文献

[1] 乔好勤．行走书林——乔好勤文集［M］．上海：华东师范大学出版社，2011：636.
[2] 罗执迁，等．观念大冲撞——知识经济呼唤教育革命［M］．北京：中国少年儿童出版社，2001：9.
[3] 邓小平．邓小平文选（第三卷）［M］．北京：人民出版社，1993：108、377.
[4] 江泽民．江泽民论中国特色社会主义（专题摘编）［M］．北京：中央文献出版社，2002：243，255.
[5] 周洪宇．第三次工业革命与中国教育改革［M］．武汉：湖北教育出版社，2011：120.
[6] 肖东发，张文彦．出版创新与中国文化软实力［M］．北京：中国社会科学出版社，2011：9.
[7]［9］罗执迁，等．观念大冲撞——知识经济呼唤教育革命［M］．北京：中国少年儿童出版社，2001：91，120.
[8]［10］李岚清．李岚清教育访谈录［M］．北京：人民教育出版社，2004：21－22.
[11] 范并思，王巧丽．阅读推广的管理自觉［J］．图书馆论坛，2015（10）：9－10.
[12] 文一．图书日的悲哀［N］．中华读书报，2007－04－25.
[13]［14］王波．阅读推广、图书馆阅读推广的定义［J］．图书馆论坛，2015（10）：5－7.
[15] 刘清平．时尚美学［M］．上海：复旦大学出版社，2008：1，17.

图书馆阅读推广与服务创新模式研究*

张　莉

（广东交通职业技术学院图书馆　广州市）

摘　要：该研究针对高校图书馆尤其是高职院校图书馆在阅读推广工作中的重重困难，应用信息技术和互联网平台，探索图书馆数字化和网络化的推广模式，使服务模式多元化和个性化，并开设了微信公众平台，优化扩展了图书微信服务功能和服务方式，将图书馆的资源最大化地呈现和传播到学生和教师中，平台的推广与维护提高了读者的参与度，构建了基于微信公众平台的移动图书馆服务体系，增强了图书馆与读者的黏性，使图书馆的阅读推广工作走出了困境。

关键词：图书馆；阅读；推广模式；服务方式；网络平台；微信

1. 课题的基本情况

1.1　本课题产生的背景

“全民阅读，建设书香社会”，是立足中国文化、提高中华民族素质与竞争力的重要举措。“阅读推广，服务创新”受到了图书馆界与学界的高度关注。目前高校图书馆尤其是高职院校图书馆，在阅读推广与实施方面困难重重。面对困境，应积极开展阅读推广研究，适应读者需求，大胆探索读者服务的创新路径，增强图书馆与读者的黏性，使图书馆阅读推广走出困境。

随着通信技术和互联网的发展，图书馆向着数字化和网络化的方向发展，服务模式趋于多元化和个性化，传统的图书馆服务模式已经不能满足广大读者的需求，图书馆必须创新发展服务模式，主动出击，积极利用网络或其他新型应用程序来开发图书馆的服务应用，提供个性化、方便快捷的特色化服务。

图书馆开设微信公众平台的主要目的是将本馆的资源最大化地呈现和传播到师生中，重点研究如何扩展微信服务的功能、服务的方式、平台的推广与维护以及提高用户的参与度，并构建好基于微信公众平台的移动图书馆服务。

1.2　本课题的研究目标

落实图书馆工作的基本职能。近年服务对象读者的流失成为高职图书馆工作的最大问题，其原因一是现代信息技术的应用普及的影响；二是高职读者本身读书兴趣不高，学习能力不强；三是高职图书馆自身服务理念、服务方式、服务能力水平等多种因素造成。因此，在信息化到来的时代，高职图书馆要发挥为学生、为教师、为教研服务的功能，发挥第二课堂作用，就要认清形势、转变思想、更新理念、创新服务。

---

* 本文系广东省图书文化信息协会研究项目“图书馆阅读推广服务创新模式研究”（项目编号：GDTWKT 2016－12）结题报告的主干部分。。

为增强图书馆工作的动力与活力，吸引读者参加图书馆活动，我们本着读者第一、服务育人的宗旨，进行服务创新。

基本思路是：第一，主动作为，开展活动。将主动服务的理念落实到具体有效的行动中。第二，读者入馆，真诚服务。以读者为中心，免除办证、上机、复印等费用，由坐等上门的被动服务变为奉献推介的主动服务，真抓实干，用心服务。第三，深化服务，渐入常态。随时关注读者需求，不断细化深化、改进服务，将组织安排的走进图书馆的有效形式活动变成服务读者日常自觉需求的常态活动。

以上图书馆实践活动开启的创新服务，促进了图书馆与读者的沟通交流，提高了读者的到馆率和资源利用率，增强了图书馆的服务意识，锻炼了图书馆的服务能力，提升了图书馆的服务水平。

1.3　本课题的研究内容

本研究根据目前全民阅读中存在的问题以及在校大学生的阅读状况，联系当今图书馆读者阅读人数日趋下降的现实问题展开了调研，归纳分析目前大学生的阅读状况与形成原因以及图书馆读者人数日趋下降的原因，提出解决方案与举措，探索适应当代读者的服务创新路径。本研究将以广东交通职业技术学院图书馆为例展开，主要研究内容为：

（1）国内外阅读推广与研究概况分析

通过对国内外文献的查阅研究，总结、归纳阅读推广的成功案例；同时对于推广活动中存在的问题或不足给予分析、总结，以便规避；为阅读推广活动找出共性，为本文的研究提供依据与参考。

（2）我国高校图书馆阅读推广面临的发展困局与创新瓶颈

通过对我国高校图书馆阅读推广活动的总结、分析，明确推广活动的目的与意义；探讨、分析推广活动中存在的困难与不足，以及读者服务创新所面临的困境。

（3）我国高校图书馆阅读推广的调查研究

以广东交通职业技术学院为调查点，结合其他高校图书馆与在校大学生的共性，首先深入地对大学生目前阅读状况进行调查与研究，同时对高校图书馆的读者人数日趋减少的原因进行分析与研究，最后对高校大学生的阅读需求与图书馆阅读推广个性化服务加以研究，后者为该研究的主要任务之一。

（4）我国开展阅读推广的创新模式与思路

要使阅读推广真正落到实处，实现有效服务，必须紧跟时代与读者需求，建立一种可行的与读者沟通的模式；摒弃以往坐等读者上门或只将现有的馆藏书籍作为推广内容的服务及推广方式，而转为以读者需求为出发点，使图书馆的阅读推广工作走出困境。

1.4　本课题采用的研究方法

（1）文献研究

以相关文献与案例为基础。查阅大量相关文献和阅读推广案例，了解国内外研究现状与目前图书馆发展状况，为将要开展的研究工作提供理论基础和指导依据。

（2）调查、统计研究

以问卷调查和数据统计为依托。调查图书馆阅读推广活动的开展状况与读者的阅读现状，广泛征集各方面的信息，力求征集统计研究法科学、准确。将大量调查数据进行统计分类，并总结分析结果，为研究提供实证支持。

（3）实证、个案研究

以广东交通职业技术学院图书馆开展阅读推广活动为例，总结、分析其推广成功的案例与存在问题，归纳出存在的普遍规律；结合对其他院校的调查、统计数据，总结出目前图书馆阅读推广存在的共性与问题。

（4）分析归纳研究

通过文献研究、调查统计以及实证、个案研究等表现出来的普遍规律，归纳总结出图书馆目前阅读推广的共性与存在问题，为提出解决方案与措施提供条件。

（5）探索性研究

根据目前图书馆阅读推广状况与实际问题，结合读者阅读现状，探索一种更新、更符合读者需求的服务模式，势在必行。图书馆应紧跟时代步伐，响应读者需求，探索服务创新的可行性方案，承担起传播文化、知识，建设书香社会的重任。

1.5 课题的预期成果

（1）构建阅读推广机制，实现阅读推广专业化

目前我国阅读推广方式多样，但都较零散，属于碎片化，建议将推广活动制度化，规范化，并可试行责任制、分片式推广。如广东交通职业技术学院图书馆推行的阅读推广专员包院，根据每个学院特色，定时定期推广阅读，效果显著。

（2）提出阅读推广专员＋志愿者团队建设，将阅读推广常态化

图书馆专业阅读推广工作人员有限，若能吸纳志愿者团队加入，不但可以解决人员紧张的问题，更能加强对读者的了解与宣传，因为志愿者本身就是阅读推广的目标读者。这项活动将有助于促进图书推广工作的开展进程。

（3）助推360体验式阅读推广，适时创造读者需求

助推360体验式阅读推广方式，借助于焦点人物、焦点事件，全方位、多角度进行推广。如，借助于莫言获得诺贝尔文学奖的影响力，大范围、多角度推广与莫言有关的书籍、讲座、论坛、画展；利用大板报、名电影（如《红高粱》电影家喻户晓，却很少人知道是根据莫言小说改编的）来吸引读者。总之通过360体验式推广方式，可以对读者感觉、视觉上造成强大冲击，在读者尚未有需求时创造需求与兴趣，促进阅读工作的开展。

（4）探索无缝式链接方式，及时感应读者需求

在网络科技飞速发展的今天，对读者的阅读兴趣、爱好以及近期阅览动态加以掌握已不是难事，但是，如何从读者踏入图书馆的那刻起，就能对其阅读所需了如指掌，继而有效推送却成了难题。这里不但需要科学技术，更需要心理学方面的介入。

（5）建立与读者沟通的模式，激发读者的阅读兴趣

要使阅读推广真正落到实处，实现有效服务，必须紧跟时代与读者需求，建立一种可行的与读者沟通模式，激发读者的阅读兴趣，增加图书与读者的黏性；摒弃以往的坐等读者上门或只将现有的图书馆馆藏书籍作为推广的方式，应试行读者荐购、读者推广，以读者带动读者，形成读者交流圈，使读者的阅读由被动转为主动；图书馆逐步转变为应读者需求而采书、阅读、交流、服务、管理的平台，图书馆也将不断地根据读者的需求而变化、创新。

1.6 课题主持人和参与人名单

<table>
<tr><td rowspan="2">课题负责人</td><td>姓名</td><td>张莉</td><td>性别</td><td>女</td><td>年龄</td><td>39</td></tr>
<tr><td colspan="6">工作单位及职称职务：广东交通职业技术学院，图书资料馆员</td></tr>
<tr><td rowspan="4">课题组成员（姓名、工作单位及职称职务）</td><td>毕玉修</td><td colspan="5">广东交通职业技术学院，副研究馆员</td></tr>
<tr><td>赖华</td><td colspan="5">广东交通职业技术学院，副研究馆员</td></tr>
<tr><td>梁永演</td><td colspan="5">广东交通职业技术学院，图书资料馆员</td></tr>
<tr><td>谢晓虹</td><td colspan="5">广东交通职业技术学院，图书资料助理馆员</td></tr>
</table>

1.7 课题起止时间

本课题于2016年3月开始酝酿、试行，于2016年11月正式批准立项。

2. 课题的运行情况

2.1　国内外阅读推广与研究概况分析

通过对国内外文献的查阅研究，总结、归纳阅读推广的成功案例，同时，对于推广活动中存在的问题或不足给予分析、总结以便规避，为阅读推广活动找出共性，为本文的研究提供依据与参考。

（1）开辟新生专栏、开展网络检索知识竞赛

北京师范大学与西安科技大学图书馆等分别提出了“开辟新生专栏、开展网络检索知识竞赛”的模式，它们的共同点都是针对刚入学的大一新生。北师大图书馆在新生专栏里不但系统介绍了图书馆方面的信息，还附加了新生课外兼职、求租等消息（只要是新生感兴趣、关注的话题都会进入专栏），其目的就是吸引新生关注图书馆、认识图书馆、走进图书馆。

西安科技大学图书馆自创的网络检索知识竞赛以及新生入馆知识答题冲关游戏，赢得了学生的称赞与掌声。将枯燥的入馆教育改编成答题闯关游戏，更适合当今“90 后”学生喜欢涉奇、猎奇的个性与思路。

（2）毕业季，难忘图书馆回忆

华中师范大学图书馆为毕业生设置绿色通道，免费办理校友卡，创建毕业生留影墙、留言板，留下各种彩绘、寄语，为毕业生留下美好回忆的同时扩大了图书馆的影响力与凝聚力。

（3）“搭建书屋、大家齐动手”，与书亲密接触

深圳职业技术学院图书馆全馆工作人员齐动手，将书刊放置在指定位置，由读者随意发挥想象，将书本或搭或建，如垒搭积木，如搭拱桥，造型各异，书态万千，在这种轻松快乐的不经意中将读者领入了书的海洋。

（4）文化育人润物细无声——图书馆文化服务创新

西安理工大学图书馆自创了入馆教育微电影，配备了典雅的音乐；借助于模特队 T 台走秀来宣传新书入馆；自创了闭馆提示语音，让读者在温馨的提示与祝福声中悄然不舍地离开图书馆。

（5）360 体验式阅读——莫言作品阅读推广系列活动

上海大学图书馆借助于莫言获得诺贝尔文学奖的影响力，大范围、多角度地推出与莫言有关的书籍，开讲座、论坛、画展，利用大板报、名电影来吸引读者。总之，360 体验式阅读活动就是借助于名人效应全方位开展阅读。

从以上各高校阅读推广的案例可以看出，目前我国各高校的阅读推广活动形式多样、各具特色，然而，遵行以“读者为本，从读者需求出发”的实施目标，却愈加统一。本课题通过对各院校阅读推广范例的对比与分析，发现近些年各高校阅读推广工作中提及最多的是“两季一日”，即“新生季、毕业季以及读书日”阅读活动的开展。此类活动我馆都已陆续展开，并取得了较好成绩，正如南方科技大学燕馆长所说：创新即传承与借鉴。

分析、研究各高校图书馆关于阅读推广的创新经验，不但有助于开阔视野与工作思路，同时也为本项目的研究工作提供了宝贵的经验。传承本馆优势，借鉴他馆所长，在全体图书馆员的努力与探索下，相信我们的阅读推广工作会做得更好！

2.2　我国高校图书馆阅读推广面临的发展困局与创新瓶颈

本课题通过对我国高校图书馆阅读推广活动的总结、分析，明确推广活动的目的与意义，探讨、分析推广活动中存在的困难与不足，以及读者服务创新所面临的困境。

本课题以广东交通职业技术学院为调查点，结合了其他高校图书馆及在校大学生的共性。首先，对大学生目前的阅读状况进行深入的调查与研究；其次，对高校图书馆的读者人数日趋减少的原因进行分析与研究；最后，对高校大学生的阅读需求与图书馆阅读推广个性化服务加以研究。

（1）高校图书阅读状况堪忧，阅读推广举步维艰

目前，我国高校学生阅读呈下降趋势已成为不争的事实，尤其在各大高职院校表现更为明显。以广东交通职业技术学院为例，从统计数据可以清晰地看到图书阅读数量的下降，并且伴有逐年下降的趋势。这一状况令人担忧，解决此问题势在必行。究其原因，与在校学生的个体差异和高职院校学生的特殊性有关，同时不得不承认信息化、网络化、碎片化对学生视觉冲击的影响。随着科技进步，数字文献大量引进，其点击量日益增多，纸质文献借阅量将越来越少，学生阅读网络化、碎片化、肤浅化，无目的、无系统的阅读形式将更为突出。作为高校阅读推广者，如何因势利导，适应、创造读者需求，将面临重大挑战。

（2）高校阅读推广流于表面，对活动重视不够

目前，各高校阅读推广工作都在相继展开，并且声势浩大。甚至有些高校为了响应阅读推广，在图书馆门口悬挂醒目的阅读推广相关文字。然而据调查发现，以上措施并未对阅读推广工作起到实质性的作用。究其原因，阅读推广工作者在缺乏与读者沟通的前提下，只是根据自身专长、偏好来制定推广书目，显然，在不了解读者需求，更谈不上挖掘读者的兴趣爱好的情况下进行阅读推广效果当然大打折扣。同时，上级领导的重视程度，也是直接关系到阅读推广工作效果的关键。

（3）高校阅读推广模式单一，持续效应不足

根据调研发现，我国高校目前阅读推广工作大多由各图书馆自行主办，馆际联合举办或与其他文化机构共同承办的范例较少，这就在很大程度上局限了宣传推广的力度与广度。同时阅读推广的内容也较为单一，基本定格在了读书座谈、阅读签名、征文有奖、演讲比赛等形式上，未能很好地深入研究读者需求，以至于阅读推广活动当天现场热烈，活动过后悄无声息，持续性骤减，未能使阅读推广工作达到预期效果。

（4）高校阅读推广机制不全，缺乏有效评估

自中宣部号召“全民阅读”以来，我国的阅读推广工作陆续展开，然而由于缺乏统一的评价体系，多数馆对阅读推广的评估停留在内部总结、经验探讨上，从而使推广工作注重书面汇报，而缺乏实际操作流程与反馈，多数推广流于形式，活动持续性不强，不能使推阅读推广工作真正落到实处。

2.3 我国开展阅读推广的创新模式与思路

目前，阅读推广工作困难重重，阅读“网络化”“功利化”“肤浅化”已经开始蔓延。据调研统计，当今，只有为数不多的学生能静下心来，用心读完一本纸质书。快餐文化让图书界面临挑战与困惑：是读者不再需要图书了，还是我们的服务工作不能与时代接轨？答案当然是后者。作为图书工作者必须摒弃以往坐等读者、接受咨询的工作方式，转变到寻求读者、主动推送服务上来。

要使阅读推广真正落到实处，实现有效服务，必须紧跟时代与读者需求，建立一种与读者沟通的可行模式；摒弃以往坐等读者上门或只将现有的馆藏书籍作为推广内容的服务及推广方式，而转为以读者需求为出发点，多向沟通、协调，使图书馆的阅读推广工作走出困境。

3. 课题的运行结果

3.1 本项目所取得的研究成果

（1）构建阅读推广机制，实现阅读推广专业化

目前我国阅读推广方式多样，但都较零散，属于碎片化。课题组提出将推广活动制度化、规范化，并可实行责任制，和学工部门联合，进入班级、个人评优评价体系，实现分片式推广。我院图书馆推行的阅读推广专员包院，根据每个学院特色，定时定期推广阅读，效果显著。

（2）提出阅读推广专员＋志愿者团队建设，将阅读推广常态化

课题组认为，图书馆不仅是向师生推送图书信息的平台，也是育人的场所。我院图书馆建立了学生志愿者团队参与图书馆的部分工作，加强了对读者的了解与宣传，使他们成为阅读推广的直接受益者和带头

人。在我院图书馆，学生志愿者直接参与了图书馆的各项工作，他们既能了解学生的需求，也能促进阅读推广工作，起到了很好的推进作用。

（3）助推 360 体验式阅读推广，适时创造读者需求

助推 360 体验式阅读推广方式。借助于焦点人物、焦点事件，全方位、多角度进行推广。如，借助于莫言获得诺贝尔文学奖的影响力，大范围、多角度推广与莫言有关的书籍、讲座、论坛、画展，利用大板报、名电影来吸引读者。总之通过 360 体验式阅读推广方式，可以对读者感觉、视觉上造成强大冲击，在读者尚未有需求时创造需求与兴趣，促进阅读工作的开展。

项目开展以来，共开展各项讲座、论坛、画展等活动 11 次，参与学生 2 000 人次，在学生中产生了较大的影响。

（4）探索无缝式链接方式，及时感应读者需求

在网络科技飞速发展的今天，对读者的阅读兴趣、爱好，以及近期阅览动态加以掌握已不是难事，但是，如何从读者踏入图书馆的那刻起，就能对其阅读所需了如指掌，继而有效推送却成了难题。这里不但需要科学技术更需要心理学方面的介入。

①以学生工作为依托，建立班级图书信息员组织。

在学生中选拔读书积极分子作为班级图书信息员，负责图书信息推介、学生需求反馈，这一举措在图书推广中起到了明显的作用。学生可以及时了解图书的信息情况，图书馆也可以及时了解学生对图书信息的需求情况。截止到 2017 年 6 月底，班级图书信息员在学生中收集意见建议 400 多条，被图书馆采纳 300 条。

②与专业课程教学相结合，由专业老师推介图书信息。

为了更好地服务教学，了解专业课程需求，贴近师生所需，聘请专业课老师做书目推荐导师；定期邀请专业课老师同图书采购人员现场采书；同时请老师们参与图书馆建设，听取他们的意见与建议。有了专业课老师的指导与带动，学生的阅读积极性显著提高。截至 2017 年 6 月底学生借阅专业书籍 6 000 多册。

③利用目前的信息技术背景，开发图书馆网络系统，利用移动图书馆、QQ/FAQ、微信、公众号等工具，及时为读者提供馆藏书目检索、新书通报、好书推荐、预约、推荐采购等服务，同时开展科技查新、代查代检等服务，专门设置的读者互动、师生留言、电子邮件服务等极大地方便了读者，同时与读者架起了有效的沟通桥梁，推动了图书馆建设工作的发展。

（5）建立与读者沟通模式，激发读者阅读兴趣

要使阅读推广真正落到实处，实现有效服务，必须紧跟时代与读者需求，建立一种与读者沟通的可行模式，激发读者的阅读兴趣，增加图书与读者的黏性；摒弃以往坐等读者上门或只将现有的馆藏书籍作为推广内容的服务及推广方式，试行读者荐购，读者推广，以读者带动读者，形成读者交流圈，使读者的阅读由被动转为主动；图书馆逐步转变为应读者需求而采书、交流、服务、管理的平台，图书馆也将不断地根据读者的需求而变化、创新。

①试行专业信息推介，挖掘读者阅读兴趣。

为了更好地服务读者，激发读者的阅读兴趣，试行了专业馆员包院系制度。即一位馆员负责一个或多个院系的专业信息推广工作。在此项目的实行中，专业馆员的素养尤为重要。首先，要有渊博的专业知识。只有具备丰富的专业知识，才难将专业信息做到位。其次，要有敏锐的挖掘信息的鉴别能力。没有信息鉴别能力，想在浩瀚的信息库里挖掘、筛选有效及时的信息是相当困难的。再次，要有较强的沟通能力。即使挖掘到有效及时的相关信息，但却缺乏与接收者的沟通，缺乏对读者需求的了解，也会导致信息推送失败。本次广东交通学院职业技术学院图书馆在试行中，根据各馆员的实际情况与各院系的专业设置进行匹配，实施馆员到院系，及时了解专业动向与需求并定期推送专业相关信息，此项目自实施以来收到了良好效果。信息推送工作经历了起初的无人问津，到后来阅读点赞，再到后来要求加送信息版面，图书馆在寻求读者、创造读者的思路上走出了一条创新之路。

②参与专业课题研究，深入了解科教需求。

为了深入开展阅读推广工作，及时满足教师对科研专业化的需求，开展了馆员参与教师专业课题研究的工作。图书馆员深入院系了解专业设置与行业发展动态，同时利用图书馆的信息资源优势，加入学院专业课题研究中，不仅方便了科研教师的信息搜集、文献处理工作，而且了解了广大教师的科研需求与发展

趋势，为图书馆的资源采购与发展提供了机遇与方向。

③参与学生管理工作，深入了解学生需求。

为了深入了解学生需求，实行了馆员参与学生管理工作的制度。在班主任管理工作中，随时了解学生对图书的需求以及建议和意见，并时常在班会中穿插一些图书馆典藏、流通信息，引导鼓励学生借阅有益于自身发展的书籍，在潜移默化中使学生借阅图书积极性显著提高，能踊跃参与图书馆公益活动，其中试点班级 11 名同学加入图书馆义务管理员行列，班级也在评比中获得“书香班级”与“标兵班级”。从以上成功案例可以看出，图书馆鼓励馆员参与学生管理工作，不但巩固了与读者交流的平台，而且加速了图书馆的建设与发展。

④参与专业建设，明确图书馆建设目标。

作为高校图书馆，读者类型较单一，从大的方面可分为教师群体和学生群体，而教师与学生群体的阅读书目主要取决于专业课程设置，图书阅读推广工作更应该围绕专业课程展开。如广东交通职业技术学院在航海专业学生减少、机电专业学生增加的情况下，及时调整采购种类与数量，而针对本年度新起点的“五年制”学生（初中级）提前订购适合的课本，同时采进了高中基础课相关课本与资料，以便新生入学后就能为他们推送阅读。关注学院发展、参与专业建设，作为高校图书馆，不一定要在藏书量上占优势，但是，馆藏必须是适合学院发展、合乎师生需求的。只有以此为目标和指南，高校图书馆事业才能蓬勃发展。

3.2 本课题研究中发表的论文

(1)《“互联网+”思维下数字图书馆参与咨询服务模式创新与发展》

(2)《试析网络环境下高校图书馆数字信息资源的推广》

(3)《基于“核心人才储备计划”的图书馆人才战略研究》

(4)《基于大学生志愿者的图书馆创客空间构建和管理》

(5)《高校图书馆青年志愿者服务模式探析》

4. 研究工作总结

4.1 科学求实，一丝不苟

在研究工作中，本小组研究人员认真负责，及时制定了相关的奖惩措施，明确了职责。从大量的文献搜集、对比分析到细致的筛选整理与创新实践无不渗透组员的心血。

4.2 热情奉献，通力协作

小组人员齐心协力克服困难，从讨论搜集相关文献、确定研究内容、制定研究目标、寻找解决途径、实施解决方法、探索与创新、总结规律与反思，到提交心得与论文并最终完成结题报告，大家夜以继日地工作，充分发挥了各自专长，不计个人得失，为上级课题评估交上了圆满的答卷。

4.3 心系师生，奉献教学

因为有了服务读者、从读者中来到读者中去的理念，小组人员从课题研究开始就树立了一切从师生的需求出发的理念，每一次阅读活动的创新与评估均会与教学相适应，在进行专业书目的推送时都要提前了解专业教学情况，心中有数后再开展宣传推广活动。譬如在海员日、航海学生考证期间，及时宣传、推送与之相适应的书籍，短短几小时相关书籍就被抢借一空。此类活动的开展看似简单，但却要花大量的时间去关注师生的教学动态以及馆藏书籍的借还状态与宣传推荐工作，这对图书管理者是一个巨大的考验。

4.4 领导重视，工作顺利

本课题的顺利开展，离不开领导的高度重视与关怀。在本课题的每项创新实践或试运行，领导都给予鼓励与关照，在人力、物力方面都给予大力支持，使得科研试点工作顺利、按期完成，达到了预期目标。

4.5 研学结合，求实创新

本课题的开展，不但考验、提高了阅读推广工作人员的实践能力，更增强了团队的凝聚力，同时在组织内部形成了研、学、赶、比、超的良性竞争机制。每一位阅读推广工作人员都在不断学习、总结、创新，不断地推陈出新。如最近实施、开创的“陪你读书”活动，又一次将阅读推广工作推上一个新的高度。读书节开幕式上开创了穿越古今的书装秀，在校园内掀起了读书热潮。此项研究工作，使得馆员间互学互通机制更为明显，激发了团队的凝聚力与求实创新精神。

5. 研究工作展望

通过本课题的研究，进一步明确了图书馆的发展方向，更新了服务理念。图书馆应将过去的坐等读者思想转变到寻求读者与创造读者服务上来，做实阅读推广工作，在不断地寻求读者、创造读者中创新服务。

5.1 试行联合推广，发挥社会资源效用

实施高校、企业、社会机构联合举办“阅读推广”“图书漂流”等公共活动，以期最大范围地发挥社会资源效用，提高图书利用率，将图书阅读推广工作真正落到实处。

5.2 探讨阅读推广一方承办、多方筹办模式

积极采用阅读推广的众筹机制，借鉴国外先进案例，扩大与文化机构、民间组织的广泛合作。如美国“大阅读计划”，将有能力、有爱心的文化机构、慈善组织吸纳进来，使它们成为阅读推广的实施者与宣传者。

5.3 研究推广体系，完善推广机制，促进阅读推广健康发展

目前阅读推广工作普遍展开，急需建立一套完善的评估体系。纵观国内高校，很少有学校建立阅读推广委员会或评估专业组，这样就很难保证阅读推广工作的质量与效果。若能在以后的阅读推广工作中，明确阅读推广时间、工作人员调配、资金预估、活动预期、存在问题、应急预案、读者反馈，以及推广活动测评标准等，都将大大提升图书阅读推广工作的有效性和持续性，为接下来的阅读推广工作提供帮助和参考。

应用型高校图书馆转型发展策略

——以广东省14所转型试点高校图书馆为例

陈晓莉

（广东金融学院图书馆　广州市）

摘　要：在数字出版变革的背景下，对广东省14所转型试点高校图书馆进行调研，归纳应用型高校图书馆发展现状并分析其特点，提出应用型高校图书馆应当抓住转型发展机遇，重塑以读者为中心的用户服务理念，重视数字化资源建设，加大数字阅读推广投入，加强与各类主体协同合作，培养专业馆员等转型发展策略。

关键词：应用型高校；图书馆；转型发展

1. 引　　言

国内高等教育界一般将大学分为研究型大学和应用型大学两种类型。2015年10月23日，教育部、国家发改委和财政部颁布《关于引导部分地方普通本科高校向应用型转变的指导意见》。根据文件"坚持试点先行、示范引领"的基本思路，2016年全国约200所高校在进行应用型转变试点。其中，广东省在2016年年底确定了广东金融学院等14所转型试点高校，试点高校既包括公办普通本科高校，又包括独立学院和民办本科高校。

我国拥有世界上最大规模的高等教育体系，随着经济发展进入新常态，高等教育结构性矛盾更加突出，同质化倾向严重，为了解决毕业生就业难和就业质量低等诸多问题，国家将采取有力措施积极推动部分普通本科高校转型发展。在政府积极扶持转型试点高校的政策背景下，转型试点高校图书馆亦面临着千载难逢的发展机遇。转型试点高校图书馆来源类型不同，既有自身的办馆特色和优势，又存在资源建设、服务能力差距较大的问题。本文着重通过对广东省14所转型试点高校图书馆的发展概况和资源建设进行比较分析，在其转型发展策略方面提出一些建设性的参考意见。

2. 广东省转型试点高校图书馆发展现状

2.1　转型试点高校图书馆基本数据

由于学校类型、创办时间、经费投入、管理水平等各方面的差异，转型试点高校图书馆的发展速度和水平都呈现出较大的不均衡。

2016年12月，高校图工委在高校图书馆事实数据库发布了"2015年高校图书馆基本数据排行榜"和《2015年高校图书馆发展概况》。[1]从表1可以看出，广东省转型试点高校图书馆的基本数据大部分处于全国高校图书馆的中位值以上，整体发展情况较好。馆舍面积最大的是广东财经大学图书馆，其新馆面积达到53 185平方米，低于全国高校图书馆馆舍面积中位值的有四所转型试点高校图书馆，主要受到建馆时间长、学校资源紧缺的影响。例如各馆文献资源购置费均超过全国馆均文献资源购置费，年度总经费超过600万元的就有4所高校图书馆。馆藏资源趋向数字化，数字资源的引进已经逐渐成为资源建设的主流，全国高校图书馆的电子资源购置费在文献资源购置费中的占比逐年上升，2015年达51.3%。然而在文献资源购置费的分配上，由于转型试点高校图书馆生均图书量必须达到教育部学科评估的要求，纸质资源购置费仍旧大大超过电子资源购置费，电子资源建设相对滞后。有3所高校图书馆未上传数据。

表1　广东省转型试点高校图书馆基本数据

学校名称	馆舍面积/m^2	在编职工人数/人	纸质资源购置费/万元	电子资源/万元	文献资源购置费/万元	2015年度总经费/万元
全国高校图书馆（中位值）	2.1万	26	167.7	88.4	264	296.0
广东金融学院	1.4万	47	198.2	91.7	289.9	289.9
广东石油化工学院	2.1万	44	395.7	220.4	616.1	620.1
广东财经大学	5.3万	55	390.0	294.9	684.9	2 429.6
惠州学院	2.1万	34	310.5	107.3	417.8	448.3
岭南师范学院	3.2万	61	181.4	224.2	407.5	465.2
广东技术师范学院	1.2万	59	190.9	117.1	308.0	378.0
肇庆学院	1.8万	53	462.0	140.0	602.0	637.5
五邑大学	2.4万	32	288.4	269.7	558.2	578.1
北京师范大学珠海分校	3.3万	26	322.0	179.8	501.8	607.0
电子科技大学中山学院	1.7万	18	225.2	76.8	302.0	409.8
中山大学南方学院	2.9万	11	348.2	无数据	348.2	660.6
吉林大学珠海学院	未上传数据					
北京理工大学珠海学院	未上传数据					
广东白云学院	未上传数据					

2.2　转型试点高校图书馆馆藏资源现状

广东省14所转型试点高校图书馆发展水平差距直接体现在馆藏资源建设方面。广东财经大学图书馆的纸质图书量最大，达258万册；北京师范大学珠海分校图书馆纸质图书量最小，为130万册。各高校图书馆之间自主引进数据库资源的数量差距较明显，电子科技大学中山学院图书馆购买了90种数据库，而广东白云学院图书馆仅有6种。此外，10所转型试点高校图书馆开展了自建特色数据库工作，而仅有5所转型试点高校图书馆提供开放资源。值得一提的是，转型试点高校图书馆中的独立学院全部实现与本校图书馆电子资源共享，数字图书馆建设取得跨越式发展。[2]如表2所示。

表 2　广东省转型试点高校图书馆资源建设情况

学校名称	纸质文献资源			数字资源			
	图书/册	报刊/种	电子图书/种	购买数据库/种	试用数据库/种	开放资源/种	自建特色数据库/种
广东金融学院	180.0 万	1 300	136 万	32	65	0	0
广东石油化工学院	141.8 万	1 512	106 万	39	56	0	0
广东财经大学	258.0 万	不详	不详	52	23	13	15
惠州学院	159.5 万	不详	99.1 万	64	61	159	12
岭南师范学院	211.0 万	2 200	115 万	54	40	8	12
广东技术师范学院	169.0 万	3 800	105 万	35	不详	不详	4
肇庆学院	168.3 万	1 500	96.1 万	33	11	0	3
五邑大学	158.6 万	1 475	132.5 万	44	155	0	47
吉林大学珠海学院	275.0 万（含电子图书）	不详	共享学校本部资源	29	48	41	4
北京师范大学珠海分校	130.0 万	2 000	200 万	48	不详	不详	1
电子科技大学中山学院	131.0 万	1 300	共享学校本部资源（110 万）	90	42	0	0
北京理工大学珠海学院	138.0 万	2 022	173 万	19	29	64	4
中山大学南方学院	188.6 万	1 000	共享学校本部资源（165.8 万）	14	8	0	0
广东白云学院	136.0 万	600	90 万	6	52	0	2

2.3　转型试点高校图书馆服务现状

数字图书馆门户是图书馆面向读者的服务窗口，可通过图书馆网站、微信公众号平台、本馆介绍等途径对转型试点高校图书馆的服务进行扫描统计。本文根据刘炜的定义，将图书馆服务划分为阅读服务、空间服务、知识服务。

在阅读服务方面，除了传统的借阅服务、图书荐购、好书导读、新书通报之外，阅读推广工作越来越重要。据不完全统计，转型试点高校图书馆出版阅读推广刊物 3 种、打造馆属读书会组织 2 个，普遍开展读书月活动，活动期间少则有六七项活动，多则近 20 项。数字阅读推广工作是近年来的重要内容，通过加大对数字阅读设备、移动图书馆、微信公众号平台的投入，为读者提供便捷的数字阅读服务。根据调查，提供平板电脑和电子书阅读器外借服务的有 2 家，提供电子书和报刊借阅机的有 3 家，微信公众号认证的有 12 家。广东财经大学图书馆的 2016 年统计数据显示，该馆 160 台 Kindle 电子书阅读器借出 998 次，2 台歌德借阅机下载 1.1 万多册电子书，效果显著。

在空间服务方面，转型试点高校图书馆将空间改造成适合读者学习交流的场所，增加自助设备吸引读者到馆利用，提供研修间预约服务的有 6 家，提供场地报告厅展览申请服务的有 2 家。除了数字阅读设备，接近半数转型试点高校图书馆配备自助打印复印设备，此外各有 1 家使用自助还书机、自助图书消毒机，广东财经大学图书馆还将电子显示屏信息发布功能对外开放申请。

在知识服务方面，所有转型试点高校图书馆都提供了参考咨询服务，设有学科馆员、开展馆际互借的各有 4 家，提供科技查新服务的有 6 家，提供文献传递服务的有 10 家，开展读者教育培训的有 8 家。从整体上看，知识服务尚处于起步阶段，是 14 所高校图书馆服务的薄弱环节。

3. 广东省转型试点高校图书馆现状分析

3.1　办馆水平差距大，办馆理念有待提升

从表 1 可以看出，各转型试点高校图书馆的基本数据差距甚大。其中独立学院表现突出，尽管成立只有短短十几年的时间，却通过学校加大资金投入修建馆舍、引进各类资源、加强资源共享建设、引进人才等方式实现了跨越式发展。在馆舍方面，一些馆现有馆舍空间紧缺制约了进一步发展，而修建新馆耗资巨大，需要学校领导的大力支持和一系列资金政策配套保障。例如广东金融学院图书馆现有馆舍建于 20 世纪 90 年代，馆舍分散老化，空间资源紧张，新馆建设迫在眉睫，学校决定对新馆立项并于 2016 年通过国家发改委审批。

在人才队伍方面，受到学校体制和人才引进政策的制约，一些公办高校图书馆虽然在编职工人数多，但是引进人才较为困难，同时还要应对减员增效的挑战。而独立学院体制灵活，虽然在编职工人数较少，但是图书馆员工素质和工作绩效表现不亚于公办高校图书馆。

一些转型试点高校图书馆由于学校不重视，缺乏进取意识，办馆理念比较保守，缺乏探索将智慧图书馆、空间再造、阅读推广理论等先进理念嫁接到本馆的动力。在这方面，广东财经大学图书馆的理念值得借鉴，其在学校章程里创造性地提出“把图书馆建设成为支持学生自主学习的知识中心、学习中心、文化中心”，成为办馆的一大特色。

3.2　数字资源建设相对滞后，自建特色资源是亮点

由于大部分转型试点高校图书馆发展历史较短，纸质馆藏资源积累有限，然而作为教育部学科评估的硬性指标，学校为了达标要求图书馆必须投入相当大的经费采购纸质馆藏资源，进而对数字资源经费投入造成一定影响。转型试点高校图书馆对数字图书馆门户建设普遍不够重视，面临着用户不断流失的困境，图书馆网站服务内容更新不及时、功能布局缺乏合理规划是主要原因。近 10 年来，大多数转型试点高校图书馆增强了对学校特色化办学战略的理解并主动融入，与院系、企业、民间团体等各类主体协作自建特色资源数据库，例如五邑大学图书馆的五邑华人华侨资源库、肇庆学院的端砚资源、广东财经大学图书馆的商贸广州专题数据库等，都很好地体现了应用型高校的办学专业特色和地方特色。

3.3　知识服务落后，缺乏高素质专业馆员

嵌入式知识服务需要顶层设计，加强学科馆员队伍建设与能力培训，开发或引进支撑学科服务的各种工具和平台。在所有难点中，人才是制约知识服务的关键因素。尽管近年来各转型试点高校图书馆员工学历水平普遍提高，然而对外缺乏人才引进机制，对内缺乏培训和继续教育保障，使图书馆的知识服务水准无法保障，知识服务裹足不前。

4. 广东省转型试点高校图书馆转型发展策略

4.1 重塑以读者为中心的用户服务理念

在过去读者只有到图书馆才能获取所需要的文献，如今读者可以绕过图书馆获得需要的任何信息。因此以读者为中心的深层含义就是要取代过去以图书馆为中心的理念。如初景利所说的“用户在哪里，服务就在哪里”，以用户为中心就是适应和满足用户的显性需求和潜在需求，以服务为导向，确立用户意识、需求意识和服务意识。转型试点高校图书馆应重塑业务流程和管理体系，明确服务内容，提高服务效能。

以读者为中心的用户服务理念体现在广东财经大学图书馆新馆建设上。在广东财经大学新馆配套建设阶段采取了随机读者问卷调查、结构与非结构化的读者访谈、各类型与各层级的读者见面会等方式了解、分析师生对图书馆的需求，在以人为本的建设理念指导下，确立“读者驱动，需求导向”的新馆配套建设原则，明确了空间布局多元化、家具建设人性化、信息化基础建设的易用性是满足读者需求的必然选择。[4]

4.2 重视数字化资源建设

数字图书馆门户是数字图书馆面向读者的服务窗口，能够有效集成图书馆内外的各类资源和应用，通过内容聚合和统一认证，为用户提供个性化的信息内容和图书馆服务。在数字出版大变革的今天，读者通过各种渠道阅读的内容纷繁杂乱以至于无从辨别真伪，图书馆应当加工整合数字资源，去芜存菁，为读者提供真实、及时、有用的数字资源，设置校外访问入口，整合数字资源，对馆藏数字资源进行一站式检索，开展线上与线下咨询模式，充分利用移动图书馆和互动性强的社交媒体拓展深化服务。以广东财经大学图书馆为例，2015 年图书馆主页换版，与旧版相比，新版采用扁平化图标和专业的美工设计，优化网站功能，排版布局合理，主题突出，增加了学习中心模块，展现了图书馆的创新发展理念。再如广东金融学院图书馆，由于网站浏览量近年来不断下滑，提供的功能已不能满足读者需求，于是借助于 2017 年学校迎接学科评估加大投入的契机，采用外包手段升级改造图书馆主页，并通过微信公众号投票方式与读者互动选出了最受欢迎的网页模板，得到了读者的良好反馈。

由于应用型高校当前均注重特色化办学战略，在各自优势学科建设中积累了相当丰富的资源，如惠州学院联合香港旭日集团办学的服装工程、服装设计专业，传承东江流域的东江文化及东江文化研究所论坛，依托大亚湾石化基地的化工专业，依托国家级仲恺高科技园的电子信息学科等。它们在建设这些学科或专业时具备显著的地方性和特色性，教师积累了具有相当价值的专业资源和作品，如产学研项目资料、技术创新资料，指导/辅导学生科技创新、专业比赛等资料和成果。这些资源既是学科建设的成果，也是学科发展的基础。因此，在数字图书馆建设中，特别是在个性化、定制化服务时，转型试点高校图书馆必须加强和完善这类特色资源的建设。

4.3 加大数字阅读推广投入

转型试点高校图书馆对数字阅读推广工作尚未引起足够重视。数字资源为阅读提供了丰富的形式，图书馆要抓住这一优势，打破传统的读者到馆服务模式，开展以用户为中心的多样化阅读服务。公共图书馆对于大众阅读媒介的转变最为敏感，走在数字阅读推广工作前沿，研究型高校图书馆紧随其后，例如上海图书馆将推进数字阅读及其服务作为其转型发展的主要抓手之一，专门成立数字阅读推进工作小组。转型试点高校图书馆可尝试在图书馆主页设置显著的阅读推广专题资源，利用互联网技术，以豆瓣评分、热书发现系统引导读者阅读荐书，开辟读者交流论坛，通过具体的文献把相关读者聚集起来，共同阅读实现互动，会更加吸引读者，有利于数字阅读的推广。此外，应当拓宽数字阅读渠道，包括从在线阅读的网页阅读、专用阅读器阅读，以及离线阅读，如平板电脑、手机、电子书阅读器阅读等不同渠道，还可适时引入电子书借阅机、数字报刊机、电子书阅读器等设备，满足读者需求。

4.4 加强与各类主体协同合作

免费、共享、协作的互联网精神影响深远。从数字出版变革角度看，它对传统的出版制度、市场结构、人们的阅读方式诸多方面都产生了颠覆性的影响。随着数字出版的快速发展变化，数字出版与图书馆行业的关系由过去的竞争与合作关系，逐渐转向协同发展至有机融合。国外图书馆与出版商、书商在文献采访、编目业务外包、阅读推广、开放存取、知识援助等领域开展了多元化合作，形成了资源互补、互利共赢的合作伙伴关系。数字出版利用技术优势，为图书馆进行数字资源的开发与利用，节约了研发成本，提升了信息化与标准化的水平，促进了数字资源内容和数字服务的整合。

数字出版行业最先抓住与图书馆合作的契机，例如 MyET 与图工委、公共馆和高校馆合作，连续多年举办口说英语大赛，形成了成熟的运作模式和有影响力的品牌，既帮助图书馆推介数字资源，又吸引无数读者在网络上学习英语口语，实现了共赢。超星公司推出云舟数字产品后，专门成立推广部门，加强与各馆之间的合作，帮助图书馆宣传推广各种活动，节省人力物力。不过，数字出版与图书馆两者融合的资源相对匮乏，相关数字服务内容的提供还是存在资源更新不够及时、阅读文件格式与平台不统一、个性化服务欠缺、资金不到位和数字版权等问题。

积极加入图书馆联盟，实现资源共建共享，避免重复建设造成浪费。许多转型试点高校图书馆加入广东省高等教育文献保障体系及广东省网络图书馆、广州市地区高校图书馆联盟，实现全省和地方高校图书馆文献共建共享。独立学院目前已经实现与学校本部电子资源共享。例如，北理工珠海学院图书馆、北师大珠海学院图书馆、UIC 图书馆、吉林大学珠海学院图书馆及珠海市图书馆合作，正在实现珠海地区高校图书馆、公共图书馆文献资源、信息资源的共建共享及远程服务工作。

总之，加强与院系、高校、政府、社会团体、数字出版行业等各类型主体的协同合作是未来转型试点高校图书馆必做的功课。

4.4 培养专业馆员，塑造核心竞争力

图书馆员的传统能力是采购、分类、编目、流通、参考咨询、馆际互借、检索查新等，即基于纸质文献、数字资源的购买、获取、加工与处理能力。随着资源的数字化和开放获取的不断推进，图书馆从文献服务走向知识服务，需要一批专业馆员为读者提供知识服务，即利用资源、技术、平台和图书馆员的知识为读者解决问题。初景利认为，未来专业馆员需要培养出版服务能力、情报分析能力与智库服务能力。这些新型能力构成了未来专业馆员的核心竞争力。[4]

对于转型试点高校图书馆而言，要加强顶层设计，调整和优化人力资源结构，保障必要的物力和财力支持，建立和完善具有激励作用的绩效考核办法，从制度上为人才队伍建设提供保障，激发馆员的主观能动性和创造力。

参考文献

[1] 教育部高校图工委. 高校图书馆事实数据库 [R/OL]. [2017-05-06]. http://www.scal.edu.cn/.

[2] 付伟棠，黄雄平. 广东省独立学院图书馆馆藏建设的现状及发展策略 [J]. 大学图书馆学报，2011 (4)：116-121.

[3] 蔡红. 读者驱动高校图书馆新馆建设的思考与实践 [J]. 图书馆论坛，2015 (10)：49-56.

[4] 初景利. 数字化网络化与图书馆服务的战略转型 [J]. 图书与情报. 2017 (1)：98-104.

高校多维度、便利化、社会化的“云图书馆 +”的阅读推广*

钟翠娇　林晓欣

（广东金融学院图书馆　广州市）

引　言

目前，我国全民阅读的现状，较之10年前有了显著改观。在开展“全民阅读”、建设学习型社会的背景下，各类图书馆都在积极开展并创新阅读推广。高校图书馆作为高校办学的三大支柱之一，肩负着为社会优秀人才提供知识、信息、资料的重任。高校图书馆拥有良好的阅读环境、浓厚的人文气息和学习氛围、丰富的馆藏和数字化资源、专业的管理模式和服务人才。2016年教育部印发的《普通高等学校图书馆规程》中，明确提出：“图书馆应积极参与校园文化建设，积极采用新媒体，开展阅读推广等文化活动。”[1]

1. 高校图书馆的阅读推广活动

网络级的“云图书馆 +”中的阅读推广和创新服务都要以人才培养为目的。许天才、杨新涯、王宁等专家，以首届高校图书馆阅读推广大赛为案例，把阅读推广活动分成主题活动类、读者组织类（如读书会、书友会等）、出版物类（指用于活动成果积淀及传播的专题或连续出版物）、新媒体推广类（如微博、微信、App 等）和其他五大类。从内容和形式方面，提出图书馆阅读推广的多元化趋势。[2]

高校图书馆可以利用学生社团的力量来进行阅读推广。图书馆学生社团的工作内容除了基本的书库管理事项，还重点包括读者阅读倾向调查、阅读图书推介、阅读咨询、文献检索指引等日常服务性工作。他们既要根据读者借出、归还或散落在书架、阅览台上的图书的分类统计，定期分析读者的阅读倾向，了解读者的阅读需求，为图书馆的图书采购建言献策，还要利用其熟悉馆藏图书的优势，不定期地挑选出流通率高、适合大众读者阅读的图书摆放在一楼展厅，直接向读者推介。同时，作为书库的导航员，他们须主动迎合读者，热情地为读者解答疑问，引导读者利用检索系统查找图书等。因此，基于学生社团的高校图书馆阅读推广团队，以社团参与为依托，建立常态化推广机制，构建广泛的推广平台，对高校图书馆全面推进阅读推广有重要的意义。[3]

2015年的第五届“北京换书大集”活动，由首都图书馆联盟和首都图书馆承办，旨在号召广大市民热爱阅读、分享阅读，同时“盘活”读者手中藏书，让好书“流动”起来。这种阅读推广的形式与高校图书馆在“世界读书日”或“毕业季”主题活动中举办的“图书漂流”活动相似，也说明了图书馆联合开展阅读推广活动的可行性。[4]

---

* 本文系2016年广东省图书文化信息协会社会科学研究课题“‘云图书馆 +’的高校阅读推广和服务创新”（项目编号：GDTWKT2016 - 16）的研究成果。

2. 高校图书馆“云图书馆 +”服务的内容

2.1　多维度的“云图书馆 +”服务

在大学生的学习中，多维度的“云图书馆 +”的服务还不只是向学生提供学习的纸质和电子文献资源、共享阅读空间这三方面服务的角色，更是以人为本、融入学生生活的重要角色。它还能主动提供前沿、热点的资讯服务和文化氛围，从数字虚拟空间多方位推广阅读，实现阅读信息触手可及以及阅读资源的无处不在，供学生自由便利地获取，让学生能够将时间和精力有效地投入深化专业学习和研究创新的业务当中。[5]云计算环境下，用户只需在移动网络终端，例如手机、平板电脑、笔记本电脑等安装云服务软件，便可通过网络连接所需资源库，快速获取资源。图书馆云服务通过平台搭建和海量文献资源的整合管理，把资源通过网络送到读者手中，读者只需在移动网络终端安装移动图书馆软件，便可进行图书查询、借阅、资源下载以及信息发送与接收等单方或互动操作，实现了文献资源的便利阅读。高校图书馆，如中山大学和广东外语外贸大学开通了超星移动图书馆的试用软件平台，读者通过手机、平板电脑等移动设备可以登录访问图书馆的图书、期刊、学位论文、报纸等所有数字资源；华南师范大学也开通了掌上图书馆的软件服务。这是随着科技发展而带来的新型阅读方式，是对传统纸质文献资源阅读的补充和创新。移动网络终端的更新换代和云服务的推动让高校师生的阅读实践不仅突破了传统图书馆的物理界限，更扩大了阅读的可移动范围。移动数字阅读成为大众的、流行的阅读方式，现代图书馆从无墙图书馆（Library without Walls）进一步发展成为移动图书馆（Library on the Move）。[6]

2.2　便利化的“云图书馆 +”的阅读推广服务

在便利化的“云图书馆 +”的阅读推广服务中，读者可以充分参与阅读推广的品牌建设、资源共享、信息交流以及互动的精彩阅读活动，体验规范化和高品质的数字阅读服务。发挥云服务的优势，让文献信息资源能够随时随地、大量丰富、专业、个性化地贴近读者，创新阅读推广的路径，让读者能够更容易地获取资讯，充分沉浸在知识获取的乐趣中。

2.3　社会化的“云图书馆 +”的服务

社会化的“云图书馆 +”的服务还需要学科馆员参与到所服务的院系阅读推广活动中，走进教师的课堂，为师生提供帮助和支持；同时创建虚拟阅读平台，即在用户的虚拟空间中提供针对性的服务，例如上海交大图书馆的“思源悦读”阅读网站。充分体现了“无所不在、无时不在”的服务理念，图书馆服务无缝地、交互地融入用户及其环境中。图书馆清晰地认识到，必须成为这场阅读革命的一部分，支持和维护数字化读者的权利，尝试新的读者服务，收藏新的类型和媒体形式，并提供不断更新的设备、网络、内容和在线社区，供所有读者访问。[7]

3. “云图书馆 +”的阅读推广活动

首先，“云图书馆 +”的阅读推广活动应服务综合化，引导大学生合理规范地利用信息资源，提升获取有益信息的能力。图书馆员不仅应成为大学生阅读的导师，而且应成为知识服务的领航者，应提供高质量的教学参考信息服务，为提高教学质量提供支撑；嵌入相关学科专业，为大学生尤其是研究生创新人才的培养提供优质的个性化、专业化服务；提升科技查新和查引服务，引领大学生站在科学技术前沿，找到深化阅读的领域和方向，助力研究型人才培养。

其次，推进联合阅读推广。“联合阅读推广是指高校图书馆与多个机构联合组织各种资源，分工协作，优势互补，扩大阅读推广范围，提高阅读推广效益，具体包括馆系合作（跨学科、跨部门）、馆际合作、馆社合作等。馆系合作，是指高校图书馆与学院、系、所等教学部门合作，学科馆员与任课教师共同实施阅读指导，将阅读嵌入教学过程。馆际合作，是指高校图书馆通过高校图书馆联盟或其他合作机制进行多方面的业务合作，如合作发展馆藏、电子资源采购，联合参考咨询，联合编目等，最大程度实现资源共建共享。馆社合作，是指高校图书馆充分利用各种社会力量，与出版企业、媒体和其他社会机构合作，共同举办读书节、读书月等活动，通过社会舆论引导，采取大学生喜闻乐见的方式提高阅读推广的成效。”[4]

此外，高校图书馆还可以利用新媒体推广阅读，登录手机微信端然后通过“扫一扫”的功能就可以查阅书店中的某本书籍在馆内是否有流通、可借阅，比如广东院校所使用的手机应用“找本书”（方便大学生直接定位图书在架上的大致范围），以及提供和门店销售或者电话预订一样的美术展览、表演、讲座、博物馆、综合体验馆等的门票。

4. “云图书馆＋”的阅读推广模式

4.1 “云图书馆＋”的阅读推广服务前期

首先，图书馆作为阅读推广的开办方，需要为阅读的主体——图书馆的读者来制定“云图书馆＋”的阅读评价体系，以便可持续地推广和维护读者的阅读活动。评价体系对事物的发展起到承上启下的作用，可以让读者随时随地查阅自己的阅读进度和状态，还可以记录自己阅读的心得与体会。图书馆系统根据读者的阅读行为与习惯，获取相关阅读大数据，可以像淘宝一样，根据用户的爱好和习惯，定时或不定时地推送相关文献、数据，或制定阅读小任务，读者可以从中获得自己阅读的成果、效率和深度、难度、阅读重复率等的综合评价。

其次，由于阅读活动的客体包含阅读对象、阅读环境和阅读时间三大要素，提供针对阅读客体的阅读推广和引导服务，要注意以下三点：一是注重强化读者阅读辨别的意识；二是注重硬件规划，注重空间设计，让读者能够享受高层次、高品位的阅读环境；三是注重通过时间来贯穿不同的阅读活动，如每年读书节、开学季、毕业季的推广，读书会活动，等等。

再次，充分发挥对阅读的主体——学生读者在阅读推广活动中的作用。正如前面提到的，要充分利用学生社团参与阅读推广活动，从多层次、多角度发挥阅读主体的主观能动性，他们不仅能够随时随地自由评价图书馆方方面面的服务、探寻馆藏的文献资源，而且能够直接获取身边读者需要什么主题、内容、形式的资源的信息。

4.2 “云图书馆＋”的阅读推广服务中期

图书馆的阅读推广员要能够精细化地处理学生读者的阅读活动，主要是针对阅读主体表现的行为，对阅读本体实施不同的策略，吸引读者让他们对阅读产生不同的兴趣点。因此，需要阅读推广员研究读者阅读行为，包含读者的不同性别、不同年级、不同专业等，再采取适当的方法对读者的阅读行为进行指导。还可以根据读者的需求，来确定专业的阅读实施方案，提出相关阅读建议，指导读者阅读的过程，并选出适合的纸质图书和电子资源，搭建师生、文本、阅读的共享平台，进一步提升阅读推广服务。

4.3 “云图书馆＋”的阅读推广服务后期

图书馆的阅读推广员应在读者的反馈中特别注重对读者的阅读技能和阅读再创作的培养。在给出专业书目、述评推荐的同时，以自身的学识和阅历来对如何阅读、怎样选书方面给学生以具体的指导和建议，并扩充书本阅读的主题。另外，要研究读者参与度、满意度、需求内容变化、平台利用率、推广意见等，并通过双向因素评价，形成数字阅读活动的阶段性总结，把握数字阅读资源利用情况，了解读者需求，完善推广策略，加强与读者的良性互动，提高读者对阅读推广活动的忠诚度和关注度，促进数字阅读推广的可持续发展。

参考文献

[1] 教育部. 普通高等学校图书馆规程 [EB/OL]. [2017-04-19]. http: //www. moe. edu. cn/srcsite/A08/moe_ 736/s3886/201601/t20160120_ 228487. html.

[2] 许天才，杨新涯，王宁，等. 图书馆阅读推广的多元化趋势研究——以首届高校图书馆阅读推广大赛为案例 [J]. 图书情报工作，2016 (2): 82-86.

[3] 曹国凤. 基于学生社团的高校图书馆阅读推广实践与思考 [J]. 图书馆学刊，2015 (12): 10-12.

[4] 孙媛媛，于静. 图书馆联合开展阅读推广活动的可行性研究 [J]. 图书馆学刊，2016 (3): 82-85.

[5] CITY12-LIFE, "Libraries must be just a click away" [N]. 南华早报，2015-06-19 (T0B).

[6] 黄志琴. 基于云服务的高校数字阅读推广研究 [J]. 图书馆学研究，2014 (3): 20-23.

[7] 赵玉玲，邹春阳，张晓芳. 高校图书馆全方位阅读推广路径研究 [J]. 广西职业技术学院学报，2015 (6): 131-134.

[8] 李丽萍. 全民阅读推广怎样谋创新 [EB/OL]. [2017-04-20]. http: //cips. chinapublish. com. cn/chinapublish/cbsd/201511/t20151109_ 170866. html.

[9] 杨莉，陈幼华，谢蓉. 高校图书馆开展专业阅读推广的实践探析 [J]. 图书馆杂志，2015 (12): 29-37.

[10] 云亮. 智慧教育："互联网+"时代的教育大转型 [M]. 北京：电子工业出版社，2016 (4): 2.

高校图书馆信息素质教育的问题与对策探究*

邱庆东

（广东警官学院图书馆　广州市）

摘　要：信息素质教育是高校图书馆教育的核心内容，在新形势下，如何结合大学生思想、意识、信息水平的实际情况，开展富有针对性的信息素质教育教学活动，提升高校信息素质教育教学的质量，成为众多高校图书馆工作者重点关注的课题。基于上述背景，本文从宏观角度，对我国高校图书馆信息素质教育中存在的问题进行了分析，在此基础上，从加大图书馆信息资源投入、创新信息素质教育教学方法、改进信息素质教育服务方式等角度出发，提出了完善高校图书馆信息素质教育的具体对策，以期为同类课题的研究给出一些参考意见。

关键词：高校图书馆；信息素质教育；问题与对策

1. 引　　言

高校图书馆是大学生信息素质教育的重要基地。近年来，在以“提升服务质量，强化信息素质建设”口号的指引下，我国很多地方的高校图书馆开展了形式多样的“大学生信息素质教育”活动，并陆续涌现出一些经典的高校图书馆信息素质教育教学模式。从整体上看，在21世纪，信息素质的高低成为衡量大学生综合素养的重要指标。早在2002年，我国教育部出台的《普通高等学校图书馆规程（修订）》中就明确规定：“推广信息素质教育，培养大学生的信息素养，强化大学生获取、应用文献信息的能力，应成为高校图书馆教育教学的主要职能。”因此，不断创新信息素质教育教学理念，提升大学生信息应用能力的实战教学质量，显得至关重要，而本文的研究也具有一定的理论和实践应用价值。

2. 高校图书馆信息素质教育创新模式现状分析

2.1　北京高校图书馆的“3D系列”信息素质教育模式

近年来，3D技术逐渐兴起，例如，3D打印、3D电影等，均含有较高的信息技术内涵，成为21世纪信息技术发展的重要风向标。为保证大学生的信息素质教育能够实现“与时俱进”，北京地区的高校图书馆率先将“3D技术”引入对学生的信息素质教学过程中，开展了形式多样的“3D系列”信息素质教育活动。

2014年10月份，北京大学图书馆推出“3D信息教学服务”，将3D打印技术、3D电影技术引入学生

* 基金项目：本文系广东省图书文化信息协会2016年度科研项目“适应互联网时代的高校图书馆信息素质教育创新研究”（项目编号：GDTWKT2016－17）成果之一。

信息素质教学课堂中。以北大图书馆提出的“3D信息化打印课程”为例，在授课过程中，教师利用多媒体、数字录放技术，为学生全面展示3D模型信息化打印的技巧，而大学生也利用所学的3D信息技术，免费打印自己喜欢或独立设计的各种3D模型。在上述信息素质教育模式下，北大学子有机会了解、体验3D信息技术的发展，亦能激发自我的创作、设计兴趣，十分新颖。

2.2 上海高校图书馆的“数字立体阅读”信息素质教育模式

在新媒体时代，数字化、立体化变成受众获取信息的重要特征。2014年5月份，香港浸会大学图书馆馆长指出：“推动数字人文发展，开展数字立体阅读教学尝试，理应成为新时期高校图书馆实施信息素质教育的创新点。”目前，国内一些高校业已开展了尝试，推出了相关的“数字化”“立体化”信息素质教学服务。

2014年6月份，上海同济大学打破了高校图书馆传统信息素质教育“过于死板”“形式老套”的弊端，将传统图书馆服务空间改造为集阅览、学习、体验、研讨为一体的数字文化空间，在已有馆藏中抽取有价值的文献，按照“分层次”的思想，打造图书馆“数字立体”馆藏区，推出“数字立体阅读”教学课。在“数字立体”馆藏区中，教师通过新建成的无线教学系统，根据学生的信息素质培训方向，为学生提供“定点无线”指引教学服务，而学生与教师的交流，也完全通过无线教学系统实现。在上述模式下，学生身处“信息化”“数字化”“立体化”的教学环境中，耳濡目染了科技信息的魅力，自身的信息素质自然能够得到提升。

2.3 江苏高校图书馆的“虚拟移动化”信息素质教育模式

近年来，随着移动互联网技术的不断兴起，各种移动互联网通信工具，如微信、微博、贴吧等，也犹如雨后春笋不断涌现。移动互联网技术及其相关产品，具有沟通即时性、无缝性、虚拟性、便捷性等特点，能够快速、高效地传输信息数据[1]，因此，逐渐成为新时期大学生沟通、交友，甚至是学习知识的重要媒介。在上述背景下，国内很多高校的图书馆，也借助于“移动互联网”之风，推出了“虚拟移动化”的信息素质教育教学服务体系。

例如，2014年11月份，江苏两所高等院校——江苏大学、江苏科技大学先后开通的校内移动图书馆，向在校大学生推出了“移动阅读”“移动文献搜索”“移动信息教学”等服务，利用移动图书馆，实现“不进课堂，也能学习信息技术知识”的目标，打破了传统信息素质课堂的教学模式，学生利用校内Wi-Fi连接移动图书馆客户端，通过iPad、智能手机与信息素质教学老师进行在线交流、提交作业，师生之间的交流完全实现了“无缝化”“即时化”。此外，两所大学的师生不仅可以在校内获取图书资源，在校外也可以体验图书馆提供的智能借阅服务，高校图书馆真正实现了“24小时不闭馆”，极大地提升了信息素质教育教学的效率和质量。

3. 高校图书馆信息素质教育中仍然存在的问题

无论是北大的“3D系列”教育模式，同济的“立体阅读”教育模式，还是江苏大学的“虚拟移动化”教育模式，都只是我国高校图书馆信息素质教育中较为先进、较为新颖的教学模式的点滴反映。从整体上看，我国很多地方的高校图书馆，在开展信息素质教育教学活动中，仍存在这样或那样的问题，令人深思。

3.1 教育教学方法较陈旧

目前，国内很多高校图书馆在对学生进行信息素质教学时，所采用的教学方法仍显得较为陈旧。[2]例如，很多高校在对学生进行教学时，仍然采用传统的“师授生学”的模式，即：教师利用多媒体播放相关的教学PPT，通过口授的方式，为学生讲解图书馆文献查阅、文献分类搜索、网络信息资源使用等方面的信息知识，学生在完成教师传授的理论课后，便进入校园内的图书馆阅览室，进行自主学习。可以说，上述教学方法，是我国绝大多数高等院校图书馆信息素质教育教学过程中所采用的策略，该种教学方法最大的特征是：理论教学中，教师一味地口授，很多教师甚至对着 PPT“照本宣科”，让学生深感乏味；而由于理论课体验到的“索然无味”，学生在信息实训课中的兴趣、积极性也明显不足，实际的教学效果也难以得到保证。

因此，从整体上看，在高校图书馆信息素质教学过程中，首先面临的问题便是如何打破传统教学方法中“高耗低效”的弊端，采用更为多元化、创新化的教育教学方法，激发学生参与信息素质教学的兴趣。换句话说，只有当学生真正感受到信息素质教学的乐趣和魅力后，教学效果才能得到最大化体现。

3.2 信息素质教育基础设施建设待完善

在新时期，高校图书馆开展高质量、高水平的信息素质教育活动，必须依赖完善的教育基础设施，例如，教育教学硬件设施、教育教学软件设施等。然而，从整体上看，我国很多高校，特别是一些地方性的本科、高职院校，在图书馆信息素质教育基础设施的建设上，存在投入不足、维护不勤等问题。一些高职院校甚至没有专属的图书馆信息素质教学场馆，也没有构建专业的软件教学平台。

在本文的写作过程中，笔者对广东省 56 所高职院校图书馆的信息素质教育基础设施建设情况进行了电话调查，结果显示：53.2% 的高职院校“没有建设专属的图书馆信息素质教学场馆，图书馆为学生提供的服务仅仅是借阅图书”，72.3% 的高职院校图书馆“没有开设信息素质教学课程”，80.2% 的高职院校存在“图书馆硬件设施老旧、维护不勤、藏书不新”等问题。上述问题是我国高校图书馆信息素质教育基础设施建设的缩影，从总体上看，基础设施不完善是我国高校图书馆建设中存在的普遍性问题，倘若上述问题得不到解决，将直接影响到大学生信息素质教育教学实施的质量。

3.3 图书馆管理人员信息化专业素养有待提升

现代化的高校图书馆信息素质教学体系建设，对图书馆管理人员的信息化专业素养、服务能力等也提出了新的要求。例如，需要图书馆管理人员能够做到与专业教师之间实现教学上的“无缝衔接”，能够承担相应的大学生信息素质提升教育教学活动，且应具备一定水平的图书馆信息硬件、软件平台的开发维护能力等。

然而，目前我国绝大多数高校图书馆中的管理人员，存在信息化专业素养较低，信息化教学能力不高，服务意识不强等问题[3]，主要表现为从业人员学历较低、信息化服务能力不足以及信息化服务理念没有落实到位等。因此，在日常的大学生信息素质教学或辅助教学活动中，他们也难以为大学生提供全方位、专业化和人性化的教育教学服务，而上述问题也成为制约我国很多地方高校图书馆信息素质教育教学能力提升的桎梏。

4. 提升高校图书馆信息素质教育水平的对策

高校图书馆信息素质教育教学的质量，将对当代大学生掌握信息资源收集利用、网络文献检索等信息化技能产生深远影响。结合前文的分析，笔者认为应从以下几方面入手，不断优化我国高校图书馆信息素质教育。

4.1 不断创新信息素质教育教学方法

创新信息素质教育教学方法，是我国高校图书馆信息素质教学优化发展中应解决的首要问题。具体来说，应从以下几方面展开工作：

第一，利用新媒体，创新教学手段。信息素质教学本身就是让大学生了解、掌握现代化、全新化信息技能的过程，为使教学的过程实现不断创新，高校图书馆应善于将一些信息化的新元素引入日常的教育活动中，打造全新的信息素质教学模式。

如前文提到的北京大学的“3D 系列”教学方法、同济大学的“数字立体阅读”教学方法，都是很好的尝试。此外，国内还有一些高校也推出了颇具新媒体意味的图书馆信息素质教学方式，例如，上海交大以“图书馆学科博客”的形式开展信息素质教学，华南理工大学图书馆打造了“智能手机图书馆”信息素质教学体系，杭州电子科技大学尝试了“图书馆微信平台”信息素质教学模式。上述高校的率先尝试，均取得了不俗的教学成效。

第二，开展新活动，丰富教学内涵。新形势下，单一的图书馆信息素质教学模式，已难以对学生产生吸引力，没有吸引力，自然无法激发学生的信息素质求知欲。因此，各级高校应推出新颖的吸引力强的教学活动，不断丰富信息素质教学的内涵。

例如，高校图书馆可整合现有资源，构建“多元联动信息素质教育机制”，在具体的实施中，可与博物馆、美术馆、电影院等文化载体进行合作，打造“文化艺术 + 信息素质”的双融合教学形式，推出信息美术展、3D 电影展、立体信息博物展等教育教学活动，不断丰富大学生信息素质教育教学的形式，以此激发学生们的学习兴趣。

4.2 完善信息素质教育基础设施建设

一方面，高校应加大对图书馆信息素质教育硬件设施建设的财力投入，通过自筹资金、政府支持等多种途径，多管齐下，不断完善校内图书馆信息化素质教育教学的基础设施水平，打造专属的教育教学硬件场地，设置科学、合理的教育教学课程，保证日常的信息素质教学能够得到高质量的开展。

另一方面，不断完善图书馆信息素质教育软件平台的建设，实施现代化的大学生信息素质教学，不仅需要依靠老师的“口传身教”和“多媒体设施”，还需要构建科学、先进、专属的软件平台，以此提升教学水平。

目前，国内很多高校的图书馆已经做了尝试，例如，同济大学图书馆构建了“医学与生命科学学科信息素质教学平台”，为医学专业的学生提供了在线信息检索、传递、交流等教学活动；华南理工大学图书馆打造了“在线信息素质教育平台”，内设丰富的信息化教学资源，有 step by step 提升信息素养、图书馆资源检索与技巧、电子教程、moodle 使用指南等栏目，大学生可通过登录教育平台，进行自主、随时的信息素质知识学习，十分方便。

4.3 提升图书馆管理人员信息化素养

一方面，要加强对图书馆管理人员信息化教学能力的培训，在日常的培训中，应注重培养馆员的“信息化合作教学”素养，培养馆员与专业教师之间相互协作的教学能力，发挥各自的特长和优势，通过开展教学竞赛、构建教学绩效评比体系等活动，使信息素质教育成为大学信息专业课程体系中不可缺少的部分。上述培训模式，可将高校图书馆管理人员推向信息素质教学的一线，充分激发他们的教育教学能力。

另一方面，要提升图书馆管理人员的信息化综合素养。在对馆员进行信息化能力培训的同时，高校还应本着“一专多能”的培训原则，逐步培养他们多元的信息化技能。例如，制定“两栖类课程”规划，将图书馆信息素质教育系统开发、维护纳入课程体系中，在培养过程中，内容应既包含教育信息化平台开发、维护，又包含高校教育教学的理论与应用知识，从而使图书馆馆员成为“多面手”，不断打造学校专属的“开发—应用—教学”一体化的图书馆信息素质教育人才体系。

5. 结　束　语

高校图书馆信息素质教育水平的提升是一项任重而道远的工程，在今后的工作中，各高校图书馆应从创新教学手段、改善教学设施、提升教学人员信息化素养等多个方面入手，不断优化信息素质教学的质量，以此提升大学生的综合信息素质。

参考文献

[1] 丁枝秀. 江苏省高校移动图书馆服务开展情况调查与分析［J]. 现代情报，2013（8）：89 - 92.
[2] 王运显. 高校图书馆信息素质教育新模式研究［J]. 图书馆学研究，2012（5）：19 - 22.
[3] 易斌. 高校图书馆对大学生进行信息素质教育的现状及分析［J]. 图书馆，2007（5）：73 - 75.

高校图书馆对公共文化教育事业的服务创新

娄亚莉

（广东警官学院图书馆　广州市）

摘　要：图书馆是国家提倡建设学习型社会的主力军，是公共文化教育事业的重要组成部分，高校图书馆要打破传统服务意识，顺应时代的要求，在服务形式、服务内容上不断创新，对公共文化教育事业做出自己的贡献。

关键词：高校图书馆；公共文化教育事业；服务；创新

近年来，党中央、国务院大力提倡建设学习型社会，图书馆作为保存文化遗产、传播文化知识的公共文化服务体系中的一员，是建设学习型社会的生力军。高校是培养国家高级人才的摇篮，高校图书馆是高校的文化集中地，具有社会教育、文化服务的职能，因此也肩负着提高全民文化素养的重任。

1. 高校图书馆融入公共文化教育事业的必然性

1.1　国家政策的指引

党的十八大报告中提出“开展全民阅读活动”，李克强总理在2014年《政府工作报告》中提出“倡导全民阅读”，在2015年《政府工作报告》中再次强调“倡导全民阅读，建设学习型社会，提高国民素质”。推广全民阅读，建设学习型社会是图书馆的使命和天职，高校图书馆作为社会文化建设的生力军，也应该作为社会信息资源的重要组成部分，积极向公众提供社会服务。教育部2002年出台的《普通高校图书馆规程（修订）》第二十一条指出：“有条件的高等学校图书馆应尽可能向社会读者和社区读者开放。”国家政策的指引为高校图书馆打开馆门、向社会提供公共文化服务提供了依据，也为高校图书馆的发展指明了前进的方向。

1.2　国内外先进经验的推动

国外高校图书馆很早就向社会开放，开展公共文化服务，并且服务对象广泛，服务内容丰富，服务形式多样，实践经验丰富。17世纪初，英国牛津大学博得利图书馆、意大利安布罗西安图书馆等高校图书馆，开始了学校图书馆向公众开放的实践；美国高校图书馆的社会服务开展得很早，而且应用得也很广泛，公立大学图书馆不需要任何认证，向公众开放，被称为大学里的公共图书馆；日本高校图书馆实行的对外开放的广度及普及率也很高，国立、公立大学图书馆100%对公众开放，私立大学97%对外开放，且节假日也提供对外开放服务；英国大学图书馆5%的读者是市民。在我国，很多高校也做了这方面的尝试，2000年以来，上海的市、区、街、镇的公共馆和部分高校馆开展通借通还业务；2012年3月12日，首都高校图书馆联盟成立，在110个成员中，北大、清华等34所北京高校图书馆将逐步向社会免费开放；从

2014年12月1日起，四川大学等成都11所高校图书馆免费对外开放，四川省高等学校图书情报工作委员会为此专门拟定了《成都地区部分高校图书馆面向社会开放管理办法（试行）》，规定市民可在开放图书馆的高校免费办理借阅证。就目前国内高校的实践效果来看，高校图书馆为社会提供服务已经达成共识，并且有扩大服务的趋势。

1.3 高校图书馆生存和发展的需要

网络信息时代，打破了文化交流的壁垒，人们获取信息的方式多种多样，并且获取信息的速度非常快，所搜即所得的效果显著，因此图书馆陷入生存危机，一个没有良好公共形象的图书馆是很难生存的。高校图书馆面临的挑战也不小，由于高校图书馆的服务对象是本校的学生和教师，读者群相对单一，纸质图书的利用率在逐年下降，并且高校有寒暑假两个假期，大约有三个月的时间，除了某些大型综合性高校的图书馆部分开放外，更多的高校图书馆的物理空间是关闭的，造成馆藏资源的浪费。因此发挥高校图书馆丰富的馆藏资源、先进的技术设备及专业的服务人员的优势，提供社会服务是高校图书馆发展的必然趋势，也是高校图书馆社会责任的体现。

2. 高校图书馆为公共文化教育事业服务的对象与方式

2.1 高校图书馆为公共文化教育事业服务的对象

高校图书馆应拓展服务对象，延伸服务范围，成为对公众进行终身教育的场所。1995年《中华人民共和国教育法》正式将终身教育以法律的形式予以确立，2015年《政府工作报告》中提到，让每一个人都有机会通过教育改变自身命运，体现了终身教育的理念。图书馆在公民终身教育中具备不可替代的地位。首先，高校图书馆的服务对象，可以从单一的校园读者扩展到政府部门工作人员、学术研究机构成员、社区共建单位读者、培训班学员，甚至可以扩展到学校在编人员家属、非编人员，比如保洁公司、绿化公司的员工，为其提供基本的借阅服务、知识服务，提高图书馆的知名度，扩大图书馆的影响力，树立图书馆的品牌形象。特别是为校友提供终身教育，可以使他们毕业后还能延续对母校的感情，既可以解决他们工作中的信息需求，也可以让他们时刻关心母校的发展现状。其次，可加入MOOC课程的服务中。MOOC是2012年席卷全球的开放在线课程，其服务理念和图书馆是一致的，都具有开放性。MOOC时代的到来，引发了高校学生和社会人群学习的热情，加速了全民提高专业能力和知识水平、接受终身教育目标的实现。图书馆要搭建好全民学习平台，为MOOC提供教学服务，也可加入MOOC大军，创建图书馆MOOC课程，提高全民信息素养，营造全民学习的氛围。

2.2 高校图书馆为公共文化教育事业服务的方式

（1）利用馆藏资源特色，提供行业服务

一方面，在与行业机关的合作中，大力宣传高校图书馆的特色馆藏资源和服务，树立服务品牌。比如，广东警官学院图书馆以公安法律类图书为馆藏特色，以公安志、公安年鉴、警学期刊全文数据库、视频案例资源库等为特色馆藏，可以以公安工作的基础信息化、警务实战化、执法规范化、队伍正规化“四项建设”为依据，在校局合作、校校合作、校实习基地合作中提供信息咨询服务；在广东省公安民警心理健康服务中心、民警心理咨询热线电话99769中提供阅读书目，担任阅读治疗师的角色；为广东省公安机关基层所队长学校开设信息技能培训课，提高公安民警信息素养；与公安大学出版社共建警察书屋；与广州市公安局档案馆共同举行警察史展览。在行业服务中，宣传行业成果，推广行业业绩，达到双赢的目标。

另一方面，积极加入行业图书馆联盟，形成资源共建、共享机制。行业图书馆联盟是指行业图书馆间、高校馆与公共馆间，或者高校与高校馆间建立联盟，统一标准，推行资源整合，提供资源共享，防止重复建设，造成不必要的浪费，联合开展公共文化服务。如广东警官学院是全国公安院校图书情报工作委员会的理事成员馆，各成员馆共建警学期刊全文数据库，提供本馆特色馆藏的教学案例视频资源库给各成员馆使用，取得了大家的一致好评。

（2）积极为社区民众提供公共文化教育服务

高校图书馆要利用文献资源和场地优势，特别是利用高校的专业特色人员特长优势，进行文化宣传。

第一，利用纪念日举行社区文化活动。高校图书馆可以是活动组织者，图书馆馆员也可以是活动的参加者、志愿者，利用高校图书馆的场地，比如电子阅览室、视听室、学术报告厅等，或者深入社区，充分运用书籍、报纸、杂志、广播、电视等大众媒体，以制作宣传展板，分发宣传资料、宣传手册等形式，或为读者放映以宣传活动为主题的电影、纪录片、宣传片等，开展公共文化教育活动。比如广东警官学院可以利用公安法律资源丰富的馆藏特色及学科人才优势，在全国法制宣传日、国际禁毒日、全国110宣传日、最新法律法规颁布实施日，推出普法专栏、专版和普法节目，采取以案说法、以案释法等生动直观的形式开展法制宣传教育，增强宣传效果，普及法律知识，增强公民法制意识，提高公民素质。

第二，积极开展阅读推广。“公共图书馆之父”英国的爱德华兹和现代图书馆学创始人杜威先生都认为，图书馆以图书和阅读感化社会，开启民众智慧，传播知识和道德的福音，因此图书馆是阅读推广的主体。尽管政府财政对公共图书馆投入较大，但某些基层公共图书馆馆藏资源是没有高校图书馆丰富的，高校图书馆除特色馆藏以外，哲学、历史、文学、教育等人文社会科学以及理工、医药、农学等自然科学类的书籍收藏也很丰富，可以补充基层社区图书馆馆藏的不足。比如广东警官学院所在的白云区图书馆，馆藏图书30万册，报刊600多种，馆舍总建筑面积为6 080平方米，广东警官学院馆藏图书80万册，报刊900多种，馆舍面积达2万平方米，阅览座位2 148个。另外高校图书馆还具有图书馆员的学历、素质、技术水平高等知识密集优势，因此，相对于基层公共图书馆，高校图书馆开展阅读推广服务的软硬件优势明显。高校图书馆可采用推广地方文化和介绍地方精神文明先进个人、举办各种文化展览、开办文化名人讲座等民众喜闻乐见的方式举办各种活动。

第三，提供信息素养、信息道德的培养教育。网络和社交媒体的发达，使信息的产生量巨大，但通过网络接收到的信息是不完整、不系统的碎片化信息，不能形成自己的知识结构，因此建立和完善知识体系，是高校图书馆提供公共文化教育服务的重要内容；信息流的产生和传播，也增加了人们甄别、筛选、提炼信息的难度，如何建立自己的交友圈，提高甄别真假信息、事实真相和谣言的能力，规范上网行为，培养知法懂法、健康向上、传播社会正能量的信息道德素养，是高校图书馆在提供公共文化教育服务中的重要课题。

（3）为贫困山区进行文化扶贫

中国是发展中国家，贫困地区经济、文化资源匮乏，贫困人口占的比例较大，且这部分人口普遍受教育程度低。图书馆作为文化扶贫单位，应向贫困地区重点推送农村实用技术、农业生产增产增值方法、农产品的市场价格与销售等方面的信息。通过高校图书馆的资源推送，缩短城乡文化差异，以建设农家书屋等形式，使图书馆成为真正的文化扶贫先锋。比如，广东警官学院图书馆先后向学院扶贫点赠送阅览台、阅览椅、电脑等设备及书籍、报刊等文献资源，在村里建立了图书室，取保了物质、精神双扶贫的效果。

（4）嵌入教学和科研机构，提供知识服务

高校图书馆可嵌入教学和科研机构提供知识服务，使科研成果直接转化为政府决策的信息支持，提升科研机构的影响力。比如广东警官学院图书馆为广州市公共安全重点研究基地（珠三角公共安全研究所）提供知识服务，研究基地的多项研究成果先后获得公安部、广东省、广州市、广东省公安厅等授予的证书和奖状；同时，多项政策建议被省市政府采纳并获得主要领导批示和肯定，为省市政府决策提供信息支持。图书馆也为配合学院教学建设了《电视媒体中的广东警察》、禁毒、经济犯罪侦查、刑事侦查、婚姻家庭、廉洁修身等教学视频案例库，丰富了教学资源，得到了师生的一致好评。

（5）高校图书馆与出版商合作，实现双赢的服务效果

出版商的销售排行榜单和高校图书馆的借阅排行榜单不一致，读者喜欢读的书与出版商推荐的书几乎没有相似性，一方面读者读不到自己喜爱的作品，另一方面出版商不知道读者喜爱什么书，形成了阅读信息的不对称。因此，高校图书馆可以将借阅数据与出版商的销售数据整合，打破各自为政的局面，协同合作，形成科学客观、互惠互利的数据集成。

3. 高校图书馆为公共文化教育服务的保障措施

3.1 转变观念，强化高校图书馆要为公共文化教育服务的意识

高校图书馆应主动打破与公共图书馆的界限，缓解公共图书馆馆藏不足和馆舍场地小的压力，发挥各自优势，协同发展。长期以来，高校图书馆的服务对象是本校的教职工和学生，为教学和科研服务是高校图书馆的主要服务内容。面向社会公众提供公共文化教育服务会出现很多状况：首先，图书馆馆员在完成学校本职业务工作的同时，面对社会公众提供服务，增加了他们的工作量，并且不会产生任何经济效益；其次，校内读者会因为个人使用图书馆资源的比例下降，比如自己想借的书借不到，自修室、阅览室没有阅览座位等，而对本校图书馆提供社会服务的行为产生不满情绪；最后，高校图书馆向社会开放，势必增加对图书馆的资金投入、人员投入，高校领导也会产生抵触情绪。但高校图书馆要秉承文化传承使者的使命，肩负起社会教育职能，树立起开放的、为全社会服务的理念，特别是要转变学院领导的观念，使领导对高校图书馆开展公共文化教育服务高度给予重视和经费的支持，使馆藏文献资源利用率达到最大化，达到提升图书馆影响力，进而提升学院影响力的目标。

3.2 注重知识产权保护

高校图书馆在进行公共文化教育服务的过程中，主要还是以提供纸质文献外借服务为主，而像商用数据库、电子期刊、本馆自建数据库等涉及知识产权问题的电子资源，除提供到馆使用（不提供下载服务）以外，不提供外网登录的公共服务，在提供公众服务的过程中，也要建立健全相应的社会读者利用高校图书馆的有关制度。高校图书馆馆员一直致力于为各专业教师搜集组织教学素材的服务，近年来也协助MOOC的制作与传播，MOOC影片中会应用到图片、音乐、统计资料、研究报告、新闻时事、书籍内容等资源，高校图书馆馆员要时刻关注这些教学资源的知识产权保护问题，做到合理使用，避免产生版权纠纷，为教学团队解决后顾之忧。

3.3 在服务态度上要一视同仁

善待每一位读者，特别是在为社区农民工服务的时候，不要因为农民工受教育程度偏低，就有所怠慢，图书馆工作人员对这一群体的服务要更细致、更有耐心，解决他们在资源利用过程中出现的问题，重塑高校图书馆新形象，拉近高校与普通民众的距离。

3.4 保障校内读者使用图书馆资源的优先权，分时间、等级逐步开放

特定时期比如期末考试、公务员考试、英语四六级考试期间，高校图书馆的资源（包括纸质图书、期刊和阅览座位）紧张时，可暂停对社会开放，在寒暑假绝大多数学生都离校期间，可考虑全面向社会开放。设定校内读者与校外读者的借阅权限，限定借阅等级、一次可借阅的图书数量、借阅期限等，在满足校内读者资源使用的前提下，为社会公众提供服务。

4. 结 束 语

高校图书馆向社会开放，主动融入国家公共文化教育事业中，是高校图书馆面临的机遇和挑战，高校图书馆应不断拓展服务对象，扩大服务内容，创新服务方式，顺应公共文化教育事业的需要，在构建学习

型社会中，彰显自身的社会价值。

参考文献

[1] 谢丽娟，郑春厚. 美国高校图书馆社会服务发展现状及启示 [J]. 中国图书馆学报，2009 (3)：93 - 97.

[2] 王丽娜. 高校图书馆社会化服务策略探析 [J]. 传播与版权，2015 (11)：144 - 145.

[3] 刘艳红. 国内外高校图书馆社会服务的现状比较与启示 [J]. 图书与情报，2011 (2)：102 - 105.

[4] 严玲. 关于高校图书馆开展嵌入式学科服务的思考 [J]. 图书馆学研究，2012 (20)：78 - 81.

移动互联网时代高校图书馆微信平台的服务应用*

郑　芸

（广东警官学院图书馆　广州市）

摘　要：基于微信服务的功能及特点，分别从个性化服务、学科化服务、阅读服务推广三个方面论述，提出高校图书馆微信服务是新型信息服务模式，有利于将图书馆的各类资源与服务推广至用户的移动环境中，以满足用户随时随地获取图书馆资源的需求。

关键词：微信；学科服务；信息服务；阅读推广

信息时代，移动网络迅猛发展，伴随着现代教育媒体的多样化发展，越来越多的教育网络平台转向智能手机、平板电脑等移动终端。微信作为全媒体时代的新兴社交信息平台、人际交流的重要形式，应用于高校图书馆的服务，有效拓展了图书馆的信息服务模式。高校图书馆可以借助于微信平台，利用微信公众号来提升自己的服务质量，更好地为读者服务，让读者随时随地获取信息资源。

1. 微信的基本功能及应用

微信支持通过移动网络发送文字、图片、语音、视频、群聊、链接及其他拓展功能。作为全媒体时代的新兴产物，在广大政府机关、教育、企业、传媒、金融、旅游、餐饮等众多领域得到了广泛的应用，成为重要的信息传播平台。因此，分析研究当前高校图书馆开展微信服务的状况，探究如何有效运用、管理好微信平台这一信息服务新载体，对拓展图书馆服务模式、提升信息服务能力及增强与读者的互动等方面具有重要的意义。

1.1　微信平台的应用

随着智能手机微信软件的快速发展及广泛使用，国内越来越多的高校图书馆通过微信公众号提供移动信息服务，基于微信的图书馆移动服务，有利于将图书馆的各类资源与服务推广至用户的移动环境中，以满足用户随时随地获取图书馆资源的需求。微信公众号提供“订阅号”和“服务号”两种服务模式，图书馆可以根据自身需求选择服务模式，订阅号主要是提供信息和资讯，而服务号主要用于为用户提供服务，可以通过自定义菜单等方式实现业务功能的微信对接。基于微信的图书馆移动服务不失为一种良好的移动图书馆服务推广模式，改变了传统的移动图书馆服务推广思路，也减轻了图书馆的开发工作量。随着微信平台接口的日益丰富，图书馆微信可开展更多有益的服务。

* 本文系广东省教育厅2015年高等教育教学改革项目“公安院校学科服务体系构建与创新研究”、广东省图书文化信息协会2016年度科研项目“适应互联网时代的高校图书馆信息素质教育创新研究”（项目编号：GDTWKT2016－17）成果之一。

微信平台界面的设计包括微信名称、微信号、微信头像、功能介绍等。功能介绍的目的是让用户在关注微信平台之前，通过阅读简明的介绍，了解其能提供的信息服务，引起用户关注兴趣。微信平台内容管理包括对内容种类、形式、数量、类型、发布频率等的设置等。栏目的设置一方面可以看出图书馆对微信的重视，更重要的是可以迅速吸引读者眼球，让读者迅速了解本馆的特色。生动有趣、价值较高的内容和适合的推送频率会激发用户与平台间互动的兴致。从高校图书馆开通的微信服务项目来看，服务内容涵盖借阅信息、馆藏信息查询、规章制度、馆情馆讯、图书馆公告、讲座活动预告、大学生荐购、好书推荐、经典影视简评、艺术鉴赏，以及业界交流、讲座信息、资源动态、中外文期刊、电子资源数据库最新资讯、新书通告、大学生培训信息、校园信息、座位信息查询、节假日闭馆通知、大学生服务、微信互动，等等，内容非常丰富，可简单归纳为信息查询服务、图书借阅相关服务、信息推送服务、移动阅读服务、读者互动服务五个方面。比如广东省立中山图书馆微信公众号功能设置情况为：一级菜单“我要查询”（二级菜单：“馆藏查询”“信息参考咨询”“精彩活动查询”“服务导引查询”“你悦读，我采购”查询）、“我要办理”（二级菜单：“书刊续借”“无线上网”“省图微社区”“读者活动预定”）、“省图宝典”（二级菜单：“微知乎”“微数据”“423 微阅读”“微视界”“随便看看”）。中山大学图书馆的微信公众号功能设置情况：一级菜单“我的图书馆”（二级菜单：“使用说明”“书目查询”“续借图书”“借阅历史”“解绑读者证”）、“云阅读”（二级菜单：“好书推荐”“杂志精选”“热门图书”“视频公开课”“移动图书馆”）、“微服务”（二级菜单：“权限激活”“超期教育”“最新资讯”“常见问题”“图书导读”）。

1.2 微信平台在图书馆服务中的推广作用

大学生只要用微信“扫一扫”图书馆二维码即可关注，灵活、方便、实用。图书馆微信公众平台以信息推送为主，并且以图文形式群发为主。为提高大学生对于图书馆微信公众平台的认知度和使用率，图书馆应转变观念，加大图书馆微信公众平台的宣传推广力度。图书馆引入微信服务后，可以通过介绍微信服务的详细使用说明，在图书馆主页显示微信二维码，在图书馆大堂以及醒目的地方，如布告栏，大学生流动量大的地方，如学生饭堂门口和餐桌上，张贴图书馆微信二维码，并可设置“扫码有惊喜”，提高关注度等方式对微信公众平台进行宣传，以激发大学生的潜在需求，切实提高大学生对图书馆微信平台的认知程度，增强大学生的体验，从而为大学生应用图书馆微信服务奠定基础，为图书馆开展微信服务提供技术保障。微信公众平台使更多读者关注图书馆，了解图书馆各种服务，积极参与图书馆举办的如读书节、数据库利用培训等各种文化活动，强化大学生对图书馆信息服务职能的认识，塑造图书馆文化品牌服务形象，吸引更多的读者了解图书馆、关注图书馆、利用图书馆，使图书馆真正成为大学生的第二课堂。

2. 微信服务的推广模式及效果

图书馆的微信服务模式主要从个性化服务、学科化服务、阅读服务推广三个方面进行建设，整合了用户通过智能手机等移动设备获取图书馆相关资源与服务。微信平台可以拓展图书馆的服务方式，践行个性化服务的理念，主动适应大学生读者的需求，努力构建具有自身特色的微信服务平台。

2.1 微信的个性化服务

图书馆是学校的信息中心，在网络信息时代，从业人员应转变观念，拓展图书馆服务方式，要运用信息技术开展多元化个性服务。微信公众平台支持开放接口，读者关注图书馆微信公众号，通过绑定读者证，进入“自定义界面”，即可进行个人借阅信息查询，查询已借图书书目、借还图书时间、到期提醒通知等信息；还可使用图书预约、图书续借等业务功能。这些操作在移动设备上就可以处理，极大地方便了大学生读者。以广东警官学院图书馆为例，学校在微信公众号上正式推出了校园一卡通和图书馆定制查询功能，并设有贴心的超期提醒，能够及时反馈馆藏信息和用户的借书与荐购情况。超期罚款、复印等都可以通过微信支付，非常方便、快捷、安全。微信是图书馆和读者之间密切的联系工具，是数字信息发展的产物。

从整体上说，基于微信的个性化服务可以准确定位用户，打破传统的被动服务模式，能够充分利用图书馆的各种资源优势，主动开展以满足用户个性化需求为目的的全方位服务。

广东警官学院图书馆微信的特色信息服务包括：图书在线阅读、电子书下载、美读时光在线数据库、读者入馆指南、“读秀学术搜索”等数据库利用介绍、超星移动数字图书馆、图书馆各种数据库资源利用培训讲座、热门分享、诗意生活、创业宝典、期刊导航等。微信服务能够实现各种文献资源的推荐功能，使读者广泛了解馆藏数字资源，提高其利用率，通过微信的标签分类与朋友圈功能，让有不同爱好的读者分门别类，彼此交流自己喜欢的话题。图书馆也可根据不同的圈子，发送读者感兴趣的阅读排行榜、展览资讯、培训活动等，让文化的传播实现更高效的互动。读者在阅读图书馆推送的信息时，还可通过点击分享到朋友圈，随时随地享受自主选择的个性化图书馆服务，方便快捷，且服务的交互性很好，用户体验良好。

2.2 学科化服务

学科化服务是一种基于馆藏文献资源，以用户为中心，根据用户需求，面向知识内容，融入用户决策过程并帮助用户找到问题的解决方案的一种信息服务。当用户身份绑定后，利用微信可进行学科信息推送，可以把特定学科内的专家馆员、学科信息资源、数据库信息和网络信息资源，以学科知识单元的方式发送到用户手中。通过微信开展学科化信息推送服务，使用户不受时间、空间和人员的限制而获得各类定制的学科化信息服务，能大力支持用户的教学与科研工作。例如“我的馆员助手”的作用是：当用户需要得到图书馆帮助的时候，可随时通过微信联系到图书馆为其提供服务的学科馆员。

在每年毕业季开设的毕业论文写作类信息推送专题服务中，高校图书馆可借助于微信把已经整理好的毕业论文专题咨询信息链接发送到毕业生手机、平板电脑等客户端上，让其全面了解论文撰写的步骤、图书馆相关专业数据库的使用方法等，使他们可以更方便、高质量地完成专业论文。

2.3 阅读服务推广

图书馆微信服务号的主要职能之一是阅读推广，而热门新书推荐、专题书目推荐、热门借阅排行榜正是有效开展阅读推广的重要内容。微信公众平台之所以优于其他推广平台，主要体现在信息推送的定制性和针对性，定制图书馆微信公众号的用户都是希望及时得到服务通知和阅读推广的群体，信息推送的同时，应尽可能配以精美图片，使界面更加丰富、图文并茂，增强信息的吸引力。维持用户的忠诚度，一方面需要激发用户的兴趣，经常举办用户广泛参与的阅读推广活动及抽奖活动；另一方面要保持与用户的联系，使微信公众号充分发挥应有的作用。在激发用户兴趣方面，中山大学经常举办形式多样的阅读推广大赛，“与书相伴的时光”专题摄影比赛、数据库趣味检索竞赛、定期公布阅读借阅排行榜等。高校图书馆要经常分析用户的反馈情况，调整推送的内容。中山大学将日常的信息推送设置为读者活动推介、新书推荐、公益中医健康养生讲座、欣赏电影几个栏目，分别从视频、音乐、图片等多个角度、多个维度呈现图书馆的人文特色。点开图书导读，就会出现这样一段文字：“我们的图书导读采用了全新的上下翻页的阅览模式，添加了柔和的背景音乐，能让大家静下心来，慢慢阅读一下我们为你精选的图书。……让你感受到不一样的导读体验，也能了解到最新的优秀图书资讯。”

年轻的大学生读者大都喜欢图文并茂、灵活丰富的表现形式，精品图书推荐几乎都是采用图文并茂的方式，向读者生动有效地传递信息，使读者获得美好的阅读感受。微信服务可以实现各种资源的推荐，读者可通过点击发送给朋友，分享到朋友圈、微信群、其他应用，收藏等，极大地提高了数字资源的利用率，实现了阅读推广的功能。

3. 存在的问题与解决对策

一是高校图书馆的微信服务还处于初级阶段，在功能、技术等方面还不够完善和成熟，给大学生操作带来一定的困难，导致其对此失去信心；二是图书馆对其微信公众平台的宣传力度不够，以致大学生对本校图书馆提供微信服务的认知有较大偏差。

为此，高校图书馆应努力构建丰富的微信内容服务体系，拓展服务内容，优化服务手段。图书馆应侧重以图文信息、视频和图片的形式发布微信内容，微信内容服务体系应包括三方面，分别是大学生基本信息（指大学生的借阅信息、预约信息和资源荐购和馆员助手等内容）、资源与服务（指信息检索、学科服务、定制服务和互动咨询等内容）、信息速递（包含新闻公告、讲座与培训、资源推介和娱乐互动等内容）。图书馆举办的活动主要包括讲座、读书节、电影展播、读者调查等具有图书馆特色的活动，通过微信公众号推送活动相关信息，可以让用户及时获知活动举办的时间及内容，从而吸引更多参与者，更好地宣传推广图书馆。馆员应对加强微信公众平台的后续维护，使其可持续发展，在信息推送服务过程中，不断总结经验，逐步发展形成具有馆藏特色的推送栏目，让大学生感受到参与微信公众平台的价值。

图书馆微信资源共建系统就是一个基于微信公众平台的微信用户群，是用户自发建立的一个以信息资源为中心的交流互动平台，主要是使用手机等新一代移动产品作为信息沟通工具，该平台中的用户既是信息的浏览者，又是信息的创造者。通过该平台，读者与读者、读者与馆员、馆员与馆员之间都建立起了沟通的桥梁，读者可以实时地进行阅读分享、书评交流、书籍收藏等资源共建共享活动。通过这些书评的分享与交流，提高读者的阅读兴趣，增加读者间的互动体验，充分体现了图书馆新时代以读者为中心的特点。

图书馆可以指定专门的馆员负责管理微信号。此外，由于学生是微信的主要用户群体，也可让学生加入微信公众号的管理，尤其是具有丰富经验、计算机专业知识比较扎实的学生，能够帮助馆员一起建设和维护微信平台。学生更了解同龄人的需求，因此可以采取学生与老师共同维护平台的运行模式，招募学生志愿者，共同为读者提供更好的服务。

4. 结　语

总之，图书馆面对大数据时代，如何利用互联网及信息技术开展各种服务工作，要引起图书馆的高度重视，图书馆对新的信息技术要保持高度的敏感性，利用微信公众平台开展个性化和深层次信息服务，做好微信服务栏目设计及建设工作，拓展信息服务内容，提高微信服务质量及效果。

参考文献

[1] 刘云英．泛在图书馆与移动信息服务［J］．农业图书情报学刊，2010（11）：280－283.

[2] 武龙龙，杨小菊．基于微信公众平台的高校移动图书馆服务研究［J］．图书馆学研究，2013（18）：57－60.

[3] 徐彩霞，魏启宇．移动媒体时代高校图书馆微信平台的服务应用［J］．新世纪图书馆，2013（6）：43－47.

[4] 张正．图书馆微信公众平台的构建［J］．国家图书馆学刊，2014（2）：26－31.

[5] 罗晓涛．基于微信公众平台的图书馆信息推送服务［J］．图书馆学刊，2014（4）：66－69.

[6] 黄浩波．高校图书馆微信服务现状及建议［J］．图书馆学研究，2014（3）：66－63，93.

[7] 王勇，洪斌．微信及其在图书馆的应用［J］．新世纪图书馆，2013（9）：45－49.

[8] 张楠，边丽梅．微信在图书馆信息服务中的应用探析［J］．图书馆研究，2013（5）：83－85.

公安院校图书馆学科服务研究*

潘向泷

（广东警官学院图书馆　广州市）

学科馆员制度出现于20世纪50年代的美国，是图书馆突破传统服务模式的一种新尝试。简单来说，学科馆员是指“掌握一门或几门专业学科知识，并精通图书情报知识，能为相应学科提供高层次的文献服务的图书馆员”。经过几十年的发展，学科馆员制度在国外研究型大学图书馆中已非常普及，并取得了很好的效果。1979年，迪金森（Dennis W. Dickinson）在他的论文《大学图书馆的学科馆员：过去还是未来的恐龙》中提出，专业参考帮助（specialist reference assistance）、学科联络（faculty liaison）是学科馆员工作职责的两大方面。

1. 国内“985”著名高校图书馆开展学科服务情况

我国在20世纪80年代即有学者对学科服务进行理论探讨，但直到1998年清华大学图书馆率先开始实行学科馆员制度，国内才正式进入实践探索阶段。“985”高校是我国为创建世界一流大学和国际知名高水平大学而重点扶持建设的高等院校，在学科服务方面的探索对其他高校具有指引作用。

在39所“985”高校中，有38所高校均开展了学科服务。其中清华大学、北京大学、上海交大等高校图书馆对学科服务率先进行了探索，在学科服务队伍建设、服务模式、网站建设、学科导航、学科资源整合方面积累了许多经验。

从队伍人数上看，各馆差别较大，最多的为清华大学，学科服务队伍为65人，华中科技大学为59人，专职队伍以人民大学图书馆居首，为35人，最少的复旦大学仅4人；从服务模式上看，分为单一学科和复合学科服务模式，不仅有学科联系人、学科馆员，还有图情教授；在服务方式上，有主动服务模式、协作式服务模式、嵌入式服务模式；但都没列出具体的学科服务绩效评价指标体系。

北京大学图书馆依托学生社团开展服务，与社团联合开展丰富多彩的学术活动，由图书馆策划专题，开展讲座、研讨、咨询等服务，将图书馆的服务嵌入用户的工作和生活中。上海交通大学图书馆、同济大学图书馆均开展了嵌入式学科服务，北京大学图书馆、上海交大图书馆还建立了学科服务博客。从这些高校实践看，成功开展学科服务的高校，均具备相对完整的学科服务体系，值得多数高校借鉴。

2. 公安本科院校图书馆开展学科服务的基本情况

笔者通过访问网站、电话访谈馆长或部门主任等方式就公安本科院校图书馆开展学科服务的情况进行

---

* 论文系广东省2015年高等教育教学研究和改革项目（综合类）“公安院校学科服务体系构建与实践创新”，广东省社会管理局、广东图书文化信息协会2016年课题“公安院校图书馆学科服务研究”（项目编号：GDTWKT2016－19）的成果之一。

了调查。

2.1 以公安大学、刑警学院为首的部属本科院校，有开展学科服务，但都没有建立专职的学科服务队伍

公安大学图书馆学科馆员体系不是很完整，在2007年开始学科馆员的建设工作，由新进的7名研究生兼任学科馆员，主要工作是每人负责联系2个系，开展文献信息建设的建议、科研课题的文献支持、开办数字图书馆应用讲座等活动。目前，还有4位同志在开展这项工作，也不是经常性的了，一般的文献咨询服务等都由信息咨询部负责。刑警学院图书馆，2010年开始尝试学科联系人制度，由各科室主任加上40岁以下青年馆员组成，负责宣传推荐馆藏资源，到系部开展数字资源辅导及培训，在网站上建立专题信息服务，收集包括课件、视频、文档等与教学相关的资料，目前正准备完善这项工作，进一步明确工作内容。

2.2 省属公安本科院校图书馆开展学科服务的较少，服务内容单一，服务持续性差

江苏警官学院图书馆2007年曾做过尝试，但由于无制度保证，没有坚持开展，有重新启动的打算。湖北警官学院图书馆曾在2010尝试推出学科服务，对省部级以上的科研课题推出文献跟踪服务，但业务后来中断。江西警院图书馆有科研课题联系人制度，对立项课题安排专人联络跟踪服务。云南警院、湖南警院、四川警院等图书馆均未开展过学科馆员或学科联系人等方面的服务。

从调查来看，公安院校图书馆在学科服务上与国内一流高校图书馆存在较大差距，没有专职的学科服务队伍，也没有持续的制度保证。主要原因是公安院校图书馆人力资源一直处于较为紧张的状态，在人才储备和专业服务上都无法达到学科馆员的要求。公安院校图书馆中除公安大学图书馆、刑警学院图书馆在图书馆人才队伍建设上的情况稍好之外，多数图书馆专业队伍数量少，忙于应付传统的服务工作。

3. 我院图书馆在学科服务工作上的探索

3.1 建立学科服务制度

广东警官学院图书馆从2011年6月尝试建立学科服务制度，目的是更好地了解系部教师的信息需求，提供更具针对性和专业化的服务，加强图书馆与教学系部的联系与沟通。希望通过学科服务工作，在系部、学科专业与图书馆之间架起一座相互沟通的桥梁，有针对性地收集教学和科研所需文献信息，进一步细化图书馆的服务，使图书馆的服务工作迈上新台阶。

3.2 培养了学科服务人员融入教学、科研一线的意识

建立学科服务制度后。图书馆馆员也从原来的坐等读者上门，到现在主动联系教师，了解用户需求。教师对图书馆也提出了不少改进意见，图书馆从图书、期刊采购到数字资源库的建设，都充分听取了教师的意见。

3.3 取得的成效

经过多年的实践，我馆在学科服务上做了大量的工作，得到学院系部老师的认可。馆里一位学历、职称都不高的同志，因为学科服务工作认真得到系部老师的肯定，笔者将系部反馈的意见告诉她时，她觉得做学科服务使她在工作中找到了信心。另一位初级职称的同志，原来所学专业不是图书馆方向，工作8年来一直未写一篇论文，总觉得无内容可写。做学科服务后，她从实践中找到了写论文的源泉，论文公开发

表后，对服务工作也产生了兴趣。学科服务工作开展以来，多名同志在申报课题时都与老师合作，也有的同志直接参与到教师课题的研究中，学院在学术团队建设中，很多团队都主动邀请图书馆学科服务人员加入，从中看出，做学科服务工作，对于图书馆队伍专业素质的提升是非常有益的。

3.4 存在问题与改进措施

我院的学科服务工作虽然取得了一些成绩，但同样存在不少问题。一是从制度层面上，还较难建立一个考核机制，学科服务人员因是兼职的，在与科室工作相冲突时，必然会选择少做、缓做，甚至不做；二是队伍的服务能力与学院教师实际需求存在差距，学科服务的内容与教师需求还没有形成真正意义上的契合；三是服务内容还较单一，在数字资源上虽建立了一些专题数据库，但还未按学科进行整合，提供统一的服务平台；四是还未建立相应的激励措施。

今后考虑从以下几个方面改进学科联系人的工作：一是建立必要的考核机制与激励机制；二是针对队伍专业素质不高情况，与其他公安院校联合做学科服务；三是建立交互式的学科服务平台，整合学科文献资源。

4. 主要结论

公安院校图书馆的学科服务工作与普通高校相比，还存在较大差距。学科服务工作任重而道远，不要指望一蹴而就。对每一个馆来说，都有一个艰难的摸索与适应的过程，需要一个用户从不接受到接受、从不认可到认可的过程。学科服务人员必须走出图书馆的围墙，将服务阵地前移，融入教学、嵌入科研中。

2011 年 3 月国务院学位委员会和教育部联合印发了《学位授予和人才培养学科目录》，正式批准设立“公安学”“公安技术”两个一级学科。公安类一级学科的设立，填补了公安高等教育一级学科的空白，为公安学科体系建设提供了更为广阔的空间，是公安高等教育的一项重大突破。在公安院校中开展学科服务不是没有需求，而是图书馆能不能知难而上、寻求突破的问题。只有不断开展服务创新，才能转变人们对图书馆的认识，图书馆馆员也只有在服务创新中才能发挥自己的创造性和知识潜能。

参考文献

[1] 陆莉．“211”工程高校图书馆学科服务现状调查与分析［J］．图书馆学研究．2013（4）：59.
[2] 龙雪梅．高校图书馆学科服务模式构想．［J］．图书馆建设．2009（2）：31.
[3] 刘素清，等．学科服务的多维拓展与深化——北京大学图书馆学科服务聚焦与思考［J］．大学图书馆学报．2012（5）：18.
[4] 吴跃章．论公安学二级学科体系构建的基本原则［J］．公安教育．2013（6）：49.
[5] 欧阳瑜玉．美国著名大学图书馆学科服务的特点［J］．图书馆建设．2010（6）：73.
[6] 覃进标．公安学二级学科建设与发展若干问题的探讨［J］．公安教育．2012（1）：53.

高职院校机构知识库建设现状研究

——以广东高职院校为例

黄伟成

（广东农工商职业技术学院图书馆　广州市）

摘　要：通过对广东省高职院校机构知识库建设现状的调查，分析了广东高职院校机构知识库建设的现状、特点和瓶颈，并提出了打破观念禁锢、联盟建设、校企融合的应对策略。

关键词：机构知识库；开放存取；联盟

20 世纪末随着计算机互联网技术的普及，图书情报界、学术界、出版界等相关行业纷纷掀起了新的学术交流运动——开放存取（Open Access，OA）。机构知识库便是开放存取运动的新生事物，所谓机构知识库（Institutional Repository，IR）是指由机构建立的，用于收集、整理、存储、共享本机构成员所创建的各种以数字化信息资源为内容的知识库。[1] 随着开放存取运动不断深入，我国高职院校图书馆（以下简称"高职馆"）机构知识库的建设进入快速发展期，广东作为教育大省，其 IR 建设也得到了不断发展，但尚处于初期阶段。

1. 广东高职院校机构知识库建设现状分析

本文以广东 80 所高职高专院校作为调查对象，以图书馆门户网站访问和问卷调查为主要调查渠道，了解掌握广东高职院校机构知识库建设的基本情况，调研内容包括知识库数量、文献资源种类、对外开放存取方式以及未开展机构知识库建设的具体原因，调查截止时间为 2016 年 12 月 31 日。

通过调查结果发现，结合机构知识库的功能意义，在整个广东高职院校中，没有一所院校有真正意义上的机构知识库，部分高职馆只建有"教师文库""教师成果数据库""学位论文库""地方特色资源数据库"等类似于知识文库的自建数据库。表 1 显示，在 80 所广东高职院校图书馆中，自建有知识文库的图书馆共 9 个，仅占 11.3%，而全省 39 所本科院校中已经有 11 所院校建成了机构知识库，比例达到 28%，与本科院校相比，高职院校建库的比例是较低的。[2]

多数高职馆的知识文库以收录教师期刊论文与著作、学生毕业论文为主要文献资源，少数高职馆还收录保存有学生的设计作品、教师专利、获奖作品和课件资料等文献资源，但存储的数据量较少（见表 1），其中有 1 所（广东体育职业技术学院）高职馆的文库内容只有 2010 年度文献，至今无更新，且量少。由此可见，多数高职馆收录的文献形式比较单一，存储量少，资源更新持续有效性不强，总体质量不高，运营使用的效果一般，很难满足用户多元化的需求。

调查显示，6 所高职馆文库建有全文库，可供本地下载全文，其他高职馆的知识文库只是简单题录检索，几个高职馆虽然开发了多个知识文库，但都以独立的数据库形态提供服务，各数据库之间并无直接联系，且都是简单检索功能，只有 2 所高职馆（广东省外语艺术职业学院、广东农工商职业技术学院）的全文库数据平台使用第三方公司的系统平台，具有较为多样的检索、统计、修改功能。

从对外开放存取权限角度出发，9 所高职院校中（见表 1），所有高职馆全文库的全文下载都只对校内读者开放，只有简单的题录才对外提供浏览，开放存取度极不高。据调查，院校间共享意识弱、知识产权纠纷忧虑深、开放存取管理运营难等因素是造成开放存取度不高的主要原因。如何提高开放存取度，实现共享共赢将成为一个新的课题。

表1　广东高职院校机构知识文库建设情况

序号	广东高职院校图书馆	文献类型	是否全文库	是否对外开放存取
1	深圳职业技术学院图书馆	著作、论文、专题视频等	是	否
2	广东省外语艺术职业学院图书馆	教师著作论文、学生设计作品、毕业论文、视频等	是	否
3	广东交通职业技术学院图书馆	教师著作、学生毕业论文	是	否
4	广东农工商职业技术学院图书馆	教师著作、论文	是	否
5	广东工程职业技术学院图书馆	毕业论文	是	否
6	广东水利电力职业技术学院图书馆	毕业论文	否	否
7	广东体育职业技术学院图书馆	教师著作、图片、视频等	否	否
8	广州铁路职业技术学院图书馆	论文	否	否
9	顺德职业技术学院图书馆	著作、论文、图片、视频等	是	否

2. 广东高职院校机构知识库建设瓶颈

图书馆既要注重文献收藏，更要注重文献开放，机构知识库的建设势在必行。自2005年始我国的机构知识库便进入了有组织有规模的建设阶段，然而至今十几年过去了，全省只有9所高职院校图书馆自建了知识文库，离真正意义上的机构知识库的建设要求还具有一定的差距，知识库的建设难以突破瓶颈，可谓任重而道远。

2.1 思想保守，持观望态度

目前我省高校非常重视对IR的建设，投入力度明显增强，但高职院校IR建设的实际成效却不理想。很重要的原因是高职馆自身思想保守、创新意识差，主要体现两个方面：

一方面，高职馆本身指导思想过于传统封闭，多数高职馆的学术成果管理服务还停留在传统意识里，在学术服务方面本身就没有创新意识驱使，又何谈IR建设？另一方面，很多已建成IR的高职馆普遍存在着一些现象：文献收集难，更新速度慢，用户参与共建的积极性不高，IR的异质化特征不明显，功能上只是简单的“元数据浏览+全文下载”模式，用户体验不好。这些现象导致高职馆IR的可持续建设能力不足，从而使其他高职馆产生一种强烈意识——IR就是个“鸡肋”，导致多数高职馆虽有IR建设意识却犹豫观望，在建与不建之间摇摆不定。

2.2 用户需求不强烈，驱动力不足

根据“路径依赖理论”，用户在没有体验新产品所带来的明显好处之前，是不会随意改变原有的体验方式的。多数高职馆IR建设项目是出于学校创新强校建设项目和业绩需要而进行的，或缺乏用户需求调查，或用户对IR建设态度冷淡，没有积极响应，使得IR建设的驱动力不足。缺少了用户的需求推动，仅靠高职馆自身的努力尚不足以产生足够的建设驱动力。[3]

2.3 学科专业缺乏，技术力量薄弱

在对80所广东高职院校的调查中发现，65所图书馆已经开通了有效访问的门户网站（调查时因网络访问故障因素，影响数据的准确性），尚有15所图书馆无法建设门户网站，这从另一个层面说明高职馆非常缺乏技术人员，计算机专业人员技术能力有限，难以独立开发或使用开源软件建立自己的机构知识库系统。而高职图书馆馆员中真正出身于图书情报专业的所占比例较低，馆员素质参差不齐，无法达到真正意义上的学科馆员水平，知识储量不足则不能独立完成高质量的专业情报收集工作。与本科院校图书馆相比，高职院校图书馆的整体发展水平比较低，IR的建设工作不仅需要计算机技术能力强的技术人才，更需要图书情报知识丰富的学科专业人才。可见，解决专业技术队伍力量薄弱的问题，是构建机构知识库的当务之急。

2.4 资金短缺，制约发展

在我国高职院校中，机构知识库的发展尚处于理论研究和实践建设的初级阶段，其筹划建设、系统购置或自行开发、资源获取、内容更新、人员培训、系统升级、管理维护等任何一个环节都需要大量资金的投入支撑。而高职院校图书馆的经费来源于学校的财务经费，来源单一，而学校除了日常的文献购置经费外，给予图书馆的其他建设经费要求较为严谨，根本不可能有足够的资金投入机构知识库建设中，更何况是建设后的维护、管理和升级，若无法获得稳定的经费支持，知识库建设与发展必然中途停滞[4]，因此，资金的缺乏势必阻碍高职院校机构知识库建设的健康可持续发展。

3. 机构知识库建设的对策

3.1 打破观念禁锢，充分认识IR优势

多数高职院校的图书馆只注重传统的馆藏资源建设与文献服务，忽略了互联网技术冲击下的数字馆藏资源建设，缺乏对IR的充分认识。IR作为一种新型的信息资源服务体系，不仅可以解决高校之间的“学术交流危机”问题，还能够较好地长期保存学校内部有学术交流价值的学术科研成果，而且还可以有效促进学术传播和资源共享。因此，高职馆应该打破思想禁锢，充分认识IR在高职院校中所发挥出来的优势和作用。

3.2 校企融合，扩展资金来源

高职院校的办学理念贴近企业、行业和产业一线，能够更好地把握行业的动态和企业的人才需求，而高职图书馆的馆藏资源又注重实践性和实用性，具有较强的专业特点和职业特色，图书馆应该契合这一优势，以高职院校“产教融合、校企合作”的发展模式为契机，将资源建设和服务的范围推向校企融合的领域，实现图书馆与企业之间信息资源的共建、共享和优势互补。这一方面企业可以发挥资金充足、经验丰富的优势，为高职图书馆的IR建设注入资金与经验分享；另一方面图书馆又可以发挥在馆藏资源建设方面的优势，实现信息资源的共建共享，从而联合打造图书馆对接企业和产业属性的机构知识库，实现资源建设效益的最大化。[5]

3.3 联盟建设，实现共享共赢

大多数高职院校图书馆缺乏独立建设大型机构知识库的能力，由于受资源搜集、技术支撑、资金保障、

知识产权保护等影响，以及后期维护管理中需大量人力物力投入的限制，图书馆无法独立完成 IR 建设，陷于后期维护运营的困境。因此，高职院校图书馆间应加强交流合作，达成联盟建设共识，对各自的信息资源进行整合，实现资源地统一存储、交换与共享，选择符合各馆需求的联盟模式共同构建机构知识库[6]，根据各个高职院校图书馆的现实需要，各图书馆还可以实现跨库检索服务和独立的数据存储、备份、故障修复能力。

高职院校 IR 联盟建设是在更高层面、更广范围实现知识管理和有效传播的战略选择，不仅可以实现图书馆间的学术交流与合作，解决个体馆 IR 很难突破的政策、经费、技术等难点问题，还有利于突破个体馆 IR 建设的局限，促进高职院校之间学术资源的广泛传播，对于扩大学术科研成果的传播范围也具有一定的实践意义。[7]而对于尚未进行 IR 建设的高职馆而言，加入区域性的 IR 联盟，不仅是实现 IR 跨越式发展的基本要求，还可以共享 IR 的运行、维护与管理经验，降低建设成本，提高自身学术资源建设水平，解决学科专业人才缺乏的关键问题[8]，实现双方的共享共赢。

参考文献

[1] 王智刚. 高职高专院校机构知识库联盟建设策略研究 [J]. 情报探索，2015 (3)：63 – 65.

[2] 唐旭利，杨丽娴. 广东高职院校机构知识库建设调查与分析 [J]. 图书馆学研究，2015 (7)：51 – 53.

[3] 龚亦农. 试论机构知识库建设的现实困境及发展对策 [J]. 图书馆工作与研究，2016 (3)：41 – 45.

[4] 安瑛. 试论高职院校机构知识库的建设 [J]. 科技创新与应用，2012 (36)：270 – 271.

[5] 王晓麟. 产教融合和校企合作背景下高职院校图书馆服务转型 [J]. 图书情报工作，2014 (10)：128 – 133.

[6] 黄筱瑾，黄扶敏，王倩. 我国机构知识库联盟发展现状及比较研究 [J]. 图书馆学研究，2014 (12)：94 – 97.

[7] 程大帅. 国内高校机构知识库联盟建设现状及比较研究 [J]. 河北科技图苑，2017 (1)：3 – 7.

[8] 付希金，田丽君，张艳婷，等. 国内外区域 IR 联盟建设比较及我国区域 IR 联盟构建路径研究 [J]. 情报科学，2015 (3)：35 – 40.

“互联网+”时代图书馆开展企业竞争情报服务研究*

黄秀满

（广东农工商职业技术学院图书馆　广州市）

摘　要：概述了“互联网+”时代我国图书馆开展竞争情报的现状，介绍国内外企业对竞争情报研究和应用的发展概况，指出随着网络技术的发展，信息过剩凸显竞争情报价值的时代，图书馆参与企业竞争情报对企业的发展起着重要作用。同时，提出基于企业效益而开展图书馆竞争情报服务的措施。

关键词：“互联网+”时代；图书馆；企业；竞争情报；情报服务

在“互联网+”时代，一家数十年辛苦经营起来的公司，其美誉度或品牌价值有可能被一条网上信息在24小时内摧毁。[1]因此，为了在日益激烈的市场竞争中获得生存和发展的机会，企业必须重视竞争对手和外部环境的动态，并获知对自己有利或不利的信息以赢得商业竞争的优势。随着网络技术的发展，我们可以通过网络搜索到大量有关顾客、供应商、经销商和竞争对手的信息，信息过剩凸显了竞争情报的价值。如何在海量的信息中，根据特定项目、特定的需求，进行情报搜集、分析、处理和加工生成情报产品，而不是面面俱到搜集海量的无用信息，显得尤其重要。

图书馆作为信息服务机构，如何利用自己的信息资源和人才优势为企业提供竞争情报服务是一个重要的课题。企业竞争战略的选择和制定关系着企业参与市场较量的成败，所以，企业开展竞争情报搜集对企业发展的作用越来越大，正成为企业经营中继资金、技术、人才之后的第四大资源，受到国内外成功企业的高度重视。

1. “互联网+”时代我国图书馆开展竞争情报服务的现状

“互联网+”时代开展竞争情报的核心要素之一，就是负责情报的搜集和开发的情报人员。随着我国对图书情报事业的重视，现在越来越多的高校开设图书情报专业，培养了大批的图书馆学和情报学专业技术人才，他们具有丰富的图书情报学专业知识和技能，擅长图书情报收集、整理等工作。随着他们加入图书馆事业中，图书馆具备了开展竞争情报服务的可能性和优势。

1.1　“互联网+”时代公共图书馆竞争情报服务的现状

目前，在“互联网+”时代公共图书馆竞争情报服务发展并不完善，各地发展不平衡，北方发展较快，南方相对较慢。如国家图书馆、上海图书馆等公共馆的竞争情报服务开展得如火如荼，成绩喜人。

国家图书馆负责人曾在2005年国家图书馆企业信息服务年会上表示，要把“竞争情报”的概念引入

* 本文系2016年广东省社会管理局、广东省图书文化信息协会科研课题“‘互联网+’时代图书馆开展企业竞争情报服务研究”（项目编号：GDTWKT2016-21）的成果之一。

国图的科研和管理体制。而在今天"互联网+"时代，国家图书馆企业信息服务中心依托丰富的馆藏文献信息，帮助企业建立对竞争企业的市场营销、企业运营、产品服务、资本市场等各方面、全方位的信息监测和分析服务，通过信息和数据监测体系进行长期的数据积累，并将监测到的信息进行系统化的管理，最后在此基础上进行阶段性的总结和趋势分析，提供有竞争能力比较的分析报告，其中包括公共传播评估报告和品牌竞争性分析报告。同时，还提供敏感信息预警服务，即时向用户提示行业重要信息和企业负面信息，将监测到的任何可能会对客户利益造成潜在危害的负面报道，及时通知用户，以便用户做出迅速反应，从而掌握公关宣传时效、启动危机监控机制。除了竞争情报服务外，还提供舆情分析服务。舆情分析服务是帮助政府部门、企业了解舆论动向，制定正确的应对策略引导舆论发展，其中包括热点舆情分析、专题舆情分析和突发事件分析。国家图书馆专门设立了企业信息服务中心，由一批具有较高学历层次、训练有素的专业咨询人员从事专业性信息咨询。

而上海图书馆由上海科学技术情报研究所承建的行业创新信息情报服务平台，承担着上海公共研发服务平台中重点行业创新信息延伸服务的部分职能。该平台现推出先进制造、生命科学、资源环境三个行业领域的情报导航与信息服务，以及"美国政府研究报告"的推荐服务。

但大多数公共馆则停留在情报收集阶段，没有进一步的信息分析与加工，更谈不上与企业市场有机接轨。同时，由于没有学科馆员参与指导，导致很多图书馆并未能有效为企业开展情报服务。

1.2 "互联网+"时代高校图书馆竞争情报服务的现状

从当今的大形势来看，"互联网+"时代竞争情报服务业的研究热点还是集中在企业上，而有关高校的竞争服务研究则少得多[2]；在针对高校图书馆开展竞争情报服务的研究中，更多的是研究"高校图书馆开展竞争情报服务的意义"，而研究高校图书馆如何更好、更有效率地开展竞争情报服务的则相对较少[3]；从已发表的论文也可看到该领域研究层次较为粗浅，以探讨开展服务的意义为主，具体工作的研究则较少，理论研究滞后，无法为工作提供有效的理论指导；而缺少实际操作，则无法与企业和市场的流通、工作衔接起来。即使勉强开展工作也难免带有盲目性和自发性，既失去了专业水准也抓不住重点，难以适应企业和市场的需求。

从高校图书馆竞争情报服务发展的总体情况来看，"互联网+"时代高校图书馆开展竞争情报服务仍有待深入发展，就目前而言，有的图书馆能将竞争情报服务从服务本校师生的教学和科研活动扩展到校外的企业和机关事业单位；有的图书馆则侧重理论研究，没有参与服务企业的实践，欠缺实质性的企业竞争情报服务研究。

2 "互联网+"时代国内外企业竞争情报概况

在"互联网+"时代我国竞争情报发展差异较大，根据《中国企业竞争情报实施现状调查分析》一文，国内竞争情报业务开展较活跃的企业主要集中在钢铁、汽车、医药、金融、消费品等领域，竞争情报多以咨询研究、消费者市场调查等浅层次态势出现，IT 企业的竞争情报界则主要以工具提供商的身份推介其软件产品，却很少提及自身的竞争情报。从大的方面来说，方兴未艾的文化产业，几乎与竞争情报绝缘。[2]截至 2010 年年底，我国企业总数为 862 余万家，99.8% 是中小企业，国家 60% 以上的 GDP 和超过 50% 的税收由中小企业创造。然而，在 2008 年金融危机中，仅上半年就有约 7 万家中小企业倒闭[3]，至今倒闭已逾百万家。这充分暴露了我国中小企业生存能力不强、竞争能力弱的弊病。究其根源，就是我国中小企业竞争情报基础薄弱、能力低下，甚至无力，导致企业决策不当和经营不善，最终使企业走向灭亡。

与之形成对比的是，在"互联网+"时代的全球 500 强企业中，95% 以上已建立了较完善的竞争情报系统。微软、IBM、P&G、通用电气、可口可乐、海尔等国内外众多知名企业的成功，都离不开其完善的竞争情报系统及其周密的运作。20 世纪末，全球竞争情报业的总产值达 700 亿美元。[4]由此可见，竞争情报不仅是大企业"克敌制胜"的有力武器[9]，而且是中小企业解决生存和发展问题的"必杀技"。权威人士指出，竞争情报已经成为企业继产品、资金、人力资源之后的第四个重要管理要素。

所以，在“互联网+”时代竞争与市场相生相伴，随着全球经济一体化，企业的竞争越来越激烈，竞争情报的需求与日俱增。外国企业的成功实践证明，我国中小企业要转化危机，就必须正视问题，转变观念，立即行动起来，利用竞争情报提高自身的竞争能力。

3 “互联网+”时代图书馆参与企业竞争情报服务的效益

调查显示，具有50年发展历史的企业，无一不是利用竞争情报决胜而不断开创辉煌的。特别是在“互联网+”时代的今天，一个企业要谋求长远发展，必须正确定位自身，了解市场发展方向，把握和分析竞争环境、竞争对手的信息，才能知己知彼，及时制定出正确的竞争策略，寻找到更大的发展机会。而图书馆能够长期为企业提供多种竞争情报服务和产品，如专利服务、定题服务、跟踪服务等，利用情报创造巨大的经济效益。

3.1 解决资源难题，降低成本

中小企业规模小，资源有限，而图书馆则比较注重社会效益，为企业提供服务收取的仅是象征性的低廉费用。中小企业可以外包竞争情报业务给图书馆，来替代或弥补现有的经费短缺、人手不足、专业知识技能不足等缺陷，增加企业战略的柔韧性，同时，也能有效地降低经营成本、提高企业整体运营效率。中小企业与图书馆合作，付出的成本小，收效大，因此，图书馆理所当然成为中小企业长期合作共赢的战略伙伴。

3.2 有效提升企业竞争优势

在“互联网+”时代企业的竞争优势，就是在瞬息万变的市场竞争中对行业、环境、对手、客户及自身竞争情报的充分掌握，快速抢占先机，迅速做出有效决策。企业的决策正确与否关系到企业的生死存亡，随着国际市场日益走向多元化与复杂化，企业受到的影响因素越来越多，离开了准确有效的情报将寸步难行。

现以企业开发新产品为例，说明图书馆如何展开一系列竞争情报服务，帮助企业科学决策，实现预期目标。

第一，图书馆调研企业。一是收集信息阶段：通过新闻媒体、客户反馈等方式收集企业信息和有关数据。二是信息加工阶段：辨别信息真假，然后进行信息分析，制定企业竞争力指标，确定关键性产品，筛选出主要竞争对手。

第二，调研企业竞争对手。利用各种合法途径和手段，收集该企业竞争对手包括出版物、招聘会、新闻发布会、展览活动等方面的所有信息，及时掌握竞争对手的动态信息；重点在监控竞争对手高层的活动，了解其心理，判断、挖掘每一个行动后面的商业动机。[5]然后剖析竞争对手产品或有竞争威胁的产品，包括每个细节和优缺点，尤其是专利技术和秘密技术的应用及其特点，以了解竞争对手降低成本、提高质量的实用方法和原理。

第三，调研竞争环境。调查国内外市场，技术发展水平，国家、行业有关法规，地方政策等，预测企业发展的机遇和受到的威胁。

第四，量性对比分析。对企业及其竞争对手在各项指标上进行定量对比和定性对比，包括对数据的甄别、归纳、计算、排序，做出优劣势、机遇、威胁等综合分析。

第五，制定竞争策略方案。在对比分析的基础上，制定企业的发展战略、产品定位、营销策略、管理改进方案、结构调整建议等，并制成一份详尽的研究方案。[10]

3.3 检测对手生产经营情况

在“互联网+”时代企业要想在全球竞争激烈、复杂多变的经济环境中稳住阵脚，就必须全面准确地了解与本企业、本行业有关的信息，其中对手的经营情况是一个关键。而要检测对手的经营情况可以从广告宣传这一企业市场营销的重要手段入手，图书馆可以利用馆藏资源和网络资源，通过检索手段和技术设备，监测企业竞争对手在不同媒体的发布频率、覆盖面、影响力、更新速度等，了解本企业和竞争对手的广告投入、广告效果、促销手段等，从而分析竞争对手的有关生产经营情况。基于此，企业才能及时做出准确的决策。

3.4 通过培训提高企业情报竞争实力

在"互联网+"时代，企业在激烈的竞争环境下，对竞争情报的掌握非常重要，企业有必要提高自身的情报竞争实力，而首选方式就是由图书馆提供培训。图书馆利用人才和设备资源，不定期为企业举办竞争情报知识培训，可从五个方面展开：

一是对企业领导和员工进行竞争情报意识教育，使他们正视现实，认识竞争情报的重要性。强化"知识共享，情报共享"的意识，促使企业领导在组织生产和营销等各个环节，特别是在决策时主动利用竞争情报，使之成为领导和员工的日常习惯，同时成为一种修养，促使全体员工在工作生活中有意识地收集本企业的竞争情报，自觉维护本企业的商业秘密等。[6]

二是对企业情报人员进行培训，提高他们利用现代化信息技术进行搜集、分析、利用竞争情报的能力，提高他们独立开展竞争情报工作的能力和反竞争情报能力。

三是普及法律教育，强化正当竞争意识。例如学习《中华人民共和国反不正当竞争法》，培养企业情报人员的法律意识，不能以非法和非道德手段获取竞争情报[6]，进一步增强企业员工反竞争情报的意识。

四是学习企业的成功案例。图书馆经常将成功企业案例与企业员工分享和进行讨论，供企业参考和借鉴，有利于提高企业竞争情报工作的操作水平。

4 "互联网+"时代图书馆开展企业竞争情报业务的举措

4.1 打造企业专属的竞争情报网络系统

在"互联网+"时代，竞争情报工作若只依靠"两点一线"的横式来展开，短期内固然能取得成效，但是时间一久就容易出现工作脱节、后劲不足、工作范围缩小等问题，而建立一个完善的、有效率的竞争情报系统则能解决这些问题。对企业决策人员来说，一个高效的竞争情报系统不但能为决策提供极其重要的支持，而且能给企业带来效益的提高。企业建立竞争情报系统能使管理人员的决策质量得到提高，从而能做出正确的战略和战术决策，对培养和提升企业的竞争优势起到决定性的作用。[7]

图书馆要利用自身优势帮助企业建立竞争情报计算机网络系统，强化企业知识管理模式，促使竞争情报工作信息化、现代化、制度化，真正起到跟踪和预警的作用，确保企业未来能顺利开展持续不断的竞争情报工作。这个系统应建在规划、研发、营销等部门，或有以上部门人员参与，企业主要领导担任带头人，才能保证竞争情报系统发挥应有的执行作用。同时，要建立企业情报档案，征求用户反馈意见，邀请专家评估验收，提供改进意见，制定改进措施方案，并予以实施。[8]这样一来，所建立起的竞争情报系统就能最大限度地贴合企业实际情况，为企业带来最大效益。

4.2 建设企业文化，提高竞争力

"互联网+"时代的企业文化是企业珍贵的无形资产，是指企业员工长期以来在工作中形成的一种价值观、信念和行为规范，是员工与企业荣辱与共、唇齿相依的凝聚力，是企业赖以生存和发展的核心竞争力。

图书馆具有自己的独特文化底蕴和氛围，可以从多方面影响和渗透企业，通过互动活动，密切联系企业，用图书馆文化潜移默化感染企业员工，提高企业的凝聚力和向心力，从而形成企业特有的文化。同时，

图书馆指引企业员工积极参与企业竞争情报工作，使他们在实践中亲身体验竞争情报活动的艰难和复杂，从而促使他们自觉地将自己的贡献与企业发展紧密联系起来，主动去接触、分析和利用技术、市场及竞争对手的信息，极大地提高企业对市场、环境和竞争对手的应变能力。[6]

4.3 建设满足企业需求的专题数据库

进入e时代，特别是“互联网+”时代，网络信息浩如烟海，中国知网、万方、维普等各大型数据库，还有百度、腾讯等专门机构可以提供海量的市场信息。毫无疑义，加工过的信息，就是增值情报产品，进入市场后情报能快速转化为生产力。图书馆根据企业的专题需求，利用各种技术手段，搜集有关政策法规、行业动态、统计资料、科研成果等原始信息，将信息分类、分析加工、整理，建立企业的专题数据库，既方便查询利用[9]，又能随时能将情报转化成经济效益。另外图书馆通过跟踪服务，及时更新各项信息，还能为企业下一步发展决策和生产提供有力依据。

4.4 提高竞争情报意识，培养合格的竞争情报人员

由于长期受计划经济体制的影响，很多中小型企业竞争意识不强，竞争观念淡薄。同时，由于资金及各种原因的限制，国内绝大部分企业没有设立专门的竞争情报部门。因此，这些中小型企业在激烈的市场竞争中往往缺乏对信息的收集、分析处理能力，导致没有竞争优势。而“互联网+”时代的今天，图书馆具有一大批图书情报学专业人才，他们可以为企业相关人员进行情报的收集、分析、整合、传递等技能的培训。合格的情报人员需要一套特定的思路、洞察力和分析能力。在培训中要使企业的信息人员更加熟悉、了解竞争情报及竞争情报工作，掌握竞争情报工作的方法和技巧。通过树立竞争情报服务人员的竞争意识，可以提高企业对外界的感知能力和反应能力，从而提高企业竞争力。随着市场经济的发展、中国经济环境的变化，中国企业只有提高竞争意识，才能随时敏感于来自竞争对手和社会各方面的细微变化，从而保持和发展可持续性的竞争优势。

4.5 建立完善的竞争情报制度和管理流程

在“互联网+”时代要搞好竞争情报工作，企业应制定一套完整的竞争情报制度和管理流程，包括用人制度、信息采集与发布制度、保密制度等，并设立首席情报分析师和学科馆员等专业情报人员岗位，同时要求生产技术、市场营销等部门密切配合，提供真实、准确的原始信息。[10]

4.6 建立产业竞争情报无缝隙嵌入式本地化服务

在“互联网+”时代，对企业建立产业竞争情报无缝隙嵌入式本地化服务显得十分重要，嵌入性（embeddedness）是美国社会学家格兰诺维特（M. Granovetter）1985年提出的社会经济学概念。它的含义是指一事物内生于或根植于他事物的一种现象，是一事物与他事物的联系以及联系的程度。产业竞争情报无缝隙嵌入式本地化服务是以竞争情报网络协作平台为基础，竞争情报系统与产业（企业）门户实现无缝嵌入，达到竞争情报资源共建共享之目的，从而实现竞争情报的价值。[11]

4.7 建立“三重螺旋”（the triple helix）竞争情报模型

“互联网+”时代企业也可以建立“三重螺旋”（the triple helix）竞争情报模型，“三重螺旋”模型最早由美国学者Etzkowitz和Leydesdoff在1995年提出。[12]它是指在知识经济的大背景之下，研究界、产业界、政府三方之间通过组织的结构安排、制度设计等进行相互协调，加强三者资源与信息的分享沟通，提高科技资源的运用效率与效能，推动知识的转化和应用。图书馆通过建立“三重螺旋”竞争情报模型，让政府参与到图书馆为企业开展的竞争情报服务当中。政府是竞争情报服务的政策引导者和供给者之一，图书馆

是供给主体，企业是需求者。

4.8 建立图书馆竞争情报服务系统

中国竞争情报研究会名誉理事长包昌火研究员指出："竞争情报系统是以人的智能为主导，信息网络为手段，增强企业竞争力为目标的人机结合的竞争战略决策支持和咨询系统。"在"互联网+"时代，图书馆竞争情报系统（Library Competitive Intelligence System，LCIS）是覆盖了情报技术、情报采集、情报加工、情报服务和评价反馈等五个流程，帮助企业对自身、竞争对手和企业外部环境的情报信息进行收集、存储、处理、分析的应用管理系统，它为企业提供坚实的战略决策支持，从而提高企业的核心竞争力。图书馆竞争情报服务系统能够提供完备的情报工作管理功能，帮助用户及时、全面、准确地掌握各种商业信息和网络动向，从而提高自身的竞争力和事件追踪能力。通过对信息进行进一步的整理、分析，图书馆竞争情报系统还可以为客户决策提供高价值的市场参考及危机处理服务。Rank 利用分布式的云计算搜索平台，采用倒排拉链方式开发的舆情监测系统，支持对海量信息库的高效搜索以及对于各种新闻博客等网站进行垂直抓取；采用自然语言分析处理技术和自有算法的网页结构分析，对抓取到的数据进行准确的分析和判断，从而为政府和企业客户提供精准有效的互联网舆情数据服务。

图书馆通过开展企业竞争情报服务，参与到企业的发展中，不仅为企业赢得竞争优势，同时也拓展了图书馆服务的内容，提高了服务层次。无论是高校图书馆，还是公共图书馆，在开展企业竞争情报服务的过程中，都应结合自己的实际和特长，借鉴国家图书馆、上海图书馆等成功案例，把竞争情报工作深入企业当中并做好情报服务。

参考文献

[1] 李子臣．竞争情报：企业竞争的另一种武器［J］．中国计算机用户，2004（27）：49.

[2] 马子雷．文化企业不该忽视"竞争情报"［N］．中国文化报，2010－12－08.

[3] 许威，越丹．我国中小企业竞争情报工作问题及对策［J］．信息系统工程，2010，3（20）：63.

[4] 竞争情报调查——企业成败的关键［EB/OL］．［2011－02－01］．http：//ks. hnci. gov. cn/jzqbll_ ks/200805/t20080512_ 103367. htm.

[5] 竞争情报：人家有你必须有的东西［EB/OL］．［2011－02－01］．http：//ks. hnci. gov. cn/jzqbll_ ks/200805/t20080512_ 103369. htm.

[6] 丁一红．网络环境下高校图书馆的竞争情报工作［J］．文教资料，2009（9）上旬刊：198.

[7] 吴晓伟，宋文官，等．国内企业竞争情报系统的现状及其建设思路［EB/OL］．［2011－02－01］．http：//www. scic. org. cn/members/wuxiaowei2. htm.

[8] 韩剑虹．高校图书馆的竞争情报研究［D］．天津：天津师范大学，2010：61.

[9] 竞争情报简介［EB/OL］．［2011－02－01］．http：//ks. hnci. gov. cn/jzqbll_ ks/200711/t20071126_ 3087. htm.

[10] 黎细玲．珠海市图书馆与深圳图书馆发展比较研究［J］．图书馆论坛，2010（4）：62.

[11] 刘瑛．网络环境下竞争情报服务模式新探索［J］．图书馆，2010（6）：129.

[12] Etzkowitz Henry，Loet Leydesdoff. The triple helix of university－industry－government relations：A laboratory for knowledge-based economic development［J］. EASST Review，1995，14（1）：14－19.

移动互联网时代高校图书馆阅读推广服务研究

罗木华

（广东轻工职业技术学院　佛山市）

摘　要：在移动互联网的大环境下，为充分发挥图书馆的教育职能和服务职能，各高校图书馆以丰富的馆藏资源为基础，通过举办各种活动，以点带面，不断开拓创新阅读推广服务模式，通过一系列活动和措施提高高校学生的综合素质，培育高校学生健康积极向上的学习精神。文章采用访谈和问卷调查以及文献研究的方式，对广东省30所高校学生（含研究生）进行了调查，并在对调查结果进行统计分析的基础上，提出了几点建议，希望对高校有一定的借鉴意义，促进高校图书馆开展全民阅读推广，提高学生的阅读素养和综合素质，全面提升高校学生的创新创业能力。

关键词：移动互联网；广东高校；图书馆；阅读推广

1. 引　言

在新媒体环境下，人们的阅读方式以及阅读需求发生了重大变化，以及时有效性、可移动性等为特征的数字化阅读逐渐成为一种潮流趋势。2017年，第十四次全国国民阅读调查成果显示，我国国民数字化阅读率首次超过传统图书阅读率。作为高校信息和资源中心的图书馆自然需要注重对数字阅读的引领工作，高校学生在移动阅读内容、常用电子阅读设备、移动阅读目的、阅读频率与阅读时间等方面都具有显著的特征。[1]为顺应时代发展，促进全民阅读推广，本文以广东省具有代表性的高校在校学生为主要调查对象，调研其阅读现状、自我阅读评价、阅读需求等，通过对调查结果的分析，提出了新媒体时代高校图书馆推广全民阅读的相关解决对策和建议，以期为阅读推广和高校人才培养提供借鉴。

2. 问卷调查与实证分析

为真实全面了解移动互联网时代高校图书馆全民阅读情况，本次调查兼顾普通本科院校和高职院校，选取了中山大学、广东工业大学、广州航海学院、广东轻工职业技术学院、广州番禺职业技术学院、广东省外语艺术职业学院等30所广东省内的高校在校大学生（含研究生）为样本。通过实时通信工具共发放问卷600份，回收问卷570份，经过筛选，有效问卷570份（$N=570$），问卷有效率为95%。调查时间为2016年10月8日至12月8日。

2.1　调查基本情况说明

本次问卷主要涉及以下几个部分：①个人情况；②阅读状况；③阅读评价；④阅读需求；⑤阅读服务。

2.2 调查样本

从性别上看：女生252人，占样本总数的44.21%；男生318人，占样本总数的55.79%。从学历上看：大专生（高职）440人，本科生114人，研究生16人；大专和本科生占样本总数的97.19%。

2.3 个人情况分析

通过调查不同学历的学生对阅读的喜爱程度和对自身阅读状况的评价情况发现，高校学生学历层次是影响阅读的主要因素。

调查数据显示：很喜欢阅读的学生读者中，大专生占13.18%，有5.9%不喜欢和很不喜欢阅读；在本科生中很喜欢阅读的占14.04%；而在研究生中不喜欢和很不喜欢阅读的均为零，很喜欢阅读的人所占比例高达50%（见图1）。可见，学历层次是阅读喜好的主要影响因素，具体表现为学历越高的学生越喜欢阅读。

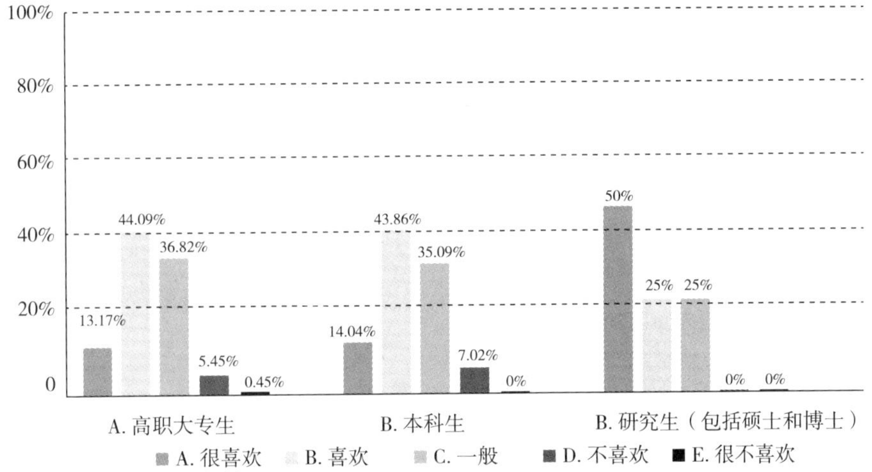

图1 不同学历层次的学生对阅读的喜爱程度

从学生对自我阅读评价是否满意的反馈来看，大专生对自己阅读状况满意的占42.73%，本科生对自己阅读状况满意的占52.63%，而研究生自评的满意程度高达75%，这说明学历层次对自身阅读状况有一定影响。

2.4 阅读状况调查分析

据第十四次全国国民阅读调查于2017年4月发布的报告显示：受数字媒介迅猛发展的影响，数字化阅读方式（网络在线阅读、手机阅读、电子阅读器阅读、iPad阅读等）的接触率为68.2%，较2015年的64.0%上升了4.2个百分点，数字阅读率大大超过传统阅读率。这是社会和科技的进步，新媒体的快速发展，转变了人们的阅读方式，由原来传统的纸质图书阅读转变为纸质和电子阅读并存，以数字化电子阅读为主的方式。

在对高校学生的调查中发现：在阅读方式的选择上，62.11%的学生读者更偏爱纸质书的阅读，选择电子阅读的学生只有37.89%。高校学生喜爱传统纸质资源阅读比数字化阅读的要多，这说明了大学生的阅读水平跟不上数字化的快速发展。因此在高校开展推广电子资源和移动阅读势在必行。

据调查发现，学生中经常去图书馆阅读的人较少，只占21.75%。其中，有68.07%的学生表示很少去图书馆，甚至有少部分学生从来不去图书馆。因而，如何吸引学生去图书馆、提高学生的阅读兴趣值得探索。而41.05%的被调查者每天都进行移动设备阅读，说明在校学生使用移动设备进行阅读的频率较高，但的占 15.09% 的学生几乎没使用移动设备阅读。每周阅读 3 ~5 次的学生占 18.25%，每周阅读 1 ~3 次的占 25.61%，也就是每周都有使用移动设备阅读的占 84.91%。这表明绝大多数学生使用移动设备阅读，但每周使用的频率不一样，还需要大力推广和提高使用频率。

调查表明，高校学生对移动图书馆的利用率普遍偏低，经常性利用的只占 11.93%，而没听说过移动图书馆的占 12.28%。51.93% 的大学生平均每天移动阅读时间不超过 30 分钟，1 小时以上的占 17.19%。这在一定程度上表明当前大学生主要利用碎片时间进行移动阅读，阅读“碎片化”和“快餐式”特征显著，因而图书馆可适当推荐一些小短文、小资讯类的资源，供读者利用碎片时间进行“快餐式”阅读。

对移动终端使用情况的调查显示，学生选择使用智能手机的占 89.47%，使用笔记本电脑的占 3.86%，使用电子阅读器的仅占 0.7%。这表明学生使用最多的移动终端是智能手机，也彰显了智能手机处于移动阅读终端的核心地位，凸显出便于携带的移动终端在移动阅读推广中的重要性。[3]

2.5 自我阅读评价

在调查中发现，5.26% 的学生对自己的阅读状况表示“非常满意”；40.35% 的学生对自己的阅读状况表示“比较满意”；27.37% 的学生对自己的阅读状况表示“不满意”；27.02% 则“表示沉默”，对自己的行为满意度视情况而定。说明学生们的阅读质量还相对较低，对自身阅读状况满意度不高。

对于影响阅读的因素，51.23% 的学生认为首要因素是“感觉忙、没时间”，65.96% 的学生认为“不能静心读书”，27.72% 的学生认为“图书多，不知如何选择”（见图 2）。可见，部分图书馆对于学生的阅读引导不够，有待拓展服务功能和提高服务质量。

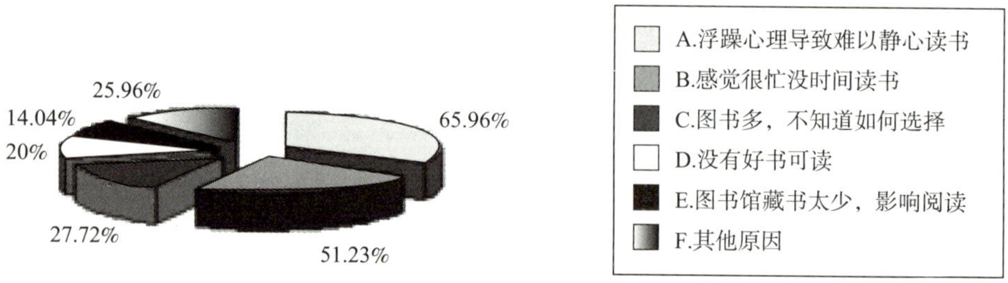

图 2　影响阅读的因素

2.6 阅读需求调查分析

在对读者喜欢的书籍类型的调查中发现：48.07% 的学生对于与专业相关的书籍需求较大，其次为小说、散文。同时，热衷于社会热点的学生也比较多，占 47.37%（见图 3）。图书馆在开展阅读推广时，需结合学生实际情况，尽可能满足其需求，引导学生正确阅读。

调查结果显示：一半以上的学生对图书馆移动设备功能的需求是还书提醒和好书推荐，其次是新书通报和图书借阅预约（见图 4）。这表明在校学生对图书馆移动设备的需求呈现多样化。

2.7 阅读服务调查分析

当前广东高校图书馆阅读推广活动主要采取的组织方式有：图书馆知识竞赛、读书征文比赛、阅读书目推荐、阅读课程、图书馆相关摄影比赛、馆藏与服务宣传、读书沙龙、电子资源大赛、“借书有礼”排行奖励、真人图书馆、经典影视展播等。开展的部分项目及其读者接受该项目的比例情况见表 1。

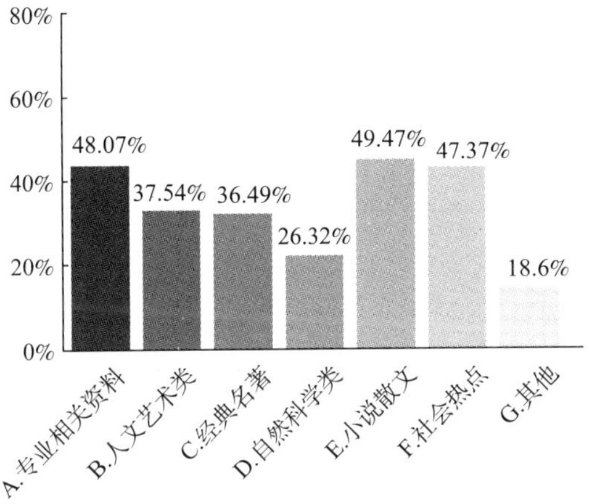

图 3　学生喜欢阅读的书籍类型

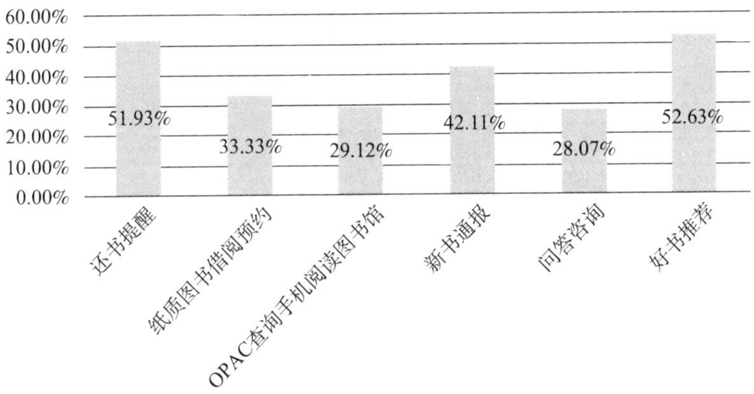

图 4　学生对图书馆移动设备的功能需求

表 1　广东高校阅读推广项目（部分）

阅读推广项目	接受比例/%
电子资源利用大赛	74.38
“脸书”大赛	52.14
图书漂流	23.51
征文比赛	56.14
阅读书籍推荐	23.51
最美图书馆摄影比赛	16.84
国内外经典影视展播	17.89
馆藏与服务宣传	11.23
“借书有礼”排行奖励	84.38
微信、微博美文推广	78.13
真人图书馆活动	8.42
图书馆相关知识竞赛	42.46

续表

阅读推广项目	接受比例/%
读书箴言征集	17.85
你选书，我买单	23.8
图书资源进“社区”	54.9

从调查结果来看，58.6%的大学生表明图书馆开展阅读推广工作时间段为新生入馆教育，34.39%则表示会在“4·23”世界读书日读书，而在节日期间部分图书馆也会相应地进行阅读推广（见图5）。[2]

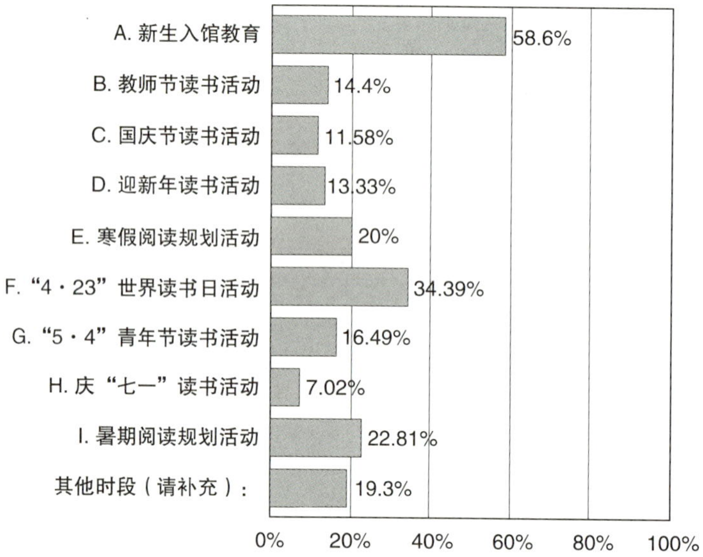

图5 高校图书馆开展阅读推广工作时间段

在“移动阅读满意度”选项中，对移动阅读评价很满意的仅占7.72%，满意的占26.32%，觉得一般的占57.89%，不满意的占8.07%。因此，在对移动阅读的满意度比较低的情况下，图书馆做好移动阅读服务依然任重道远，在资源建设和服务质量方面都有待进一步提高。

调查表明，55.79%的学生是基于个人阅读习惯进行移动阅读，44.91%的学生是因时间因素选择移动图书馆，30.18%的学生是基于移动图书馆的功能，23.86%的学生是因花费成本，如图6所示。可见，方便、成本低是大学生使用“移动图书馆”考虑的主要因素。

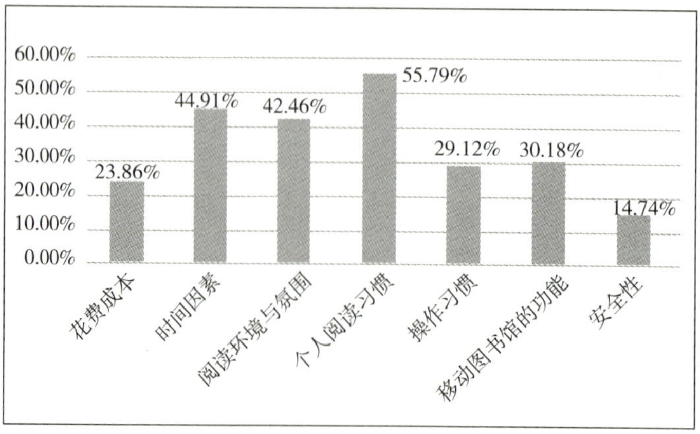

图6 进行移动阅读考虑的因素

3. 广东高校学生阅读状况总体评价

目前，广东高校多数学生还未养成良好的阅读习惯，许多学生对自身的阅读量匮乏感到不满。部分学生因缺乏对阅读重要性的正确理解，缺少主动阅读的意识，导致不能“有效阅读”，这揭示了图书馆对学生的阅读引导工作有待加强。[7]

数字时代的发展、新媒体的融入大大改变了高校大学生的阅读方式与阅读需求。大部分学生虽喜爱阅读，但投入阅读的时间并不多，也没有充分利用自身学校图书馆提供的各类电子图书资源。“浅阅读”“碎片阅读”“快餐式阅读”和“移动阅读”现象日益普遍，阅读的目的也显得功利性较强。[8]

4. 对高校图书馆促进阅读推广的建议

据对广东高校中选取的样本调查显示，广东高校学生对数字化信息资源的利用不甚了解，且阅读目的功利性较强。图书馆应加强宣传，营造良好阅读环境和氛围，积极开展各类阅读推广活动，拓展服务功能，以提高学生对阅读工具的使用和阅读的兴趣。

4.1 加强阅读宣传，提高阅读兴趣

高校图书馆应加强阅读推广宣传，开展阅读推广相关活动，如开展书籍归类等各种有奖比赛，通过条形码搜索文献位置并把它正确归位，这样既可以让学生掌握搜索检索工具，又可以让他们在短时间内了解图书馆藏位置，以方便今后搜索文献。[9]通过新生入学后的图书馆教育、定期的讲座培训、读书月活动、电子资源大赛活动，向学生宣传阅读的重要性；通过举办阅读讲座或由学生自组队伍表演文艺作品等活动，分享阅读体验，让学生更好地融入作品里面，切身体会作者情感。还可以将阅读推广活动融入校园文化艺术节，举办丰富多彩的阅读活动，提倡学生读好书、多读书；同时，高校图书馆需主动参与学生素质教育，探索将阅读作为选修课程与学分挂钩，对学生阅读情况做细化要求，培养和提高学生的阅读兴趣。

4.2 利用新媒体，拓展阅读推广服务功能

有效利用各种媒体平台，比如在校园广播中开设“图书馆之声”专栏和推广图书馆微信公众号等。利用广播媒体，“图书馆之声”可以每日推送美文，陶冶学生情操，丰富学生的内心世界。[10]条件允许的高校可建立3D图书馆，采用真人亲身遨游书海，让学生感受书的魅力。同时，在图书馆微信公众号或者微博上发布热点时事、推荐好书、做读者个人阅读情况提醒，也可与读者做网络亲密接触以及问答聊天，增进与读者的情感。同时，根据学生阅读需求，通过新媒体进行推广服务，如传送书目信息、免费电子资源应用、新书新刊推介、专题报道等。[11]还可利用新颖的媒介技术为高校学生参与阅读服务的各环节做向导，从而丰富学生的阅读体验。

4.3 营造良好阅读环境，增加阅读空间

在新媒体广泛传播的时代，阅读环境也将呈现出实体阅读与虚拟阅读并存的局面。因此，在实体的阅读空间内，图书馆必须探索新的阅读推广方式和服务模式，拓展服务空间，增加服务时间，在教学区和生活区放置电子图书借阅机，根据学生专业情况，在不同专业的学生宿舍区建立小型的专业图书借阅区，将图书馆内的阅读推广延伸到生活区，让图书资源进饭堂、入社区。

4.4 引导利用社交媒体，拓展阅读交流空间

随着移动互联网使用的逐渐普及，各类社交媒体不断出现，高校学生是最活跃的社交群体之一，作为高校资源和信息服务中心的图书馆必须科学合理地引导学生正确利用各种社交媒体进行有效的学习和交流。要支持学生建立和加入微信书评群、阅读推广交流群、网络阅读群等，让书友之间优势互补，交流心得体会；还可以在互动交流中推荐和传递美文、美图，进而进行评价、标注与分享等，构建集推广传统阅读、数字化阅读和分享交流于一体的社交平台。

5. 结　语

在新媒体迅猛发展的环境下，高校学生的数字化阅读具有以下三大特点：互动性、开放性、实时性。当前高校需跟得上社会的发展趋势，因此对图书馆的服务提出了更新、更高、更严的要求。图书馆要以服务师生为宗旨，促进校园文化精神社区的优化建设，实现阅读方式的创新化、多元化和网络化，让阅读走进学生们的世界。高校需要优化数字阅读资源，提高创新阅读模式，应对各种资源进行整合，帮助和引导大学生科学合理地利用新媒体，满足大学生的阅读需求，逐步提高高校学生的阅读素养和综合素质。

参考文献

[1] 第十四次全国国民阅读调查公布 [EB/OL]. [2017-05-10]. http://mt.sohu.com/20170419/n489366505.shtml.
[2] 何官峰. 图书馆与阅读推广研究述评 [J]. 高校图书馆工作，2015 (2): 7-10.
[3] 张云玲，章忠平. 基于SoLoMo的图书馆数字阅读推广探究 [J]. 情报资料工作，2015 (4): 83-87.
[4] 王余光. 图书馆阅读推广研究的新进展 [J]. 高校图书馆工作，2015 (2): 3-6.
[5] 杨俊丽. 高校图书馆员专业阅读现状的调查与分析 [J]. 大学图书馆学报，2015 (4): 55-59.
[6] 何韵，何兰满. 从传统阅读与数字阅读的二元关系论全民阅读推广策略——以日本为例 [J]. 图书馆，2015 (7): 34-38.
[7] 罗迪. 论全民阅读推广力量的角色定位与功能 [J]. 图书馆理论与实践，2015 (8): 1-3.
[8] 张真，陈勤. 基于移动开放式平台的高校图书馆个性化服务创新研究 [J]. 图书馆研究，2015 (3): 73-77.
[9] 陈斌华. 基于问卷调查的高校图书馆阅读推广活动分析 [J]. 图书馆论坛，2012 (3): 140-143.
[10] 鄂丽君. 基于问卷调查的高校图书馆阅读推广现状分析与思考 [J]. 图书馆工作与研究，2016 (2): 101-104.
[11] 吴惠茹. 社交网络环境下高校图书馆阅读推广的趋势及策略研究 [J]. 图书馆建设，2016 (12): 71-76.

论发展地方文献推动校企合作助力高职教育*

——以广东省为例

王洪华

（广东石油化工学院图书馆　茂名市）

摘　要：通过对广东省高职院校的《高等职业教育质量年度报告》调研，了解到“校企合作”不够是目前高职院校发展的瓶颈。因此，提出采用发展地方文献馆藏推动深化校企合作的建议。分别从可行性、紧迫性两方面论述，最后列举了成功案例。

关键词：高职教育；地方文献；高校图书馆

1. 广东高职教育的“校企合作”发展瓶颈

广东省是职业教育大省，为促进高技能专门人才的培养，截至2016年我省已设有85所高职院校（经教育部审批或备案的公办高职院校有57所、民办高职院校有28所）。高职院校已是省高等教育系统的重要组成部分，自2014年以来，广东的高职院校全日制专科在校生数、招生数和毕业生数均位居全国第一。在教育部公布的首批“现代学徒制”试点院校名单中，广东试点院校数居全国第一。[1]而且广东省教育厅非常重视职业教育，2015年提出要创建“现代职业教育综合改革试点省”，2016年又提出建设一批全国一流、世界有影响的高职院校。2016年8月，广东省教育厅根据《广东省教育厅、广东省财政厅关于实施广东省全国一流高职院校建设计划的通知》（粤教高函〔2016〕155号）精神，拟确定深圳职业技术学院等18所高职院校为广东省一流高职院校建设计划立项建设单位。[2]为了面向未来，广东各个高职院校都在思考如何发挥自身优势，进一步增强核心竞争力，并寻找未来可持续发展的动力。

在发展道路上，广东各高职院校因面对的问题不同，都表现出不同的困难。有的校园面积狭小，跨城市购置土地，增加了沉重的债务负担。有的单纯依靠企业投资，办学经费起伏不定。有的没找到自己的办学方向、特色，课程设置混乱。但是，无论是知名院校还是陷入危机的普通院校，在公开的2014年度、2015年度、2016年度《高等职业教育质量年度报告》（广东省教育厅官网可查）里都几乎无一例外地提到校企合作难以深入的问题，基本上每一所高职院校都提及今后要重视校企合作办学。例如，提到校企合作存在合作内涵不够深入、缺乏长效机制。大家意识到校企合作的深入程度，会影响到高职院校办学的社会效益、经济效益。如果要办一流的高职院校，就更需动员全省的大企业都来积极履行企业社会责任，参与高职教育。而这种校企合作，除了需要出台一系列政策，鼓励企业真正参与到高职人才培养过程中来，还需要高职院校也积极转变观念，突破校企协同教育的发展瓶颈。

* 本文系广东省社会组织管理局、广东省图书文化信息协会2016年度立项课题“图书档案一体化视野下的地方文献开发利用”（项目编号：GDTWKT2016－25）的研究成果之一。

2. 发展地方文献推动"校企合作"的可行性

文献资源是一种战略创新的知识资源，是一种生产要素、一种社会财富。在网络化时代的信息社会，谁能充分利用信息资源，谁就可促进资源优化配置、改进工作流程，为企业增加产值。信息时代，每一个企业的发展都将离不开信息资源的利用，企业如果主动与高职院校在信息资源共建共享方面开展合作，则可以降低企业信息资源获取成本，也可通过共建增强自身的社会影响力。例如，企业通过捐赠、捐助方式与高职院校开展信息资源共建共享，就有利于提升企业的公益慈善形象，更进一步彰显出企业对教育事业投入的社会责任感。但是，在目前的校企合作模式中，高职院校过多强调人的因素，也过多强调企业的社会责任意识，例如要求企业提供师资力量，提供实训基地，解决学生就业，而企业能获得什么却较少谈及。在合作中，如果不能让合作双方感受到是双方互利的，那么合作自然难以深入。因此，我们需要研究探讨校企合作的策略，例如本文提出的选择共建共享地方文献资源也是一项可行性较高的策略。

2.1 高职院校、地方企业一般都明显具有地方特色

地方企业的发展一般受到当地的自然物资资源影响，也深受当地文化特色影响。例如，有的企业是充分利用地方特色食品来做大企业品牌与产品销量。有的企业群是通过多年的发展来形成地方品牌效应，譬如，提到制鞋业，人们首先会想到温州的制鞋业规模是全国闻名的。为了促进和规范企业形成地方特色，提高资金使用效益，2013 年，财政部还发布了《地方特色产业中小企业发展资金管理办法》。广东高职院校之间存在着激烈的竞争，为了生存，也同样会选择办出地方特色。而且服务地方经济是高职院校的社会职能之一，也是高职院校的责任和使命，办成具有地方特色的高职院校也是学校本身的内在需求。例如，广东潮汕人往往以精明务实的经商本色为外人所熟知，潮汕职业技术学院则专门培养一大批学生老板和自主创业者，推动实战教育。罗定职业技术学院立足云浮，努力办出山区高职院校特色，开拓欠发达地区高职教育的跨越式科学发展。惠州卫生职业技术学院在其《高等职业教育质量年度报告（2015）》的"问题与展望"章节，阐明了特色发展战略的构建，认为要牢固树立特色办学理念，坚持面向基层和农村培养高级医药卫生技术人才的办学方向。广东环境保护工程职业学院提出要成为南方环保人才的培养高地和环保科技研发与孵化的重要基地。

2.2 地方文献馆藏可满足地方企业与高职院校追求特色化时的文献查阅、考证需求

地方文献的特点有两个：一是能体现出地方区域性，从地理空间概念去限定；二是能体现历史资料性，具有存档的历史价值。地方文献能综合反映一个地区政治、经济、文化、教育、历史、地理、风土人情、人物传记、物产资源、名胜古迹，可以方便地方领导了解区域的历史及客观发展规律，以便对今后的发展做出科学判断，提出合理的施政纲领；也可以为挖掘地区的经济发展潜力、推动信息资源转为生产力提供借鉴。而且地方文献记录了地方的历史发展轨迹，其存档的历史作用及励志作用都发挥得淋漓尽致。有的地方政府部门还积极主动推动地方文献的建设，着力发挥地方文献对经济发展和社会进步的促进作用。例如，2005—2015 年广州市政府推动出版大型的古代地方文献丛书《广州大典》，2016 年深圳计划建立深圳市方志馆，还将建设深圳数字方志馆。高职院校图书馆如果专门设置地方文献特色库，将那些能反映某一区域内某一行业的自然现象和社会现象的书籍都纳入地方文献类别的收藏范围，那么介绍及总结行业发展的专业志（蕴藏着考证查典史料价值）将直接吸引相关学科、相关行业人士来参考利用。如果将那些能体现学校发展的年鉴、宣传海报、质量报告，体现各个专业办学现状、具有档案收藏价值的院系资料都统一采集，那么这类地方文献馆藏也可以方便当地企业及学校查考。

2.3 地方文献馆藏的发展与利用环节均可成为企业与高职院校之间交流的桥梁

从文献类型特征看，地方文献是最接地气的资源内容，是最容易起到校企双向互动的文献类型。在资

源的采集发展环节，我们知道地方文献的征集不能单纯地依靠购买，尤其是在馆藏购书经费有限的前提下，要增加文献数量，还需要地方政府部门、地方企事业单位的赠送，这就需要高职院校图书馆主动征求，这是第一层次的互动。此外，地方文献很大一部分是灰色文献，出版途径、印数都有限，获取难度很大。一旦有效获取并积累有序，就可成为珍贵的资源，因为地方文献能直接反映地方舆情，行业态势，对企业单位的利用需求的满足是最直接的，由需求带动单位之间的来往就是第二层次的互动。因此，高职院校图书馆如果设置面向企业、行业的地方文献阅览室或特色库，倡导共建共享，将较有吸引力。目前，广东高职院校办学历史普遍较短，不少高职院校是2004年之后才兴建，有的还是近几年才兴建的，馆藏基础普遍薄弱。要让高职院校图书馆的有限馆藏资源得到企业的青睐并不容易。因此，高职院校图书馆应该有重点地发展有特色的、对当地企业发展有直接帮助作用的特殊馆藏文献。例如，地方文献就是一种现实的、能凸显效益的文献类型，而且这样的馆藏发展政策必然会促进本地企业与高职院校之间的双向交流。

3. 发展地方文献推动“校企合作”的紧迫性

美国斯坦福大学国际研究所教授罗思高（Scott Rozelle）曾经率领团队专门研究中国职校到底能给学生带来什么，却发现职校教育质量非常低下。他建议高职院校要花大量的在校时间认真、规范地教授学生数学、语文、英语等文化课程，认为高职院校需要为2030年以后的中国培养人才。[3] 他并不认为顶岗实习，短期性地提供简单的操作训练就是职业教育。2016年6月24日，人社部办公厅发布了《技工院校工匠精神教育课教学大纲（试行）》的通知，要求从2016年秋季起，技工院校要面向全体在校生将工匠精神教育作为开学的第一课。从2017年起，工匠精神教育课列为新生入学的德育必修课程。我国政府已意识到职业教育不能停留在教授一技之长的层次，需要从长远考虑，给学生灌输人文精神。而高职院校图书馆就应该认识到时代需求的迫切性，努力让企业文化、校园文化、书香文化、工匠精神进行高度融合，让四者融合贯通，一同促进职业人才的全面发展。

2011年广东省教育厅发布了《广东省高职高专院校图书馆建设指南（试行）》《广东省高职高专院校图书馆评估指标体系（试行）》，这类官方文件发布数年后，已经基本达到了对高职院校文献馆藏达标的引导、规范作用。摆在面前更为迫切的不是数量上的达标，而是需要馆藏质量上的优化。需要像发达国家（如美国）的高职院校图书馆那样，形成自身的馆藏发展政策。地方文献馆藏可追溯地方文化起源，激起文化认同，增强文化优越感与归属感，可促进当地企业与高职院校文化上的融合。高职院校图书馆若能持之以恒地积累地方文献馆藏，就能充分挖掘其特色服务的潜力。

对于广东高职院校的办学主体而言，高职院校的领导层该如何扩大学生的学习空间，不停留在顶岗实习层面呢？这就需要重视校园的阅读文化建设，例如，让可起到励志作用的地方文献馆藏去发挥书香校园的作用。近年来，一些高职院校的领导层也意识到校企合作不能过多依赖政府部门的喊话。尤其是对办学能力较弱的高职院校，校企合作要深入需要依靠学校自身，在得不到地方法规支持的情况下，在合作过程中就要主动给予企业回报，而图书馆的馆藏资源，尤其是地方文献的共享，显然比较容易实现。这种信息资源共建共享方式也将有利于推动校企合作。

企业追求利益最大化，根据自己自身的利益诉求来谈合作项目是无可非议的。但合作方式如果只是将学生当作输出性的劳动力产品来分门别类地向高职院校提出订单，为学生提供顶岗实习的机会[4]，那只是偏重于经济角度谈校企合作。在校企合作中，如果企业能主动提出文化的融合，提出企业文化与校园文化的对接，重视信息资源的共建共享，则可推动企业以高度的社会责任感去促使高职院校输出更多德才兼备的职业人才，最终受益的还是企业。

4. 发展地方文献推动“校企合作”的成功案例

教育部于2010年7月发布了《国家中长期教育改革和发展规划纲要（2011—2020年）》，提出“调动行业企业的积极性。建立健全政府主导、行业指导、企业参与的办学机制，制定促进校企合作办学法规，促进校企合作制度化"。但教育部的发展纲要，也要得到立法部门、国务院国有资产监督管理委员会等机构的配合。至今，我国政府还在酝酿出台相关政策条例或法律法规来规范高职教育的校企合作。目前地方法规也仅有《宁波市职业教育校企合作促进条例》。[5]因此，广东高职院校在推动校企合作时，不能单纯地依靠政府搭台、鼓劲，制度、法规的完善，还需要结合国情、省情讨论各种有效的方法、策略、建议。从笔者的调研来看，85所广东高职院校，目前仅有6所院校的图书馆重视地方文献资源建设，数量稀少。但是，已开展地方文献馆藏建设的单位却起到了很好的示范作用，比较突出的是清远职业技术学院图书馆，该馆建有清远旅游资源库、清远旅游文化库、清远排瑶文化库，为清远市的城市建设、历史文化传统挖掘，都提供了文献资源保障。[6]为地区政治、经济、文化服务而兴建地方文献馆藏，既促进了院校职业教育质量的提升，也更好地服务了地方经济，加强了政府、企业、学校的合作。2015年，在广东省教育厅网站公布的76所高职院校提交的2015年教育质量报告里，鲜有校方将图书馆的工作内容、成绩列入其中的，唯独清远职业技术学院图书馆获此礼遇。这种榜样性的范例应引起关注与学习。结合前文的论述来看，我们有理由相信发展地方文献馆藏可助力高职教育发展。而且今后，如果高职院校的办学主体能意识到办学特色、馆藏文献特色、服务当地的特色企业具有内在的联系，那么寻找特色办学方向时也会减轻竞争压力。例如，广东工商职业学院在其《高等职业教育质量年度报告（2015）》的"问题与展望"一节中特意提到：建议学院进一步加强品牌专业建设力度，突出品牌专业建设，切实做到"人无我有，人有我强"。但该院目前共开设课程多达2 926门，且课程名称混乱，同样内容、性质的课程在不同专业的名称五花八门。笔者认为，今后高职院校要继续强调办学特色，就应该将文献馆藏建设、服务地方企业的目标都一同纳入办学目标中，这样或许才能找到"校企合作""办学特色"的突破口。

参考文献

[1] 广东拟建全国一流高职院校［EB/OL］.［2016-10-12］. http://news.cngold.com.cn/20160704d1903n74451254.html.

[2] 2016年广东拟确定一流高职院校名单公示［EB/OL］.［2016-10-12］. http://www.fenshuxian.net/guangdong/35706.html.

[3] Scott Rozelle，张林秀. 改革中国式职业教育［J］. 2014（10）：32.

[4] 邵斌，石巍. 企业参与高职校企合作动因的实证研究［J］. 九江职业技术学院学报，2013（4）：1-2，9.

[5] 周双林，夏苗芬. 企业社会责任视野下高职教育的校企合作促进策略研究［J］. 教育理论与实践，2014（18）：27-29.

[6] 井春兰."清远旅游资源数据库"建设解析［J］. 清远职业技术学院学报，2013（6）：26-29.

新媒体时代高校图书馆阅读推广的创新与实践*

潘有娣

（广东松山职业技术学院图书馆　韶关市）

摘　要：为更好地适应高校师生在接受海量信息的方式和对某些信息内容的偏好与甄选等方面所出现的新变化，高校图书馆必须寻求新媒体与传统媒体的有机结合，探索和创新阅读推广工作的模式与方法，实现新媒体与传统媒体的优势互补，促成图书馆阅读推广观念、方式与方法的融合贯通与升华。

关键词：新媒体；传统媒体；高校图书馆；阅读推广；模式方法

2016 年 1 月，国家新闻出版广电总局印发的《关于开展 2016 年全民阅读工作的通知》（以下简称《通知》）指出，“2016 年是中宣部、国家新闻出版广电总局等部门倡导和开展全民阅读十周年。为全面贯彻落实党的十八大和十八届三中、四中、五中全会精神，深入学习贯彻习近平总书记系列重要讲话精神，努力建设书香社会，推动国民素质和社会文明程度显著提高”，2016 年的全民阅读工作要“充分利用新兴媒体传播渠道的优势，进一步拓展全民阅读活动的载体和形式，丰富全民阅读活动的内容”。《通知》还要求“加强网络出版内容投送平台建设和管理，科学分类内容，做好阅读服务，提升公众数字化阅读消费满意度。深入探索读者阅读行为和阅读习惯的数字化转型，因势利导，提供更便捷、人性化的数字化阅读技术服务，全面推进全民阅读的多媒体、多平台融合”。从 2014 年开始，“倡导全民阅读”已连续三年写进国务院总理李克强所做的《政府工作报告》，这标志着全民阅读已纳入国家发展战略。阅读推广理应成为图书馆工作常态，图书馆所有的工作都要落实到为读者的阅读服务当中。毫无疑问，高校图书馆是学校的文献信息中心，是大学阅读的心脏，它在对大学生综合素质的培养上有着独特的优势。因为阅读是大学里最为核心的学习方式，面对大学生在校期间的“浅阅读”或“不阅读”现状，高校图书馆应通过阅读推广活动来激励读者，促使他们的行为转变，进而想阅读、会阅读、深阅读，通过阅读来提高读者的学习效率，拓宽读者的知识面，丰富师生的校园生活。

高校阅读推广是指高校图书馆掌握各类读者的阅读偏好，通过精心的创意和严密的策划，将读者的注意力从海量馆藏引导到小范围的有吸引力的馆藏，以提高馆藏的流通量和利用率的活动。在新媒体环境下，读者获取信息的方式更加多样，渠道更为广泛，与过去传统的图书馆服务相比，读者的阅读方式和途径都发生了改变。所以，在新媒体环境下，高校图书馆必须将新媒体与传统媒体有机地结合起来，创新方式方法，做好阅读推广，让读者获得最佳的阅读效果，重塑良好的阅读习惯。

在新媒体背景下，高校图书馆应该把握机遇、直面挑战、反思传统。在创新和实践阅读推广的方式方法等方面，还有很多问题值得我们通盘考虑和认真研究，有鉴于此，笔者不揣浅陋，拟就新媒体时代阅读推广的内涵和外延，运用新媒体技术做好阅读推广工作的方式、途径和具体做法，以及寻求新媒体与传统媒体的有机结合，创新方式方法，探索和实践阅读推广活动的模式与方法等问题进行分析和探讨。

---

* 本文系广东省图书文化信息协会 2016 年度社会科学研究课题“新媒体时代高校图书馆阅读推广的创新与实践研究”（项目编号：GDTWKT2016－26）的成果。

1. 应用新媒体技术开展阅读推广

1.1 阅读推广活动数字化

新媒体时代高校图书馆阅读推广活动要求数字化。阅读推广活动数字化是指读者利用手机、平板电脑等终端设备，充分利用图书馆的数字资源，方便快捷地享受图书馆的优质服务。为此，高校图书馆应做到以下几点：首先，应充分挖掘、利用国家数字文化网和数字图书馆推广工程的资源，积极开展公共电子阅览室服务；其次，应整合地方公共图书馆、博物馆、文化馆和科技馆等公共服务机构的资源，把实物形态的资源转化为数字形态的资源，同时加强与社会机构的合作，通过购买、交换补偿和接受捐赠等多种方式拓宽数字资源建设渠道；再次，尤其需要重视校园文化建设成果的积累、整理和推广工作，精心谋划、全力打造贴近高校师生实际的特色数字服务品牌，创建统一平台，提供一站式数字文化服务；最后，高校图书馆应推广移动客户端 App[2]，进一步实现海量信息的无缝对接、快捷推送，提供直观、接地气的移动图书馆阅读。

1.2 开通图书馆微信平台

高校图书馆应开通微信平台，充分利用新媒体优势，集成图书馆多项业务，构建图书馆微门户，实现数字资源的移动式阅读及分享。微信平台的优势主要体现在：第一，它可以扩展图书馆信息服务的能力，强化图书馆员和读者的互动。第二，它具有即时分享和讨论的功能，信息在读者中的推送范围较广。第三，图书馆微信平台的功能还应包括馆藏文献的查询和预约、信息参考咨询、精彩活动查询、服务导引查询、个人书刊续借，等等。正因为微信平台具有超越传统媒介的某些优势，高校图书馆理应重视它的力量，务必构建专门机构或部门具体负责管理、开发和利用微信平台；同时发挥多种学科专业齐聚一校的资源优势，通力合作，科学地组织信息，引导、教育用户进行话题发布与交流，使微信平台形成有效的知识聚合，既方便管理又便于读者利用。

1.3 开通多媒体信息资源平台

高校图书馆应在图书馆楼大厅及各教学楼显眼处，设置专门的多媒体信息资源栏目。同时，将开展的阅读推广活动的视频及图片、学校开设的精品课、优秀的讲座等视频资料进行整合，然后挂在多媒体信息资源栏目上。这样做的目的在于一方面使信息资源的表现形式更加生动形象，另一方面从视觉上引起广大读者的注意，以提高图书馆阅读推广的效果。

1.4 对图书馆员进行专业培训

《通知》鼓励和支持公务员、教师、新闻出版工作者、大学生等志愿者加入阅读推广人队伍。毋庸置疑，在阅读推广活动中，图书馆员是最重要的阅读推广人。为做好阅读推广工作，图书馆员应具备较扎实的信息资源检索与利用等方面的业务知识，还应熟练掌握一定的新媒体技术等专业知识。新媒体技术是阅读推广活动的重要宣传手段，图书馆员应在做好本职工作的基础上，努力掌握新媒体技术。因此，为提高图书馆员的专业能力，高校图书馆要结合自身工作需要，有计划、有目的、有针对性并且不间断地对图书馆员进行专业技能培训，使之与时俱进，胜任新媒体时代的阅读推广工作。

2. 运用传统媒体优势开展阅读推广

2.1 结合现有馆藏资源进行阅读推广

不少高校的图书馆对馆藏资源的揭示不够，相当多的读者走进图书馆后都很茫然，即使是经常利用图书馆的老读者，往往也只是简单地通过书名、作者、篇名、关键词等途径来查找所需资料，并不能做到目标明确、自主有效地利用图书馆海量的资源。在多元化的选择时代，图书馆应加大主动推送馆藏资源的力度，吸引更多的读者走进图书馆、了解图书馆、利用图书馆。[3]为此，图书馆应做好阅读推广的各项主题活动。比如，每年定期开展为期1~3个月的“馆藏资源推广月”活动，每年利用3个月的时间，分主题向读者集中推介图书馆现有的中外文数据库，讲解有效利用各类资源的技巧和方法，加强与读者的交流和互动，进一步提高馆藏资源利用率，更好地为教学和科研服务。“馆藏资源推广月”活动可分阶段确立不同的主题，例如“数字资源推广”“特色服务推广”“特色数据库推广”“精品图书推广”，等等。

2.2 结合不同类型读者的阅读需求进行阅读推广

阅读推广如果仅仅停留在图书馆层面，自我陶醉，自我满足，那注定是没有生命力的。高校图书馆应加强与学校各系部及其他职能部门的合作，推动全校师生阅读。具体的做法包括：第一，开办各学科的经典诵读、读书征文、知识竞赛、读者联谊会等阅读活动，使图书馆员与广大读者进行面对面的沟通交流。第二，围绕一定的主题、专题邀请权威专家、学者定期来校做学术报告、专题讲座、主题演讲、知识讲座等特色活动，充分发挥榜样的示范作用。第三，鼓动教师、大学生等志愿者加入阅读推广人队伍。特别是在“4·23”世界读书日期间，要精心组织经典诵读、读书征文、知识竞赛、红色文化节、读者联谊会、书香校园、最美读书人等活动，重点推出一批有特色、有影响的品牌阅读活动，进一步培育阅读活动品牌，等等。

2.3 充分利用校园公共宣传栏的功能进行阅读推广

分布在高校校园各个显眼处的宣传栏、橱窗、板报、海报等仍在发挥着其他载体不可替代的宣传作用。[4]高校图书馆应充分利用这些宣传栏、橱窗、板报、海报等传统宣传载体进行悬挂、张贴、书写图书馆制作的最新文献资料和经典好书推荐目录等，或者宣传图书馆即将开展的相关活动，包括讲座、读书心得交流会等，力求最大限度地引起广大读者的关注，吸引读者到图书馆去学习、查找资料和借阅馆藏文献。这些举措必将极大地促进图书馆的读者服务工作。

2.4 注重培养和提升读者信息素养

高校图书馆应该发挥自身的优势，采取有效措施，培养和提高读者的信息素养。读者的信息素养提升了，就可以遨游书海，畅享“悦读”。高校图书馆可以为广大读者免费开设有关普及信息知识的培训讲座。信息素养培训讲座应充分考虑读者的信息需求，讲座内容可以涉及图书馆开展的各项传统服务推广、各类信息资源数据库的运用、各种主流网络信息的获取渠道和电脑的重要操作技巧，以及某些常用工具软件的介绍与使用等知识和技能，力争全方位地满足读者的信息需求。

2.5 让读者协会参与到图书馆阅读推广工作中

高校图书馆的读者协会是图书馆开展活动的得力助手，读者协会的成员来自不同的年级和专业，他们更加了解阅读推广对象的阅读需求及规律。读者协会通过组织开展各种形式的活动，可以将教育性、知识性和趣味性整合到广大读者的学习、生活中，从而起到联系图书馆与广大读者的桥梁和纽带的作用。读者协会为高校图书馆补充了更多的人力资源，协会开展的活动也为图书馆提供了更多推广阅读的平台。图书馆要依靠这支生力军，使阅读推广工作通过他们全方位地渗透到高校广大读者群中。读者协会的重要性体现在：第一，通过协会开展的活动可以加大阅读推广的宣传力度；第二，可以协助图书馆进行阅读行为调查与分析，打好阅读推广工作的基础；第三，可以协助图书馆举办各类读者活动，创新阅读推广工作的内容和形式，促进图书馆阅读推广工作持续有效地进行。

3. 结　语

新媒体技术为高校图书馆开展阅读推广活动提供了新的渠道，也为阅读推广带来了机遇和挑战，通过新媒体技术开展阅读推广，可以有效地提高阅读推广的效率。然而，新媒体技术虽然为高校图书馆的阅读推广提供了新思路和新途径，并获得了良好的推广效果，但是客观地说，人们使用新技术获取信息的快捷、高效与海量等并非只有好处而没有坏处。人们正是在使用新媒体技术即可瞬间获取高效与海量信息的同时对技术产生了依赖，滋生了惰性，冷落了反思，甚至在信息爆炸中迷失了方向。因此，新媒体时代读者对图书馆阅读服务提出了更高的要求。正像传统单一的阅读推广方式不能满足广大读者的需求一样，单一的新媒体技术同样无法独立做好阅读推广工作。即便在新媒体时代，图书馆也不能忽视传统媒体推广方式的优势。有鉴于此，为更好地服务广大师生，充分发挥高校图书馆在学校教学科研中的重要作用，图书馆必须将新媒体与传统媒体有机地结合起来开展阅读推广工作。只有双管齐下，才能充分发挥新媒体与传统媒体这两种宣传方式各自的优势，实现高校图书馆阅读推广的最优化。

参考文献

[1] 王波. 阅读推广、图书馆阅读推广的定义——兼论如何认识和学习图书馆时尚阅读推广案例 [J]. 图书馆论坛，2015 (10)：1-7.
[2] 李聪. 新媒体环境下高校图书馆阅读推广活动策略研究 [J]. 新媒体研究，2015 (16)：22-23，40.
[3] 周国忠. 阅读推广方案策划的思路及原则——以 2013 年福建师范大学第七届读书节策划方案为例 [J]. 图书馆论坛，2014 (9)：76-79.
[4] 段连金，袁新宇. 论将传统方式与现代手段相结合做好高校图书馆读者阅读工作 [J]. 赤峰学院学报：自然科学版，2016 (2)：121-122.

基于人际互倚理论的广东省公共图书馆员与读者互动质量研究

邹　薇

（广东药科大学图书馆　广州市）

摘　要：本文从图书馆员—读者界面，构建了图书馆员与读者互动质量模型，探讨互动质量及其形成作用机制，即读者的参与行为和图书馆员导向行为对互动质量的影响，互动质量对关系质量的影响。然后，探讨了变量的维度和测量项目以及量表的设计。最后，讨论了该模型的理论贡献和管理启示。

关键词：图书馆员；读者；互动质量；模型

本文拟从图书馆员—读者界面探讨互动质量及其形成作用机制，即读者的参与行为和馆员的读者导向行为对互动质量的影响，互动质量对关系质量的影响。本文以服务接触中的员工—顾客界面互动质量模型为基础，构建了图书馆员—读者界面互动质量模型。该模型重点研究互动质量及其形成作用机制，旨在丰富和发展图书馆服务质量研究，为图书馆管理读者参与，选拔、培训和管理馆员，提升服务质量，提供分析工具和行动指南。

1. 文献综述

1.1　图书馆互动服务研究

在英语中，互动为“interaction”，即一种相互交流、相互沟通。国外对这方面的研究比较早，如美国著名的图书馆学家谢拉（1972）在《图书馆学教育基础》一书中指出，“交流是社会结构的黏合剂”，“图书馆是社会交流链中的一环”。[1] Brady et al.（2001）认为，服务质量包括互动质量、环境质量和结果质量。[2] 在图书馆服务质量研究中，互动质量作为整体服务质量的一部分，引起了学者的关注。1998 年以来，国内学术界开始注意到图书馆服务的“互动”属性，纷纷开始从理论上对“互动服务”加以研究。刘新蒙认为，图书馆员与用户参与整个信息服务过程，直接影响图书馆信息服务的质量，图书馆信息服务中存在的互动类型主要包括用户与馆员之间的互动、用户与用户之间的互动、馆员与馆员之间的互动。[3] 胡冉、刘玉兰认为，图书馆信息服务中用户和图书馆员是两个关键因素，图书馆应该从以下五个方面发挥用户与图书馆员以及图书馆员相互之间的互动效应：收集用户信息，建立用户资料库；了解显性需求，开发隐性需求；分级设置咨询馆员，开展针对性的服务；注重精神激励，增强凝聚力；加强部室交流，共同做好信息服务，以实现提高图书馆的信息服务质量的目的。[4] 综上所述，关于图书馆互动服务的研究大多数是定性研究，几乎没有互动质量的评价模型研究。

1.2　互动质量研究

互动质量的定义有广义和狭义之分。从广义来讲，互动质量是指在服务过程中服务提供者、顾客及场景之间发生相互交往及互动行为的效果。从狭义来讲，互动质量是指服务传递过程中顾客与对其服务人员的接触与互动行为所形成的知觉感受。本文探讨的互动质量是指狭义的互动质量。官翠玲以医疗服务业为背景，以互动质量为研究对象，以人际相互依赖理论为基础，构建了服务接触中的员工—顾客界面互动质量模型（见图1）。[5]

图1　服务接触中的员工—顾客界面互动质量模型

2. 图书馆员—读者界面互动质量模型的构建

本文在上述员工—顾客界面互动质量模型的基础上，构建了图书馆员—读者界面互动质量模型。

2.1　读者参与和读者导向行为

在图书馆员和读者的服务接触中，他们之间的互动是围绕着服务的设计、生产和传递进行的。服务接触中的馆员和读者双方为了收到满意的服务结果（互动质量），都需要付出成本，实施协调行为（读者导向行为和读者参与）。

读者参与，是指在服务接触中，读者为了增强控制，确保服务的可靠性和有效性，付出精神上和体力上的成本参与服务的设计、生产和传递。读者的这种参与行为的实质就是质量保证行为和寻找满意的行为。读者导向行为是图书馆员在营销观念的指导下进行的帮助读者做出能满足其信息需求的服务的行为，可见，读者导向行为的实质就是图书馆员让读者满意的行为。根据上述分析，本文认为，在图书馆员给读者提供服务的互动中，为了提高互动质量，读者需要实施读者参与行为，图书馆员需要实施读者导向行为。因此，构建以下模型（见图2）。

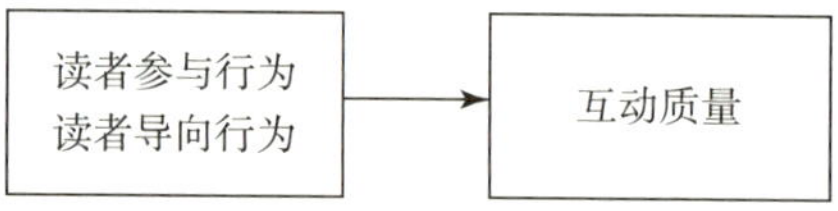

图2　互动行为对于互动质量的影响

该模型表示在图书馆员与读者的服务接触中，图书馆员和读者为了实现良好的服务质量这一共同的服务结果，双方围绕着服务的设计、生产和传递进行着协调活动，发生了互动。其中，读者实施寻找满意的参与行为，图书馆员实施保证读者满意的读者导向行为。

2.2　互动质量对于图书馆员和读者之间互动关系的影响

图书馆员和读者之间发生良好的互动，是为了收到满意的结果，从而实现建立良好互动关系的最终目的（见图3）。

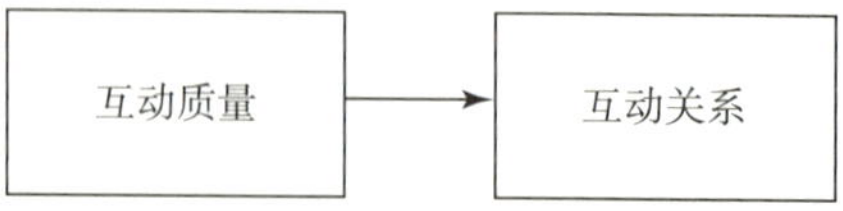

图3　互动质量对于互动关系的影响

2.3 图书馆员—读者界面互动质量概念模型

结合图2、图3，本文认为，服务接触中的图书馆员—读者界面互动质量的形成和作用机制如下：

服务过程中图书馆员与读者双方为了得到满意的服务结果（互动质量），都必须付出成本，实施协调行为。其中读者实施读者参与行为，图书馆员实施读者导向行为，他们的行为方式和程度影响到他们对互动质量的感知。图书馆员和读者发生的良好互动，决定他们可以建立良好的互动关系。

综上所述，本文构建出图书馆员—读者界面互动质量模型（见图4）。此概念模型与图1相比，有一个变化，即将“互动关系”改为“关系质量”。

图4 图书馆员—读者界面互动质量模型

下面对该模型的各个变量以及变量之间的关系进行简要说明。该模型包括读者参与行为、读者导向行为、互动质量和关系质量四个变量。读者参与和读者导向行为是互动质量的前因，互动质量对关系质量有重要影响。其中：①互动质量是本文的核心变量，是指图书馆员和读者在服务传递过程中对于服务解除与互动行为所形成的知觉感受。互动质量分为两个维度：一是行为举止，即图书馆员针对读者需求所表现出的喜好与厌恶的倾向、情绪性反应和各种行为应对；二是专业能力，即图书馆员所具备的相关的专业知识和技能。②读者参与行为是指图书馆员和读者互动时，读者实施的与信息服务的生产和传递相关的精神与物质方面的具体行为，分为三个维度：一是合作行为，比如提供必备信息，配合图书馆员完成信息咨询过程；二是建议行为，比如对于服务方式的建议等；三是关系行为，比如微笑、表达友善的言辞、试图建立忠诚度等。③读者导向行为是指图书馆员和读者互动时，图书馆员在营销观念的指导下实施的满足读者需求的行为。读者导向行为包括读者至上行为和非营销导向行为两个维度。其中，非营销导向行为的测量问项是反向计分，表示的是非营销导向行为的程度。④关系质量是读者对图书馆员提供的服务满足自己需求程度的认知评价，包含了读者对馆员的满意度、信任感和承诺的程度。此模型中的变量既可以是读者感知，也可以是图书馆员感知。相比较之下，读者的评价可能更加客观，所以，本文的变量都是读者感知。上述变量是无法直接度量的隐变量，需要多个可观测指标间接度量。各变量的测量项目可参考表1。

表1 指标体系

变量	维度	测量项目
互动质量	行为举止	1. 图书馆员对我很友好，认真回答我的提问
		2. 图书馆员表现出主动、乐意帮我的态度
		3. 图书馆员的态度显示他（她）理解我的需要并表现出同情心
		4. 图书馆员尽量采取能满足我需要的行为，如让我和他（她）讨论查找资料的方案等
		5. 图书馆员在我咨询或提出要求时，能及时地回应我的需要
	专业能力	6. 图书馆员的行为显示他（她）理解我的需要
		7. 图书馆员具备能满足我信息需求的良好专业能力
		8. 图书馆员对于我的问题总是有能力及时地解答
		9. 图书馆员懂得我需要依靠他（她）的专业知识以满足我的需要。如他（她）利用其专业知识让我了解信息检索的相关知识等

续表

变量	维度	测量项目
读者参与行为	合作行为	1. 我准确表述了自己的信息需求
		2. 我及时准确地告诉图书馆员我在接受信息服务过程中的感受
		3. 我认真准确地回答图书馆员的问题
		4. 我按照图书馆员的要求查找资料
	建议行为	5. 我告诉图书馆员我对信息的要求
		6. 我告诉图书馆员我对服务方式的要求
	关系行为	7. 我主动和图书馆员打招呼，向他（她）问好
		8. 我友好平等地对待图书馆员
		9. 图书馆员和我聊天，我也和他（她）聊天
		10. 我觉得图书馆员表现不错，我赞美了他（她）
		11. 图书馆员的服务给我帮助，我对他（她）表示了真诚的感谢
读者导向行为	读者至上行为	1. 图书馆员尽量帮助我找到所需资料
		2. 图书馆员尽量让我和他（她）讨论我的信息需求，如对信息内容及服务方式等的要求
		3. 图书馆员尽量通过讲道理让我接受他（她）的观点
		4. 图书馆员尽量提供适合我的查找资料的方案让我选择
		5. 图书馆员尽量帮我找出对我最有用的数据库和资料
		6. 图书馆员尽量准确地回答我所提出的问题
		7. 当我遇到麻烦时，图书馆员尽量帮我解决
		8. 图书馆员尽量用通俗的语言向我准确地介绍咨询的结果，让我对查找资料有大致的熟悉、准确的预期
		9. 图书馆员尽量通过提问弄清我的信息需求
	非营销导向行为（注：非营销导向行为的问项是反向计分，表示的是非营销导向行为的程度）	10. 图书馆员开出尽可能多的服务项目和资料，而不管我是否满意（反）
		11. 图书馆员开出尽可能多的服务项目和资料，即使这对解决我的信息需求帮助不大（反）
		12. 图书馆员利用我求知若渴的心理，迫使我接受一些不必要的服务项目和资料（反）
		13. 虽然有些服务项目和资料不适合我，图书馆员仍然施加压力让我接受（反）
		14. 图书馆员向我推荐的服务项目和资料，是基于图书馆员的权威身份能够说服我同意，而不是基于我的实际需要（反）
		15. 图书馆员不切实际地美化向我推荐的服务项目和资料（反）
		16. 图书馆员花较多的时间劝说我接受服务项目和资料，而花较少的时间了解我的信息需求（反）
		17. 图书馆员在和我探讨信息需求前，就为我开出服务项目和资料（反）
		18. 图书馆员把我当作对手，总是设法让我接受各种服务项目和资料（反）
关系质量	满意	1. 我对该图书馆员非常满意
	信任	2. 该图书馆员值得我信赖
	承诺	3. 该图书馆员值得我和他（她）保持关系

3. 研究结论与展望

3.1 研究结论

互动质量作为服务质量的关键因素，已经越来越受到学界、业界的关注。本文通过文献综述、访谈等多种方法，构建了图书馆员—读者界面互动质量概念模型，并展开了研究。研究结果显示：读者参与和读者导向行为是影响互动质量的重要因素，关系质量是互动质量的重要影响结果。

3.2 理论创新和管理意义

理论创新方面，本文对图书馆员—读者界面互动质量进行了独立的研究，将互动质量作为核心变量，研究所有变量与互动质量各维度之间的关系，既拓展了研究互动质量的思路，又使研究结果更加精准。该模型揭示了图书馆员—读者互动质量的形成作用机制，为后续研究提供了理论框架和依据。管理意义方面，该研究可以为图书馆的互动实践活动提供指导意见。比如依据读者参与和互动质量的关系，图书馆如何设计适度的读者参与活动；依据读者导向行为对互动质量的影响，图书馆如何选拔、培训和管理馆员；依据读者对互动质量各维度的不同重视程度，图书馆如何有效地配置有限的资源；依据互动质量和关系质量的关系，图书馆如何构建馆员和读者之间和谐的关系等。

参考文献

[1] 袁咏秋，李家乔．外国图书馆学名著选读［M］．北京：北京大学出版社，1988：302-303.

[2] Brady M K，Cronin J J. Some new thoughts on conceptualizing perceived service quality：a Hierarchical approach［J］. Journal of Marketing，2001，65（3）：34-49.

[3] 刘新蒙．图书馆信息服务的互动质量分析及控制研究［J］．图书馆学研究，2010（10）：76-79.

[4] 胡冉，刘玉兰．图书馆信息服务的人际互动［J］．现代情报，2006（1）：105-107.

[5] 官翠玲．互动质量及其对关系质量的影响——以医疗服务业为背景［M］．北京：中国社会科学出版社，2011.

改革开放初期深圳图书馆对全国图书馆事业的影响

余明霞

（广东药学院图书馆　广州市）

摘　要：改革开放初期，深圳图书馆的“开拓创新”引领全国图书馆的发展。本文在概述改革开放初期深圳图书馆现代化发展的基础上，分析了深圳图书馆对全国图书馆事业产生的影响，对这一特殊历史背景下图书馆发展的形态进行解读，发现其中仍有许多共通处可为当今图书馆的建设提供借鉴和启示。

关键词：图书馆事业；深圳图书馆；改革开放

作为我国第一个改革开放的窗口和试验田，在改革开放方针指引下，深圳特区在建设初期就筹建八大文化建筑，深圳图书馆是其中重要的一个。深圳图书馆是深圳市政府建设的立足于深圳特区、面向海内外的公共图书馆，是特区建设历史进程的文献汇集点、深圳地区图书情报网络中心，加强了港台文献资料的收藏与交流，发挥着桥梁和窗口的作用。[1]深圳图书馆坚持“开放、平等、免费”的服务理念，坚持走“服务立馆、技术强馆”之路，经过30年的不懈努力，办馆效益和服务质量不断提升，实现了从藏书量不足20万册的小型图书馆到大型现代化图书馆的转变，从传统图书馆到数字化、复合型图书馆的跨越。[2]

第二次世界大战以后，世界上出现了以全开架、大开间及应用计算机为特征的现代图书馆。全开架是图书馆服务方式的巨大变革和图书馆服务模式的创新；应用计算机是图书馆的技术创新和图书馆的现代化革命。[3]改革开放初期，深圳图书馆受惠于深圳经济特区特有的观念、制度和政策，学习国外科学的管理方法和先进的高新技术，同时结合我国国情和深圳环境特点，建成了一个具有中国特色、与深圳建设国际化大都市相适应的现代化图书馆，引领全国图书馆向现代化发展。[4]210

1. 改革开放初期深圳图书馆的现代化发展

1.1　服务方式：全开架

我国图书馆服务从古代藏书楼到近代图书馆，一直是重藏轻用，没有解决好图书馆“藏与用”的矛盾。国外图书馆从“二战”后开始进入以“以用为主、藏为用服务”的大空间建筑、全开架的藏书与服务体制为特征的现代图书馆时代。改革开放初期，当我国内地诸多“老馆”依旧普遍沿袭着数十年不变的封闭的格式化管理模式时，深圳图书馆一举建立了藏、借、阅合一的全方位开架的藏书与服务体制，从封闭走向开放；同时实行“三不要”，即入馆不要证、进阅览室不要证、到书架取书不要任何手续的免证进馆服务模式，读者从架上取书之后，即通过本室出纳台的电脑终端于数秒钟之内完成借书手续，大大节省了读者访求文献的时间。[4]19

1993年，深圳图书馆馆藏利用率为466.5%，远远高于当年我国大部分图书馆10%～69%的馆藏利用率。有研究者在分析我国绝大部分图书馆藏书利用率低的原因时，认为相当重要的一点是“我国图书馆在服务方式上多采用闭架的方法，目前90%以上的图书馆还是闭架借阅，60% ~80%的藏书被关在封闭的书库里，开架的只是极少的一部分，致使许多文献信息成为‘死书’”[5]。在全国图书馆阅读率普遍低迷的情况下，深圳图书馆日均进馆达5 000多人次，稳居国内同等规模图书馆的前列，创造了深圳读书热经年不衰的奇迹，并被国外权威人士称为“世界上最繁忙的图书馆之一”[2]。

1.2 服务手段：计算机

现代化技术是实现现代化服务的物质基础。改革开放初期，深圳图书馆应用计算机流通管理系统大致经历了以下阶段：1986—1991年应用条形码流通管理系统；1991—1992年应用ILAS集成系统；1993至今，应用采编中心系统。[5]深圳图书馆从一开馆就在服务手段上重视采用先进技术。1986年，深圳图书馆自行研制的“实时多用户计算机光笔流通管理系统”全面投入使用。这是当时功能最强、管理数据量最大的计算机图书流通管理系统，迈出了深圳图书馆自动化进程的第一步，开启了新技术应用于图书馆领域的先河。[6]1991年，深圳图书馆成功研制出“图书馆自动化集成系统（ILAS)”并向全国推广，20世纪90年代末，用户数突破了3 000家图书馆，成为世界上用户最多的图书馆应用软件。以ILAS为核心的图书馆自动化服务成为深圳图书馆服务全国的一项业务特色，该服务内容包括为全国各图书馆提供自动化总体设计方案、硬件配置方案、网络设计方案、应用软件及书目数据库、人员培训等。[2]ILAS是国产图书馆自动化软件的骄傲，创建了多个第一和“最”。

1.3 文献建设：特色馆藏

改革开放初期，深圳图书馆充分利用自己特区的政策优势和毗邻港澳的地理优势，以及以发展外向型经济为主的特点，重点建设了“特区文献库”和“台港澳文献库”，优先发展特区文献数据库及台港澳文献数据库建设，建立起具有全国性的经济特区文献中心和台港澳文献中心，形成深圳图书馆的馆藏特色。“特区文献库”保存的深圳自成立经济特区以来公开或内部发行的系统、完整的文献资料，收藏记录和反映特区建设及发展历史的文献，对特区乃至全国无疑都是宝贵的财富。[6]“台港澳文献库”以最短的时间获得最新的港澳台文献，并以此提供及时的信息，为领导决策服务，指导特区经济发展，辐射内地。

1.4 管理体制：改革创新

管理体制是图书馆的根本。在计划经济时期，深圳图书馆是单一的公益型事业体制。深圳在全国率先实行市场经济之后，深圳图书馆率先改革管理机制和用人制度，实行“一馆三制”，从过去单一的公益型事业体制分流出经营型体制，经营型体制又分为经济实体（科图公司、新文海公司等）和经济指标责任制（剪报中心、时装图书馆、培训中心等）两种类型。三种体制在管理上实行三种方式、三种分配、三种机制，称为“一馆三制”；同时改进管理层次，部分实行管理结构平面化。[7]在用人制度上，实行岗位责任制；全员聘用制，一年一聘，签订聘用协议；改进职称聘用办法，对馆内所有员工和各级干部实行岗位职级制，对职称可以高职低聘或低职高聘等。[3]

2. 深圳图书馆现代化发展对全国图书馆事业的影响

自1986年深圳图书馆诞生之日起，它所展现的开放性、活力、进取心和创造力，所推出的许多令人震惊的改革举措，曾经吸引了国内外众多图书馆界同人的目光。甚至众多学界精英，比如诺贝尔奖获得者物理学家杨振宁教授、写作《哥德巴赫猜想》的学者徐迟、美国著名作家索尔兹伯里、联合国教科文组织总干事比若瓦先生等，也对深圳图书馆在特定历史环境下所发生的一切倾注了浓厚的兴趣和热情，他们纷纷从四面八方涌向新兴的深圳图书馆考察、访问、参观、取经。[8]1986年至1996年，深圳图书馆接待参观访问的国内外客人1 592批，21 564人次。其中国外及台港澳地区友好人士141批，686人次。[4]改革开放初期，深圳图书馆现代化的“早、快、高、新”，辐射影响着全国图书馆，它的成功主要表现在理念、技术和管理三个方面，城市图书服务的均等化和便利化始终领跑全国。

2.1 对外联系的窗口作用

深圳图书馆作为全国第一个特区图书馆，要高起点，就必须向香港地区和国外看齐，从全开架和应用计算机这两个关键点起步，从当时我国绝大多数图书馆所处的近代图书馆模式，初步跨越式发展到以全开架、应用计算机为特征的现代图书馆模式。[3]学习国外先进的图书馆管理与服务，结合深圳图书馆“一张白纸”的特点，一举突破“重藏轻用”的管理模式，一步到位实行了藏、借、阅三位一体的全方位开架的服务体制，同时较早地进行管理体制与人事制度的改革。[4]40-45

2.2 技术改造的先导作用

从世界范围看，20 世纪发达国家的图书馆自动化建设经历了 60 年代的系统操作自动化、70 年代的以大规模公共联机目录为基础和核心的集成化系统、80 年代的网络化综合信息传递系统和 90 年代以来以网络为背景的数字式服务等若干阶段。[11]我国图书馆自动化建设起步稍晚，经过 20 世纪 70 年代末到 80 年代初的准备阶段之后，80 年代中期进入单系统开发阶段，90 年代以来自动化集成系统迅速发展，应用较为普及。由于我国幅员辽阔、经济文化发展很不平衡，决定了我国各地图书馆无法同步实现自动化。深圳作为经济特区和沿海开放地区，在发展自动化方面占据了天时、地利、人和的优势。

深圳图书馆成功研制的 ILAS，是改革开放初期中国图书馆自动化的代表和象征，它是国内首个独立开发、具有自主知识产权的图书馆自动化系统。ILAS 见证了我国信息化早期发展历程，填补了我国商业化图书馆自动化系统的空白，为我国图书馆自动化系统树立了成功的典范，在我国图书馆自动化历史上有着举足轻重的地位，它无疑是研究我国图书馆自动化史的绝佳案例。[10]ILAS 的全面应用引领了我国图书馆界的一场轰轰烈烈的图书馆业务变革，不仅提高了图书馆采、编、流各业务管理环节的效率，同时也提高了整个图书馆事业的管理水平[2]，同时给国内成百上千的图书馆带来了自动化、数字化的观念和技术，使他们由此走上了现代化图书馆的道路。[11]

2.3 科学管理的示范作用

科学管理的进步是推动图书馆工作发展的保证条件。社会的进步改变了信息服务的环境，也改变了读者的信息需求和使用习惯，面对不断变化的外界环境，深圳图书馆积极改革管理制度，从最初“保险箱”式的大锅饭，到改革开放初期在全国首先实行岗位责任制、全员聘用制和岗位职级制“三位一体”的管理机制，实现了岗位责任、职级与津贴的责权利统一，优化了管理，激励了员工。[4]40-45深圳图书馆在事业建设、业务建设、用人制度、科学管理等方面的改革，为全国图书馆界管理制度的改革提供了许多宝贵的经验。

2.4 观念变革的榜样作用

物质文化的发展，必然会促进观念文化的转型，促进图书馆走向社会化、网络化和管理科学化，从而实现现代化。深圳特区市场经济发育较早，促使深圳人视时间为金钱、视效率为生命。深圳图书馆方便高效的“一条龙”管理方式使读者感到满意，不仅是由于这种开放的服务方式与读者新的时间观念、效率观念相一致，而且也是由于与这座开放城市的社会环境相适应。[5]改革开放初期，深圳特区受到“解放思想”的强大感召力影响，形成了“开拓、创新”的“深圳精神”。深圳图书馆的全开架服务，现在看来是全国图书馆一致认同且普遍实施的做法，但在 30 年前却非同一般，这种改变不只是形式的变化，而是理念的变革，引领全国图书馆服务方式改革的潮流，震惊了全国图书馆界。它所显示的“先导性”和“标志性”意义，已远远超过这一切举措本身当时所具有的实际水平。[3]

3. 改革开放初期深圳图书馆建设对当前图书馆建设的启示

深圳图书馆建设虽已过去30多年，但与当今图书馆建设是一脉相承的，对这一特殊历史背景下图书馆发展形态进行解读，仍有许多共通处可为当今图书馆的建设提供借鉴和警示。

3.1 经济基础决定上层建筑，图书馆改革要服务当地经济建设

经济条件对图书馆硬件设施的建设、专业队伍的稳定等起着非常重要的决定性作用。快速增长的经济对文献信息的需求越来越大，图书馆服务能有效满足这一要求，就会获得越来越多的行政支持，使一个区域的图书馆事业发展进入良性循环阶段，政府会从组织意愿、政策引导、经费支持等各方面提供图书馆发展需要的各种资源。考察我国各区域图书馆事业的发展情况，发展得比较好的恰是北京、上海、广东、江苏这些经济发达的区域，南京、苏州、广州、深圳这些经济发达的城市也恰是图书馆建设较好的城市。改革开放初期，深圳特区经济的高速发展为深圳图书馆提供了经济支持和保障。随着自动化的全面应用和全开架的广泛实施，深圳图书馆先进的图书馆生产力同仍然沿袭的传统管理体制和机制，新型的服务模式同馆员头脑中存在的旧的管理理念和习惯，明显出现了矛盾，随着特区改革的深入发展，深圳图书馆也必须进行改革，而改革的根本目的就是解放生产力、发展生产力，推动新技术革命，提高图书馆的管理水平和创造图书馆服务工作的最佳效益。[6]

社会主义市场经济从物质文明建设和精神文明建设两个方面对图书馆产生了前所未有的强烈影响，为图书馆的发展创造了历史性的机遇。深圳是全国社会主义市场经济最发达的地区之一，尤其人才市场和信息市场的出现，对图书馆提出了更多、更深层次的服务要求。社会对图书馆的需求极大地促进了城市的信息化建设，城市的信息化建设又将图书馆推到一个全新的位置上。图书馆建设是基于社会当时所具有的人力和财力的实际情况和整体的实力水平，来寻求发展和突破的途径。

3.2 国家政策对图书馆建设的引导性作用

国家政策对图书馆事业的影响，主要表现在图书馆理念、图书馆学研究、服务工作及资源建设等方面，政府行为往往直接决定着图书馆的发展状况，特别是我国社会政治生活对图书馆事业发展的影响作用尤其明显。深圳特区改革开放所处的政治生态，包括深圳市委、市政府正确的政策和强有力的领导，以及在人力、物力和财力上的支持，对深圳图书馆的成功起到了决定性的作用。改革开放初期，深圳特区初创，百业待兴，当时的领导者高瞻远瞩，在促进经济发展的同时，也规划了包括深圳图书馆的八大文化设施的建设。在市财政年收入不足2亿元的情况下，市政府斥资2 000万元，靠贷款在市中心环境优雅的荔枝公园旁，于1986年建成了一座图书馆，从此开启了深圳图书馆辉煌的历程。[12]

3.3 形成特区文化发展模式

20世纪90年代以来，深圳特区出现了周而复始、历久不衰的“读书热”。由于特区是一座年轻的移民城市，存在着特殊的人口结构、年龄结构、知识结构、就业结构等因素，许多人仍处在学习求知的阶段，图书馆是他们完善自己的最佳场所，“读书热”形成了特区文化景观中一个鲜明而独特的现象。[9]

改革开放初期，在我国新的图书馆文化逐渐形成、发展和进步的环境下，在经济特区优厚的物质条件下，深圳图书馆所体现的观念优势与“深圳精神”逐步形成，成就了深圳城市文化资本。中国改革开放“排头兵”的城市形象，使深圳城市文化资本获得不可磨灭的鲜明标志和难以估量的潜在价值。20世纪80年代的深圳，其观念优势是相当明显的，这些观念的核心被表述为“开拓、创新”。开拓、创新作为核心价值理念，在推进深圳各项经济社会改革的同时，也辐射影响全国，并成为深圳区别于其他城市的最重要的文化特征之一，成为深圳文化的生命力与活力所在。[13]

3.4 图书馆的发展是一个可持续发展过程

现代图书馆的发展，一方面受到不同国家、不同地区、不同历史时期的政治、经济、社会发展的制约，同时又必须迎接急剧变化的信息社会和现代图书情报思想、技术手段的冲击。[14]图书馆的现代化，从总体来说应该包含三个层面，即物质层面、制度层面及思想观念层面。建设新型的现代化图书馆，从理论到实践都正在提出越来越多的有待我们解决的新问题。解决这些问题的过程就是图书馆与社会发展相互适应、相互促进的过程，就是观念更新、制度更新、业务和管理工作改革的过程。在这个过程中，会有很多新思路、新创造、新模式、新制度、新观念与新理论涌现出来。[15]“图书馆”作为一个实体，是成长着的有机体，它随着社会的发展而发展，随着需求的变化而变化，社会对图书馆的依赖度越高，图书馆的价值就越大，这是一种良性的循环[16]，是一个可持续发展的过程。

文化部图书馆司杜克司长在为《深圳图书馆十年之路》所作的序言中评价道：“深圳图书馆人在图书馆领域创造了一个奇迹：一个为国人和世人瞩目的，颇具规模的，初步实现现代化的，具有全新办馆思想、管理体制、运营机制、服务模式的图书馆，在深圳这块热土上诞生了，并且以强劲的后续能力和惊人的速度不断前进着。我们有充分的理由认为，深圳图书馆代表了我国图书馆事业新的增长点，她的经验昭示着我国图书馆事业的新路向！”[17]

参考文献

[1] 叶骐．廿年寻梦采华芝——深圳图书馆建馆二十周年记忆［J］．深圳图书馆通讯，2006（4）：15－19.
[2] 甘琳．成长中的深圳图书馆［J］．公共图书馆，2009（4）：36－39.
[3] 沈迪飞．改革开放引领深圳图书馆三次飞跃［J］．深圳图书馆通讯，2008（2）：22－25.
[4] 沈迪飞．深圳图书馆十年之路［M］．天津：天津科学技术出版社，1996.
[5] 刘楚材．现代观念与现代图书馆——深圳图书馆10年改革实践及其引发的思考［J］．中国图书馆学报，1997（3）：54－57，71.
[6] 刘楚材，魏建华．观念更新与图书馆效益——从深圳图书馆的改革实践谈起［J］．北京图书馆馆刊，1993（5）：15－18，32.
[7] 沈迪飞．在社会主义市场经济环境下探索的深圳图书馆［J］．图书馆论坛，1997（3）：54－59，45.
[8] 刘楚材．深圳图书馆点滴——20年的记忆［J］．深圳图书馆通讯，2008（4）：64－67.
[9] 刘晓文．寻求现代化图书馆的发展模式——深圳图书馆十年发展回顾［J］．图书馆论坛，1997（4）：64－69，22.
[10] 陈定权．ILAS三十年（1985－2015）：发展历程与未来走向［J］．图书馆论坛，2016年（5）：1－10.
[11] 吴晞．服务立馆·技术立馆——谈深圳图书馆的办馆方针［J］．深圳图书馆通讯，2008（4）：24－32.
[12] 谭祥金．深圳图书馆的成功之路［J］．图书馆论坛，2007（6）：159－162.
[13] 毛少莹．深圳的文化资源与文化资本［J］．中国文化产业评论，2011（3）：123－144.
[14] 沈途．建设一个有特色的现代图书馆——深圳图书馆争创文明图书馆的一点体会［J］．广东图书馆学刊，1990（1）：41－43.
[15] 刘楚材．现代观念与现代图书馆——深圳图书馆10年改革实践及其引发的思考［J］．中国图书馆学报，1997（3）：54－57，71.
[16] 张岩．公共图书馆与城市文化建设——深圳图书馆参与深圳学术文化构建的思考［J］．图书馆论坛，2013（2）：73－77.
[17] 刘晓文．寻求现代化图书馆的发展模式——深圳图书馆十年发展回顾［J］．图书馆论坛，1997（4）：64－69，22.

基于亲子阅读体系的住宅小区图书馆建设研究

欧阳小玲

（广东药科大学图书馆　广州市）

摘　要：文章以促进亲子阅读为切入点，分析了国内外在亲子阅读图书体系方面所做的工作、推行亲子阅读的重要意义，并提出了专注于亲子阅读的住宅小区图书馆建设思路。

关键词：亲子阅读；住宅小区图书馆；社区文化

1. 引　言

“知识是人类进步的阶梯”，阅读是人获得知识的一种最基本、最重要的途径。阅读可以增加我们的知识积累，开阔我们的视野，丰富我们的想象力，改善我们的思维品质，提升我们的创造能力；阅读可以开启我们的心灵之窗，塑造我们的灵魂，引导我们积极向上，涵养我们的精神；阅读可以丰富我们的情感，使我们更富于人性，更懂得求真、为善和审美；阅读可以改变人的心境，增加人的生活情趣，使人生活得更加充实，更有意义。因此，有必要将阅读这个良好的习惯尽早普及，“从娃娃抓起”。

早在20世纪60年代，新西兰的教育家赫达维首次提出“亲子阅读”的概念。所谓亲子阅读（Parent-child shared-book reading）特指家庭情景中父母和孩子共同阅读故事书或图画书的一种亲子阅读活动。[1]

自“亲子阅读”这个概念产生以来，国内外针对如何建立亲子阅读图书体系做了大量的研究工作。如：美国主要由公立和私立图书馆举办的“母女读书会”与“母子读书会”已创办多年，旨在为母女/子们提供一个讨论学习、情感交流的平台，此外美国还举办了“亲子阅读之夜（Family reading night）”等比较有特色的阅读推广活动，该活动由美国图书馆、学校、文学机构共同举办。澳大利亚新南威尔士的肖尔黑文图书馆针对婴儿及其父母开展“婴儿亲子识字计划（Hush-a-Bye Parent and Baby Literacy Program）”，针对学步儿童及其父母开展“蹒跚学步孩子，亲子识字计划（Ring-o-Roses Parent and Toddler Literacy Program）”。日本东京浦安市公共图书馆，则主要针对6～15个月的婴儿及其家长开展了以“和婴儿一起享受童谣”为主题的大声阅读童谣与图画书的活动，日本大阪府立中央图书馆“摇篮里的故事”活动，也为部分幼儿提供童谣朗读、图画书及互动游戏等专项阅读服务。韩国首尔则是由首尔儿童图书馆和文学协会规划协调，首尔女性基金会赞助，开展了以“美丽老太”（银发故事会）为主题的讲故事活动，此外首尔儿童图书馆还开展了“阅读营”和“家庭故事展示会”活动。

在我国，2000年以后，台湾地区公共图书馆开始推动儿童阅读运动，开展了一系列儿童阅读推广活动，包括说故事、读书会、好书交换、书展和视听活动等，其中，台北市立图书馆的阅读活动由总馆统一规划，如林老师说故事、读书会、暑期阅读活动、阅读嘉年华，为推动社会阅读风气、赋予各分馆推广亲子阅读的义务起到积极的作用。[2]而后，台湾地区公共图书馆有效借鉴了欧美地区的经验，不断创新，取得了良好的推广效果。大陆地区公共图书馆大多是从2010年后开始借鉴欧美及台湾地区的亲子阅读推广经验，引入多种符合亲子阅读需求的活动形式，如讲故事、手工制作、绘本阅读和读书会等，在社会上引起了广泛反响。[3]

2. 研究意义

国内外大量研究表明：亲子阅读能提高儿童语言表达能力，丰富儿童词汇，提高儿童的语言表达水平。与此同时，儿童在父母陪同下阅读，可以实现注意力的高度集中，也更能促进双方互动学习，成人还可以一并教给儿童更多的阅读技能。需要注意的是，儿童阅读兴趣的有无也会影响父母对他们进行阅读活动的次数及时间，进而影响儿童阅读和语言能力的发展。国内学者黄敏从家庭阅读、亲子阅读对幼儿成长的深远影响进行论证，证明早期干预性引导阅读对幼儿语言能力、思维能力和阅读能力等有着重大的影响，亲子互动的阅读行为能培养幼儿良好的阅读习惯、提高其阅读兴趣、激发其求知欲望、营造和谐幸福的家庭关系。[4]现阶段，亲子阅读的概念已为不少家庭接受，但大部分家长对于亲子阅读的目的、方式还存在着一定的误解，不少家长把早期阅读等同于识字，缺乏对孩子阅读活动的指导方法及策略等。因此，图书馆就担负了开展亲子阅读活动的重要职责，成为开展亲子阅读活动的基本保障和主要形式。但在我国推广亲子阅读的公共图书馆主要是发达省份的省级图书馆、市级图书馆和少儿图书馆。以广东省为例，大力推广亲子阅读的公共图书馆主要集中在珠三角地区的广州、深圳、东莞和佛山等发达城市，发达地区建立起的公共图书馆总分馆体系大，覆盖面积有限，无法实现普惠性。

随着我国城镇化水平的提高，一个个住宅小区相继建起，物质生活水平的提高带动了人们精神生活价值取向的变化，由此人们对住宅文化有了新的理念追求。住宅小区理应成为社区文化建设的重要阵地，住宅小区图书馆也应是小区文化资源的重要组成部分，是小区居民理想的文化娱乐休闲场所，可以作为公共图书馆的有力补充。但是国内住宅小区图书馆如凤毛麟角，除北京、上海、广州等地的小区图书馆已日趋走进居民生活外，大部分城市的小区图书馆建设尚未被重视。住宅小区重视棋牌室、游泳池等设施的建设，却忽略了图书馆的建设。对住宅小区图书馆的研究更是微乎其微，相关实证研究更少。相关文献也只是对住宅小区图书馆的功能定位进行研究，几乎没有从住宅小区图书馆对亲子阅读的作用方面进行研究。

笔者认为，建设基于亲子阅读体系的住宅小区图书馆，主要有以下积极意义：

第一，住宅小区图书馆可利用自身的有利条件和设施，成为学生家门口的图书馆，发挥“第二课堂”的作用。一方面，可以利用馆藏的各种文献，拓宽儿童的知识面，引导少年儿童多读书、读好书，并从小培养其良好的阅读习惯与阅读能力，达到“以书育人”的目的；另一方面，通过组织活动培养少年儿童与人沟通和交流的能力。闲暇时还可以一起温习功课，查找图书资料。

第二，住宅小区图书馆减少了电视、电脑等媒介对亲子阅读的冲击，有效实现了局部范围的阅读资源共享。

第三，住宅小区图书馆可以促进社区文化发展，建立家庭、邻里之间的和睦关系，形成小区内部完善的文化体系，为构建精品小区打下基础。

3. 研究内容

本文中笔者以中山市万科朗润园住宅小区为例，提出专注于亲子阅读的住宅小区图书馆建设思路。

笔者前期通过近一个月对小区居民进行实地调查和问卷调查，搜集了小区居民对住宅小区图书馆的期望和建议。调查结果显示：一是小区居民对构建小区图书馆非常支持，特别是部分家长反映为了减少孩子使用电子产品的时间，为孩子报名参加了许多培训机构，培养孩子的兴趣特长，但为了保障学习质量，又不得不花时间请老师为孩子补习功课，多数孩子缺乏自主阅读和掌握知识的良好习惯，在阅读上投入的时间不足，进一步影响了孩子学习效率和成绩的提高。二是家长对于社区图书馆这个“新鲜”事物充满期待，并表示如果通过此种途径培养孩子更好的习惯，家长愿与孩子共同阅读，花费更多精力和时间，同时对减少家长自身过度依赖手机的习惯也起到积极作用。三是居民积极为亲子阅读、图书馆建设出谋划策，提出很多新的想法和建议，如：举办读书会、故事会，家庭阅读指导及配合玩具、手工等方式开展阅读。参照国内外学者建设住宅小区图书馆的研究经验[5-8]，笔者认为：

第一，住宅小区图书馆在构建模式上，可以试行物业管理部门管辖，独立核算，有偿服务，实行经营性管理，物业提供设施和场地，统一规划、统一管理。在业务上可与公共图书馆开展协作，争取小区物业的一定的投资，还可以动员小区居民自行集资建馆。同时，可进一步加强与居委会的联系，大力提倡小区图书馆建设，以及可能取得的实效，争取得到地方财政的支持。后期可逐步扩大影响，联络商业化公司给予赞助，逐步实现小区内部居民已有图书资源的共建共享。

第二，结合试运行成效，开展亲子阅读体系的研究。发动居民志愿者查找资料，访问沟通，制定一套适合亲子阅读的体系，从而打造精品小区，扩大亲子阅读的影响力。

第三，丰富外部基础资源。与公共图书馆沟通联系，如中山市图书馆、广东药科大学中山小区图书馆、电子科技大学中山学院图书馆等。公共图书馆协助住宅小区图书馆的亲子阅读服务，可定期邀请专家、学者到小区开展亲子教育讲座。

第四，技术手段助力，丰富阅读资源。住宅小区图书馆可成立母子读书交流会，家长一起交流，孩子一起玩乐。将住宅小区图书馆的发展纳入城市图书馆网，并借助于计算机网络，实现资源共享。借助于网络化理念，丰富读书资源，逐步组建具有一定计算机网络知识的家长队伍，完善网络资源建设。与此同时，建立住宅小区微信公众号，及时做好亲子阅读活动筹备、开展的信息发布，逐步扩大影响力。

第五，在人员配备方面，先号召对此比较热衷的居民加入，成立图书馆筹备委员会。委员会负责馆内设备及馆舍的设置，与物业公司沟通指派专职的管理员负责日常的业务工作，也可以招募参加过图书馆亲子故事会的家长轮流作为志愿者。家长们一般都比较重视亲子阅读活动，经过专门培训后，便可较好地主持活动。

第六，住宅小区图书馆的亲子阅读组织形式可丰富多样。

一是开展传统的读书会、故事会，如邀请专业图书馆员向参与家庭进行演示，由志愿者讲述，邀请学校专业教师到场讲解，也可以在家长的指导和鼓励下孩子们以比赛或表演的形式对故事进行讲述。

二是开展家庭阅读指导，主动对阅读习惯进行引导。如中山图书馆成立了“家庭阅读指导工作坊”，在提供家庭阅读指导的同时，提供家长与家长、专家与家长互相交流的平台。中山图书馆的杨婵提出，可以通过家长沙龙、培训讲座、搭建交流平台等方式对家长进行培训，还可以通过引入“家庭阅读指导工作坊”专业化力量，对小区图书馆发展提出合理化建设意见。[9]

三是积极引入国内外优秀的绘本，丰富亲子共读、亲子创作，通过提问讨论、创编情节、融入游戏、角色扮演等方法促进孩子对阅读内容的自主吸收。

四是以某个主题为旗帜，集中多种亲子阅读形式举办系列活动。如寒暑假主题阅读活动；重大节日主题活动，包括农历传统节日，与亲子相关的父亲节、母亲节和儿童节等；特定线索的主题活动，如以广东各地的风土民情、中国传统文化等为核心设计亲子活动。

五是由传统阅读发展为数字化的亲子阅读活动。积极引入国内图书馆的共读数字资源、儿童电子书资料数据库、相关网站电子书和影音平台。阅读活动包含儿童电子书利用培养课程、少儿视频资源播放和互动、电子绘本资源的介绍和阅读等形式，通过精彩生动的数字影音资源，培养儿童的创造力与想象力，让家长与孩子不受时空限制尽情地阅读。

总之，住宅小区图书馆是构筑新型亲子阅读服务体系的中坚力量，也是传统图书馆服务体系的有力补充。住宅小区图书馆在亲子阅读文化建设中扮演着重要的角色，是知识服务体系新的延伸。

参考文献

[1] Whitehurst G J, et. al. Accelerating language development through picture book reading [J]. Development psychology, 1988, 24 (4): 552－559.

[2] 曾淑贤．公共图书馆推动城市阅读风气的策略与行动方案：台北市立图书馆的经验 [G]. 2004 年海峡两岸公共图书馆实务研讨会论文集．台中：台中图书馆，2004：107－109.

[3] 谭红霞．海峡两岸公共图书馆亲子阅读比较研究 [J]. 图书馆建设，2016 (12)：84－90.

[4] 黄敏．亲子阅读活动探讨——广州少年儿童图书馆实践谈 [J]. 图书馆学研究，2011 (3)：85－87.

[5] 刘君. 城市住宅小区图书馆：现状、职能与发展方向 [J]. 图书馆学刊，2003 (2)：30 - 31.
[6] 田丁. 住宅文化的新亮点——浅谈住宅小区图书馆 [J]. 重庆图情研究，2006，7 (23)：157 - 160.
[7] 金胜勇，高冰洁. 城市住宅小区图书馆建设模式研究 [J]. 图书馆理论与实践，2008 (1)：132 - 135.
[8] 冯彦平. 房地产开发配套建设的住宅小区图书馆的构想 [J]. 图书馆工作与研究，2008 (12)：11 - 12.
[9] 杨婵. 对图书馆家庭阅读指导有关问题的思考 [J]. 情报探索，2007 (10)：33 - 34.

广东省体育名人资源在高校人文素质教育中的运用

孙冰洁

（广东药科大学图书馆　广州市）

1. 绪　　论

1.1　研究背景和意义

21 世纪是一个科技飞速发展的时代，科技的高速发展带来了经济的快速增长，市场经济带来了丰富物质产品的同时，也带来了一系列的社会问题。世风日下，人情淡漠，人们的价值观、道德观面临危机，其中“彭宇事件”“小悦悦事件”引发了广大民众和国内外媒体的热议，大家讨论的一个共同的话题就是中国社会的道德问题。此外，在大学生中发生的几个案件更是骇人听闻，如“马加爵案”和“药家鑫案”，让人闻之战栗，论之愤慨，忆之惋惜！大学生是国家的栋梁之才，然而现在的教育似乎失去了最本质的东西，遗忘了对受教育者的人文关怀。教育的对象是人，教育所面临的是人的世界，教育过程不是知识的堆积，而应该是心灵与心灵的交流。然而，长期以来，我们的教育关注更多的是知识技能的传授，而忽略了对人的精神的培养。

教育部早在 1998 年便在《关于加强大学生文化素质教育的若干意见》中指出了加强文化素质教育的重大意义，明确了文化素质教育的内涵和定位，提出了当前加强文化素质教育工作的重点是加强学生人文素质的教育和提高全体大学生的文化品位、审美情趣、科学素质和人文素养[1]，即强调了人文精神是加强大学生文化素质教育的重要组成部分之一。纵观人类漫长的教育发展史，无论是东方还是西方，体育都是人类文化传承的重要组成部分。它对人的体质、道德、审美、心智、人格、社会化等方面的教育具有独特的作用，是促进人的全面发展的有效途径。刘鹏、周长（2012）在《大力加强体育文化建设》一文中提到：“体育自身具有独特的文化价值。……体育是积极进取的事业，蕴含了拼搏奋斗、超越自我、勇往直前的人生态度；体育是为国争光的事业，极大地激发了民族自信心、凝聚力、自豪感，激荡着人们的爱国情怀；体育是公平公正的事业，生动体现着崇尚公正、平等的价值观；体育是规则至上的事业，体育精神与法治精神天然契合，追求诚信、崇尚秩序、尊重规则；体育是团结友爱的事业，有效增强了人与人之间的认同感、归属感，促进了家庭和美、邻里和睦、社风和谐和世界和平。”[2]可见，体育的这一教育特质对大学生的全面发展，以及大学人文素质教育具有特殊的贡献和意义。

广东是我国经济较为发达的沿海省份，体育名人辈出，黄飞鸿、李小龙、李惠堂、陈镜开、容国团、劳丽诗、何冲、冼东妹、易建联、谢杏芳等都是中国竞技体育的典型代表，他们精湛的技术和拼搏进取精神深受人们喜爱与崇拜，尤其是青少年的学习榜样。这些在体育界成就卓越、为大众所瞩目的知名人士被界定为体育名人，通过体育名人效应推动高校体育教育，对于高校人文素质教育来说是体育工作者的使命，亦是体育学界应有的学术目标体现。目前，国务院把全民健身提升到国家战略高度，重点振兴三大球项目，特别是习总书记关注的足球项目。名人效应会对学校体育及其人文素质教育产生很好的影响、示范和激励作用。所以通过对广东体育名人资源进行搜集，形成激励模式，可以更好地促进高校人文素质教育开展，推动大学的全面发展。

1.2　国内外研究综述

名人资源作为历史范畴，一直以来都是学术界关注和挖掘的资源，近年来对政治名人、经济名人方面的研究是新兴的课题。因此，名人资源不言而喻成了当今高校思想政治教育的宝贵资源，思想政治教育的内在特点决定了名人资源用于高校思想政治教育的必要性，同时，名人资源示范性的德育功能也证明了其应用于思想政治教育中的可行性。当今高校对名人资源的应用不论从理论上还是实践上都已初显成效，发表相关论文与学术著作众多，高校思想政治教育对名人资源应用也越来越广泛，并创造出很多新颖可行的教育方法，如钟舟海《浅论地方文化资源在大学生人文素质教育中的作用》、孙艳《地方名人资源在高职人文素质教育中的应用——以南通张謇为例》等。纵观近些年国内外学者在名人效应及思想政治教育建设方面的研究成果，不难发现，学者对名人、模范等资源的研究颇多，在思想政治教育建设上也提出了很多建设性的意见。但是不难发现，这些名人资源多是道德模范、革命烈士、品德精英或成功人士，类型单一，而不能整合成系统的名人效应，且在思想政治教育方面的应用也偏于大众化、普世性，而缺少针对性和特色性。

广东省相关政府部门积极响应国家大力发展文化产业的政策，不断完善对广东地方名人资源的开发、整理和利用，并在此基础上进行各学科的理论和实际的研究。例如组织人力物力大力挖掘广东各地的名人资源，积极修缮和修建名人遗址，出版名人系列手稿或书籍等。

1.3　研究方法

①文献资料法：查阅广东省报纸杂志、体育年鉴、人物志、学术期刊等相关文献，梳理体育名人材料，形成理论成果。

②问卷调查法：设计问卷，了解大学生对体育名人的态度，为引入高校人文素质教育进行论证。

③访谈法：通过访谈体育名人、政府人员、学校领导、体育教师、学生等不同群体，获取一手资料，为研究进行奠定材料基础。

④案例分析法：挖掘成形的关于体育名人进入高校的实例，重点剖析其优点与不足，为更好地实现这一路径积累素材。

2. 广东体育名人资源本体分析

2.1　广东体育名人资源的概念和内涵

人是历史中的主体，而作为芸芸众生中的杰出代表，名人自然是当时乃至后世所称道和歌颂的具有崇高精神和杰出贡献的人物。对于名人，不同的学者有不同的认识和界定，章采烈先生认为，“所谓的历史名人，顾名思义，即在历史上在某一领域崭露头角，在某一方面对国家、对民族、对人民起过重大作用，并对后代有着深远影响的那类历史人物”[3]。因此历史名人呈双面性，既包括对国家命运、民族未来、人民幸福起过重大促进作用和做出重要贡献的，也包括对国家命运、民族未来、人民幸福起阻碍作用和反效果的。章采烈先生对历史名人的界定也基本表达了对名人概念的理解。

在体育界，黄卓教授等人认为，体育文化名人是指“在体育文化的发展过程中出现的优胜者和社会上称之为行为模范的人物，他们是民族精神的象征，是时代性格的表现，充分体现了国家的形象和体育文化的时尚标志，他们将成为国家的‘代言人’以及社会赋予的‘振兴中华’的旗手”[4]。名人就是历史长河中的佼佼者，他们在时代变迁中，逐步积累成为人类共同的历史文化资源。地方名人就是指在该地区各个历史时期，在某个领域业绩突出、知名度高、对社会发展起较大作用的人物，他们以其非凡的个人魅力，对民众起着榜样、导向作用。因此，地方名人便是一个地区的杰出人物，是该地区文明和文化的标志。

由此我们认为，广东体育名人资源是指在体育界为国家和民族做出过重大贡献，具有较大影响力和知名度的广东籍教练或者运动员。他们的主要成员无疑应当是体育界各分支的职业运动员。这些运动员作为体育比赛的主体，在运动场上挥汗如雨，为国家争得了很多荣誉。他们伴随着我国体育事业的发展壮大，凭借自身的价值优势在体育界的影响力和知名度也越来越大，并成为众人眼中的公众人物。

在体育文化的历史长河中，广东省的竞技体育发展水平处于全国前列，从每届全运会和奥运会广东省取得的成绩就可以证明这一点，毋庸置疑。同时，广东省曾经涌现出了众多的体育明星，在全国乃至全世界都家喻户晓，如：清末民初的岭南武术界一代宗师黄飞鸿、叶问，近代体育史上代表“中国功夫”的李小龙，被球迷称为“亚洲球王”的足球运动员李惠堂，举重史上实现中国“零”突破的陈镜开，中国第一个世界冠军容国团，还有其他各个项目的优秀运动员如：跳水运动员孙淑伟、劳丽诗、何冲、杨景辉，举重运动员陈燮霞、陈小敏，柔道运动员冼东妹，羽毛球运动员张洁雯、谢杏芳，篮球运动员易建联，体操运动员李珊珊等数不胜数。这些体育名人每个人的成长历程都有着感人的事迹，他们在赛场上表现出来的顽强意志、坚韧不拔、勇于拼搏的精神，对青少年的道德品质发展起着积极的影响，有利于青少年树立正确的人生观、道德观和价值观，对高校的人文素质教育有着巨大的促进作用。

2.2 广东体育名人资源的分类

广义上的地方名人资源是指地方名人自身的物质与精神价值以及与地方名人有关的一切物质和精神资源，如名人的住所或故居，关于名人的建筑物、纪念馆、陵墓，名人的手稿、传记等文学作品，书法和绘画、雕刻、篆刻，等等。不同划分依据使得地方名人资源有其特有的多样性，也正因此而给名人资源的整合带来挑战。地方名人资源的整合和建设意义大、任务重、时间紧，对地方名人资源建设现状进行调研和深入探讨具有重要的现实意义。对广东体育名人资源进行科学合理的分类整合，有助于综合评价这些体育名人资源。在整合的基础上，思想政治教育工作者可取其精华，开发利用引入教学。体育名人资源的分类方法与一般名人资源分类标准相似，归纳起来主要有以下几种：

2.2.1 根据体育名人资源存在的形态划分

名人资源既然是千百年来的积淀和遗存，与一般的水资源、能源资源等资源存在方式自然不同，大体可以分为有形物质资源和无形精神资源。有形的物资资源包括关于名人的历史文物、历史建筑、文化遗址等可移动和不可移动的文物古迹。例如，关于名人的著名遗址、墓葬、建筑物、雕刻等一切不可移动的物质文化以及各时代地方名人的重要实物、艺术品、手稿、传记、文献资料等可移动文物，一切看得见摸得着的关于名人的物质要素。反之，无形的精神资源则是指以非物质形态存在的主要指后人以口头方式相传，具有历史积淀和广泛、突出代表性的名人精神、传说等一切看不见的精神要素。

广东的众多体育名人除了用自己的实际行动为自己的家乡做出贡献之外，还留下了许多可供后人参观和瞻仰、学习的有形的物资资源。佛山黄飞鸿纪念馆，坐落在佛山市区中心，总占地面积五千多平方米，整个纪念馆仿清代镬耳式建筑，内设陈列馆、影视厅、演武厅、演武天井等。陈列部除了介绍黄飞鸿的生平事迹，还全面展示了近70年来围绕黄飞鸿而产生的各种文艺作品以及上千件珍贵文物，成为后辈瞻仰和参观的旅游胜地。

另广东省档案馆设有广东名人馆，用于展出对广东省做出突出贡献的名人档案手稿、照片、证书、字画、磁带、光盘、实物等，其中包括体育名人黄飞鸿、李小龙、容国团等。通过蜡像、文献资料、音像视频等手段展示他们的生平、事迹，对广东、中国乃至世界的杰出贡献，以彰显地方名人的高贵精神。通过生动形象的展出让观众直接感知其美好形象，并学习他们高尚的精神品质。

2.2.2 从项目类型上划分

体育项目种类繁多，各个项目对素质的要求也不尽相同，根据体育项目的不同，我们可以把广东体育名人划分为以下几种：

武术类体育名人：黄飞鸿、叶问、李小龙；

跳水体育名人：孙淑伟、劳丽诗、何冲、杨景辉；

球类体育名人：李惠堂、容国团、张洁雯、谢杏芳、易建联；

举重体育名人：陈镜开、陈燮霞、陈小敏；

柔道体育名人：冼东妹；

体操体育名人：李珊珊。

2.2.3 从时间上划分

每一个历史时期都有一大批特定的体育名人涌现，所以他们生长生活的历史朝代是很好的依据。广东省的体育名人也不例外，在历史的长河中，体育在我国起步比较晚，虽然武术一直是中华民族传统的体育项目，但是在广东出现武术大师还是在清末民初时，当时腐朽的清政府受到外国的欺凌，为了保家卫国，涌现了一批受人尊敬的武林高手，其中以洪拳大师黄飞鸿、咏春拳创始人叶问最为著名。之后处于风雨飘摇、动荡不安的旧中国最前沿的广东省，体育几乎处于断层，可查的体育名人只有20世纪二三十年代，活跃在亚洲足坛的中国职业球员李惠堂，他不但是战前罕见的中国职业足球运动员，也是当时公认的中国足球第一人。他足球技术非常全面，且各项动作娴熟，控球能力强，左右脚功夫过硬，据统计他在各项足球比赛中，共射进 1 860 个球，与巴西的里登雷克、德国球星盖德 · 穆勒、球王贝利以及独狼罗马里奥是迄今世界上进球逾千个的五大巨星。

中华人民共和国成立后，大力发展体育事业，虽然在建国初期，由于受到敌对势力的阻挠，中国代表团参加奥运会困难重重，但是在这段时间，广东省的运动员依然在为新中国的体育事业添砖加瓦。1956 年广东东莞举重运动员陈镜开以 133 公斤的成绩打破最轻量级挺举世界纪录。创造了新中国第一个世界纪录。1959 年第二十五届世乒赛在德国的多特蒙德举行，广东中山籍运动员容国团夺得男单冠军，为中国夺得世界体育比赛中第一个世界冠军。

1979 年 11 月，国际奥委会恢复了中国奥委会的合法权利，中国又回到了奥林匹克大家庭中。随后，中国的体育事业得到了突飞猛进的发展，我们的竞技体育水平呈大爆发式前进，广东的竞技体育水平处于全国前列，涌现出了许多位奥运冠军和优秀运动员，如跳水运动员孙淑伟、劳丽诗、何冲、杨景辉，举重运动员陈燮霞、陈小敏，柔道运动员冼东妹，羽毛球运动员张洁雯、谢杏芳，篮球运动员易建联，体操运动员李珊珊等。

可以看到，这些地方体育名人给各自所处的时代做出了卓越贡献，其精神之精髓值得后代人学习。

2.3 广东体育名人资源的主要特点

2.3.1 亲和力强

大学生是思想和文化水平都发展到一定阶段的青年学生，虽不够成熟，但都对事物有着自己的认识和判断，因此引进的教学资源主体的亲和力强弱是人文素质教育资源能否吸引处于成长和发展阶段的高校学生的关键。首先，体育名人从外形上看，他们有着健康、明朗的外表，对青少年有一定的吸引力。其次，体育明星多在国内、国际大赛上取得优异成绩，在体育精神的示范作用上具有一定的权威性。最后，体育明星大多在运动赛场上表现出较强的人格魅力，深受青少年的喜爱。体育名人资源具有吸引力和亲和力，能够被广大的青年学生接受和喜欢，“教育对象在情感度量时具有亲近感，教育的实效性才能彰显；相反，如果我们的教育实践活动不具有吸引力、亲近感，不与教育对象处于和谐状态，教育的成效就很有限”[5]。地方名人资源因其地方性和资源的可见可闻可感，对高校学生这一受众主体无疑具有吸引力和亲近性。

2.3.2 资源丰富

通过文献资料和调查发现，广东省是一个经济发达、体育事业发展处于全国领先地位的大省，无论过去还是现在，体育名人层出不穷，而与这具体的名人资源相对应延伸出来的物质和精神资源就举不胜数了。

如此丰富的体育名人资源在高校人文素质教育过程中绝对是用之不竭的材料，可供教育工作者挖掘和利用，应用于教学实践中。

2.3.3 知名度高

所谓体育名人，顾名思义，是在广东或社会上具有较高的知名度和较大的影响力，其成就和成果被社会所承认和肯定的人。这些名人的成就和事迹经得起时间和历史的考验，而不是靠投机取巧或不正当手段获得的名气。因此，体育名人显而易见的知名度会让教学工作者在利用过程中，易于被学生了解和接受。

2.3.4 代表实力

体育名人作为竞技体育的职业运动员，更多指代实力。竞技体育的竞争性与残酷性是众所周知的，作为一名体育明星，必须具备优秀的身体素质和精湛的技术，在各种大赛上拿过奖牌或名次，代表该项目的国家或世界最高水平。体育明星都是经过多年的艰苦训练、顽强拼搏，才能取得优异成绩、获得荣誉的。和演艺明星重包装相比，体育明星成名靠的是努力和实力，代表的是奋斗。

2.3.5 示范性、楷模性

体育名人对体育价值观、体育精神、体育道德、体育理想等具有积极影响，作为一种特定时期的社会文化现象，体育名人对大学生的影响具有特殊的社会激励作用。由于各种类型的体育赛事都建立在“公平竞争”的基础之上，运动员个人的成就转化成民族的成就，使许多爱好体育和不爱好体育的人在民族荣誉和集体主义精神的召唤下崇拜这些为国争光的人。在体育明星的崇拜人群中，最多、最忠实的是青少年，有许许多多的青少年就是因为崇拜这些体育明星而走上体育之路的，有些人后来也成为新一代的体育明星。但体育明星能够引导青少年的不仅仅是职业上的选择，运动员在竞争中所表现的崇高精神、顽强意志、良好作风和高尚的道德情操对青少年的个性发展有更深的影响。这种影响“有利于青少年确立自己的奋斗目标，培养刻苦、顽强、拼搏、协作的精神，学会公平待人，互相帮助和团结友爱；有利于树立正确的人生观和价值观，使体育事业沿着良性的发展轨道前进”[6]。

3. 高校人文素质教育的本体分析

3.1 人文素质教育的概念界定

由于人文素质的内涵和外延本身还处在不断发展和完善之中，要想做出一个全面的、完善的论述，将会有很大的难度。通过对文献资料的研究发现，学者们对人文素质下的定义不尽相同，主要有以下几种：一、人文素质是我国传统文化知识和这些知识所包含的精神，如四书五经、四大名著等。二、人文素质是做人的基本素质。它体现在一个人对自己、他人以及社会的认识、态度和行为准则当中。可以把它分为三个层面，即人文知识、人文态度和人文精神。其中人文精神是人文素质的最高形态，而人文精神则主要是通过一个人的人生观、价值观、世界观、人格特征、审美趣味等体现出来的。三、人文素质是知识和精神的融合体，指人们通过对人文知识（语言的、文学的、艺术的、哲学的和历史的知识）的学习、心灵体悟和自身实践，内化而形成的相对稳定、高尚的观念品质，并外化表现为行为价值取向、品德情操、文化修养和审美情趣等。四、人文素质是和科学技术素质相对的人文素养。它包括文学、美术、音乐、戏曲、哲学、伦理等人文社会科学的教育，尤其是文学、艺术、历史、社会分析和道德判断、语言和文化教育等。本文根据专家的论证和多种文献的综合，尝试着把人文素质做如下的界定：人文素质是指人所具有的人文知识和由这些知识所反映的人文精神内化之后在人身上所表现出来的品德、气质、修养等。主要指一个人的文化素质、道德水准、心理素质、思维方式、人际交往、情感、人生观、价值观等个性品格。

本文根据专家的建议，以及人文素质的含义和研究的需要把人文素质分为以下四个方面：一是文化素质，指对人类各种文化知识掌握的程度，包括文、史、哲等人文科学知识、社会科学知识和自然科学知识等；二是思想道德素质，包括思想道德品质、人生观、世界观、职业道德等；三是创新素质，包括好奇心、求知欲、创造性、启发性的思维等；四是人际交往素质，指对各种人际关系的感受、适应、协调和处理、表达能力，以及适时地控制自己情感的能力等。

人文素质教育是将人类优秀的文化成果、人文科学通过知识的传授、环境的熏陶，使之内化为人格、气质、修养，成为人的相对稳定的内在品质。

3.2 人文素质教育的基本特征

3.2.1 整体性

通过对人文素质内涵的分析，我们可以看出人文素质本身是一个综合的整体，它是多种知识能力的综合体现，它不仅是人文知识和各种经验的积累，也是自身对知识和经验的整合，是人们通过各种交往实践活动，提高自己对客观世界和主观世界的认识、改造自身知识能力结构、培养良好个性的整体过程。它所包含的几个方面是紧密联系在一起的，文化知识是基础，思想道德素质是准绳，人际交往素质是途径，创新素质是灵魂。没有文化知识的积累，我们不可能去创新，也很难做出良好的沟通，而没有崇高的道德品质，拥有再多的文化知识，也不会给社会和人类带来福音，而随着全球化和社会化的进程，人际交往素质越发显得重要。没有创新，我们只能原地踏步不前，正如江泽民所说：创新是一个民族的灵魂，没有创新的民族是落后的民族，是没有希望的民族。人文素质是一个完整的整体，它的几个方面是你中有我，我中有你，水乳交融，不能把它们割裂开来。

3.2.2 非实效性

技能性素质可以直接创造出社会财富，直接推动社会的发展，改善人们的生活，给人们带来直接的物质享受，所以一直被人们推崇。而人文素质不能直接创造出社会财富，往往被人们所忽视。人文素质的非实效性是它常常被人忽略的原因，而人文素质的非实效性掩盖了其基础性价值的重要作用，人文素质对社会和个人的作用往往是“润物细无声”的，在潜移默化中改善个人的品质、提高个体的修养、发展个人的能力、促进社会的发展，使社会在和谐中前进。我们不能因为其对社会和个人的间接作用而忽视其社会价值，不能因为它的非实效性而忽略它的存在。它一直伴随着社会前进的脚步，为社会和个人的发展做着默默无闻的贡献。

3.2.3 系统性

人文素质是指人所具有的人文知识和由这些知识所反映的人文精神内化之后在人身上所表现出来的品德、气质、修养等。知识的积累需要系统的学习，对知识的吸收和升华也不是一朝一夕的事，而是要通过长年累月的积累、系统的学习才能获得。由于人文素质内在知识的丰富，决定了高度升华的精神世界必须通过系统的培养，才能达到理想的效果。这就要求我们在如何提高学生人文素质的问题上，要有系统性的观念，立足于现在，放眼于未来，对学生进行系统的教育和指导。

3.2.4 基础性

人文素质的高低将决定一个社会个体在今后的人生发展方向。文化知识正是一个人取得发展的基础，很难想象一个没有社会文化的人能够推动社会的进步，一个思想道德品质低下的人也不可能为社会的发展做出贡献，而“创新是一个民族之魂”，只有具备创新素质才能推动社会的前进。人文素质是高度和谐发展个性的保证，只有具备优良的人文素质，才能为今后的发展获得无穷的动力。人文素质基础性的地位在体育院校的教育中应当得到足够的重视。

3.3 人文素质教育各组成部分之间的关系

人文素质中文化素质、思想道德素质、创新素质和人际交往素质，这四个方面相互影响、相互制约、相互促进，它们紧密地联系在一起，共同构建了一个人整体的人文素质。在人文素质中，文化素质处于基础的地位，它是整个人文素质的中流砥柱，但是它离不开道德素质和交往素质的扶持，没有二者的扶持，文化素质的柱子越高越容易倾倒，而道德素质和交往素质直接影响文化素质在整个人文素质中所起的作用。创新素质发展的程度受到文化素质、道德素质和人际交往素质的重大影响。尤其是作为人文素质基础的文化素质，直接制约着创新素质的水平。在提高高校学生人文素质的教育中，要全面发展学生人文素质，不能只是注重某些素质而忽视其他方面的素质。要取长补短，全面发展，使学生人文素质的整体水平得到提高。

4. 体育名人资源与高校人文素质教育的关系

4.1 体育名人效应推动体育教学发展

4.1.1 体育名人效应的价值取向

个体偶像崇拜有着两个过程：盲目偶像崇拜和理性榜样化。青少年对体育名人的崇拜源于其坚韧不拔的拼搏精神、坚强的意志品质，他们崇拜其良好的素质、霸气十足的个性。随着个体年龄的增长，通过个人的思维加工对自己崇拜的偶像特质进行理性评估，对偶像的崇拜以实质崇拜为主，这样的取向有利于将崇拜对象由偶像转化为榜样。个体崇拜心理的发展规律引导着体育名人教育效应的价值取向。

4.1.2 体育名人效应分析

（1）体育名人的“晕轮效应”推动体育运动发展

日月通过光线折射在周围形成一轮轮光环，这种光环叫晕轮，晕轮是因为靠近日月戴上了光彩。在个体的社会知觉中，常表现为将知觉对象的特点不加分析地扩展到与其相关的其他方面或其他对象上去，与自然界的晕轮现象很相似，于是人们便把这种现象及其所产生的结果称之为晕轮效应。个体因崇拜体育名人而喜欢体育名人所从事的体育项目、健身方式、体育产品等，这种“爱屋及乌”的现象正是名人效应中晕轮效应的一种反映。在公平竞争的环境中，优秀运动员高超的技艺、超凡的体能、对技战术完美的展现，令个体产生无限的美感，使崇拜者对体育运动产生浓厚的兴趣，不自觉地想对运动员的动作加以模仿，产生跃跃欲试的运动欲望，激发了青少年参与体育运动的热情，激励并引导个体对运动项目的关注和热爱。晕轮效应的发生为各项体育运动在校园的开展构建了良好氛围，有利于各项体育运动的推广普及。

（2）传承体育精神，加速青少年社会化进程

名人崇拜是人生发展特定时期的自然现象，体育明星是体育精神的传承者，他们所表现出的体育精神具有很强的时代特征。体育名人的体育精神、体育理念等对广大青少年具有特殊的社会激励作用。优秀运动员在与世界级顶尖高手对抗中所表现出来的顽强意志、稳定的心理品质、高尚的道德情操、积极向上的拼搏精神对个体的道德品质发展起着积极的影响，有利于培养青少年刻苦、顽强、拼搏、协作的精神，有利于青少年树立正确的人生观和价值观。体育名人的这种体育精神、体育理念影响一个时代，在青少年的成长期中加速了其社会化进程。

（3）激发国人的爱国情操、提高民族凝聚力

竞技体育鼓舞人心、凝聚民族情感，弘扬爱国主义精神是历史赋予竞技体育的使命。爱国主义也是中国人最宝贵的精神财富。每当国际赛场上优秀运动员夺冠，身披国旗，奏响国歌的时候，全国上下为之沸腾，崇拜者为之欢呼雀跃。此时，观众和运动员达到了情感共鸣，人们的爱国热情被点燃，是运动员的成功激发了人们埋在心底的民族自豪感，增强了民族凝聚力。当运动员个人成就转化成民族成就时，便会激起国人的爱国情感。在社会的转型期，在个体爱国意识淡化的今天，体育名人在赛场上奋力拼搏、为国争光的情景都会在个体的心里留下深刻的印象，有利于培养学生的爱国情操，增强民族凝聚力。

4.2 体育教育对高校人文素质教育的意义

体育教育对人类的发展和文明的建设有着特别重要的作用；更由于自身的文化内涵及其在大学生中的广泛影响，体育教育对高校学生的素质教育有着特殊的意义。

4.2.1 培养一种精神——顽强拼搏

精神是人的主要心理状态，且健康的、积极向上的、顽强拼搏的精神对物质（人本身）的发展有巨大的促进作用。体育教育能培养这种品质，因为体育不仅蕴涵这种精神，更用它的竞技告诉人们，不顽强拼搏，甚至不战胜对方（好像人类征服自然一样）就要被“淘汰”。虽然这一生存、发展的前提，是以对方的痛苦甚至牺牲为代价，但这种“残酷”，却被人们接受，甚至深感刺激和振奋。

4.2.2 完善一种准则——公正、公平、公开

马克思、恩格斯在《德意志意识形态》一文里关于“每个人自由而全面的发展”中也论述道：“未来社会的全体成员都有进行民主选举、民主决策、民主管理、民主监督的权利，公众参与政治的范围和力度都将逐步加大……”[7]这就足以说明未来理想社会的管理须以民主为基础，而民主则是以“公开、公正、公平”为表现形式，竞技场上对规则的遵守和执行则较好地反映了人们的这种愿望。大学生是社会主义市场经济的建设者，共产主义事业的接班人，应该从现在起通过体育教育培养和强化他们这种意识。

4.2.3 展示一种文化

体育不仅体现一种精神，而且还展示一种文化、一个国度或民族的文明水准。体育除具有一定的观赏性外，观后还给人一定程度的文明陶冶。大学教育是素质教育，大学生在学习专业知识以外还应参加体育锻炼或观赏体育比赛，通过“体育”这一无声的语言进行思想和文化的交流，从而提高他们的文明修养，并且使“现代体育本身是全球第一种具有相同形式、相同理念、相同规则、相同术语、相同风尚的文化形式”的特点得到充分地体现。

4.2.4 展示自我和完善人格

大学生有喜欢自我表现、自我发展的特性。可是由于制度、环境、性格等因素的影响，他们的才华和众多情感往往很难得到表现。但是，体育却给人提供一个能够自我展示场所和机会——大学生通过直接或间接地参加他们喜爱的体育运动，使他们得到更好的锻炼和培养，从而健康地成长。

4.2.5 丰富大学生的业余生活，增强大学生的体质

大学生在校学习的自主性较大，由于就业的压力，大学生的学习不比在中学时轻松。如何安排自己的学习和生活，这是大学生们无法回避的现实问题。由于青年人好动的特点，既能强身、又能丰富业余生活的体育运动当为他们放松身心首选。因此高校有必要对大学生进行合理的、科学的体育教育，使他们健康地成长，将来对社会做出更大贡献。

4.2.6 体育也是教化学生的一种手段——减少暴力

体育能增强人们的爱国热情和民族凝聚力，而体育利国利民的另一方面就是能教化国民，减少暴力。尤其是一些对抗激烈的项目，例如足球，其参与者和欣赏者绝大多数是青年人或精力充沛的人，大学生们也在其中。按生物发生学原理“剩余精力发泄”说，人的过剩精力除了工作学习之外，总得有个去处，这道理是我们教育工作者必须慎重考虑的。正确地对大学生加以引导将有利于学校和社会的稳定，反之，他们就有可能酗酒、打架等，对社会造成危害。“体育把许多年轻人引向运动和竞赛，人们对共同参与体育竞赛而非互相打架的休闲方式给予了极大的肯定。在对青年人的再教育中，体育应当成为重要手段，以告知他们冲突的解决方式是统一规则而非枪杆。”[8]

5. 广东体育名人资源引入高校人文素质教育的依据

5.1 高校人文素质教育的内容为地方体育名人资源的引入提供了合理性

对于尚未走上社会的大学生来讲，课堂教学是他们接受人文素质教育的主要渠道，传统的思想政治教育工作主要采用的是理论灌输法，对学生们进行世界观、人生观、价值观等内容的教育。这种教学内容与方式不仅不能取得实效，反而会使学生们对这一学科产生排斥，认为其是一种“假大空”的理论宣传，是思想的“同化”。但是，地方体育名人都是一个个鲜活的形象，通过多方位展现体育名人风采，丰富了高校人文素质教育的内容，是高校进行思想政治教育的好教材。体育能增强人们的爱国热情和民族凝聚力，是对大学生进行爱国主义教育的好教材。地方体育名人资源的核心是积极向上的精神，包括开拓创新、积极进取、艰苦奋斗、顽强拼搏、无私奉献等，这些是对大学生进行励志和感恩教育的好教材，对大学生进行马克思主义、爱国主义、集体主义、社会主义等世界观、人生观和价值观的教育也具有潜移默化的教育效果。

5.2 高校人文素质教育的方法为地方名人资源的引入提供了可能性

刘斯康先生在《现代思想政治教育方法论》一书中对现代思想政治教育方法的研究得出的教育方法发展新趋势可概括为五点：“其一，思想多元化及方法多样化；其二，科技专业化及方法特色化、渗透化；其三，思想因素广泛化及方法愈趋综合化；其四，思想管理区域化及方法途径社区化；其五，科学技术现代化及方法手段现代化。”再结合前文所述的地方体育名人资源在教育过程中所具有的特点和优势，二者之间的联系无疑为地方体育名人资源的引入提供了很多的可能性。

地方体育名人的传记资料为高校人文素质教育理论教学法提供了丰富的内容，地方体育名人的物质衍生资源（如纪念馆、故居等）为高校思想政治教育提供了社会实践基地，地方体育名人的精神衍生资源为高校思想政治教育提供了榜样示范作用，有助于引导大学生树立崇高理想和高尚情操。

5.3 地方体育名人资源对高校人文素质教育的促进作用为地方名人资源的引入提供了可能性

德育教育始终是高校人文素质教育的核心和灵魂。因此要求教育者“按照高校培养目标的要求和大学生思想发展变化的规律，有目的、有计划、有组织地对大学生的政治立场、思想观念、道德品质、理论修养、人生理想、法纪观念等施加影响的一种活动，它本身具有明确的目的性[9]”。这里的目的性就决定了教育者需要通过教育对高校学生进行信仰塑造、精神激励、道德完善、心理调适以及社会主义经济新形势下的创业引导五个方面的工作，从而帮助学生成为德、智、体、美、劳全面发展的社会主义建设人才。地方体育名人资源在信仰塑造、精神激励、道德完善等方面的教育和促进作用是不容置疑的，因此为其引入提供了可能性。

6. 广东体育名人资源在高校人文素质教育中的运用

体育作为培养和教育人的手段，是教育的重要组成部分，将体育名人引进高校、引进课堂将有利于吸引大学生关注体育运动，了解体育事业，从而培养学生的运动兴趣，促使他们积极参与体育锻炼，树立终身体育意识，推广普及体育运动。

6.1 将体育名人史实引入学校教学

课堂教学作为人才培养的主渠道和主战场，将体育名人奋斗、成功的史实引入体育教学，能够改变过去课堂形式单调、气氛沉闷的教学现状，提高学生参与学习体育的积极性，达到更好的教学效果。

6.1.1 体育名人效应激发兴趣

体育教学可以利用大学生对体育名人的崇拜心理，将体育名人作为体育教育的载体、课程学习的“敲门砖”引入教学，调动学生学习体育课程的积极性。向学生讲解名人的个人资料、奋斗历程、职业生涯、成名过程等来吸引个体注意力，丰富课堂内容。同时，利用多媒体手段，组织学生观摩比赛视频，进行直观教学，让学生由心里喜欢体育运动到跃跃欲试参与体育运动，实现从认知到行动，由崇拜人到崇拜运动的转变，为体育教育教学打下良好的基础。

6.1.2 发挥体育名人的“杠杆作用”

教学中要抓住大学生对体育名人的崇拜心理，发挥体育名人的杠杆作用。如在羽毛球技术教学过程中，穿插羽坛冠军张洁雯训练或比赛的视频，通过观看视频，引导学生仔细观看张洁雯的技术动作。在技战术的教学阶段引导学生通过观看比赛领悟张洁雯的技术风格和战术打法。体坛冠军进课堂要让学生由观看体坛冠军到探讨体坛冠军，引导学生进行探究学习，培养学生自主学习的能力。在学生交流探讨之后，教师给予指导，参与其学习过程并与学生进行互动交流。这样不仅有利于发挥学生的课堂主体地位，提高其学习兴趣，更有利于开发学生思维，活跃课堂气氛，增强师生之间、生生之间的交流合作，培养大学生的全面发展。

6.1.3 挖掘体育名人的内在品质

榜样的力量是无穷的。优秀运动员就是大学生心中的英雄和榜样。体育名人象征成功、健康、强壮、快乐、豁达、平等、自由、善良、竞争和爱，利用体育名人的影响力引导大学生走向正确的人生轨迹不失为一个良好的办法。利用个体对优秀运动员的认可与崇拜，开展偶像教育，在课堂中适时穿插讲解他们的运动生涯及运动成绩背后的努力、失败、坚持和磨砺，让学生体会体育名人的顽强拼搏精神、坚强的毅力和过硬的心理素质。让学生明白一份耕耘一份收获，一切荣誉的背后都要付出艰辛的努力，要拥有锲而不舍、坚忍不拔的精神。引导学生从对体育名人的表层感性崇拜向深层的理性敬仰发展，让偶像崇拜真正成为学生学习前进的动力。

6.2 在社会实践中发挥地方体育名人资源的育人作用

许多高校都会开展诸如“暑期‘三下乡’”一类的社会实践活动，在这个活动过程中，可有针对性地布置学生深入农村、深入地方，不仅仅为农村服务，也在服务过程中感受地方文化的独有魅力，从而培养奉献精神和社会责任感。此外，还可以开展参观体育名人故居、寻访地方体育名人等活动，提高大学生的思想道德水准和人文素养。

6.3 将体育名人引入校园课余活动中

6.3.1 利用校园媒介引领体育运动发展

校园生活中，网络、电视、广播等各种媒体围绕着学生的日常生活，学生的偶像崇拜与传媒渲染密切相关。优秀运动员富于激情、朝气、勇于拼搏的精神和独特的人格魅力全方位地影响着当代的学生。合理利用校园广播、网络、电视、宣传栏等传媒手段，课余播放优秀运动员的各级比赛视频及奋斗历程、宣传赛事、训练、生活、社会活动等相关信息，用正面的信息影响学生，让更多的学生关注他们崇拜的体坛英雄，深入了解当代体坛的杰出人物，并努力实现由崇拜人物到喜爱体育运动项目，进而积极参与体育锻炼的过程。

6.3.2 利用体育名人参与渲染体育文化氛围

省市教育部门可适时邀请家乡籍优秀运动员走进校园，重返他们就读过的母校，与学生近距离交流接触。在校园中，借助体育名人组织各项比赛，如“谢杏芳杯”校园羽毛球赛、“易建联杯”篮球赛等。一方面是通过竞赛让更多不懂体育运动的个体了解体育项目，让喜欢体育运动的个体参与到竞赛中，进行实战练习，为他们展示自我实力搭建平台，体验运动的快乐；另一方面通过比赛引导个体以正确手段对待偶像崇拜。以比赛的方式，让个体体会体坛冠军的英雄气概，体验成功的喜悦，释放学习的压力，满足心理的宣泄。体育比赛的举行将有利于推广各项体育运动，渲染校园体育运动氛围，丰富学生的校园文化生活，营造更加健康和谐的学习、生活环境。

结　语

高校学生的人文素质教育是高等教育的重要组成部分，在社会主义精神文明建设中占有重要的地位，因此加强高校学生的人文素质教育工作，实现育人目的、发挥教育功能，成为高校思想政治教育工作者思考的问题。在时代快速发展的今天，高校的人文素质教育也是一门与时俱进的学科，应该在继承传统的基础上不断改革教学方法，将广东体育名人资源引入高校思想政治教学过程中，通过课堂教学、社会实践、网络教育等多种教学途径的创新使得学生的信仰、信念、理想、道德等多方面的思想品德得到行之有效的改善和提高。

新的教学方法的改革和推进不能仅仅依靠高校的思想政治教育工作者，更不能仅仅依靠一个和几个高校的努力。广东的体育名人资源因其特有的亲和力、丰富性、独特性和示范性等特点，在引入高校思想政治教学中易于被教师利用、被学生接受，因此将从古至今的广东地方体育名人资源引入高校思想政治的教学中来，是一种理论联系实际，兼顾继承与创新的尝试。在创新实践过程中，只有通过多校联动、多方合作，在内容、形式、手段、方法、技术和机制上抛弃旧观念、旧知识，才能更好地推进引入教学工作，才能克服当前高校思想政治教育工作工程中面临的新问题、新情况，不断将高校人文素质教育工作推向更好的发展方向，使得高校思想政治教育工作焕发新的生命力，让人文素质教育真正深入学生的生活和学习之中，促进学生的全面发展和社会的进步。

参考文献

[1] 杜爱俭．当前普通高校体育教学与人文精神矛盾的研究［J］．南京体育学院学报（社会科学版），2005，19（6）：78－80.

[2] 刘鹏．大力加强体育文化建设［J］．求是，2012（4）：50－52.

[3] 杨伯峻．论语译注［M］．北京：中华书局，1980：151.

[4] 黄卓，周美芳，郝建平，王秋人，万嘉．美、英、法、日4国体育文化软实力发展模式及启示［J］．武汉体育学院学报，2014，48（8）：15－21.

[5] 陈桂蓉，练庆伟．反思与重建：思想政治教育亲和力与价值定位［J］．福建行政学院学报，2006（5）：24.

[6] 于永慧，林勇虎，程维峰．浅论英雄崇拜对体育文化的影响［J］．体育人文社会科学，2003（6）：20－22.

[7] 姜义华．“论每个人自由而全面发展与当代价值重构”——《德意志意识形态》学习札记［N］．文汇报，2002－05－24.

[8] 帕尔姆博士．“运动全球化的第二次浪潮——2002年5月4日在北京体育论坛”的讲演［N］．文汇

报，2002－06－02.
[9] 张振川．高校思想政治教育新论［M］．保定：河北大学出版社，1992：99－40.
[10] 马瑞，俞继英．体育明星崇拜对我国青少年体育精神认知的影响［J］．上海体育学院学报．2014，34（4）：11－14.
[11] 郑晓霞．通过体育名人效应推动体育教学发展［J］．教育与管理．2014（1）：54－56.
[12] 钟舟海，钟育楠，王敬华．浅论地方文化资源在大学生人文素质教育中的作用［J］．江西理工大学学报，2008，29（4）：45－46.
[13] 陈相光．中国体育明星对大学生的影响及人文教育价值［J］．体育学刊，2006，13（4）：15－18.

图书馆信息服务与众创空间融合创新发展研究*

陈洁薇

（广东药科大学图书馆　广州市）

摘　要：众创空间是社会创新、创业的孵化基地之一，图书馆信息服务融入众创空间，一方面为创客提供资源与技术支持，提高创客的创新思维和能力，使越来越多的创客创意、设计转化成为能促进社会经济发展、改善生产、生活水平的产品；另一方面拓展图书馆信息服务领域，提高信息服务质量，提高图书馆核心竞争力。

关键词：图书馆；信息服务；众创空间

创新是推动社会发展的动力，创新型人才是创新发展的核心组成部分。目前创新运动正在全球范围内蓬勃兴起，创客们把新的想法、理念、设计等通过创客空间转化成为生产力或生产资料。众创就是大众创业、创新，是由一个个创客所组成的集群。众创空间就是为了适应信息时代的需求，通过整合社会资源与服务，降低创客创业成本的服务平台的总称。“创客”一词最早在安德森的著作《创客：新工业革命》中提出，其含义是创客利用互联网、3D 打印机、各种桌面设备与工具将创意转化成为实际的产品。[1] 众创空间配备创客所需设备和资源，是创客将创意转化成产品的开放性工作场所。众创空间集自主创作、联合开发于一体，创客的意念、想法、构思在这里得以实现。图书馆信息服务融入众创空间，一方面是加快或促进创客创新、创业的力度，尽早开发出适合社会需求的产品；另一方面是拓展图书馆信息服务领域，深化信息服务质量，提高图书馆核心竞争力。

1. 图书馆信息服务与众创空间融合发展创新的意义

1.1　延伸与拓展信息服务

创客是一个特殊的群体，他们敢于探索，敢于通过自己的努力，把自己的想法、意念转化成为现实的产品。[2] 在大众创业创新中的创客是图书馆信息服务对象之一，图书馆利用自身所拥有的信息资源、专业技术资源和设备等优势，融入创客空间中，开展信息服务。图书馆信息服务的核心是为创客提供信息或知识服务，减少创客在信息收集、分析上所花费的时间和精力，减少因信息收集不全给产品的设计、生产、经营等带来的风险。馆员深入众创空间开展信息服务，既是图书馆开展“创客”特殊群体信息服务的一种尝试，又是图书馆在创新、创业浪潮中延伸与拓展信息服务的一种尝试。图书馆通过延伸与拓展信息服务，累积经验，扬长避短，使图书馆信息服务向更深、更广的领域发展。

*　本文系广东省图书文化信息协会 2016 年度社会科学研究课题“图书馆信息服务与众创空间融合创新发展研究”（项目编号：GDTWKT2016 - 31）的成果。

1.2 树立图书馆在信息服务中的形象和地位，吸引创客到图书馆利用资源

当前国内图书馆普遍面临着入馆人数少、图书借阅量逐年递减的问题，原因有很多，其中主要原因之一是大多数的图书馆采用大众化的信息服务，个性化信息服务要么没有开展，要么应付了事，造成读者的信息需求在图书馆得不到满足，继而寻求其他途径以满足自身的信息需求，比如通过社会上的信息服务机构、公司等途径获取所需要的信息资源，以解决他们在生产、生活中的实际问题。图书馆为改变目前这种低入馆人数和图书低利用率的现状，应该采取相应的措施来吸引读者重新回流到图书馆利用信息资源。比如图书馆可以选择创客这种特殊的群体为突破口，开展个性化信息服务。实践证明，图书馆为众创空间提供的个性化信息服务能吸引更多的创客来图书馆利用信息资源与服务，这有利于图书馆在创客群体中树立良好的信息服务形象，提高他们对信息服务的满意度，提高他们对图书馆信息的依赖度，提高他们对图书馆的忠诚度。

图书馆通过为众创空间提供个性化信息服务，带动图书馆信息管理方法和服务方式的革新，优化信息服务环境，提高信息服务针对性，使图书馆成为创客学习、创新、创业的服务场所之一。

1.3 提升图书馆竞争能力

当前社会各类信息服务机构众多、竞争激烈，图书馆只有紧跟时代发展脉搏，时刻关注众创空间中创客的信息需求动态，不断借鉴其他行业的发展优势，优化信息服务与管理模式，完善自身服务体系，提高服务质量，增强服务的主动性和机动性，在竞争中求生存、谋发展。图书馆为众创空间提供贴心的信息资源与服务，使创客逐渐形成以图书馆为首要的信息需求来源点的认识，使创客认可图书馆的信息服务质量。因此，图书馆信息服务与众创空间融合发展，既提高了图书馆竞争力、巩固了图书馆信息服务中心的地位，又发挥了信息服务行业的优势与领导力，扶持、推动了创新、创业的持续发展。

1.4 为众创空间提供资源与技术支持

图书馆为众创空间提供开发资源和开发技术援助服务。比如图书馆向众创空间提供实体加工制造资源、云桌面服务。即在图书馆局域网中将常用设计工具、计算资源、素材资源等直接提供给众创空间的创客使用；通过互联网，引导创客获取全球创客资源，包括产品设计、模型素材、在线知识库、开源软件等；众创空间中的创客利用图书馆提供的资源，吸取技术和获取最新的知识，修改创意作品，完成创新产品的开发。图书馆的资源在与创客交互的过程中，使他们的智慧得以不断提高，最终形成持续进化、结构开放、切合实际开发的项目。创客的个性化项目在图书馆信息服务的有效支持下，项目开发成功率增大，项目比较容易成为精品的案例，成为后来创客参考、学习和借鉴的榜样。

1.5 提高创客创新思维及能力

图书馆信息服务能够增强创客的创新意识、探索意识、分享与合作意识以及创造能力。图书馆开展书目导读、名篇名著阅读欣赏、专题讲座的评点与分析、学习空间的创建等活动培养和提高创客的阅读能力、思考能力和学习能力。创客在图书馆亦可以进行阅读、体验，交流心得与思想，分享创业灵感，从中碰撞出创新思维的火花。图书馆从培养创客阅读、学习能力到分享创业心得和思考能力，提高创客探索能力和实践能力，把更多的创客培养成为创新、创业的先锋。

2. 图书馆信息服务与众创空间融合创新发展的策略

2.1 开展信息资源推送，及时满足创客信息需求

为了保证信息服务质量，为了使图书馆搜集、加工的信息及时传送到创客手中，为了提高创客利用馆藏信息资源的效率，图书馆必须开展信息资源推送。一方面通过信息推送服务，使创客了解创业信息、了解市场、关注与项目相关的国内外行业科技动态；另一方面传授创新、创业知识和经验，推动创客创新、创业的步伐。

2.1.1 信息推送内容

信息推送内容一般有通知、提要和全文推送。通知是图书馆向创客发出的诸如服务开放时间、服务内容、服务人员的联系方式等，创客获得通知信息之后，根据自己的信息需求、时间等选择接受图书馆信息服务类型、服务人员等。提要是指提炼出来的要点，即图书馆工作人员把创客需要的文献要点提炼出来并提供给创客，使创客通过对文献提要的浏览，判断是否阅读文献全文；文献提要起到节省创客选择适合自身需求文献的时间，提高了利用文献效率。全文推送是指图书馆将创客需求的文献全文发送给创客，文献全文推送实现了一站式为创客推送信息服务的目的，是一种一步到位的服务。

2.1.2 信息推送方式

2.1.2.1 人工推送和智能推送

人工推送是指图书馆工作人员在互联网终端上的操作，完成了对创客信息推送的整个过程；人工推送往往是根据创客的请求而推送文献，文献服务的针对性和目的性较强。智能推送是利用人工智能、知识工程、互联网、数据库技术、系统自动识别技术和预测创客的兴趣或偏好，从而有针对性地、及时地向创客推送信息，满足他们的个性化信息需求；智能推送往往是大致范围的信息推送，它要求创客根据所推送的内容有选择地加以采纳或利用。

2.1.2.2 频道式推送

频道式推送是图书馆将某些内容定义为浏览器中的频道，创客可以像选择电视频道那样接收适合自己需求的信息。比如“创意点滴”频道、“创业风险”频道，以及有关创业优惠政策等频道。

2.1.2.3 网页推送

网页推送是指图书馆把适合创客需求的网页推送给创客。比如创客需要寻求税务方面的优惠信息，图书馆可以将税务局的网页推送给创客；如果需要工商登记方面的信息，则将工商局的网页推送给创客。网页推送简单明了，创客根据图书馆推送的网页查阅、获取所需要的信息。

2.1.2.4 专用式推送

专用式推送是指图书馆与创客之间建立专门通道，采用专门技术或手段，将信息安全、快速地推递给创客。比如涉及国家安全的机密文件、技术，为防止泄密，需建立专用式通道来传递信息。专用式推送信息具有安全、快捷的特点，是一种点对点的信息传递模式。

2.2 传授文献信息检索技能

传授文献信息检索技能，让创客能够独立自主查找所需的资料，减少对馆员的依赖，加快创意相关资料的收集和创业项目的分析工作。图书馆传授创客文献信息检索技能，重点在于理论结合实践，加深创客对文献信息检索方法的理解和掌握，提高文献信息检索的技能和技巧。图书馆结合馆藏专业数据库，介绍数据库的检索技巧和检索方法，比如结合《美国化学文摘》数据库，讲解化学全文文献、分子结构、化学公式等的获取途径、检索词和检索策略；运用主题词表如分类数据、主要概念、概念代码等检索方法获取

难找的文献等；通过文献分析工具使用案例讲解，使创客掌握通过时间、地区、机构、学科等条件检索到所需文献；通过对相关文献的分析，为创新创业项目拟定研究方向，预判断项目的技术难点、重点，以便提前做出规划和部署，避免陷入技术困境、避免走弯路，提高创业项目的成功率。

2.3 为创客举办创新、创业培训班，组织创客参观产业园，加快创新、创业步伐

图书馆邀请各行各业专家、教授、资深创客开展创新、创业专题讲座；成立创新、创业教育培训机构，挑选具有较高创新素养的馆员、专家，为创客举办创新、创业培训，提高创客的知识水平和创新意识；指导创客进行工艺创作、模型设计等实践工作。[3]组织创客参观创意产业园地，观摩、学习创业经验和技巧，了解创新、创业所需的各种条件，通过对比，找出自身在创新、创业方面所具有的优势及存在的差距，扬长避短，以长补短，不断储备创业知识和经验，及时在日常生活中捕捉及存储创意灵感。

2.4 构建众创空间服务平台

图书馆利用馆藏资源优势，以创新活动为中心，以知识交流为主线，构建众创空间服务平台。首先，对本馆的技术、资源、设施等进行整合，为创客创新活动、信息交流与创意共享提供便利。其次，利用专业知识检索、科研咨询以及科技查新等方面的优势，为创客提供项目设计、申报以及评估等服务。再次，加强与社会信息机构、企业的合作，为创意开发提供指导，促进创业项目尽快产出成果。组建开放性图书馆众创空间服务平台，使创客在平台上能共享资源、自由交流、分享创业经验。众创空间服务平台除了需要硬件设备、网络设备、数据中心、信息交换设备之外，还要从创客信息需求的方便性、准确性出发，对涉及因素，比如人力资源、信息资源、服务程序等进行调整，使它们相互融合，相互支持，满足创客的信息需求。众创空间服务平台包括技术层、整合层、系统界面层、应用服务层。

2.4.1 技术层

技术层由计算机、网络设备、数据存储设备、数据交换设备等组成。技术层为众创空间服务平台提供必要的硬件、软件容纳空间及其技术支持。技术层是众创空间服务平台的核心组成部分，缺少它整个众创空间服务平台就会瘫痪。

2.4.2 整合层

整合层是众创空间服务平台的关键层，是实现系统平台内部各个子系统之间异构型数据格式的顺利转换与集成化的技术基础。整合层的工作原理是通过各种应用程序接口和数据交互机构组成一个信息桥梁，使信息在不同表达形式之间进行标准化对接和基于内容层面一致性的基础上开展互相交换和有机融合，从而实现平台业务功能的有效集成，方便创客查询、利用图书馆的文献信息资源。

2.4.3 界面层

界面层是指创客登录图书馆众创空间服务平台界面。友好、易操作的界面使创客自愿加大利用图书馆信息资源的频率，通过对与创新、创业相关文献资源的获取与分析，夯实创业文化的基础。界面层要内置文献信息检索入口及创客反馈信息入口，双入口实现了创客与图书馆之间的交互，即创客通过检索入口获取图书馆文献资源，通过信息反馈入口为图书馆的信息服务提供意见或者建议。

2.4.4 应用层

应用层是指图书馆信息资源的使用层面。应用层是各种异构型信息在信息整合与汇聚技术的作用下实现了集成化存储与使用。集成化的信息资源在创客获取信息的过程中实现了信息的再次流动。因此，在集成信息过程中，建立检索词和数据库标引词之间的语义控制以及实时沟通功能，实现系统数据库内符合需求的资源能够准确地收集并传递给创客，从而充分发挥集成信息资源的内在价值。

2.5 提高馆员创新服务能力

馆员在为众创空间提供信息服务过程中，要发挥信息尖兵作用，不断地在信息领域中开疆拓土，引领创客不断地勇攀创业高峰。为提高馆员创新服务能力，馆员要在信息服务实践中不断提高创新能力，学习、掌握新技术，熟练运用新媒体，提高信息与技术的融会贯通及运用能力；馆员通过累积各种专业知识及技术，为创客提供可行性报告、行业分析、市场预测、软硬件使用和项目申报等服务。总之，馆员的创新服务能力，包括熟练使用信息技术工具的能力、筛选及评价资源的能力、信息资源整合能力、信息检索传授能力。

2.5.1 熟练使用信息技术工具的能力

媒体是信息的载体，要想驾驭信息，必须能熟练使用媒体工具，即具有熟练利用信息技术工具的能力。要达到熟练使用信息技术工具，首先要了解、熟悉诸如计算机、网络等信息技术的原理、内部结构、基本功能和作用，其次是掌握图形、文字、图像、数据库等软件的操作和使用，最后是熟练掌握网络信息平台的各种功能，利用平台已有的技术条件进行信息检索和开展文献传递。

2.5.2 筛选及评价资源的能力

21 世纪是信息爆炸的时代，信息的泛滥、无序扩张给创客的资源利用造成了重重困难，因为网络信息资源良莠不齐，创客没有太多的精力去收集、研究、分辨这些信息的价值，他们需要借助馆员对信息资源进行评价，在已评价的信息资源中有取舍地利用信息资源。这要求馆员要具备筛选及评价资源的能力。

馆员如何提高选择资源和评价资源的能力，为创客提供筛选及评价服务，是首要解决的问题。馆员通过积极参与信息资源筛选能力培训，掌握信息资源筛选和评价技巧，提高信息资源筛选能力，提高信息资源评价的客观性和准确性。

2.5.3 信息资源整合能力

当前图书馆不仅有外购或临时试用数据库，也有本馆整理、加工、开发的数据库，如何将这些结构、标准不同的资源有效进行整合，方便创客使用，这就要求馆员要具备对资源进行整合的能力。信息资源整合的方法有协议标准整合法、主题图整合法和网络爬虫与搜索引擎整合法。协议标准整合方法是通过借助中间件技术手段，对采用不同数据组织方式和不同通信协议的数据库在同一界面内实现整合检索，从而实现数字资源整合的目的，是一种对信息系统进行优化设计的能力。主题图整合方法是将数字资源之间的关系通过“主题、资源出处和关联关系”的形式，将一定领域内的知识结构和它们之间的语义关系具体化。网络爬虫是一个自动提取网页的程序，它与搜索引擎相结合，从万维网上下载网页；网络爬虫与搜索引擎相结合，使馆藏数字资源整合系统能根据一定的搜索策略从各商业数据库中选择需要抓取的网页 URL，所有被抓取的网页，经分析、过滤、存储，供用户查询和检索。[4] 馆员掌握了信息资源的整合方法，就能够把馆藏拥有的数据库和网上下载的数据库进行有机整合，从而为创客提供快速检索、浏览和使用图书馆信息的途径，促进创意的开发，及早产出产品、产出效益。

2.5.4 信息检索传授能力

馆员既要把检索到的信息资源提供给创客，又要把获得资源的检索方法传授给创客，使创客掌握信息检索和评价技能，减少对图书馆和馆员的依赖，加快创业步伐，加快创意与产品的转化速度。信息检索传授能力是基于馆员专业知识的基础上，通过现场讲解、远程教育、实践操作等手段，将信息检索的特点、方式、方法以及技巧等传授给创客。

总之，馆员创新服务能力是以自身知识结构为基础，以基本能力为保障，以技术能力为核心，以实践服务为平台，共同推进社会创新、创业的不断发展。

3. 结　语

众创空间要得到生存和发展，除了创客的创意能成功转化为现实的产品外，还需要图书馆信息服务的协助或支持。图书馆信息服务可为创客的创意开发事先做好详细的分析、准备、市场调查，形成相应的报告提供给创客参考，从而提高创客创新、创业的成功率。另外，图书馆为创客提供信息服务，也推动了图书馆的改革和创新，使图书馆信息服务多元化，为图书馆的服务转型、升级提供良好的契机，为图书馆信息服务注入新的活力。图书馆利用自身优势资源，积极挖掘和整合资源，创造条件，为创客提供信息支撑，从而推动整个社会崇尚创新、激发大众创业的热情，使大众创业、万众创新成为当今中国经济调结构、稳增长的动力源之一。

参考文献

[1] Tod Colegrove. Editorial Board Thoughts：Libraries as Makerspace? [J]. Information Technology & Libraries, 2013 (3)：2－5.
[2] 田晓银. 创客空间与读者服务工作的延伸 [J]. 图书馆理论与实践，2015 (4)：33－35.
[3] 王方. 众创空间与高校图书馆服务的融合创新发展研究 [J]. 图书馆工作与研究，2016 (4)：96－99.
[4] 陈锦波. 馆藏数字资源整合系统构建探究 [J]. 河南图书馆学刊，2012 (2)：96－98.

“中国梦”语境下“悦读”推广之我见

闫吕彬

（广东医科大学图书馆　湛江市）

摘　要：“中国梦”不但是指无数渴望成功的中国人，希望凭借自己的勇气、智慧、创造精神，去争取美好生活的愿望和梦想，而且也是全中国的梦，中华民族的梦，是中华民族实现强国富民的同时，为世界做出贡献的美好愿望和梦想。“实现中华民族伟大复兴，就是中华民族近代以来最伟大的梦想。这个梦想，凝聚了几代中国人的夙愿，体现了中华民族和中国人民的整体利益，是每一个中华儿女的共同期盼”[1]。“中国梦”的实现需要每一个中国人都要对“中国梦”语境的意义有一个全面、清晰、明确的认识，这样才能使人们有信心、有毅力，凭借智慧与创造、创新精神向着实现“中国梦”的伟大目标前行。本文试就“悦读”与“中国梦”语境的几点意义的联系与交融及在“中国梦”的语境下进行“悦读”推广的必要性和要义所在做一论述，使“中国梦”的语境意义和精神实质通过“悦读”这一纽带在人民中树立信仰、凝聚人心、形成合力，历经一代或几代中华儿女的奋斗，最终实现“中国梦”！

关键词：中国梦；语境意义；悦读

中图分类号：A85

1．“中国梦”的提出

党的十八大闭幕后不久，新一代中央领导集体在国家博物馆参观大型展览“复兴之路”时，中共中央总书记习近平首次用深情的语调、精练的语言阐述了“中国梦”。他说：“我以为，实现中华民族伟大复兴，就是中华民族近代以来最伟大的梦想。”[1]“中国梦”的首次提出，极大地激发了中国人民实现民族伟大复兴的热切渴望和激昂斗志。随后，中国国家主席习近平在第十二届全国人大一次会议上又做了全面阐述：“实现中华民族伟大复兴的中国梦，就是要实现国富民强、民族振兴、人民幸福。”[2]“中国梦”是民族复兴之梦，是强国富民之梦，是人生出彩之梦！

2．“中国梦”的语境意义

要使“中国梦”梦想成真，应让民众真真切切地认识到这一梦想的实现距离现实并不遥远，并且感受到这一梦想是那样的光彩夺目，令人神往，因之而充满渴望、热情高涨、斗志昂扬，从而凝聚人心，形成合力，使“中国梦”的实现有着令人信服的力量、信念、行动支撑。那么，如何使“中国梦”深入民众内心，并躬身践行，首先应使“中国梦”的语境意义为民众所熟知、把握。

2.1　“中国梦”的基本内涵

2013年3月17日，在第十二届全国人民代表大会一次会议的闭幕会上，习近平同志对“中国梦”的基本内涵做了明确而清晰的概括："实现中华民族伟大复兴的中国梦，就是要实现国家富强、民族振兴、人民幸福。"[2]

2.2 "中国梦"的实质

"中国梦"的实质是人民的梦，"中国梦"既要靠人民来实现，"中国梦"的实现又是为了人民。习近平同志在第十二届全国人大一次会议闭幕会上的讲话中强调："中国梦归根到底是人民的梦，必须紧紧依靠人民来实现，必须不断为人民造福。"[2]

2.3 "中国梦"的现实路径

"中国梦"的现实路径是：实现中国梦必须坚持中国道路，实现中国梦必须弘扬中国精神，实现中国梦必须凝聚中国力量。习近平同志在阐释中国梦时指出："实现中国梦必须走中国道路。这就是中国特色社会主义道路。"习近平同志在第十二届全国人大一次会议闭幕会上的讲话中强调指出："这条道路来之不易，它是在改革开放 30 多年的伟大实践中走出来的，是在中华人民共和国成立 60 多年的持续探索中走出来的，是在对近代以来 170 多年中华民族发展历程的深刻总结中走出来的，是在对中华民族 5 000 多年悠久文明的传承中走出来的，具有深厚的历史渊源和广泛的现实基础。"[2]

2.4 "中国梦"的价值支撑

"中国梦"的价值支撑，就是中国梦获得中国社会和中国人民认同，获得国际社会和世界人民认同的价值观。

2.5 "中国梦"的动力源泉

改革开放过去是中国发展进步的动力，现在是中国发展进步的动力，将来仍然是中国发展进步的动力，是实现国家富强、民族振兴、人民幸福"中国梦"的动力源泉。

2.6 "中国梦"的指导意义

随着中国特色社会主义实践的不断深化，中国特色社会主义理论体系必将不断创新，"中国梦"就是这一理论体系在新形势下的丰富和发展，为这一理论体系注入了新的生机和活力。"中国梦"为中国特色社会主义理论体系注入了新的内涵，是指导中国人民实现"两个百年目标"和中华民族伟大复兴的重大战略思想。

当前，实现"中国梦"的伟大理想，已经成为我们各项工作的出发点和落脚点。在使"中国梦"成为十几亿中国人的共同理想和奋斗目标的进程中，从底蕴深厚的中华传统优秀文化中汲取养分，丰富自我，修身健体的同时，也要不断地"去伪存真"，将"过去"与"现在"加以科学整合，使中华五千年的优秀文化真正成为今天人民大众的精神养料。结合"中国梦"的语境意义，现今我们的文学、文艺作品、教育理念、学术思想等相关的软实力方面的内容须与"中国梦"的语境意义融合、交汇起来，使之迸发出鼓舞人心的力量，感动民众的内心、振奋民众的精神，助力"中国梦"的早日实现。

3. "悦读"的内涵及意义

正确认识"中国梦"的语境意义，是学习、宣传、践行"中国梦"的首要条件。在实践中，民众可通过"悦读"的方式来更近、更深地理解、领悟、把握"中国梦"的语境意义。

所谓“悦读”，在字面上理解乃快乐阅读之意。“悦”代表着一种读书的态度，一种阅读时应具有的健康、积极、向上的精神状态。所读书之内容应契合“悦”之状态。以积极、健康、向上的态度对待所读之书，收效将事半功倍，而书之内容丰富、厚重、凝练必将激发读者进入更高境界，达到澄明而彻悟。二者契合将丰富其内心、升华其气质、强大其气场。同时，提高其修养，增强其明辨是非的能力。由此，“悦读”之义，体现上佳的精神状态的同时，须强调其所读书的内容。读之过程即学习、领悟、融合、升华之过程。读以为学，学以致用乃“悦读”之根本。

除了在个人的“悦读”行为中，为丰富自我、提高修养、升华气质外，在对待文学、文艺作品的娱乐、欣赏、思考上，也应秉持“悦”之态度，拓展所读“书”之外延，相应地要求我们的文学、文艺作品在具有观赏性、娱乐性、艺术性的同时，契合当下实现“中国梦”的氛围，陶冶民众的情操、净化民众的心灵、振奋民众的精神，使“中国梦”的语境意义深植人心，激发出向上的正能量，成为实现伟大目标的精神指引，而不仅仅是呈现出观赏性和娱乐性。同样，在需要提升软实力的其他一些领域中，诸如政治力、外交力、教育理念、学术思想等方面，更需要这种“悦读”的态度、状态，只是“悦读”在其中体现出的是更高层次、更加厚重的哲学思维。

4. “悦读”与“中国梦”语境意义的结合与交融

“中国梦”的语境意义，即指其基本内涵、实质、现实路径、价值支撑、动力源泉和指导意义。当前，我们的文学、文艺作品，教育理念、学术思想等在内容深度和价值导向上应围绕“中国梦”的语境意义来进行培育、创作和提升，这样才有利于我们树立文化自信、理论自信、话语自信。在经过三十多年埋头苦干、励精图治的建设后取得巨大成就的今天，我们完全有理由相信我们的道路、理论、制度、模式是可以引领世界，给人类的未来带来希望、曙光，符合人类社会发展规律的。唯一不足的是我们自己缺乏自信，崇洋之风尚在。相当一部分人认为，创作、理论、学术思想等只有得到西方社会的肯定才是货真价实的。在华夏浩瀚、绵延的五千年文明面前，西方世界的一些认知、认识、理念也是浅薄的。当然，我们不要盲目自信，要有“取其精华、去其糟粕”的态度。因此，当务之急就是提高我们的文化自信、道路自信、理论话语自信，这是实现“中国梦”的精神力量的支撑。

“悦读”就是搭建在“中国梦”语境意义和文学、文艺作品，教育理念，学术思想等之间的桥梁。围绕“中国梦”语境意义的六点认识所进行的作品的创作、理念的树立、思想的形成，须通过“悦读”使大众愉悦地接受，融入血液，并激发出向前的动力。

对文学、文艺作品的创作而言，在向民众阐释“中国梦”的语境意义时，应坚持把握古今中外并举，着力突出、着重刻画今日“中国梦”闪光、出彩、不同寻常之处。以人为本，强调对比，既要纵向比较，更要横向比较，通过各种创作手段，客观、真实、艺术地阐释、说明“中国梦”就是人民的梦，是为人民造福的梦，是必须紧紧依靠人民自己来实现的梦！

5. “中国梦”语境意义下“悦读”的推广

“中国梦”是新一届中央领导集体顺应世界发展的潮流，把握时代发展的脉搏，呼应广大人民的心声，根据党情、国情、民情、世情的发展变化，在指导思想上的再一次与时俱进。“中国梦”的提出为中华民族的未来指明了方向、设定了目标、树立了信仰，对凝聚人心，形成合力，创造中华民族光明、美好的未来具有强大的引领作用。刘奇葆同志撰文指出：“‘中国梦’这一重要战略思想，充分体现了我们党高度的历史担当和使命追求，是新一届中央领导集体对全体人民的庄严承诺，是党和国家面向未来的政治宣言。”[3]

领会、把握、践行“中国梦”需要每一位中华儿女亲力亲为，不但要通过“悦读”古今中外那些具有深刻内涵，创作精良文学、文艺作品，对“中国梦”的语境意义进行全面领会、深刻把握、躬身践行，更要在建设、强盛华夏的每一条战线上，面对前进中出现的各种困难、障碍、险阻，都能够以“悦读”的态度和呈现出的精神状态去直视、克服，直至最后解决它们。在这里，“悦读”表现为兼收并蓄、海纳百川；也是不畏艰险、攻坚克难；还可以是创新创造、自我超越，更是……这一切的目的，就是为了中华民族的美好未来，也是为了世界的美好未来！

参考文献

[1] 习近平．承前启后继往开来继续朝着中华民族伟大复兴目标奋勇前进（2012 年 11 月 29 日）[N]．人民日报．2012 – 11 – 30（01）．

[2] 习近平．在第十二届全国人民代表大会第一次会议上的讲话（2013 年 3 月 17 日）[N]．人民日报，2013 – 03 – 18（01）．

[3] 刘奇葆．关于中国特色社会主义理论体系的几点认识 [N]．人民日报．2013 – 07 – 08（06）．

基于数据素养教育的文献检索课教学模式探索

管　进　陈文凯　欧春梅

（广东医科大学图书馆　湛江市）

摘　要：大数据时代的来临，对数据的获取、管理与掌控的能力，不再只是专业的数据分析人员的必备素质，个人的数据分析和管理能力将会越来越重要。图书馆被视为开展数据素养教育的最佳主体。本文从教学理念、教学内容、教学方式等方面探讨在现有文献检索课程的基础上，改革和创新教学模式，从而达到提升学生数据素养的目的。

关键词：数据素养；文献检索课

教育部2015年印发《普通高等学校图书馆规程》中指出，图书馆的主要职能是教育职能和信息服务职能；图书馆应重视开展信息素质教育，采用现代教育技术，加强信息素质课程体系建设。[1]自20世纪80年代原国家教委下发《关于在高等学校开设文献检索与利用课的意见》以来，文献检索课程成为图书馆开展信息素质教育的主要形式，经过三十余年的时间，文献检索课程从传统的手工检索到网络检索，再到现在的MOOC、微课等，无论是教学模式，还是教学内容，都得到很大发展。

随着大数据时代的来临，人们用大数据来描述和定义信息爆炸时代产生的海量数据。“数据”指的是一种具体形式的“信息”。我们的学习、工作、生活产生海量数据，而这些数据也改变我们的学习、工作、生活与思维方式。作为一种信息资源，数据的作用和影响力越来越大。对数据的获取、管理与掌控的能力，不再只是专业的数据分析人员的必备素质，个人的数据分析和管理能力将会越来越重要，会逐渐成为大数据时代人们必备的素养之一。[2]而图书馆在长期工作实践中积累有效管理科研数据所需的技能，熟悉科研人员的数据需求，被视为提供数据管理服务和开展数据素养教育的最佳主体。[3]如何在现有课程的基础上，整合数据素养和原有文献检索课程的教学内容，改革和创新教学模式，从而达到提升学生的数据素养的目标，这也是高校图书馆不可推卸的责任。

1. 关于数据素养

关于数据素养的表述，国内外除了“数据素养”（data literacy）外，常见的还有“数据信息素养”（data information literacy），“数据管理素养”（data management literacy），“科学数据素养”（science data literacy）等，对于它的含义国内外目前尚无统一的定论。但是一般认为数据素养是对大数据进行处理和研究的个人素养[4]，强调对数据的应用与管理，数据素养应该包括五个方面的内涵：对数据的敏感性（意识）；数据的收集能力；数据的分析、处理能力；利用数据进行决策的能力；对数据的批判性思维[5,6]。

同时，国内外也有学者的研究指出，数据素养是一种对数据的理解、创造和使用的能力，它是信息素养在大数据环境下的创新性发展，是信息素养的延续和拓展。数据素养教育和信息素养教育相比，具有内容宽泛、主体多元、教育对象广泛、教育形式多样等特点。[7]

2. 数据素养教育对文献检索课教学的促进

2.1 国内外数据素养教育概况

数据素养的概念一经提出，就得到人们的重视。早在 2004 年，Hunt K. 就发文探讨了在美国高校信息素养教育中引入数据素养教育的可能性。[8] 国外对数据素养的教育的课题研究已成体系，如：马萨诸塞大学医学院和伍斯特大学理工学院于 2010 年已经建立了基于本科生和研究生的关于数据保存、管理和共享等 7 个方面的数据素养在线教学模块。斯坦福大学、明尼苏达大学等联合开展了特定学科领域的研究生的“数据信息素养培训”项目等。[5]

而国内，关于数据素养教育的研究则还处在起步的阶段，大多数的研究还处在总结国外学校开展数据素养教育的特点和经验，或者探讨国内高校图书馆开展数据素养教育的思路。武汉大学黄如花教授的研究团队曾以信息检索的 MOOC 课程的学生为调查对象，从数据意识、数据获取、数据管理组、分析、伦理等六个维度调查其数据素养，研究的数据指出学生的数据素养欠缺，多数学生只注重数据的获取，对数据组合、分析、存储等后续管理以及数据相关权利的重视不够；不同学科领域的学生对数据素养教育的需求不一；学习过数据素养课程的学生的数据组织管理能力明显较好；将近九成的学生希望开设数据素养的相关课程或培训。[9] 由此研究可见，目前学生的数据素养是欠缺的，对数据素养的相关课程是有需求的，而且设置合理的课程有助于学生数据素养的提高。

2.2 数据素养对课程的影响

作为目前国内信息素养教育的主体，文献检索课在过去的三十年中发挥了重要的作用。国内绝大部分高校都开设了文献检索的相关课程和培训。随着互联网技术、社交媒体和教育应用技术的不断发展，翻转课堂、MOOC、微课等新技术、新方法的不断推陈出新，用户学习环境的改变，用户获取信息的能力已经提高，自身的信息素养水平不断提升，对数据的依赖程度也进一步提高，因此，现有的信息素养课程如果还只是停留在表面，仅仅“检”而不“索”是远远不够的，必须在现有信息素养的课程中，整合、增加或者嵌入有关数据素养的内容。

结合数据素养的内涵和目前文献检索课程的教学内容和目的，笔者认为，通过整合后课程的学习，学生应该具备以下的基本数据素养：（1）对数据敏感，明确数据对学习、工作和生活的作用，有良好的数据意识。（2）具有收集数据的能力。（3）具备分析和辨别数据的基础能力，掌握一些数据分析工具的用法，并能读懂相应的数据图表。（4）掌握基础的统计学知识，掌握基本的统计原理，了解基础的统计学方法，并能绘制出基本的数据关系图表。（5）利用数据发现问题的能力。[10]

3. 基于数据素养教育的文献检索课教学模式探索

3.1 教学理念

一直以来，文献检索课程的教学目的是以教授学生掌握文献检索的技能，并让学生由此掌握自主学习的能力。而随着大数据时代的来临，原有的教学目的已经不能满足现代社会的需求。除了检索技能之外，文献检索课程还需整合和增加有关数据的相关内容。这要求课程的讲授者要转化教学理念。教师的教学理念是教师对教学活动的看法和持有的基本的态度和观念，它决定了教学行为。因此，作为文献检索课程的老师，自身要树立起良好数据素养的意识，善于收集数据，整理、分析数据，具备利用数据决策的能力，才能更好地在课堂上和课堂外去引导和培养学生的数据素养。

3.2 教学的内容

在校的本科生和研究生，由于本身的知识积累程度不一，文献检索课程的教学内容的设置往往各有侧重，具有一定的层次性。目前各高校的文献检索课程的教学内容一般根据所在学校的专业特色，本科生的教学，基本会选择国内外主流的数据库为教学对象，以教授学生这些数据库的检索技能为目的，而研究生的教学内容，则会在本科生的基础上，强调文献的管理和分析，如何选择和利用文献。根据数据素养教育的需求，笔者认为数据素养教育除了培养学生数据意识，更要加强相关理论与实践的结合，让学生在学习过程经历数据管理的各个环节，从而提高数据管理和利用的水平。

3.2.1 本科生

在原文献检索课程教学内容的基础上，建议整合和增加有关数据素养教育的内容（见图1），包括：

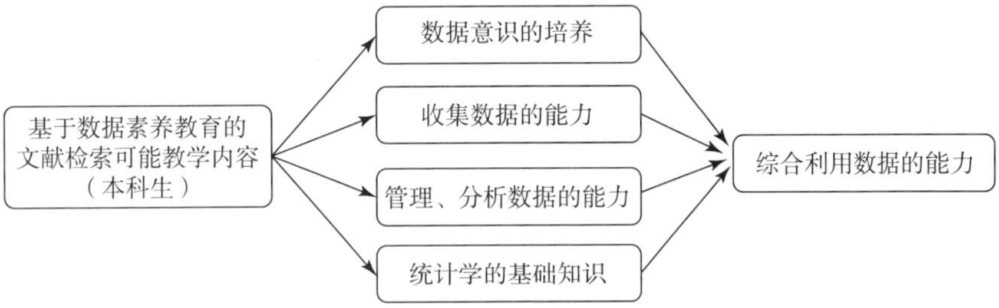

图1 基于数据素养教育的文献检索课程教学内容（本科生）

（1）数据意识的培养

根据以往文献检索课教学的经验，大多数上文献检索课的学生，都是刚刚开始接触专业学习，除了之前自己累积的日常搜索的经验外，对专业的检索比较陌生。学生往往知道“检索”技能是一门工具，对他们的日常学习、工作和生活有帮助，但是却对“数据”的重要性认识不足。因此，笔者建议从课程的第一节课开始，授课老师应有意或无意地在整门课程的教学过程中，通过案例或实际操作等向学生灌输“数据”的意识，强调获取数据、整合数据、分析数据、利用数据的重要性和必要性，潜移默化地引起学生的兴趣和重视，学生才会用心去体会。

（2）收集数据的能力

即获取自己所需求的数据的能力，能清楚地了解所学专业应利用哪些专业数据库进行检索，制定检索策略，对检索结果进行筛选。这也是原来文献检索课程的教学重点。

（3）管理、分析数据的能力

对收集回来的数据利用文献管理软件进行管理，分析。大部分学校的文献检索课程已有 NoteExpress、ENDNOTE 等个人文献管理软件的内容，这些管理软件将有效地帮助学生提高数据管理的效率。

分析数据的能力培养这一部分的教学内容，可从两方面着手。一是利用数据库本身提供的统计分析功能，如中国知网（CNKI）针对检索结果的计量可视化分析，用户能很直观对所收集的数据进行分析和判断；从万方数据知识服务平台的“知识脉络分析”可分析知识点，从而获得某领域的研究趋势及热点变迁等。

二是增加数据分析工具的介绍，比如可视化软件 CiteSpace，这些工具能够显示一个学科或知识领域在一定时期发展的趋势与动向，形成若干研究前沿领域的演进历程。这两方面是进行数据分析、判断的有效工具。

（4）统计学的基础知识

统计学是一门专业、系统的课程，由于统计学是收集、分析、表述和解释数据的科学，是数据分析的一种有效工具，也是数据素养教育的基础，因此，有必要在文献检索课程中嵌入统计的一些基础知识及文献计量分析的方法。

（5）综合利用数据的能力

综合利用数据的能力实际上是数据素养的综合体现，在前面 4 部分的分步教学结束后，课程应该在最后几次课通过实例的形式，结合检索工具的利用，数据的管理和组织，数据的分析、数据的判断几方面，教师进行案例分析讲解，学生通过小组讨论，实际操作来实现。

3.2.2 研究生

研究生所处的学习阶段与本科生不同，在教学内容的设置上，应在本科生的基础上进行增减。有本科生的学习基础，加上他们在研究生期间科研上的要求，数据意识培养和检索工具的利用这两部分可适当地削减；而数据管理、分析应该着重展开去讲；统计学除了基本的知识外，应着重介绍常用的文献计量分析方法。研究生阶段的教学，除上述几部分的基础外，更应重视这几部分的综合利用以及实战的技巧。

3.3 教学的方法

3.3.1 小组合作学习

文献检索课程是一门工具性的课程，理论少，重实践，强调的是收集、分析和利用数据的过程。课堂上可采用“小组合作学习”的方式。“小组合作学习”是指学生按照优势互补的规则分成若干小组，课堂上以教师为主导，通过小组的团队协作，确定目标，制定方案，探究交流，以完成共同任务，实现教学目标。[11]

整门课的教学中，可由老师指定题目或由学生自行选择感兴趣的题目，从检索工具的利用→管理数据→分析数据→批判性地选择数据加以利用，整个教学过程由教师进行引导，学生分成小组根据教学内容讨论，最后以小组汇报的形式进行考核，实现教学目标。学生在课前自主分组，协同分工，课堂内研讨，实践操作，再由教师总结分析。这种教学方式，课堂上教师只是起引导的作用，学生是课堂学习的主体，不仅可充分激发学生学习的主动性，而且也是提高数据素养的过程。

3.3.2 合作化教学

以图书馆为主要承载体去完成数据素养教育，显然超出图书馆的能力和整门课程的容纳，因此必须寻求与其他教学主体间的合作。

（1）与不同专业背景的人员合作，组建教学团队

数据素养包含着很广泛的知识，既需要有图书馆专业背景的人员，也需要有统计学专业、计算机专业背景的人员，还需要一些具有专业的学科背景的人士，单纯依靠图书馆的教师显然是无法完成教学内容的。因此，图书馆应组建起专门的教学团队，团队里每个人关注的领域不同，但是各有擅长，取长补短，相互合作。例如可由统计学的专业老师为学生讲解统计的基础知识和统计工具的使用方法，由平时擅长文献计量学的老师讲解数据的分析和相关软件的使用。

（2）嵌入学生的专业课程的学习

嵌入式的教学，也是这几年文献检索课教学探索的一个热点。将文献检索课以嵌入的形式，和学生的专业课程相结合，在专业课的课时中，嵌入 1 ~ 2 节针对该课程相关的数据检索与利用内容，让学生学会数据查找、数据组织和利用的能力。这种跨学科的合作，可以点带面，将数据素养教育的内容嵌入学生的专业学习当中，逐步培养学生的数据思维模式。

3.3.3 混合式教学形式

传统的课堂教学，课程结构严谨且课程内容全面，同时可以实现教师与学生、学生与学生之间面对面的交流，达到理想的互动效果。目前 MOOC、微课等这些不受时间、地域和人数限制的网络教学形式也逐步开始应用到文献检索的课堂，它们可以比课堂教学在更广泛的范围内提供更灵活的教学活动。武汉大学黄如花教授在中国大学 MOOC 平台上开设的信息检索课程，每期都能吸引过万的学生，达到了非常好的教学效果。笔者建议应根据教学内容实际，采取不同的教学方式，以传统的课堂教学为主，结合网络的

MOOC、微课等网络课程，并辅以课外的短期培训的混合式的教学形式。

整门课程的教学，应采用小组合作学习的方式，教师与学生、学生与学生需面对面探讨，同时教学内容中涉及数据库及相关软件的操作实践，所以应以课堂教学为主；部分内容，比如统计学知识、数据分析软件的使用、数据库检索技能的介绍，可采用微课、MOOC网络的形式开展，学生不仅可以课前提前预习，而且对于感兴趣或有疑问的内容，可反复收看，提高学习的积极性和教学效率。此外，还可通过定期或不定期开设某一主题的培训，重点突出，达到教学目标。

数据素养教育是一个细水长流、潜移默化的过程，这需要在教学中不断总结经验，改善和优化课程体系，从而促进数据素养教育的发展。

参考文献

[1] 中华人民共和国教育部．教育部关于印发《普通高等学校图书馆规程》的通知［EB/OL］. http://www.moe.edu.cn/srcsite/A08/moe_736/s3886/201601/t20160120_228487.html.

[2] 何海地．大数据背景下大学图书馆开展数据素养教育的思考［J］. 现代情报，2015，35（9）：130－134.

[3] 胡卉，吴鸣，陈秀娟．加拿大高校图书馆数据素养教育模式［J］. 图书情报工作，2016，60（8）：53－58.

[4] 雷红刚．大数据时代高校图书馆数据素养教育研究［J］. 新世纪图书馆，2016（9）：41－43.

[5] 张静波．大数据时代的数据素养教育［J］. 科学，2013，65（7）：29－33.

[6] 百度百科．数据素养［EB/OL］. http://baike.baidu.com/view/10402202.htm? fr=aladdin.

[7] 黄如花，李白杨. MOOC背景下信息素养教育的变革［J］. 图书情报知识，2015（4）：14－25.

[8] 杨晓琼．大数据时代高校数据素养教育的合作路径［J］. 情报资料工作，2015（3）：98－102

[9] 黄如花，王春迎．面向学科的数据素养现状及需求调查——以"信息检索"MOOC学生为例［J］. 图书馆论坛，2016（6）：99－105.

[10] 吴晶娥．高校图书馆大学生数据素养教育探析［J］. 图书馆理论与实践，2015（12）：73－77.

[11] 关敏．小组合作学习方式的变革［J］. 沈阳师范大学学报：社会科学版，2011，35（5）：160－162.

基于ESI和InCites的学科评价比较分析

——以广东地区高校临床医学学科为例

张伟聪

（广东医科大学图书馆　广东东莞）

摘　要：利用ESI和InCites平台，以临床医学学科为主要研究对象，对广东地区6所高校近10年间的SCIE论文进行统计分析，从论文的数量、年代分布、被引排名以及合作者分布等方面反映各个高校的科研水平和学科发展状况。研究结果表明，广东地区各个高校临床医学学科建设现状参差不齐，存在极大的不平衡，各高校之间差距较大，各项指标都有待提高。可从加大经费投入、加强国内外的交流与协作、建立适应学科发展的考核机制等方面予以提高和改进。

关键词：临床医学；学科；ESI；Incites

背　　景

20世纪90年代以来，我国从国家发展的战略高度，开始大力推进国内“世界一流大学”和“高水平大学”建设，通过“211工程”“985工程”“省部共建大学”等模式，开展高水平大学的工程建设，使得国内高等院校的办学面貌发生了根本性的变化。2010年，我国颁布了《国家中长期教育改革和发展规划纲要（2010—2020年）》，文件中提出：“到2020年，要建成一批国际知名、有特色、高水平的高等学校，若干所大学达到或接近世界一流大学水平，高等教育国际竞争力显著增强。”[1]众所周知，高校最基本的活动方式是围绕学科展开的，所有的专业知识都以学科的形态存在于高校的教学科研活动中。所以，学科建设水平的高低，一定程度上决定了一个高校核心竞争力的高低。各个高校都要重视相应的学科建设，以提高高校的地位。

本文利用ESI和InCites平台，以临床医学学科为主要研究对象，比较广东地区6所高等学校（广东医科大学、暨南大学、南方医科大学、汕头大学、广州中医药大学和广州医科大学）学科建设现状和排名情况，从论文的数量、年代分布、被引排名以及合作者分布等方面反映其在国内外的排名情况，为广东地区高等学校临床医学学科的建设提供参考依据，以期最终建成世界一流的高水平大学。

1．统计来源与实验方法

1.1　统计来源

Web of Science™核心集检索平台是国内外学者检索和获取相关学术文献信息的重要数据库平台之一。该平台收录了1982年以来图书、期刊、专利、会议录、网络资源等信息，并收录了每篇论文所罗列的参考文献，以作者、期刊、关键词、主题词等注释表建立联排索引，检索功能强大，是目前国内外公认的引文数据库平台。[2]笔者此次实验所采用的数据均从该平台检索产生，主要包括如下数据库平台。

1.1.1 ESI 平台

基本科学指标（简称 ESI），是目前广泛应用于各个高校和科研机构用于各个学科评价和分析的权威的数据库平台之一。其评价功能主要基于该平台收录的 SCIE 论文及其参考文献等信息，将所有的 SCIE 论文按 22 个学科进行分类统计，并预测其科研发展趋势[3]，并最终按统计信息进行趋势排名。

1.1.2 InCites™ 平台

InCites™平台具有全面的数据资源、多元化的指标和丰富的可视化效果等特点。它以 Web of Science™平台的引文数据为数据基础，运用计量工具建立的科研机构评估和分析的数据库平台。[4]运用该平台可以很好地帮助科研人员进行科研项目管理，制定科学的科研实施方案，合理地分配资源的投入，推动科研的快速发展。

1.2 实验方法

1.2.1 平台时间限定

Web of Science™核心集数据库平台是一个时刻不断更新的动态数据库平台，其包含的数据库种类丰富，各个数据库的时间各有差异。为了保证收集的数据的统一性和完整性，特对所用到的数据库时间做出相应的限定。此次实验，在检索策略拟定之后，数据收集的时间为 2016 年 9 月 10 日。其中 ESI 数据库平台的数据周期为近 10 年，即 2005 年 1 月 1 日至 2015 年 12 月 31 日；InCites™数据库平台的统计时间为 2005 年 1 月 1 日至 2015 年 12 月 31 日。

1.2.2 检索策略

根据 Web of Science™核心集数据库平台检索规则，笔者运用逻辑运算符、字段限定等检索技术，结合广东地区 6 所高等学校的发展历程，对各个高等学校的校名及其相应的直属附属医院进行相应的限定。以广州医科大学（原广州医学院）为例，其检索策略表示为，OO = GUANGZHOU MED（COLL OR UNIV）OR MED（UNIV or COLL）GUANGZHOU OR AD =（Affiliated Hosp Guangzhou Med Coll）OR AD =（Affiliated Hosp Guangzhou Med Univ），考虑了广州医科大学在数据统计期间 2 次更名的情况。

2. 广东地区 6 所高等学校临床医学学科 SCIE 论文情况对比分析

笔者选取了广东地区的南方医科大学、广东医科大学、广州医科大学、广州中医药大学、暨南大学和汕头大学共计 6 所高等学校，选取各个高校的临床医学学科为研究对象，对各个高等学校近十年（2005—2015 年）的 SCIE 论文的总数量、论文年代分布、论文 CNCI 值、论文被引次数排名、国际合作论文百分比 5 个方面进行对比分析。利用 Web of Science™核心集数据库平台，我们发现，上述广东 6 所高等学校，除广州中医药大学的临床医学学科未进入 ESI 全球前 1% 外，其他 5 所高等学校均进入该排名，排名的详细情况如图 1。

高校	临床医学 ESI 排名
南方医科大学	837 名
广州医科大学	1 253 名
暨南大学	1 541 名
汕头大学	1 574 名
广东医科大学	3 098 名
广州中医药大学	暂未进入 ESI

图 1　广东地区 6 所高校临床医学学科 ESI 排名对比

2.1 各个高等学校 SCIE 论文总数量比较分析

广东地区 6 所高等学校临床医学学科 SCIE 论文总数量如图 2，从图中我们可以清晰地看出，近 10 年间（2005—2015 年），南方医科大学的 SCIE 论文总数量为 2 766 篇，位居第一位，是将近第二位（广州医科大学）的 2 倍，而广州中医药大学则仅有 456 篇，位居末尾，统计数据与各个高校临床医学学科 ESI 全球 1% 排名相吻合。

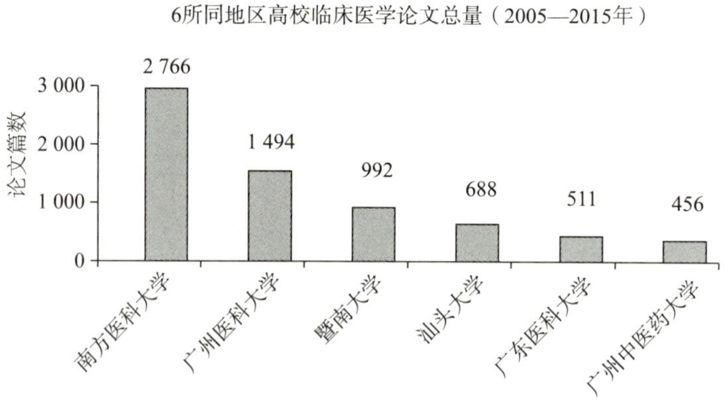

图 2 6 所高校临床医学学科 SCIE 论文总数量情况

2.2 各个高等学校 SCIE 论文年代分布比较分析

利用平台数据库，笔者对 6 所高校临床医学学科 SCIE 论文发表的具体年限进行了统计分析，详见图 3。从图中我们可以看出，随着学校办学水平的不断提高，广东地区 6 所高等学校临床医学学科的 SCIE 论文呈现逐年递增的发展趋势，且增速不断加快（2015 年由于 Web of Science™核心集数据库平台更新，造成数据更新延后，有待进一步确定）。各个高等学校对比，我们发现科研论文的产出量与该校的学科建设发展成正比的关系。

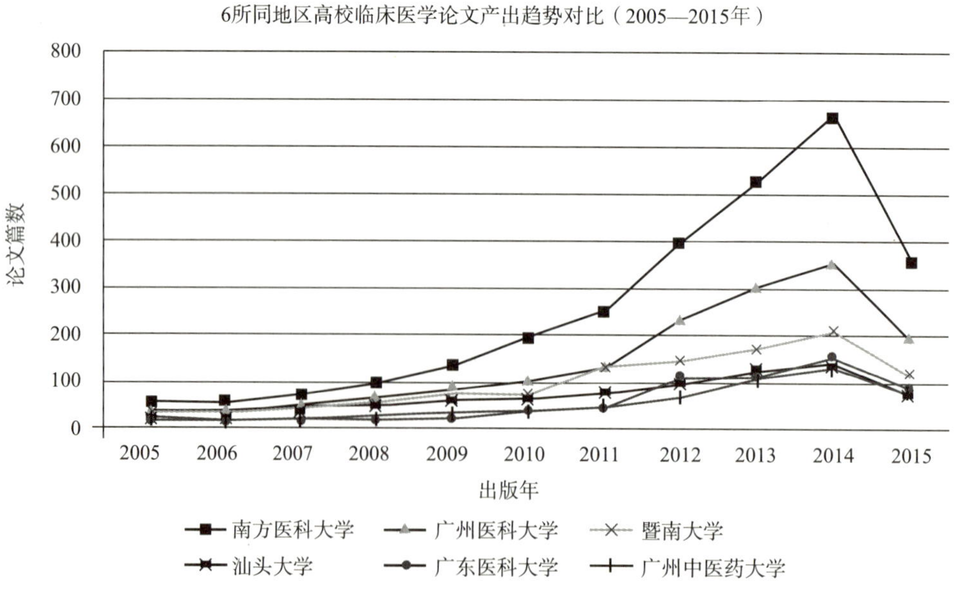

图 3 6 所高等学校临床医学学科 SCIE 论文发表年份分布

2.3 各个高等学校 SCIE 论文 CNCI 值比较分析

学科规范化引文影响力（简称 CNCI）是一个科研机构影响力评价的重要指标，目前主要用来比较不同机构文献的整体引文影响力。[6] 该指标可以忽略文献发表的时间、学科范畴以及文献的种类等的限制，真正做到无偏差。笔者利用 InCites™ 数据库对比了广东地区 6 所高等学校临床医学学科的 CNCI 值，详见图 4。从图中我们可以看出，6 所高等学校中，汕头大学以 1.04 的 CNCI 值排名 6 所高等学校之首，紧随其后为南方医科大学，为 0.97（达不到 1），而广东医科大学则排名第四位，其 CNCI 值为 0.93。

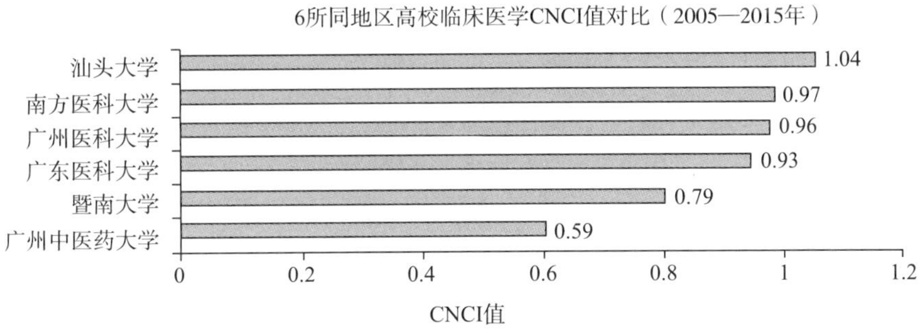

图 4 6 所高等学校临床医学学科 SCIE 论文 CNCI 值

2.4 各个高等学校 SCIE 论文被引次数比较分析

SCIE 论文被引次数排名是一个评定论文档次的百分比指标，一般在统计论文的时候，选择一个特定的学科、特定的年份以及特定的文献类型，然后统计引用频率最高的前 10% 的论文总数与该组论文所有的总数的比值，然后以百分数表示出来。[7]

从图 5 中我们可以看出 6 所高等学校临床医学学科 SCIE 论文被引次数的百分比情况。排名第一位的为广州医科大学，数值为 8.43%，侧面反映出该校临床医学学科的论文在学科的地位较高，被引频次普遍高于广东地区其他高等学校，广东医科大学被引次数排名前 10% 的论文百分比为 8.41%，位居第二，且两者十分接近。

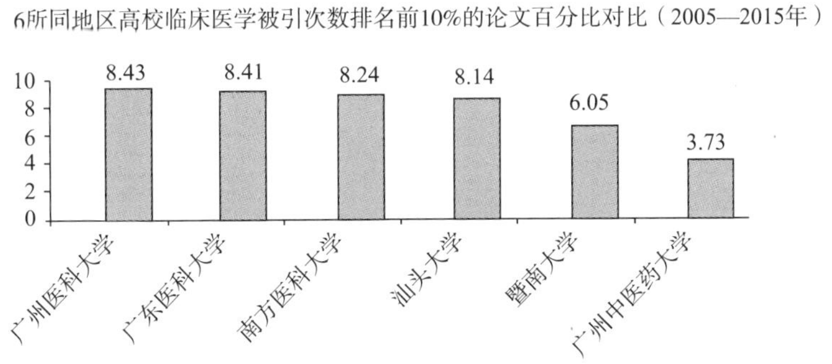

图 5 6 所高等学校临床医学学科 SCIE 论文被引次数比较

2.5 各个高等学校 SCIE 论文国际合作比较分析

所谓国际合作论文，主要是统计科研机构署名发表的 SCIE 论文中，有两个或两个以上作者的，其国际合作者的论文数量与该机构论文总数量的一个比值。[8] 6 所高等学校 SCIE 论文国际合作百分比如图 6 所示。

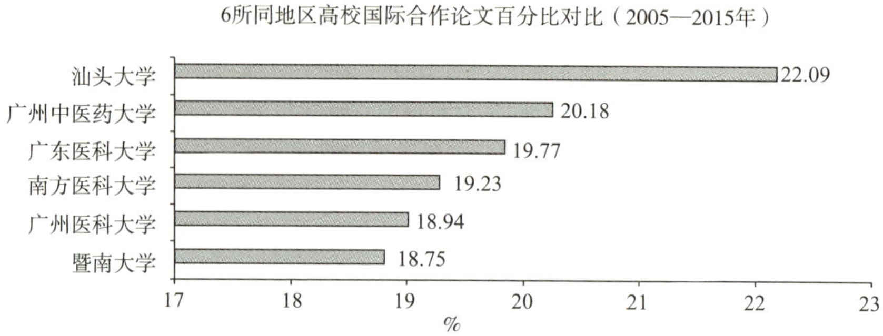

图 6　6 所高等学校 SCIE 论文国际合作情况

从图 6 中可以看出，6 所高等学校 SCIE 论文国际合作百分比最高的为汕头大学（数值为 22.09%），明显高于其他 5 所高等学校，最低为暨南大学，数值为 18.75%。国际合作论文反映了科研机构与国际同类机构沟通联系的密切程度，一定程度上也反映了该高等学校吸引国际科研机构开展合作项目的能力和在国际上的知名度。

3. 结　论

利用 ESI 和 Incites，笔者以临床医学学科为主要研究对象，对广东地区 6 所高校近 10 年间的 SCIE 论文进行统计分析，从论文的数量、年代分布、被引排名以及合作者分布等方面反映各个高校的科研水平和学科发展状况。统计结果表明，广东地区各个高校临床医学学科建设现状参差不齐，存在极大的不平衡。结合各个高等学校学科建设的发展情况，笔者以为，可以从以下几个方面予以改进。

3.1　加大经费投入力度，保持学科建设的持续性

上述 6 所高等学校 SCIE 论文相关情况比较分析，笔者发现学科建设经费的投入力度与学科论文的发表数量存在着正相关。从这一点出发，各个高等学校要加大经费投入力度，支持重点学科的建设，在人、财、物等方面给予侧重和支持。同时，要出台相应的扶持机制。如：提高 ESI 排名相关收录学术论文科研奖励，以资鼓励和支持教师在相关期刊上发表学术论文，推进其 ESI 全球排名；优先安排重点学科的人员出外进修培训，参加高水平的专业学术会议，扩展科研人员的知识面和视野，为学科建设工作的顺利开展提供支持。但需要指出的是，高等学校要重视资源投入的不间断性、持续性，以保证其科学研究工作正常开展，毕竟科研成果的产出不是一蹴而就的事情，需要一定的时间和过程。[9]

3.2　加强国内外的交流与协作，提高自身办学水平

实验统计数据表明，6 所高等学校临床医学学科 SCIE 论文的国际合作百分比总体水平偏低。针对这种情况，我们提议各个高等学校：首先，要加强国际交流与协作，尤其应该加强与国外知名大学、科研机构的交流与联系[10]，借鉴国外先进的学科建设经验，提高学校的学科建设水平，从而提高学校在国际中的地位，如联合办学、合作科研项目、互相培养专业人才等方式，实现机构之间的优势互补、互惠互利；其次，要为中青年教师提供专业进修的平台，可以通过邀请知名的专家学者举办专题讲座，指导科研工作的开展，也可以选派专业教师到国内外知名的大学、科研机构进行进修学习，提升其技术技能。

3.3　建立适应学科发展的考核机制，调动科研人员的积极性

首先，各高等学校要学习国内外先进的经验，在不断完善岗位设置的基础上，引入相应的考核机制，

调动教师的积极性，如设立学科带头人、学科骨干等。[11] 通过政策扶持和经费资助，充分发挥教师在学校学科建设和发展中的作用。同时，要不断完善学科建设考核的机制，从而构建新的学科建设运行体制。最后，要引入新的科研组织管理模式（如 PI 制度等）[12]，并定期对学科建设人员进行考核评估。考核中，对学科建设贡献大的，要给予表彰奖励，对学科建设贡献小的，要实行末位淘汰制，从而实现学科优胜劣汰的动态管理。[13]

参考文献

[1] 国家中长期教育改革和发展规划纲要（2010—2020 年）[EB/OL]. [2015 - 11 - 25]. http：//www. china. com. cn/policy/txt/2010 - 03/01/content_ 19492625_ 3. htm.

[2] 周静怡，孙坦. 基于 Web of Science 的数字图书馆研究论文定量分析 [J]. 情报科学，2005 (10)：83 - 87.

[3] 齐青. Web of Science 的检索和应用 [J]. 图书馆工作与研究，2013 (2)：110 - 112.

[4] 董政娥，陈惠兰. 图书馆基于 ESI 和 InCites 数据库支持高校学科科研评价的服务模式探讨 [J]. 图书馆杂志，2014 (11)：23 - 28.

[5] 季淑娟，董月玲，王晓丽. 基于文献计量方法的学科评价研究 [J]. 情报理论与实践，2011 (11)：21 - 25.

[6] 董琳，刘清. 国外学科评价及其文献计量评价指标研究 [J]. 情报理论与实践，2008 (1)：37 - 40.

[7] 邱均平，孙凯. 基于 ESI 数据库的中国高校科研竞争力的计量分析 [J]. 图书情报工作，2007 (5)：45 - 48.

[8] 朱明，杨晓江. 世界一流学科评价之大学排名指标分析 [J]. 高教发展与评估，2012 (2)：7 - 15，116.

[9] 李珏，方国辉. 基于 Web of Science 的中南大学科研论文定量分析 [J]. 图书馆，2008 (2)：88 - 90，92.

[10] 李茂茂，史丽文，陈仕吉，左文革. 基于 ESI 的国内外机构农业科学学科评价研究 [J]. 图书情报工作，2011 (S2)：280 - 283，309.

[11] 邱均平，杨瑞仙. 基于 ESI 的学科热门论文的计量研究——以临床医学学科为例 [J]. 情报科学，2010 (1)：53 - 57，60.

[12] 翟瑞红，张晶. 教学科研型本科院校 PI 制团队管理模式研究 [J]. 浙江科技学院学报，2014 (5)：392 - 396.

[13] 张晓红. 探索提升高校科研竞争力的途径 [J]. 中国电力教育，2010 (32)：165 - 166.

高校图书馆阅读推广理论与策略研究

薛丽荣

（广州城建职业学院图书馆　广州市）

摘　要：本文通过总结阅读推广的概念以及对其要素进行分析，引申出图书馆和高校图书馆阅读推广的概念及架构模型，提出高校图书馆开展阅读推广活动的策略，以期为高校图书馆阅读推广持续发展提供一定的参考。

关键词：阅读推广理论；阅读推广策略；高校阅读推广

中图法分类号：G252　　**文献标识码**：A

1. 引　言

阅读是一个人的精神食粮，影响着一个人的成长，一本好书可以启迪心灵，开阔视野，甚至改变一个人的一生。高校图书馆作为在校生的第二课堂，责无旁贷地要肩负起帮助学生学会阅读、爱上阅读、提升阅读技能的责任，提升学生的综合素质。

本文总结了阅读推广的概念和要素，对图书馆和高校图书馆阅读推广的概念及架构模型进行分析和构建，提炼出高校图书馆开展阅读推广活动策略加以概括，为相关研究提供借鉴和参考。

2. 阅读推广概念及其要素分析

2.1　阅读推广的概念

“阅读推广”英文为“Reading Promotion”，也可翻译为阅读促进、阅读提升。关于“阅读推广”的定义，目前学术界尚无定论，一些学者试图客观地描述“阅读推广”，有些是对“图书馆的阅读推广”加以描述，使其内涵和外延更加明晰。

张怀涛通过总结分析胡庆连、闻德峰、万行明等十余人的观点提出自己对阅读推广的定义，即“阅读推广是社会组织或个人为促进社会成员阅读通过一定的途径和方式，开展一系列活动，从而扩大阅读的影响力，提高人们参与阅读的意愿”。[1]

王波认为“阅读推广是社会组织和个人为了培养民众的阅读兴趣、阅读习惯、阅读质量、阅读能力和阅读效果而开展的活动，其目的是提高人类文化素质、提升各民族软实力、加快各国富强和民族振兴的进程”。[2]同时，他认为“图书馆阅读推广是指图书馆通过精心创意策划，将读者的注意力从海量馆藏引导到小范围的有吸引力的馆藏以提高馆藏的流通量和利用率的活动”。[2]他更加强调图书馆的创意、馆藏和推广的效果即流通量和利用率的提高。

郑章飞认为“图书馆的阅读推广就是将图书馆提供给读者的阅读指导服务推广出去，是将图书馆、阅读本身和阅读指导服务三者进行推广的一种方式”。[3]

于良芝等人认为“图书馆的阅读推广指以培养一般阅读习惯或特定阅读兴趣为目标而开展的图书宣传推介或读者活动，该阅读行为指休闲阅读，不包括专业阅读”。[4]

谢蓉等人认为“图书馆的阅读推广是图书馆利用其信息资源、设备设施、专业团队和社会关系等各种条件，鼓励各类人群成为图书馆的读者，并培养其阅读兴趣、养成阅读习惯或提升其信息素养的各种实践”。[5]“休闲阅读和专业阅读的推广都算在阅读推广的范畴之内。”

综合以上观点，笔者认为由于组织主体不同，可以分为不同机构开展的阅读推广，其中图书馆是阅读推广活动的重要组织者之一。图书馆的阅读推广主要指图书馆利用各种方式将图书馆的资源推荐给读者，以便达到提升读者的综合素质和提高馆藏流通量与利用率的一种推广活动，包含休闲阅读和专业阅读。

2.2 阅读推广要素解析

阅读推广主要包括目标、主体、客体、对象、方式和效果等要素，也就是说为什么推广、谁来推广、推广什么、向谁推广、如何推广[6]和推广效果，以上六个要素构成开展阅读推广活动的基本要素。阅读推广六要素之间不是相互独立存在的，而是相互关联和相互影响的，其相互关系详见图1。由图1可以看出，阅读推广主体围绕着阅读推广目标通过一定的阅读推广方式将阅读推广客体推广给阅读推广对象，达到一定的阅读推广效果。这六要素中，“目标”是阅读推广主体要实现的愿景，具有指引作用；“主体”是阅读推广活动开展的推动力和组织者，决定着阅读推广活动方式的选择和阅读推广目标的实现程度；“客体”是联系主体和对象的媒介，是主体推广和对象阅读的内容；“对象”代表着阅读推广主体服务的目标和群体，是阅读推广效果的价值和目标实现程度的体现；“方式”承载着阅读推广的外在形式，是主体和对象沟通交流的渠道；“效果”体现了阅读推广的作用和成果，是主体、客体、方式和对象四种要素共同作用的结果。

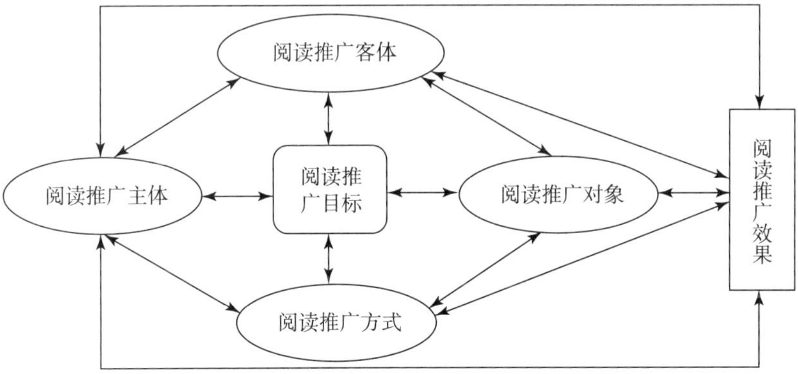

图1 阅读推广六要素关系图

3. 高校图书馆阅读推广服务模式构建

高校图书馆阅读推广活动的开展也是围绕着阅读推广六要素进行：其推广目标是为了实现学校良好的阅读风气，推广主体为高校图书馆，推广客体为图书馆的纸质资源、数字资源再拓展到“真人图书”资源，推广面向的对象是在校师生，推广的方式多种多样，主要以传统媒体和新媒体相结合的宣传活动为载体，推广效果包括图书馆的入馆率和借阅率提升，读者阅读习惯养成、阅读能力的提升和信息素养的提高，专业水平的提升等。据此可以得出，高校图书馆的阅读推广指的是高校图书馆为了提高读者入馆率和借阅率，围绕着读者的阅读心理和需求，采取各种各样的方式将图书馆的各种馆藏资源推介给在校师生，促进良好的阅读学风的形成。基于此定义，笔者从高校图书馆开展阅读推广活动的组织者、阅读资源、推广方式、用户和效果等5个方面建立阅读推广活动的架构模型，见图2。

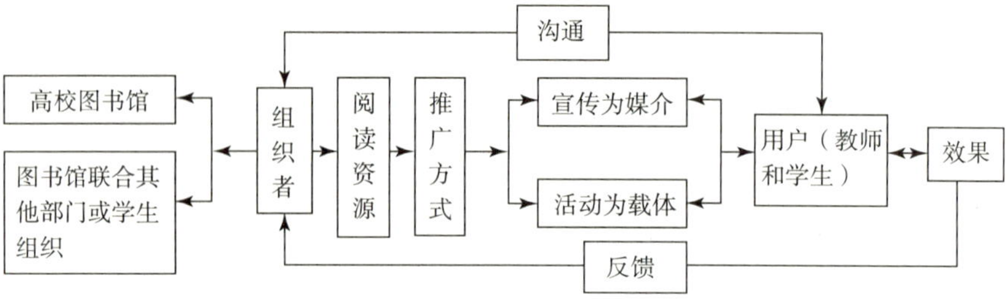

图2 高校图书馆阅读推广活动架构模型

3.1 组织者

高校图书馆作为阅读推广的主要实施者，应充分调动校内外的各种资源，为开展阅读推广工作建立组织基础。面向校内，可以由图书馆推动成立校级阅读推广委员会，联合校团委、各个院系部等部门开展合作，充分发挥各部门的主观能动性，推动阅读推广工作的顺利开展，同时依托大学生组织，可以成立读书协会等学生社团组织，由校级阅读推广委员会指导其阅读活动的开展，发挥学生作为阅读活动组织者和参与者的特点，带动阅读推广活动辐射到更多的学生中去。面向校外，高校可以联合公共图书馆或者高校图书馆组成区域联盟，成立联盟阅读推广委员会，设立秘书处，组织联盟馆合作开展活动，扩大受众范围，让更多的人参与到活动中来，扩大影响力。

3.2 阅读资源

高校图书馆经过多年的发展，拥有丰富的馆藏资源，其中不乏经典图书、特色图书和数字资源，这些资源应首先作为阅读推广的第一选择以不同的形式推送给读者；同时，高校师生中人才济济，有很多人有某一方面特长或者经验可以和大家一起交流分享，可以搭建“真人图书”馆藏资源库，供读者借阅。

3.3 推广方式

高校图书馆在进行阅读推广活动宣传时，应充分利用传统媒介和新媒介两种模式的有机结合，传统媒介主要包括海报、宣传栏、大屏幕和宣传单等，新媒介主要指依托网络开展的宣传，主要包括微信、微博、QQ、移动图书馆等。随着阅读推广活动的深入开展，阅读推广的方式也不断创新，效果明显。高校图书馆应充分利用开学季、毕业季、假期、各种节日等契机，依托入馆教育周、读者服务周、数字资源推广月、“4 · 23”读书月、假期阅读以及毕业季等活动，通过不同的方式进行阅读推广，形成常态化的阅读推广，建立和不断创新有效的阅读推广方式。

3.4 效果

各个高校的阅读推广活动开展得如火如荼，形式多样，内容丰富多彩，但是开展的效果如何，是否已经达到阅读推广的目标，需要建立评价机制。评价机制的建立，应建立图书馆和用户指标评价机制。从图书馆的角度，可以考虑读者的入馆率、借阅量是否提升，数字资源的利用率是否提升，是否增加了读者与图书馆的黏度等方面来考评；从用户的角度，通过参加活动是否激发了阅读兴趣、提升了阅读技能，对开展活动是否满意等方面来考评。

4. 高校图书馆开展阅读推广活动的策略

4.1 充分发挥高校图书馆的主观能动性

高校图书馆作为高校阅读推广活动的主体，要非常重视该项服务职能，摒弃那种完成任务的观念和思想，牢固树立阅读推广的责任感和使命感。在人员队伍建设上，要不断提高馆员队伍的整体素质，培养优秀的阅读推广馆员，同时也要依靠读书协会和勤工助学等学生组织，发挥馆员、学生的创造力，不断创新活动形式，只有这样，阅读推广才有生命力，才能不断推陈出新，常做常新。

4.2 注重高校图书馆资源的深度挖掘

高校图书馆阅读推广的资源是什么，笔者认为最首要的就是推广馆藏资源，这需要图书馆不断进行深度挖掘。图书馆资源丰富、种类众多，读者在利用时会不知所措，因此，图书馆应首先结合读者的阅读能力、阅读兴趣以及阅读目的对各种资源进行深度揭示[7]，让读者了解图书馆，学会利用图书馆，达到“书是为了用的、每个读者有其书、每本书有其读者和节省读者时间”的目的，帮助读者提高阅读水平；其次，高校拥有学识渊博、见多识广的专家、学者、教授和一些优秀的学生，可以将这些师生的某方面的经历和经验传递给其他读者，作为“真人图书”资源进行推广。

4.3 把握用户的阅读心理和需求

对于高校图书馆来讲，用户主要是在校的教师和学生。教师和学生对于阅读的需求不同，图书馆应该针对不同的用户需求开展相应的阅读推广活动。对于教师读者，其侧重点在教学科研方面，图书馆需要重点推介与教学和科研相关的资源。对于学生读者，他们在校学习的时间可以分为入学、在校、实习到毕业四个阶段，每个阶段的需求点不同，图书馆应采取分级阅读策略。

4.4 拓展创新阅读推广方式

高校图书馆阅读推广的资源主要是馆内资源和真人图书，需要建立常态化阅读推广机制，以活动为载体，开展开放型和约束型阅读推广活动。

4.4.1 主题书展

当前大学生的借阅率下降，阅读呈现迷茫和浅阅读的现象，需要加以指引和引导。高校图书馆应结合经典图书、学生阅读兴趣和社会热点话题，向大学生推荐图书馆相关的馆藏资源，引导读者阅读，既可以提高大学生的阅读品位、拓宽其知识面，又能达到提高文献利用率的目的。该项方式可以常态化开展，每月1~2期，设立主题名称、进行图书造型陈列、设立微书评和微话题等形式吸引读者阅读交流和分享。

4.4.2 阅读学分制

大学生阅读行为的开展一般都是自发的，不受任何组织或个人的约束和限制，而阅读学分制正好与此相反，是一种受约束的阅读行为，指的是通过完成一定的阅读任务来获取学分的一种强制阅读行为。开展此种阅读推广方式，高校图书馆要建立严格的阅读书目的推荐、阅读活动的组织、阅读过程的监控和对阅读效果的评价制度等。

4.4.3 真人图书馆

真人图书馆（Living Library）是阅读推广方式的一种创新，它是将“人”作为可借阅的“图书”供读者在特定的时间、地点借阅，从而使读者在借阅的过程中达到获取知识的目的。[8]高校云集了各个学科领域的专家学者，也有很多优秀的在校生，具备了开展此项活动的资源基础，图书馆只需深度挖掘优秀的真人资源，将真人图书进行分类上架，提供给读者外借。这种方式区别于馆藏资源的阅读，它是一种互动式的阅读，读者通过和“真人图书”进行交流，使读者在轻松愉快的氛围中获取知识，得到启迪，更易于让读者接受。

4.4.4 数字资源检索利用大赛

数字资源是高校图书馆资源建设中非常重要的部分，很多高校的数字资源高达几十种，面对如此多的资源，读者不知该如何选择，甚至都不知道其存在和作用是什么。因此，高校图书馆必须建立数字资源阅读推广策略，让读者知道资源的存在并学会利用。数字资源检索利用大赛是数字资源推广的一个重要载体。在此过程中，应将数字资源培训作为大赛过程中一个重要的步骤列入进去，参加数字资源大赛的读者首先要参加培训。培训结合比赛的方式让读者在赛中学，学中赛，能更加容易快速掌握数据库的作用和使用方法。

4.5 重视阅读推广效果的评价

阅读推广的终极目标是培养读者的阅读兴趣和阅读能力[9]，而推广效果直接影响其目标的实现。因此，高校图书馆应重视对其活动效果的评价，对每一次阅读推广活动进行总结，对活动的优点和缺点进行分析，调查读者参与活动的反馈情况，有助于阅读推广活动的良性循环，为下一次活动的开展提供改进的方向。

5. 结　语

高校图书馆的阅读推广活动在各个高校在不断地推进，需要不断地完善和健全组织，保证阅读推广活动的有效推动，充分利用各种宣传媒介吸引用户的参与，不断拓展和创新活动形式，建立推广效果评价机制。目前，各个高校图书馆在阅读推广效果评价方面投入的精力较少，为今后阅读推广活动的开展提出了新的课题。

参考文献

[1] 张怀涛．阅读推广的概念与实施 [J]．河南图书馆学刊，2015 (1)：2－5.

[2] 王波．阅读推广、图书馆阅读推广的定义——兼论如何认识和学习图书馆时尚阅读推广案例 [J]．图书馆论坛，2015 (10)：1－7.

[3] 郑章飞．图书馆阅读推广理论与实践研究述略 [J]．图书馆论坛，2010 (6)：46－51，132.

[4] 于良芝，于斌斌．图书馆阅读推广——循证图书馆学 (EBL) 的典型领域 [J]．国家图书馆学刊，2014 (6)：9－16.

[5] 谢蓉，刘炜，赵珊珊．试论图书馆阅读推广理论的构建 [J]．中国图书馆学报，2015 (5)：87－98.

[6] 赵俊玲，郭腊梅，杨绍志．阅读推广：理念　方法　案例 [M]．北京：国家图书馆出版社，2013：3.

[7] 张勇，荣翠琴，王玲．试论高职院校图书馆的阅读推广模式——以成都航空职业技术学院图书馆为例 [J]．大学图书馆学报，2014 (2)：64－67.

[8] 陈俭峰．基于 Living Library 开展阅读推广的探讨 [J]．图书馆论坛，2012 (4)：136－139.

[9] 蔡红，尹恩山．浅谈大学图书馆的阅读组织及其阅读活动的开展 [J]．图书馆论坛，2013 (1)：148－151.

微时代环境下高校图书馆的微服务研究

黄少琴

（广州城建职业学院图书馆　广州市）

摘　要：微时代环境下，图书馆与时俱进地开通微博、微信公众号，以此为平台开展阅读推广和服务创新。本文通过研究在微服务内容选择、语言表现形式、素材安排上做得出色的案例，总结、归纳如何开展微服务才能让图书馆的阅读推广与服务内容真正地惠及用户。

关键词：微时代；高校图书馆；微服务

微时代，是以信息技术为基础，利用数字通信技术，运用视频、音频、文字、图像等多种方式，通过新型的、移动便捷的显示终端，进行实时、互动、高效为主要特征的传播活动新时代，同时其具有信息源扁平化、时空瞬时化、信息量碎片化的特点。在微时代环境下，微博、微信、微电影、微视频、微小说、微娱乐等“微”产品大行其道，网络传播、网络文化的特征不断改变，不仅改变了大众的生活节奏，也改变了大众的信息传播方式和结构[1]，其中对大学生这一群体的影响则是最全面深入的。

在微时代环境下，微服务、微产品层出不穷，由于缺乏完备及行之有效的监控机制，使得微服务的内容良莠不齐，而聪明的大学生则在不断地吃亏上当后练就了火眼金睛，对于阅读内容的筛选、辨析能力进一步增强，对微服务的内容提出了更高的要求。具体表现为大学生对阅读的兴趣进一步提升，阅读的效率进一步提高，阅读的交流更加有效。[2]

大学生是高校图书馆的主要用户，其阅读习惯及需求已经发生改变。为应对这些改变，图书馆也与时俱进地创新服务的内容、方式与空间，如纷纷开通微博与微信公众号，积极开展微服务，以满足用户不断变化的需求。

1. 各高校图书馆微服务现状调查

图书馆开通微博，可随时通过简短的文字、图片、视频将图书馆新闻和信息公告、参考咨询服务等推送给用户。开通微信公众号能通过文字、图片、视频、音乐等多种方式组合的微服务与读者进行全方位沟通和互动，还可实现本馆概况、开馆时间、馆藏查询、借阅情况查询与续借、热门图书、学术资源、咨询帮助等在线功能，从而扩展与读者的沟通渠道，优化信息呈现方式，提升服务体验，扩大信息交流和更好地实现文化宣传服务。

为研究微时代环境下图书馆该如何更好地利用微服务进行阅读推广和服务创新，笔者随机抽取 10 所 211 高校图书馆，调查其使用微博与微信公众号开展服务的现状。

表 1　各高校图书馆微博、微信公众号使用情况调查

学校名称	微博					微信公众号				
	粉丝	微博	第一条微博时间	是否认证	2017－3－1 至 2017－4－12 微博数量	服务号	是否认证	订阅号	是否认证	2017－3－1 至 2017－4－12 推文数量
清华大学图书馆	49 588	6 589	2010－12－12	是	3			√	是	48
北京大学图书馆	30 495	2 754	2013－4－28	是	56	√	是			17
上海交通大学图书馆	8 436	2 586	2011－6－21	是	33			√	否	28
复旦大学图书馆	24 058	2 100	2011－4－20	是	8			√	是	21
武汉大学图书馆	33 794	4 555	2011－11－13	是	102			√	是	59
暨南大学图书馆	15 374	4 002	2011－3－1	是	11	√	是			44
中山大学图书馆	4 254	1 341	2012－3－16	是	1			√	是	25
海南大学图书馆	6 573	2 564	2012－9－20	是	9	√	是			35
四川大学图书馆	22 325	8 228	2011－9－30	是	88	√	是			5
浙江大学图书馆	3 340	889	2012－3－7	是	19			√	是	57

表 1 的调查结果显示，现在微博与微信仍是各大高校图书馆开展微服务的主要途径，只是各个图书馆的侧重点不一样。自开通以来一直注重利用微博开展微服务的图书馆有武汉大学图书馆、北京大学图书馆、四川大学图书馆；而注重利用微信公众号的则有武汉大学图书馆、浙江大学图书馆、清华大学图书馆、暨南大学图书馆。两者都重视的是武汉大学图书馆，把重心从微博转到了微信公众号上的是清华大学图书馆。

在调查过程中我们发现中山大学图书馆有两个官方微博，一个名称为“中山大学图书馆”，另一个为“中山大学北校区图书馆”，前者的关注人数为 4 254，微博数量为 1 341；后者的关注人数为 2 261，微博数量为 1 678。两个官方微博的被关注度及微博数量都不多，为避免这种情况的出现，同一主体不宜多申请微博，应集中人力与资源对一个微博进行运营。

在调查中我们还发现一个问题，就是微博的博文阅读量普遍很低，而微信公众号上的推文，上千阅读量的并不在少数。造成这种现象的原因除与内容有关外，更重要的是微博与微信公众号本身传播信息方式的不同，微博更侧重于传播和公开，微博的信息过多，你发的微博可能被淹没在海量消息之中而粉丝不会看到，即时间过了，用户就找不到。而微信公众号不一样，如果不读，会一直提示，直到阅读完毕，即必读。微信的提示功能在很大程度上提高了用户打开推文阅读的概率，从而让图书馆的微服务到达用户。

虽然微信有新信息到达的显著提示功能，但如果推文内容无法吸引读者的眼球，特别是文章的标题让读者没有点击进入阅读的欲望，那微服务就达不到效果，也就白做了。为此，下面我们重点研究如何利用微信公众号开展微服务。

2. 微信报名可稳步提高图书馆微信公众号的粉丝数量

微信公众号与微博不同，基于微信公众号的被动添加好友功能，只能被他人添加为好友，在图书馆微信公众号未被关注前，其服务无法到达读者，即服务内容再丰富的微信公众号也无法让读者成为受众。为此，在研究如何利用微服务进行阅读推广及服务创新之前，首先应确保图书馆的微信公众号有稳定且持续增加的粉丝。

通过两年的实践，笔者发现一个行之有效的吸粉途径，把线下的读书节活动、读者培训活动通过微服务的方式进行推广，并利用其开展创新服务。首先把活动的相关内容制作成推文进行发布，然后把报名的途径规定为在微信上进行。另外特别需要注意的是，线下也要进行大量的推广与宣传，即制作活动宣传海报与传单，在图书馆及学生公寓的宣传栏进行粘贴，设置报名点把传单派发给学生，并指引学生在微信上报名。仅采用线上报名，有以下好处：对于图书馆而言，可以提高图书馆的工作效率，让活动的消息能更快传播，让更多的读者知悉，同时在微信上报名便于统计、不会出现错漏，更重要的是吸粉能力强。对于读者，给其报名提供了便利，不用到图书馆或图书馆指定的报名点，就可轻松完成报名工作，也便于传播分享给自己的同学、朋友。

3. 图书馆如何更有效地进行微服务

3.1 吸人眼球的标题及标题图

《现代汉语词典》解释“标题”的意思为“标明文章、作品等内容的简短语句”。常言道，题好一半文。标题的好坏可以决定一篇文章的成败，所以是不容小视的，无论写什么样的文章，都应该注意起一个准确、简洁与新颖的好题目。同时由于微信有标题配图的功能，所以标题图的选择也十分重要，要与标题内容有关连，达到两者相辅相成，相得益彰的效果，从而完成吸引用户眼球，激发用户点击阅读的兴趣。四川大学图书馆有这样一个标题的推文——《41 天超长寒假——一文看懂图书馆寒假开馆时间!》，配图为在一个台历上用红色签字笔圈住的英文“holiday!”，一看标题与配图，就知道此文是图书馆寒假开馆时间安排的通知，但其突破通知公文的形成，给用户眼前一亮的感觉，标题上没有“通知”二字，代替的是“一文”，图文相结合，吸引了用户的眼球，成功引起读者兴趣让读者点击进去阅读，这篇推文有 8 218 的阅读量（截止到 2017 年 4 月 18 日），这标题是有很大功劳的。

3.2 微服务的内容应与时俱进

推文内容除包含新书推送、通知公告及能体现图书馆服务特点的具有知识性的文章外，还应与时俱进，与当下网络热点、时事、当下时令与节日相结合，尽可能与读者站在同一视角，与读者的阅读习惯及思维保持一致，创造性地挖掘素材。以下两篇好书推介的推文一个就结合了节日，一个则与热播剧结合。前者如复旦大学图书馆的微信公众号在 2017 年 3 月 7 日（女生节）发布了一篇《不管“三七”二十一，反正我要过节》的推文，用图文的形式，从女生节的起源讲起，到女生节的那些事儿，最后引入正题——希望大家在书中遇见更好的自己，然后就是推荐的书目名单和节日的祝福。后者如广州城建图书馆的微信公众号在《三生三世十里桃花》热播的时候，发一篇题为《四海八荒都在看的“三生三世”》的文章，用图文并茂的方式推荐了本馆收藏的《三生三世十里桃花：新版》，但在整篇推文中却没有推荐的痕迹，巧妙的内容布局与图片文字的搭配让“三生迷”们感觉自己看了一篇观影总结与精彩绝伦的评论。而上海交通大学图书馆在 2017 年 2 月 14 日（情人节）当天发布的一篇题为《听说今天图书馆被单身狗占领了?》的推文则是以大学生的关注点为主题的，以上这些推文的发布都拉近了图书馆与读者间的距离。

3.3 微服务语言的表现形式应活泼

语言的表现形式也一样，格式与文字的表述应与图书馆主页这些官网有所区别，格式可不拘一格，语言可口语化、网络化，风格可以是风趣幽默、俏皮可爱等。一份通知在图书馆主页上是正式的，但在微信公众号上发布时要进行修改，在确保通知要素齐全的前提下，脱去正式的外套，让读者看了标题后有接着往下看的冲动。如深圳大学图书馆在其网站上发布了一条《关于清理开水间长期存放水杯的通知》，通知很简单，就两段三句。同样的内容，在微信公众号上却变了样，首先其标题改成了《别笑！这是一则严肃通知：童鞋们，请还开水间一方净土吧!!!》；内容则是用改编的歌曲《你知道我在等你吗》开头，配上堆满水杯的开水间图片，然后图文并茂地对图片进行解读，接着用反问的形式、诙谐的语言对这种把水杯长期存在放开水间的现象进行讽刺，最后严肃、认真地总结——清理开水间长期存放的水杯。到这里，你肯定以为这篇推文结束了，但最后还有一段温馨和俏皮的提醒——“所以，还开水间一方净土吧！让杯子们各回各家，各找各妈吧！再恋恋不舍，可是要被清理掉的哦!!!”和一幅得意扬扬的萌图。

3.4 微服务形式多样、全面

现行微服务的主流形成是图文并茂，即一般都是图片与文字相结合，但也有辅以短视频、音乐、漫画等。如武汉大学图书馆微信公众号上题为《寒假在家，如何吃着火锅唱着歌就把论文下了?》的推文除了使用图片和文字以外，还加入了微视频、漫画，形象生动地把原本枯燥乏味的“如何在校外利用图书馆的电子资源”的内容进行了推送。暨大图书馆微信公众号上有一篇题为《因书结缘，暨南版美女与野兽浪漫上演》的推文，就加入了音乐的元素——《Beauty and the Beast》，同时图片有四种，一是美女与野兽的动画片电影截图，二是暨大帅哥与美女在图书馆因阅读结缘的爱情故事相片（用诗配上故事情节解说），三是莎士比亚和塞万提斯的肖像照，以此提醒我们世界读书日马上到来——暨南书悦会 2017 年暨南书香节系列活动即将隆重推出，最后是大量精心抓拍的读者在暨大校园与图书馆阅读时的相片，一步一步吸引粉丝们在发现阅读美好的同时加入阅读的队伍中来。

3.5 在线上开展微服务时，注重与线下的互动

在线上开设专题与读者进行互动，线下进行操作，制造噱头与讨论的话题，让读者走进图书馆，关注图书馆点滴改变以及图书馆所做的用心服务。如上海交通大学图书馆为更好地服务读者，在面向全校师生开展闭馆音乐征集活动后，自 2017 年 3 月 6 日起试行闭馆音乐按周轮换的形式播放，如流行乐、古典音乐、外国流行音乐专场，每个专场有 3 ~ 6 首歌曲，让同学们在刻苦学习一天以后，带着疲惫的身体离开图书馆时对当天的闭馆音乐有所期待，得到大脑与心灵的放松。在线上，首次发布的推文《能答出闭馆音乐的你，才是真正的学霸》就达到 4 134 的阅读量，而《本周闭馆音乐，学霸们都听出来了吗?》《据说闭馆音乐是见红！学霸的你听出来了吗?》《本周闭馆音乐又有惊喜》的推文，则在线上发布同学们积极参与竞猜的精彩回帖并公布答案。此方式让读者更全面地了解图书馆这一项特色服务的细节并积极地参与其中，吸引更多的读者关注图书馆。

综上所述，图书馆的微服务要达到让读者喜闻乐见、爱听爱看、产生共鸣，具有吸引力和感染力，要真正具有让读者开阔视野、获取知识的特征。因为只有设置的微服务符合读者的阅读习惯及需求，才能让微服务不停留在到达读者上，而是体现在点击阅读率上，让到达率与点击阅读率保持高度一致，让图书馆的阅读推广落到实处，惠及更多的读者。

参考文献

[1] 郭敏．微时代网络文化的后现代特征 [D]．太原：太原科技大学，2014.
[2] 邱佳佳．“微时代”对大学生阅读的影响与图书馆的解决策略 [J]．高校图书馆工作，2015 (5)：93 - 94.

高职院校图书馆向社会开放的必要性、可行性探索

秦　星[1]　谭影虹[2]

([1] 广州大学松田学院图书馆　增城市；[2] 新会景堂图书馆　江门市)

摘　要：本文分析了高职院校图书馆向社会开放的必要性、可行性，分析高职院校图书馆面向社会服务存在的优势，介绍国外高校图书馆面向社会服务成功的模式，探析高职院校图书馆开展社会服务的条件和措施。

关键词：高职院校图书馆；社会服务；可行性

图书馆的读者服务活动主要是围绕本馆的读者来组织和进行，有自己特定的服务对象和相对稳定的读者群。随着先进科技特别是计算机技术、网络技术、通信技术在图书馆工作中的应用，现在的图书馆逐渐发展成一种以实体图书馆与虚拟图书馆并存的复合图书馆。对一个图书馆来说，它的网络系统内任何一个使用馆内资源的人都是它的读者。图书馆服务的范围扩大了，服务的对象变广了。图书馆读者的这种改变，说明现在的图书馆将承担更多的社会责任，向社会开放，开展社会化服务。这对提高文献信息资源利用率，最大限度地发挥高校图书馆文献信息资源和人力资源的优势，充分发挥现代高校图书馆的社会职能，提高其服务效益，有着非常重要的实践意义和现实意义。

1. 高职院校图书馆开展社会化服务的必要性

1.1　网络技术的应用促使图书馆服务对象的社会化

网络技术的应用使图书馆突破了地域和馆舍的限制，不再拘泥于固定的服务场所，能够主动面向社会服务，摆脱了传统的文献采访、加工、编目和服务管理模式，建立了开放的服务体系，服务对象群体逐渐扩大，也更加多元化。网络环境下的图书馆本质上是社会化的图书馆。由于技术的支持，图书馆通过互联网，成为全球网络中的一个节点，可以直接向任何一个网络终端提供信息资源。用户可以通过各种终端利用图书馆，查询所需的文献信息，了解文献资源的分布和收藏情况。这使图书馆的服务对象真正突破了单位、行业、地域和空间的限制，服务对象的概念也已超越了传统意义上的读者范畴，具有了明显的社会化特性。服务对象的社会化，也使图书馆从小圈子、小环境中走出来，融汇到社会大环境中，从而促使图书馆更密切地融入社会，与社会保持同步发展。因此社会化也是图书馆自身发展的必然要求。

1.2　服务对象的社会化要求提供相应的社会化服务

所谓社会化服务，就是要求打破各种客观的和人为的因素限制，把服务提供给更多的用户。网络环境为这种社会化要求和趋势提供了绝好的条件。无处不在、使用便捷的网络，开始把不同地域、不同行业的图书馆和用户连接起来，从而逐渐淡化地域和行业的观念，使用户不再受地域和行业限制，可以通过网络

直接了解图书馆，查询和利用图书馆的文献信息资源。可以断言，社会化服务已经是网络环境下图书馆服务的一个必然趋势。社会化服务已经成为网络环境下图书馆服务的新特性。

1.3　向社会开放是高职院校图书馆的社会职责

高职院校图书馆虽然有其特殊的性质和工作任务，即为高等学校教学和科学研究服务，但它同时也具有一般图书馆的职能。1975 年在法国里昂召开的图书馆职能的科学讨论会上，国际图联认为，现代图书馆的社会职能有四种，即保存人类文化遗产、开展社会教育、传递科学情报、开发智力资源。其中，保存人类文化遗产和传递科学情报的目的是为了开发智力资源和进行社会教育。智力资源的开发主要体现在：一是开发馆藏文献信息资源；二是开发网上信息资源；三是启发用户的智力，培养用户进行科学思维的能力，提高学习效率，养成终生学习的能力等。这种智力开发的作用，也是其他的社会机构所不能代替的。早在 17 世纪，德国图书馆学家 G · 诺德就曾提出，“图书馆不应只为特殊阶层服务，应该向一切愿意来图书馆学习的人开放”。20 世纪 30 年代，印度图书馆学家阮冈纳赞指出，“图书馆的目的是使非读者变成读者，鼓励社会阅读”。所以，高校图书馆在本身条件允许的情况下，应尽量接纳社会读者。

2. 高职院校图书馆开展社会化服务的可行性

2.1　高职院校图书馆拥有种类丰富、覆盖学科广、完整系统的馆藏

现代高职院校图书馆是传统图书馆与数字图书馆、实体图书馆与虚拟图书馆、物理图书馆与网上图书馆的结合，是集印刷型与电子型于一体的综合性复合型图书馆，既有现实馆藏又有虚拟馆藏。它集传统图书馆与数字图书馆之优点，运用计算机技术、多媒体技术、数字化技术和网络信息技术，在印刷型和电子型资源并存的复合环境下，拓展和延伸图书馆的传统服务功能，为读者提供极其广泛的、方便快捷的各种网络、文献和数据库资源。

就实体馆藏来说，高校图书馆不仅馆藏种类丰富，而且文献资源具有与本校所设置专业联系密切、针对性强、藏书系统完整、情报含量较高、复本较多等特点，这些特点是一般公共图书馆及其他种类图书馆所不及的，但是这样丰富的馆藏，从一些高职院校反映的情况看，其利用率却远远没有达到较为理想的水平。这种情况下，一方面，为数众多的校外读者因高职院校图书馆不向他们开放而望“书”兴叹；另一方面，高职院校图书馆却又因大量文献信息不能充分利用而造成文献资源、信息资源、人力资源等的浪费。所以，高职院校图书馆开展社会化服务是图书馆发展的客观必要和社会要求。据了解，武汉医学院图书馆于 1986 年已向社会开放，效果较好，受到社会读者的热烈欢迎，这进一步证明了高校图书馆向社会开放的可行性。

2.2　高职院校图书馆主要读者对文献信息的需求具有集中性和阶段性

在高职院校里，教学工作是按教学计划、教学大纲进行的，有统一的进度。这就决定了高职院校图书馆的主要读者（本校的教职工和学生）对文献资源的需求具有集中性和阶段性。读者需求的集中性主要表现在两个方面：一是对文献资料品种的需求集中于正在进行教学的有关课程的主要参考文献上；另一个是读者对教学参考书的用书时间也是集中的。这就造成了高校图书馆必然出现某些时期某些文献资料处于相对“空闲”状态。高职院校图书馆主要读者的文献信息需求的阶段性源于教学工作的阶段性，开学、上课、考试、放假，每个学期都重复一次。高校图书馆整个文献信息服务工作与教学和科研进程密切联系，都有一定的阶段性。所以，高职院校图书馆可以利用日常服务工作中的空档和寒暑假为社会读者提供服务。

2.3 高职院校图书馆配备有高素质的工作人员

高职院校图书馆的工作人员一般具有良好的心理、思想、智能、信息素质和扎实的文化底蕴，他们熟悉馆藏，检索方法熟练，他们中有专门的信息情报咨询员，可以为读者提供参考咨询服务、专题服务、编制二次文献或三次文献。

2.4 高职院校图书馆拥有先进完备的检索设备

高职院校图书馆一般都有完备的计算机检索目录供读者查询馆藏文献，有电子阅览室供读者进行电子资源数据库和网上文献资源的查询或下载，方便快捷地为读者服务。

3. 国外大学图书馆社会化服务模式和参考借鉴价值

国外一些大学图书馆，已经建立起形式多样的对外开放服务模式。他们凭借大量的文献资源、先进的馆舍设备、完备的专业化服务，已经成为公众学习的场所，我们可以参考借鉴他们的成功模式，得到一些有价值的经验。

目前，美国大学图书馆对外开放服务模式运行得比较成熟。美国有专门的图书馆协会，负责美国各图书馆管理工作。图书馆协会倡导大学图书馆应当像对待本校师生一样为社会用户提供服务，满足他们的信息需求。美国公立大学的图书馆都是对外开放的。有部分私立大学不对外开放，但也没有严格的限制。比如哈佛大学属于私立学校，原则上除老师和学生以外的市民不让进入，但如果社会读者想进图书馆，也不会被拒之门外。这说明，美国大学图书馆尽管以服务师生为其主要职责，但也要承担起服务大众的社会公共职责。这点在同样是私立大学的耶鲁表现得尤为明显，耶鲁大学的办学理念之一便是帮助其所在的城市成为“人人读书的城市”。耶鲁大学认为学校的办学和社会密不可分。美国大学图书馆资金主要来自学校拨款。为了减少对外开放带来的资金紧张，向社会读者收取适当费用，室内阅读一般情况下都是免费的，外借书需要办理借书证。例如，在美国乔治敦大学图书馆，能办理借书证的除了本校师生外主要有两类人员，一类是与乔治敦大学图书馆建立了馆际互借或原文传递协议的其他大学师生，另一类是向图书馆有捐赠的人，比如规定每年向图书馆捐赠100美元，就可以享受到与本校师生同样的借阅权利。而美国加州大学伯克利分校图书馆则采用不同人群使用不同借书证的模式：全校师生可以免费借阅所有书籍，加州其他公立学校老师可以凭借有效证件办理借书证，学生可以凭借有效证件外加25美元办理半年的借书证，其他加州居民可以交100美元办理一年的借书证。这样的开放，不仅满足了大学图书馆自身的建设，也使得资源得到了有效利用。

4. 对高职院校图书馆开展社会话服务的建议

高职院校图书馆应从各自实际出发，采取切实可行的办法和措施向社会开放。

4.1 高职院校图书馆向社会开放应有重点、有针对性地进行

高职院校图书馆向社会开放，其对象应主要是社会上需利用图书馆文献资源的人员，服务于教学、科研、生产单位的专业人员，应当贯彻以专业科技、生产人员为主要服务对象，以提供专题服务为主要内容的原则，把高职院校图书馆工作中的专业性、学术性贯穿在向社会服务的整个过程中，而不是仅仅为公共图书馆分担一般读者需求的文化娱乐服务。

4.2 发挥高职院校文献资源优势，推动地方经济发展

高职院校图书馆可以充分发挥其在文献信息资源、人才资源上的优势，向社会提供专题情报服务，即生产二次、三次文献，向社会输出。在条件允许的情况下，高校图书馆还可以主动与当地科研、生产单位中承担重点建设、科研项目的有关部门取得联系，获得需求信息，商定专题情报服务课题，定时地提供最新的文献资料，以推动地方经济发展。

5. 结　语

在当今的信息时代，面向整个社会的网络教育、远程教育事业将会全面地发展，社会中接受各类、各层次教育的需求日益增加，高职院校图书馆应充分发挥其特有的优势，在开展社会化服务方面做出更大的贡献。

参考文献

[1] 倪延年．图书馆理论与实践探索文集［M］．北京：中国文史出版社，2002.
[2] 肖烨．国外高校图书馆社会服务的启示［J］．高校图书馆工作，2011（4）：89－91.
[3] 张莲英．国内外高校图书馆向社会开放的现状分析与思考［J］．广西教育学院学报，2010（1）：30－31.
[4] 徐克谦．网络环境下高校图书馆的建设与服务［M］．北京：人民教育出版社，2002.

MOOC 背景下高校图书馆信息素养教育新途径*

庞诗颖

（广州工商学院图书馆　广州市）

摘　要：文章简述了 MOOC 与信息素养教育的基本概况，分析了 MOOC 课程所具有的较强互动性、更加灵活的学习方式及能突破空间限制等特点，给出了 MOOC 背景下高校图书馆要通过创造宽松信息环境、定制教学内容、打造立体化教材、提升教师能力、建立学员间的朋辈培训模式等途径，以促进高校图书馆信息素养 MOOC 课程的快速发展。

关键词：MOOC；高校图书馆；在线开放课程；信息素养教育

1. 引　言

MOOC（Massive Open Online Course）是大规模开放在线课程的英文简称，中文简称“慕课”。2012 年被称为“MOOC 元年”，美国三大 MOOC 平台 Udacity、Coursera、Edx 相继成立。2013 年 MOOC 开始大规模传入中国，被称为“中国 MOOC 元年”。[1] MOOC 是一种由优秀的老师和专业团队，为在线学生创造设计并利用丰富的媒体、丰富的资源和在线网络互动技术，构建面向问题的视频讲座、在线讨论、师生互动、回答困惑等教学组织和活动。[2] MOOC 课程具有规模大、开放性、网络性等特点。

信息素养（Information Literacy）这一概念最早由美国信息产业协会主席保罗·车可斯基于 1974 年提出。[3] 1989 年美国图书馆协会指出信息素养的本质是发现、检索、分析和利用信息。[4] 随着时代的发展，信息素养的定义也发生了变化。美国大学与研究图书馆协会（ACRL）对其进行了重新定义：信息素养的概念除了传统的信息素养之外，还包括数据素养、媒体素养和视觉素养这些专业技能，它们通常被称为 21 世纪的必备技能。[5] 信息素养教育（Information Literacy Instruction，ILI）是一种信息教育，旨在培养学员的信息意识，提高学员获取信息的能力，丰富学员的信息知识，并使学员遵守相关信息伦理的一种有关信息方面的素养教育。[6]

1984 年原国家教委下发《关于在高等学校开设文献检索与利用课的意见》，经过 30 余年的发展，如今绝大多数本科院校都开设了文献检索课程，文献检索课程是我国高校信息素养教育的雏形。2000 年，美国大学与研究图书馆协会制定的《面向高等教育的信息素养能力标准》[6] 引起了世界范围的广泛关注。2015 年 1 月 16 日，ACRL 发布了《面向高等教育的信息素养框架》[7] 取代先前的《面向高等教育的信息素养能力标准》。2015 年 4 月我国教育部出台《教育部关于加强高等学校在线开放课程建设应用与管理的意见》[8] 中明确肯定 MOOC 在我国高校教育改革中的积极意义。

* 基金项目：广东省图书文化信息协会社会科学（2016 年）研究项目“MOOC 时代背景下的高校图书馆服务模式创新研究”（项目编号：GDTWKT2016 - 41）的成果。

2. MOOC 给高校图书馆信息素养教育带来新机遇

2.1 MOOC 课程具有很强的互动性

传统的教学主要是以教师的讲授为主，师生间的互动性较少。而 MOOC 课程的线上互动和线下互动，为师生间的交流与互动提供了有利条件。MOOC 课程的线上互动包括同步交互和异步交互。同步交互是指互动主体的活动在同一时空进行[9]12，如我们常用的 QQ 聊天工具就是同步交互。QQ 群可以实现即时通信，师生间、学员间可以进行实时交流，甚至可以多人同时视频，如武汉大学“信息检索”MOOC 课程就设有教师与学员间交流的 QQ 群，从而实时收集学员对课程内容与资源体验的反馈信息。异步交互是指不在同一时空进行的交互，MOOC 中异步交互较同步交互更容易进行。[8] 如 MOOC 中的留言区是其典型代表，所有参与学习的学员均可在留言区留言或提问，教师参与其中，回答一些较难问题，学员间也可以互相答疑，促进了师生间、学员间的互动交流。而线下活动通常以举行见面会的形式为主，师生之间、学员之间通过见面会的方式直接面对面互相交流学习。MOOC 课程在教学过程中互动性也很强，如 Udacity 平台具有白板的功能，教师使用特殊的专用笔，可在白板上书写教学时的演算过程，白板内容将出现在屏幕前方，而教师在演算过程中的手和笔则通过特殊处理后变成透明状态，并不影响学员看到白板上所写的内容，让学员如临其境地学习。MOOC 课程具有的以上特性，为师生间、学员间的多向、多维度互动提供了良好条件。

2.2 MOOC 课程的学习方式更加灵活

MOOC 课程通常以短视频的形式呈现。在不破坏课程连续性的前提下，课程内容往往被分割成多个小视频，每个小视频的播放时间在 4 ~8 分钟之间，从而使学员在学习过程中不容易厌倦，且有助于学员利用碎片化的空闲时间来进行学习，而不用拘泥于固定的时间，固定的地点，学习方式更为灵活。MOOC 自身拥有系统的课程规划，碎片化的视频资源比 PPT 更加生动有趣，具有短、小、精、趣等特征，能满足人们在信息获取过程中追求短、平、快，在信息接收中趋向不完整、断断续续的碎片化模式。[9] 尽管 MOOC 课程的学员数量多、规模大，但对于学员的实际学习感受来说，会感觉到屏幕中的教师是在给自己一个人上课，学习体验大大提升。同时，学员如果对某一知识点没有理解清楚，随时可以暂停视频，认真思索直到弄懂后再继续下面的内容，学员学习的主动性得以体现。MOOC 课程灵活的学习方式，为人们随时随地进行学习提供了良好平台。

2.3 MOOC 课程突破空间的限制

MOOC 课程打破了传统的学习必须要到某一固定的教室或地点上课的模式，其在任何时间、任何地点均可以进行学习的特点，使教育水平落后的国家或地区都能平等地享受到跟教育发达地区一样的优质教育。MOOC 课程学员只需有一台连接网络的电脑或其他移动设备，注册一个账号，且不用缴纳任何费用，足不出户就能享受世界顶级名师为自己上课的待遇。MOOC 课程能满足学员利用碎片化时间，不受任何固定空间限制进行学习的需求，如在家里，在上班路上，利用任何空闲的时间，均可进行学习。传统大学入学门槛高，学费高，且教育受众只针对已考取大学的学生，数量十分有限，MOOC 课程的出现突破了大学围墙的限制，让没有考上大学的人同样能学习到大学课程，享受大学的优质教育。

3. 高校图书馆信息素养 MOOC 教育新途径

3.1　创造宽松的信息环境

高校图书馆是高校信息资源最集中的大本营[10]，图书馆汇集了大部分师生用于学习和科研的各种资料；图书馆有其优美的学习环境，阅览室、图书室、自习区等场所一应俱全；图书馆拥有丰富的数据库资料、先进的计算机软硬件设施和现代化的管理理念；图书馆还拥有一支具备较强信息处理能力的馆员队伍，他们普遍具备良好的信息意识，能快速对信息进行处理，能够指导学生快速获取信息，并能针对不同年级的学生提供差异性的指导。以上提到的，均是高校图书馆开展信息素养 MOOC 教育的有利条件，高校图书馆应在信息资源、信息环境、信息技术、信息人才等方面下手，考虑如何充分利用这些物质资源优势，从而为信息素养 MOOC 教育创造宽松的信息环境，最终确保信息素养 MOOC 课程的顺利进行。

3.2　定制教学内容

3.2.1　面向不同教育层次人群的定制

不同教育层次的人群，对于信息的需求也会不同，因而在进行信息素养 MOOC 教育时也应有所区分。譬如，专科生、本科生的课程应注重基本技能的培养，对图书馆的纸质资源、电子资源的使用，网络信息的搜索技巧，各类搜索引擎的利用等内容要着重讲授，让学生掌握浅显的相关知识以满足基本生活学习需求。硕士研究生的课程应注重中高级技能的培养，如着重介绍和使用各种科研工具、各种数据库及各种文献管理工具等。而对于博士生，则授课的内容应更为深入，不仅要学会中高级的信息技能，还需掌握通过信息检索了解本专业的学科前沿，进行本研究课题的查新跟踪，了解国际知名数据库的利用及知名刊物的投稿技巧等信息素养。因此，面对不同教育层次的人群，其信息素养教学内容也应分层次、分阶梯制定[2]103。

3.2.2　面向不同学科人群的定制

要针对不同专业的人群进行不同的信息素养内容定制，因为不同专业的人群对信息的需求会有很大差异，定制的内容需侧重于不同学科的具体应用。[11]18 如英语专业的学员侧重于英语考证、英语音频资料的检索、专业英语研究刊物和外文数据库等方面的信息知识的讲授；计算机类专业的学员，则要侧重于讲授计算机技能的获取技巧、各类计算机网络课程推介等；而对于财经类专业的学员，需注重培养学员的商业信息获取能力、各类商业案例的检索与利用及利用大数据分析市场需求等，例如黄如花在教育部主管的“爱课程”网开设信息检索 MOOC 课程中第 12 讲“信息检索帮助你在商战中立于不败之地”就是以财经类专业学员的信息需求为出发点设置的内容，讲授如何利用信息检索提高企业竞争力。[12]

3.2.3　面向公众的定制

图书馆作为公众进行知识交流的场所，所提供的信息素养服务应当将公众需求考虑在内。[11]18 图书馆在开展信息素养 MOOC 课程时，需把公众需求纳入授课的范围，注重培养人们获取信息和利用信息的能力。如购物时怎样轻松地货比三家，着装时如何让时尚大师为你支招，外出旅游时如何规划你的行程、如何找到性价比高的酒店，如何利用信息检索免费读万卷书等，这些都是人们感兴趣并且是贴近生活的话题，这方面的信息需求量很大，在定制信息素养 MOOC 课程时应把这部分需求考虑在内。

3.3　打造立体化教材

与传统的教学方式相比较，MOOC 完美融合了各种富媒体素材，富媒体素材具有多态性，包括文本、图片、音频、动画、视频等，同时具有碎片化、分众化、优质化、多源化等特征。英国著名 MOOC 平台 Future – Learn 开设的“网络科学 – 网络如何改变世界”中，使用文本 200 多页，图片 50 多张，视频 30 多段，充分应用了富媒体素材。富媒体的嵌入能激发学生的学习兴趣，使教学顺利进行，成为信息素养教学中的重要组成部分。而传统纸质教材受限于表达形式，对于知识的介绍往往比较单一乏味，缺乏趣味性。可在纸质教材对应的位置设置二维码，学员通过扫描，即可在线观看相应的文本、图片、音频、动画、视频等。这种以纸质教材为主体，以富媒体素材为辅助，以二维码建立纸质资源与网络资源的链接，以移动终端为学习载体的立体化教材，打破了传统纸质教材的边界，丰富了教材内容，提升了阅读体验，为信息素养 MOOC 课程奠定了良好基础。

3.4 提升教师能力

教师作为信息素养教学中的主体，是课程的“总设计师”和负责人。一门优秀的信息素养 MOOC，教师应具备以下能力：①能够对课程内容进行整体规划，清楚教学过程，带领课程团队进行答疑活动。②对教学过程进行全盘掌握。课程准备阶段，课程负责人需撰写教学大纲、课程宣传页、课程公告及拍摄课程宣传片。授课阶段，需准备好授课资料，包括课程视频、课程大纲、课程 PPT 等，合理组织课程视频的拍摄时间，同时留下足够时间进行视频制作，并反复检查以免口误或字幕错误等。结课阶段，课程负责人要安排专人负责，对考试内容、分数比例进行限定，对于有证书需求的学员进行统计。③充分利用教学团队成员的各自优势。如武汉大学黄如花的信息检索 MOOC 课程，由超过 200 名来自全国各高校或公共馆的副研究馆员以上职称者，和 10 余位图书情报学院的副教授以上的教师担任课程助教，课程内容的发布、社交媒体的管理等工作则由多名博士生和硕士生协同完成[11]24，充分利用到了每个团队成员的优势。

3.5 建立学员间的朋辈培训模式

朋辈互动（peer interaction）是学生互助的一种方式，其产生的解释、质疑、协商等活动能够拓宽学生对主题的理解，并形成观点。[13]朋辈互动模式能满足大规模 MOOC 在线学习的需要，能迎合学员数量大和身份多元化的需求。朋辈互动的途径有线上课程论坛和线下学习小组及其他朋辈社交学习工具，学员可在互动的过程中获得来自朋辈的帮助。首都师范大学图书馆开展的“朋辈风采讲堂”活动为朋辈培训模式提供了良好示范。活动以文学作品比较、体态语言运用、注释与参考文献应用等形式开展，让学生通过不断的尝试与实践获得信息素养能力。在进行朋辈培训时，以下几点是值得我们关注的：①学生是主体，朋辈培训时应充分考虑是否对学生的学习、生活和科研有利，并有助于学生的自主性；②对团队任务进行明确分工，利用各自优势，并有助于学生的学业进步；③馆员全程跟踪、帮助学生，强调馆员的指导作用；④制定评价机制，进行评价和质量管理。[14]

4. 结　　语

MOOC 的出现为高校图书馆信息素养教育开辟了一条新的发展之路。MOOC 具有的互动性较强，学习方式更加灵活及能突破空间的限制等特点，给信息素养教育带来了新的机遇。高校图书馆通过创造宽松信息环境、定制教学内容、打造立体化教材、提升教师能力、建立学员间的朋辈培训模式等途径，为高校图书馆信息素养 MOOC 教育提供了新途径。尽管 MOOC 在其发展过程中仍存在不少问题及争议，且对 MOOC 的研究尚处于初级阶段，但 MOOC 的设计理念与现有的信息素养教育特点有着很大的相似之处，且在扩大受众范围和增强影响力等方面有着同样的初衷，这可以让高校图书馆不用从零开始就能把 MOOC 与信息素养教育相融合，为图书馆信息素养教育增添了活力。

参考文献

[1] 黄如花. “信息素养教育与 MOOC” 专题引言 [J]. 图书与情报, 2014 (6): 1-7.

[2] 黎梅, 郭广军. MOOC 背景下高校图书馆信息素养教育研究 [J]. 图书馆, 2016 (7): 101-105.

[3] 罗文华, 唐芬芬. 大学生阅读素养、媒介素养及信息素养教育融合的可行性分析 [J]. 图书馆理论与实践, 2015 (3): 80-83, 112.

[4] ALA. Introduction to information literacy [EB/OL]. [2017-04-06]. http://www.ala.org/acrl/issues/infolit/intro.

[5] Janice M, Jaguszewski, Karen Williams. New roles for new times: transforming liaison roles in research libraries [R]. 2013.

[6] Iannuzzi P. Information literacy competency standards for higher education [J]. Community & Junior College Libraries, 2000, 9 (4): 63-67.

[7] Association of college and research libraries. framework for information literacy for higher education [EB/OL]. [2017. 04. 06]. http://acrl.ala.org/ilstandards/wp-content/uploads/2015/01/Framework-MV15-Board-Docs.pdf.

[8] 教育部关于加强高等学校在线开放课程建设应用与管理的意见 [EB/OL]. [2017-04-06]. http://www.gov.cn/xinwen/2015-04/28/content_ 2854088. htm.

[9] 黄如花, 李英子. MOOC 中富媒体素材采集的特点——以信息素养类课程为例 [J]. 图书与情报, 2014 (6): 8-13.

[10] 王晓慧, 江传东. 基于 MOOC 的高校图书馆信息素养教育新途径 [J]. 情报探索, 2016 (8): 87-90.

[11] 黄如花, 李白杨. MOOC 背景下信息素养教育的变革 [J]. 图书情报知识, 2015 (4): 14-25.

[12] 黄如花. 武汉大学信息检索 [EB/OL]. [2017-04-06]. http://www.icourse163.org/course/whu-29001.

[13] Hew K F, Cheung W S. Students' and instructors' use of massive open online courses (MOOCs): Motivations and challenges [J]. Educational Research Review, 2014 (12): 45-58.

[14] 李金芳, 刘娜, 王莲, 祝欣. 基于 x MOOC 课程模式的高校图书馆信息素养教育研究 [J]. 图书情报工作, 2015 (11): 56-62.

多校区高校图书馆管理模式研究*

林锦钊

（广州工商学院图书馆　广州市）

摘　要：多校区图书馆的产生源于高校的合并和扩建，如何建立高效的运行管理机制是多校区图书馆服务质量提升的保障。通过对多校区图书馆不同管理模式的分析和探讨，提出构建高校多校区图书馆管理模式的策略。

关键词：多校区图书馆；图书馆管理；管理模式

1. 引　言

从20世纪末21世纪初开始，我国高等教育陆续进行了一系列的重大改革，高等学校合并重组与扩招，形成一个高校多个校区的普遍现状，高校图书馆也随着多校区的形成发展成为“一校多馆”模式。如何寻求一种最合理的多校区图书馆管理模式，有效地提高图书馆管理效率和资源利用率，更高效率地为教学和科研服务，成为多校区图书馆管理层需要深入研究和探索的课题。

2. 多校区图书馆的主要管理模式分析

图书馆是高校文献资源保障中心，高校合并或扩建必然会导致一校多馆，无论是高校合并还是扩建形成的多校区图书馆，其管理难度都明显大于单一校区图书馆。从目前不同高校图书馆的运行机制分析，大体存在以下四种多校区图书馆管理模式：

2.1　一馆制管理模式

所谓一馆制，顾名思义就是一所高校有多个校区的情况下，只在总校区建设一个图书馆，各分校区不设校区分馆，只开设流通书库、阅览室、自习室等基本服务和功能，所有人员和资源由总校区图书馆统一调配和管理。这种图书馆管理模式一般适用于学校规模较小，各分校区在地理位置上相对集中，图书馆人力资源、设备设施和读者规模较小、服务项目和内容简单的图书馆。一馆制模式下，图书馆领导和各业务部门主任、资源建设部门均集中在总校办公，各校区不设明确分馆和分馆行政领导，流通书库、阅览室等读者服务由总校图书馆各自部门调配，并接受各自部门领导的延伸管理，馆领导和各部门领导定期或不定期到各校区实地指导工作。这种管理模式能较好地节约人力、物力资源，但不利于各校区开展较深层次的服务，延伸管理的效率也容易受物理距离影响，特别是面对突发事件时难以有效应对。

---

* 本文系广东省图书文化信息协会2016年科研项目“多校区图书馆管理模式研究”（项目编号：GDTWKT2016－42）的成果之一。

2.2 总分馆制管理模式

这是一种一个总馆加多个分馆的管理模式，一般在规模较大、实力较强、资源丰富的校区设立图书馆总馆，所在校区通常也是学校总校区，其他校区设立校区分馆，受总馆统一领导。这种模式将图书馆的人、财、物实行统一集中管理，从业务区分来看，一般将图书馆办公室、资源建设部门（如采编部）、技术保障部门、信息咨询部门等业务和行政部门以及各读者服务部门的管理机构集中在总馆内，在分馆仅设流通书库、阅览室、咨询服务部等读者服务部门的基层机构，各分馆设置分馆行政领导（分馆馆长）主管分馆日常行政和服务工作，分馆各服务机构在合理的管理权限分配下接受分馆馆长和各自业务部门领导的管理。这种管理模式比较适合实力强弱明显的高校合并或高校扩建分校，在业务统一管理、资源共建共享和精简机构上效果都比较明显。

2.3 并列馆制管理模式[1]

这种管理模式一般适用于合并前规模相当并且各自图书馆藏书体系比较完善的高校馆。这种模式下通常各校区在地理位置上比较分散且相距较远，校区间资源调配较困难并且各校区的教学和专业特色明显。并列馆制的具体表现一般是各个分馆的人力、财力和物资资源以集中管理为主，进行整体工作规划，统一管理和调配各项资源，而在具体的业务工作上则以分散管理为主，由各自分馆馆长进行协调和安排。这种管理模式可以赋予各分馆较大的管理、服务和资源建设的自由度，便于发挥各分馆的优势，有效保持各分馆的馆藏和服务特色，但也因其相对的独立性，在图书馆的资源重组和整合方面存在比较大的难度。

2.4 独立馆制管理模式[2]

独立馆制管理模式类似于松散联盟管理，各自校区图书馆独立拥有人员、财务、资产资源管理权限的同时，其行政管理、资源建设和业务管理、服务开展均处于相对独立状态，各馆之间以类似联盟合作的方式，开展馆际业务交流、馆际互借、资源互通等合作交流活动。这种管理模式通常建立在各校区地理位置比较分散并且各校区图书馆已经形成完整的办馆思路和馆藏特色，短时间内难以进行有效的融合和重组的多校区图书馆，一般高校扩建新校区不宜采用这种管理模式。这种管理模式能够较好保持各馆原有的馆藏和服务特色，同时也存在容易形成各馆各自为政、各自建设的弊端，容易造成文献资源重复建设、机构设置繁复、冗员明显、馆际交流互动不便。

3. 多校区图书馆管理模式的优化选择与服务整合

多校区图书馆管理就是在学校整体发展规划和教育需求下，充分整合各馆资源，优化馆藏配置，提升服务体验。为此，在选择多校区图书馆管理服务模式上，需要对图书馆的行政机构、人力资源、设备设施、文献资源等多个方面进行优化，从而提升服务质量，充分发挥高校图书馆的教学和科研中心作用。

3.1 行政机构管理模式的整合与优化

多校区图书馆如何进行高效管理，首先需要选择和确立图书馆行政管理的模式和管理机构，这是开展其他管理工作的基础。由于多校区形成的背景各异，各校区发展历史、发展规划、办馆思路、馆藏特色、内外部环境等因素，形成目前多校区图书馆的多种管理模式，即一馆制、总分馆制、并列馆制和独立馆制，各种管理模式都有其适用面和局限性，需要学校和图书馆领导方面根据本校的实际条件、发展规划、校区管理特点进行选择，通过具体的实践探索，确立适合本馆实际需要的管理模式。从目前不同高校图书馆的现存管理模式和运作效果分析，采用总分馆制管理模式的图书馆比较多，在人力管理、资源建设和读者服务等方面都有着较明显的优势。[3]

3.2 人力资源的配置和优化

人力资源管理和优化是多校区图书馆进行高效率管理的必要条件。合并的高校在合并前各馆都有一套独立的机构设置和人员配置，合并后人员往往会有所冗余，扩建新校区则通常人员紧张、整体素质稍弱，多校区图书馆在整合过程中，必须进行人力资源的重新配置和优化。[4] 在管理机构的人员配备上要考虑机构的精简，也要考虑原有人员的分流，既要权力集中提高管理效率，也不能过于限制缺乏灵活；文献资源建设需要统一规划、统一采编原则，也要注意各馆的馆藏特色和教研需求；各种读者服务机构需要按需设岗、按岗配人，也要注意各分馆原有的服务和人员配置特点；既注意馆内人员的进修培养，同时也要为提升层服层次和能力引进高层次学科馆员。

3.3 文献资源及设备的规划和整合

高校合并前，各馆都已经配备了相应的图书文献和大量的设备设施，在合并后，由于学校的规划和专业调整、读者群的变动，各分馆的发展规划和服务岗位都会有所调整，从而各馆原有的文献资源也需要随之做出相应的调整和优化，同时带来各类专业设备设施的重新分配，其中图书文献的统一调配至为重要。[5] 图书馆需要根据学校的整体规划和各校区教学功能布局，对馆藏各种文献资源进行统筹安排和调配，既要避免馆藏的重复购置，又能适应不同校区的专业需求，构建合理、科学的图书文献馆藏体系。为了实现文献资源的统一采访、统一分编、通借通还无缝衔接，各馆共用同一文献信息管理系统是最佳方案。文献资源的布局思路是：在主校区或学院主要行政部门所在校区设置一个“中心馆”，根据学校发展和教学规划，确定各馆的文献收藏类型和比例，把全馆的文献资源采访、分编工作集中在“中心馆”处理，同时把图书馆的文献管理系统服务器及数字资源服务系统均安装在“中心馆”，通过网络设置各馆共享同一文献管理服务系统，从而最大限度达到文献资源的采编、分配统一，资源共享无缝衔接，在文献管理和技术上保障馆藏资源的合理和科学构建。

3.4 多校区读者服务模式的优化

多校区图书馆管理上的显著困难来自各馆因空间分割而导致管理效率降低和文献资源共享成本增加。解决问题的主要途径应该是利用越来越发达的互联网和校园网络，以及不受空间限制的电子资源，以无处不在的计算机网络有效缩减各校区的空间距离。[6] 具体做法可以考虑：一是建立基于互联网的“一站式服务平台”，以计算机网络为依托、统一文献管理系统为基础，在各校馆开展信息服务、文献查询（OPAC）、书刊借还、卡证管理、预约服务、读者互动等业务。二是纸质文献必须“通借通还”，各馆发放统一的“通用借书证”，读者凭证可以在任何一个校区分馆借阅或归还文献，同时在各校区图书馆间建立合理的图书物流系统，通过预约借书等方式，为读者调拨不同校区图书文献供借阅。三是调整实体资源和数字资源的购置比例，加强数字资源建设，在数字资源越来越为读者接受的今天，主动适应并引导读者的阅读习惯，提高资源共建共享效率，降低文献共享成本。

4. 结 束 语

从我国高校发展趋势分析，多校区图书馆现象在高校发展过程中会越来越普遍，它们的整合和管理是一个复杂的系统工程，选择适当的管理模式，可以实现对图书馆人事、财务、资源的有效管理。从上述多校区管理模式和整合优化分析来看，一般情况下，总分馆制管理模式在统一管理、统一资源和管理效率等方面都较有优势，但各校的实际情况有所差异，各馆需要根据各校自身的实际现状、发展规划和教学需求决定采用何种管理模式，有效保证图书馆的协调和持续发展，为学校教学和科研服务。

参考文献

[1] 甄旭，崔晓静．高校多校区图书馆服务模式探讨［J］．河北科技图苑，2011（5）：39－41.
[2] 张治红．多校区高校图书馆管理问题及对策［J］．图书馆学刊，2013（6）：16－18.
[3] 张良辉．多校区高校图书馆建设及管理问题探讨［J］．科技情报开发与经济，2012（1）：13－15.
[4] 田中雨．多校区高校图书馆建设存在的问题与建议［J］．农业图书情报学刊，2010（1）：32－34.
[5] 杨梦瑶，崔玲玲，张江江．多校区高校图书馆管理模式分析［J］．图书情报导刊，2016（6）：64－66.
[6] 朱丹，齐慧敏．高职院校多校区图书馆管理服务工作的探讨［J］．包头职业技术学院学报，2016（3）：92－96.

多校区图书馆管理存在的问题及解决出路*

凌耀银

（广州工商学院图书馆　广州市）

摘　要：在我国的教育事业中，高校承担的是为祖国培养大量优秀人才的艰巨任务，因此，高校的教学工作一直受到来自社会各界的广泛关注。在高校的教学系统中，图书馆是至关重要的一个环节。图书馆大量的可用资源，为高校学生免费提供。

关键词：多校区图书馆；管理；解决出路

高校合并与扩建的热潮在近几年来呈现上升的趋势，在这样的背景下，多校区图书馆模式的形成是必然的产物。图书馆作为高校培养人才的教学系统中必不可少的一个环节，对学生学习生活的影响是巨大的。多校区图书馆的形成，在原有基础上为图书馆的管理工作带来了更多的困难，使得高校的人才培养工作受到了一定的影响。因此，相关部门一定要对多校区图书馆的管理方面存在的问题进行研究，并采取多样化的有效手段来对这些问题进行解决。下面本文就将围绕这些管理问题进行详细分析，并为问题提出有效的解决出路。

1. 多校区图书馆管理存在的问题

在高校的图书馆进行了合并与扩建之后，原有的单一的管理模式已经不适用了，这就需要校方及时对图书馆的管理模式进行创新。事实证明，高校在多校区图书馆管理模式的更改过程中会遇到较多的问题，下面就对这些问题进行分析。

1.1　管理模式的选择

在对多校区的图书馆进行管理的过程中，管理模式的选择就是面临的首要问题。在多校区图书馆模式形成之前，学校多采用单一的、传统的管理模式，用来管理仅有的一座图书馆，但是不难发现，这样的管理模式在多校区图书馆的管理工作中并不能发挥有效的作用，因此，针对多校区的图书馆，应该改变原有的管理模式。在多校区联合办学的体制下，校区之间会存在很多的矛盾与问题，其中，各校区的图书馆拥有各具特色的管理模式而难以进行融合就是其中最主要的问题之一。对此，各所高校应该充分考虑多校区的图书资源优势、人员结构等因素，对管理模式进行创新。

1.2　组织文化的冲突

经过前文的分析可以得知，高校进行合并之后，存在的诸多问题中，组织文化的冲突是其中一个主要

* 本文系广东省图书文化信息协会2016年科研项目“多校区图书馆管理模式研究”（项目编号：GDTWKT2016－42）的成果之一。

的方面。所谓的组织文化，就是指组织内的成员在认识和行为上的共同的理解，组织文化在组织举办的各种活动的过程中都会产生巨大的影响，可以说是贯穿于组织的全部活动当中。因此，多校区图书馆之间组织文化的不同，为管理工作带来了很大的阻碍。针对这一点，各个校区之间应该要形成一定的共识，将各自的组织文化进行整合，要做到不同的组织文化要有一个统一的文化归属，这样才能够在对图书馆进行管理的过程中不断改进管理方法。如果多校区之间组织文化的冲突一直存在，那么不仅会影响到图书馆的管理，甚至对高校教学工作的开展都会产生不良的影响。

1.3 资源合理利用的问题

在多校区图书馆模式之中，每个图书馆内部的图书资源是不同的，其中每个校区都有其独具特色的图书资源，也不可避免地会出现资源重复的现象。在这样的情况下，如果图书资源不能都得到合理的利用，那么对多校区图书馆的管理就会形成一定阻碍。除此之外，多校区资源的合理利用，还包括了人力资源以及设备资源管理的问题。其中，图书馆人力资源的管理是非常重要的一个环节，这主要是由于高校的合并过程中必然会导致图书馆的机构重复设置的问题，这就意味着有很大一部分的人力资源并不能得到充分的利用，导致部分校区人力资源过剩，部分校区人力资源十分紧缺的现象。在设备资源方面，就是指现代化的图书馆内含有的图书现代化设备，这些设备在多校区图书馆的运营当中，必然有一部分会闲置或者过度运用，由于这些设备的价格往往是十分昂贵的，因此，这就导致了多校区图书馆在运营的过程中存在着成本加大的问题，对图书馆的管理工作十分不利。

2. 多校区图书馆管理存在问题的解决出路

2.1 探索科学化管理模式

经过前文的分析可以得知，在多校区图书馆的管理方面，管理模式过于单一化是存在的首要问题，因此，高校图书馆一定要对管理模式的创新投入更多的精力，不断探索科学化的管理模式就是一条有效的解决出路。所谓的科学化的管理模式，就是要根据学校的建设、整体的规划布局等因素，与自身优秀的学科特色相结合，在最大程度上实现人、财、物的有效利用。多年的工作经验表明，在多校区图书馆的管理模式中，“总分馆制”就是最有效的管理模式。总馆作为最核心的图书馆，要设立在图书资源较为丰富、历史比较悠久的校区，这样更便于更多的读者找到自己需要的图书资源，在行政管理方面也会起到一定的辐射作用。正确处理好总馆与分馆之间的关系，对于提高多校区图书馆的管理水平具有推动作用。

2.2 加强文化融合

针对多校区图书馆管理工作中组织文化冲突的问题，采取多种方法加强文化的融合就是最好的解决出路。所谓的文化的融合，必须要建立在“一个中心馆”的基础上，在总馆的领导下，所有的分馆要遵循平衡发展的原则。就目前情况来看，在短时间内要实现多校区图书馆组织文化的完全统一是不可能的，因此，对此项工作要做到循序渐进。要根据图书馆的馆藏特色和客观实际，提高馆员对其他图书馆的物质文化层面、制度文化层面、精神文化层面的心理认同感，只有这样才能够逐渐降低馆员在多校区图书馆的管理过程中心理产生的不平衡感，营造一个相对良好、和谐的工作范围，从而促进多校区图书馆管理水平的不断提高。

2.3 优化资源配置

在多校区图书馆的管理过程中，优化资源配置主要体现在三个方面：馆藏信息资源、人力资源以及设备资源。其中馆藏信息资源的优化，要做到在一个中心的基础上，根据不同图书馆的专业特色以及读者的结构特征，对信息资源进行统一分配，实现资源共享的目标。除此之外，要加强数字化的信息建设，各校区之间要建立统一的数据库，对数据进行整合管理。在人力资源的优化方面，要坚持“以人为本”的思想，在统一领导集体的领导下，进行公平的人岗匹配，对人力资源进行优化。设备资源优化方面，特别是在新馆的建设过程中，要在统一的系统管理中心和数据库服务的基础上，坚持统一的经费管理原则，对现代化的设备进行统一的购买和分配，实现设备使用率的最大化。

总而言之，就目前我国高校图书馆的情况来看，多校区图书馆在管理方面还存在着众多的问题，这就需要校方在总结经验的基础上，对发现的问题进行及时的解决，不断促进图书馆管理水平的发展。

参考文献

[1] 张良辉. 多校区高校图书馆建设及管理问题探讨——以四川农业大学图书馆为例 [J]. 科技情报开发与经济，2012 (1)：13 – 15.

[2] 吴桂华，帅敏. 论高校图书馆工作的“读者至上”理念 [J]. 中国电力教育，2009 (16)：176 – 177.

[3] 卞庆祥，崔淑萍，周宏月，杨明华. 多校区高校校内文献资源共享研究 [J]. 江苏科技大学学报：社会科学版，2005 (4)：100 – 103.

[4] 王群，褚艳秋. 图书馆组织文化研究 [J]. 图书馆建设，2005 (4)：40 – 42.

[5] 张海平. 高校合并办学过程中多校区图书馆建设与发展浅论 [J]. 图书馆，2005 (3)：93 – 94.

民办应用型本科院校图书馆社会服务可行性探索*

龚鹏飞

（广州工商学院图书馆　广州市）

摘　要：本文从分析民办应用型本科院校图书馆的社会服务现状出发，阐述了其社会服务的必要性，并对其社会服务的可行性进行了探索，以期对图书馆的社会化服务有实际的理论指导意义。

关键词：应用型；社会服务；图书馆

应用型本科院校自20世纪末扩招以来，在高等教育大众化的演进中担当着越来越重要的角色。应用型本科院校是地方经济、文化建设发展的重要支撑，主要为地方经济和社会发展服务。高等学校图书馆是学校信息化和社会信息化的重要基地，也是继续教育、终身教育的基地，在现代社会，担负着更多的社会教育职能。因此，高校图书馆如何服务社会已成为图书馆学领域研究的重要前沿课题之一。

1. 民办应用型本科院校图书馆社会服务现状分析

民办应用型本科院校大多都是由高职高专院校升格而来，因受其本身性质的限制，这类型高校的图书馆尽管文献资源的数量和质量有了很大的提升，但服务能力整体来说却略显不足，主要的工作仍是为校内广大师生的科研和教学服务，主动开展社会服务意识较差，对社会信息需求也很少进行调研和分析，开展的社会服务也只是停留在简单的送书阅览等服务上，缺乏与社会更深层次的接触与沟通。总之，民办应用型本科院校图书馆的社会化服务目前尚处于起步和探索阶段，服务程度还有很大的局限性，距离真正向社会读者开放的服务还有很大的差距。

2. 民办应用型本科院校图书馆社会服务的必要性

2.1　完善自身职能的需要

2002年教育部颁发的《普通高等学校图书馆规程（修订）》第21条明确要求，有条件的高等学校图书馆应尽可能向社会读者和社区读者开放。《教育部关于普通高等学校本科教学评估工作的意见》也把“图书馆面向社会服务”作为一项重要指标在评估体系中列出。这表明高等学校图书馆不仅要服务学校，开展社会服务也有着不可推卸的责任。作为高等教育一部分的民办应用型本科院校图书馆同样承担着社会服务的职能。因此，民办应用型本科院校图书馆应在服务好本校师生的前提下发挥自身的资源优势，拓宽社会

---

* 本文系广东省图书文化信息协会2016年度社会科学研究课题项目“民办应用型本科院校图书馆社会服务可行性探索”（项目编号：GDTWKT2016－43）系列成果之一。

服务领域，履行好社会服务职能，这不仅是适应社会发展的需要，也是完善自身职能和体现自身价值的需要。

2.2 地方经济建设的需要

只有用先进和优秀的文化武装人民群众的思想，才能满足广大人民群众多层次、多方面的精神需求，实现物质文明、政治文明和精神文明协调发展。因此，要促进地方经济发展和社会进步，就必须要进一步加强各方面人才的培养，不仅要专注专业知识的培养，更要注重人文素养的培养。而高校图书馆有深厚的文化底蕴，对地方文化建设有得天独厚的优势，因此，民办应用型本科院校图书馆作为集文化、教育、宣传、信息传播、服务于一体的社会文化机构，开展社会化服务传播新知识、新成果、新信息是时代的要求，是地方经济建设的需要。

2.3 全民阅读推广的需要

书籍是人类进步的阶梯。对个人来说，读书是摆脱庸俗、自我净化、自我完善、自我革新、自我提高的有效途径；对社会来说，读书是提升文化软实力、增强核心竞争力、促进社会和谐的重要内容。当前地方经济虽然发展了，但在建设学习型社会、加快社会主义文化建设的新形势下，物质的满足更激发了人民群众对精神的需求，他们对文化的渴求越来越强烈，特别是阅读已上升为人民群众迫切的文化需求之一。而民办应用型本科院校的社会化服务带去的阅读推广系列活动正好可以弥补地方政府在这方面的不足。

3. 民办应用型本科院校图书馆社会服务的可行性

3.1 服务领域开拓

民办应用型本科院校图书馆目前主要是为学校的教学和科研服务，服务对象主要是本校师生员工。但从今天的现实需要、时代要求以及学科发展的角度来看，为地方经济文化建设服务不单纯是政府和文化部门的事，也是社会公众的责任。[1]作为地方民办应用型本科院校图书馆，有责任、义务和能力为当地经济文化建设服务。因此，只要民办应用型本科院校图书馆转变观念，在为学校的教学科研服务的同时，树立起为社会主义文化建设服务的牢固意识，积极创造条件开拓新的服务领域，就可以给地方经济文化建设带来很大的促进作用。

3.2 馆藏资源丰富

民办应用型本科院校从建校初期的高职高专院校发展到现在的本科院校，有一定的办学历史，专业学科设置也合理化并逐渐形成了多学科特色，因此图书馆一般也形成了较为系统的专业学术文献收藏体系，并且文献更新速度快，可以满足不同层次读者的阅读需求。除了纸质文献资源的建设，图书馆根据时代的需求，还加强了数字文献资源的建设，读者可以根据自己的需求自行检索、下载相关的信息资源。图书馆还加强了与地方公共图书馆和其他高校图书馆的共建共享，大大地丰富了图书馆的文献资源。所有这些资源，经过图书馆的整合加工后，内容可靠、范围广泛、检索方便、下载迅速，图书馆可以通过“移动图书馆”将这些服务免费推送给社会广大读者。

3.3 网络环境优良

先进的网络技术为服务畅通提供保障，为提供更广范围、更深层次的服务提供了便利条件，为图书馆实现社会服务功能创造了机会。现代化的信息技术，使数字化图书馆事业得到大力发展，民办应用型本科院校图书馆更是在重点打造数字化服务平台。[2] 通过网络，读者不必到实体图书馆，就可以享受图书馆的信息服务，不仅能自行检索、下载自己需要的文献信息资源，还可以进行在线咨询，由专业的工作人员及时解答各种问题。

3.4 信息人才专业

当今世界，人类社会处于一个信息爆炸的时代，每天都接触海量的信息资源，但如何学习、如何去寻找信息和利用信息、如何评价所获得的信息等都需要具备一定的信息获取、分析能力。民办应用型本科院校图书馆在面向社会服务时配备一支具有专业学科背景和较强文献分析能力的信息人才队伍，就显得格外重要。图书馆的工作人员可以给广大社会读者提供专业的服务，通过了解读者的需求，为读者快捷有效地提供相关的文献资料，还能着眼于地方相关产业发展领域，提供深层次的文献开发服务，为地方经济发展提供科技情报服务。

3.5 推广途径多样

阅读推广活动是图书馆的一项长期的常态化的工作。图书馆可以利用自身优势，通过组织工作人员和大学生志愿服务队进社区进企业，为广大社会读者举办各种形式的阅读推广活动，比如展览会、学术报告会、公益讲座、培训班、图书漂流、信息素养教育、现场答疑等；图书馆还可以利用各种网络社交媒体，如微信、QQ 等，及时推送图书馆的各项线上服务，还可以根据读者的需求，邀请校内外的专家学者制作微课程，供广大社会读者线上学习。

4. 结　语

综上所述，民办应用型本科院校图书馆已充分认识到在信息化社会进程下开展社会化服务不仅是社会发展的必然趋势，也是高校自身发展的客观要求，因此，需要转变观念，适应时代发展的要求，以自身的资源优势和特色服务不断拓宽和延伸自己的服务职能。

参考文献

[1] 罗映红．地方本科院校图书馆为新农村文化建设服务功能拓展研究 [J]. 广东技术师范学院学报，2009 (5)：132.

[2] 曾丽娟，顾勇．地方本科院校图书馆社会服务功能探析——以常州工学院图书馆为例 [J]. 常州工学院学报，2016 (2)：69.

高等院校图书馆的阅读推广模式探讨

陈振宁

（广州工商学院图书馆　广州市）

摘　要：随着我国社会经济文明的进步，人们必须不断学习，紧跟时代的脚步，阅读就是人们学习的一个方式。大学生人文素养的发展有利于国家的发展。在大学中，图书馆保存了大量的知识，在阅读中占有很重要的地位。高等院校图书馆的阅读推广能够激发学生阅读的积极性，培养学生的阅读兴趣，提高学生的阅读水平和人文素养。本文通过分析高等院校学生的阅读现状，提出推广高等院校图书馆阅读模式的策略。

关键词：高等院校；图书馆；阅读推广模式；策略

引　言

阅读是人们进行交流、探讨、合作创新的重要方式。在信息社会，阅读的推广不仅仅影响到个人知识水平方面，而且影响到国家、民族之间的竞争力。阅读的大力推广有助于国家人文精神的建设。但近年来，大学生阅读具有功利性、娱乐性、盲目性的特点，使得高等院校图书馆需要采取一定措施进行阅读推广。培养大学生正确的阅读意识、提高大学生阅读兴趣成为高等院校图书馆的一项重要工作目标。

1. 高等院校学生的阅读现状

尽管国家非常重视图书馆在阅读中的作用，却没有产生明显的效果。互联网时代的到来，电子移动设备的使用，信息、知识的获得更加方便快捷，使学生的阅读工具、阅读方式发生了巨大的改变。人们几乎完全抛弃了传统纸质的阅读方式，依赖于电子设备如手机、平板电脑等，通过互联网获取信息。甚至有人认为只要有网络，那么所有信息都可以从中获得，图书馆、纸质书籍的存在完全没必要。这样的情况使得学生不愿意去图书馆阅读，图书馆的阅读者少之又少，纸质阅读量大大下降。同时，由于大学生没有正确的阅读意识，选择书籍时盲目性较大，所选的书籍多具有休闲性、娱乐性、功利性的特点。不少大学生喜欢看小说，大多是言情、武侠、玄幻等没有优质内容的小说。这些书对学生自身素养的提高毫无作用，进而导致大学生素质低下，影响着国家综合竞争力。

2. 高等院校图书馆阅读推广的有效措施

2.1　提高大学生的阅读意识

阅读是人们获得知识的重要途径。随着经济建设和传播知识途径的发展，传统的图书馆获取知识的方式已不再受欢迎，甚至出现完全抛弃纸质阅读的错误想法。这种错误的思想在于没有正确认识阅读的重要性，因此必须提高大学生的阅读意识。有了正确的阅读意识，就会培养出阅读兴趣，能对阅读书籍的选择起到重要作用。高等院校图书馆要提高大学生的阅读水平，让他们通过阅读经典作品，体会伟人精神，感受人生哲理，做对国家有用的人才。

2.2 创新院校图书馆阅读推广模式

阅读重要的是深层次阅读，从中挖掘内涵，得到体会。推广阅读，一是利用馆藏资源，举办阅读讲座。可以邀请校内外著名的阅读专家，为大学生进行名著的讲解，传授阅读经验，进行阅读性指导。讲座的举办可以揭示阅读的意义，对大学生的人生价值观产生影响，重要的是可以推荐图书馆的书，引起学生的阅读兴趣，让他们体会到中华知识的博大精深。二是举办阅读征文大赛。参加征文大赛，需要对书籍进行深阅读、深思考，肤浅的浏览达不到要求。这就需要大学生静下心来，用心去阅读书籍，进行深层次阅读，深度思考，体会其中内涵，再用自己的文字写出精美的文章。这样不仅使大学生对所读书籍有了自己的体会，调动了他们阅读的积极性，而且锻炼了他们的写作能力。三是开展“漂流瓶”活动。在每一本漂流书上贴上漂流卡，每一个阅读者读完后，都将书放于公共场所，等着下一阅读者来取走。但每一个阅读者必须根据漂流书上的漂流卡片在图书漂流网址上进行登记，书写自己的心得体会。漂流图书活动中图书不需要购买，不需要凭借书证，省时省力。这种活动在推广阅读的同时也传递出了真诚与友情。

电子设备的发展，使大学生大多采用网络的阅读方式，我们也可以利用电子设备来进行阅读的推广。随着微博、博客等平台的快速发展，院校图书馆可以建立阅读网站，通过这些平台推广阅读。在网站上建立交流平台，大学生参与阅读交流活动，与其他读者进行心得交流、分享。还可以通过网站来发布最新的数据资源，向读者推荐新书、好书，达到资源共享。同时可以充分利用网络方便快捷的优势，建立移动图书馆。每个学生都可以登录移动图书馆，查看书籍信息，选择自己喜欢的书籍，进行借阅，还可以在书上做批注、笔记，随时分享自己的阅读心得体会，真正做到随时随地阅读学习，培养阅读习惯，提高自身素质。

2.3 创造良好的阅读条件

良好的阅读条件对阅读的推广有重要的作用。一个良好的阅读条件，首先要有多样的阅读材料，健康、齐全的阅读书籍；其次要有良好的查询设备，使学生对于需要阅读的书籍能够方便快捷地进行搜索，准确找到书籍的位置，节省时间；最后要提供温馨舒适的环境，使学生能够在图书馆静下心来，轻松阅读自己喜欢的书籍。

3. 结 束 语

院校图书馆的阅读推广有很重要的意义，通过多样的推广阅读模式，可以培养大学生的阅读意识，激发阅读兴趣，让更多的大学生进入图书馆，利用丰富的图书资源学习知识，丰富自己的精神世界，培养自己的文化素养，成为栋梁之材。

参考文献

[1] 任贵华. 高职院校图书馆阅读推广模式创新研究 [J]. 开封教育学院学报，2016 (9)：226 – 227.
[2] 童玉妹. 高职院校图书馆的阅读推广模式思考 [J]. 赤子 (中旬)，2014 (18)：72 – 73.
[3] 莫杏梅. 高职院校图书馆阅读推广模式研究 [J]. 人才资源开发，2015 (10)：143 – 144.

“互联网 + 微视频”背景下大学生阅读推广策略研究

——以广州珠江职业技术学院为例

陆燕丽

（广州市珠江职业技术学院图书馆　广州市）

摘　要：文章对“互联网 + 微视频”背景下大学生阅读的现状进行了调查、深入探讨与分析，归纳了“互联网 + 微视频”阅读的优缺点，并针对性地提出了如何提升大学生阅读能力的建议。

关键字：互联网 +；微视频；大学生；阅读推广

莎士比亚曾经说过：“生活里没有书籍，就好像没有阳光；智慧里没有书籍，就好像鸟儿没有翅膀。”阅读对人成长的影响是巨大的，“腹有诗书气自华”，一本好书往往能改变人的一生。人的精神发育史，应该是他本人的阅读史；而一个民族的精神境界，在很大程度上取决于全民族的阅读水平。所以探讨当代大学生阅读状况和提升阅读水平，有着非常重要的意义。随着“互联网 +”时代的到来、新的阅读方式和阅读载体的出现，当前大学生的阅读也发生了很大的变革。网络媒体的发展带来了微视频阅读载体的飞跃发展，为了满足当前大学生阅读的需要，本文对“互联网 + 微视频”环境下大学生阅读的推广策略进行了探究。

1. “互联网 + 微视频”背景下大学生阅读的现状

为了了解“互联网 +”的时代背景下大学生阅读现状，在 2016 年我们针对在校大学生进行了以下几个方面内容的调查与分析：

1.1　读书喜好

2016 年 9 月，中国各地连续发生了几个大学生入学被骗的事件、大学生网贷严重后果的事件以及频频出现的大学生自杀、心理素质差等严重校园事件。类似的事件曾经也在报纸、杂志、网络媒体报道过，但是为什么还是会有同样类似的事情多次发生呢？可见大学生的信息素养比较低，自我保护意识比较薄弱。为此，我们对大学生课外阅读时间进行了调查，发现大多数学生阅读课外知识比较少，留意身边的事情比较少。他们只花时间在娱乐、游戏、购物等活动中。

表 1　大学生读书喜好情况表

阅读喜好程度	从不阅读	偶尔阅读	喜欢阅读
所占比例	55%	38%	7%

1.2 读书种类

在上述有阅读的学生当中，我们对大学生的阅读内容进行了调查。调查显示，他们比较倾向于现代网络虚幻小说，对于社交、时事、管理类书籍关注比较少，导致大学生阅读水平下降和生活意识薄弱。我们针对热门阅读状况进行了调查分析，结果如表2所示。可见很多学生除了看专业知识外，其他时间基本都是在看网络小说，比较不关心个人成长和生活经验等方面的知识，导致当代大学生综合知识素质比较低。

表2 大学生读书种类调查分析表

读书种类	网络虚幻的小说	社交	时事	管理	专业知识	其他
所占比例	27%	8%	3%	9%	43%	10%

1.3 读书媒介

通过对大学生读书媒介的调查发现，现在的学生较少去图书馆借纸质版书，觉得不方便，大多数选择在移动设备上看电子书、视频和音频之类的媒体书籍。近年来，百度、网易、腾讯等网络从早前推出的视频逐步向微视频和微声频媒体资源发展。微视频阅读越来越受读者的青睐。无论是教学资源还是课外阅读资源都逐步向微视频发展。大学生读书媒介的调查情况如表3所示。目前，大多数大学生都是看电子书籍，微视频的阅读量也逐渐增加。

表3 大学生读书媒介调查分析表

读书媒介	图书	电子书	视频	声频	微视频	微声频
所占比例	8%	42%	8%	7%	25%	10%

1.4 对微视频阅读资源要求

互联网时代的到来，单纯的文字书籍已经很难满足当代大学生的阅读要求，学生对文字阅读材料比较厌烦，这样也会导致大学生阅读能力下降和阅读效率降低。如何制作更好的微视频来吸引大学生的眼球呢？为此笔者同样也做了一份调查，总结出大学生对微视频阅读资源具有如表4所示的几点要求。

表4 微视频阅读资源要求情况分析表

1	时间短小，一般十分钟左右
2	声音要生动有活力
3	情景模拟
4	情节幽默吸引人
5	节奏适中，不宜太快或者太慢
6	视频清晰，突出亮点
7	色彩鲜明，不宜过艳或者过暗
8	主题鲜明，重点突出，废话少讲

2.“互联网＋微视频”的阅读特点

“互联网＋微视频”阅读比传统书籍更方便、更生动，具有更强的影响力，使读者看完之后具有更深刻的印象。大部分大学生认为看完文字书籍或者传统纸质书籍，效果不太好，字多，看完容易疲劳，容易忘记，阅读意义并不大。调查发现大部分大学生阅读完“互联网 + 微视频”阅读印象会比较深刻，具有比较强的教育意义，从而阅读意义也就比较大。“互联网 + 微视频”阅读具有以下优缺点：

2.1 优点

（1）方便快捷

微视频阅读在互联网时代，可以随时随地阅读，每个大学生都有手机或者电脑，从而为阅读提供了基础。所以微视频阅读不受时空限制，深受学生的喜爱。

（2）生动易学

微视频阅读内容简短，主题鲜明，生动的视频讲解使学生更容易接受；微视频具有动静结合的特点，比传统书籍更容易吸引学生的眼球；微视频化抽象为具体，文字与人物行动融为一体，更通俗易懂。

（3）感染力强

认知过程（cognitive process）是人对客观世界的认识和观察，包括感觉、知觉、注意、记忆、思维、语言等生理和心理活动。从认知过程的角度来分析，微视频比传统书籍文字更能刺激人脑并获得记忆。大多数学生都是觉得微视频比传统的文字阅读具有更好的学习效果，具有更强的感染力，具有更好的教育意义。

（4）微视频更具有吸引力

微视频具有短小、主题突出、观点明确、有声有色等特点，更符合大学生阅读需求，大部分学生都会乐于接受微视频并观看，所以说微视频阅读材料更能吸引大学生。如《父亲是个农民工》《乔布斯斯坦福大学演讲》《你养我长大　我陪你变老》等微视频在网络中播放量非常大，教育意义也非常大。大多数老师在课堂中也播放过类似的微视频，一个简短优秀的视频对大学生的教育意义很大。

2.2 缺点

①制作技术要求高。

②成本较高。

③需要网络共享资源。

④需要电子播放设备。

3. “互联网 + 微视频”背景下提升大学生阅读能力的建议

崇尚读书才能让民族的发展保持生命的活力，而大学生作为未来的主人翁，作为建设学习型社会的中坚力量，其阅读水平事关祖国的未来，事关民族的兴衰。针对“互联网 + 微视频”背景下如何提升大学生的阅读能力，主要提出如下建议：

3.1 培养学生具有阅读意识

很多大学生都是独生子女，不但交际比较少，就连对身边的时事都漠不关心，导致他们的生活经验素养、是非判别能力、综合素质比较低下。所以无论是家长、学校、社会各种媒介都有义务和责任向学生推广阅读的好处，提高学生的阅读意识。大学生自己本身也应该主动学习，通过阅读学习更多的知识。

让大学生明白读书是一种生活方式，可以净化心灵，可以令人成长进步；读书是一种工作责任，可以解决困难，可以让人修身慎行。

3.2 举行阅读相关的竞赛活动

在学校定期举行一些与阅读有关的竞赛活动，让更多的学生参与到活动中，并通过活动更好地宣传阅读的好处。借世界读书日，各地都举行一些活动促进大学生读书。如广州珠江职业学院图书馆举行了图书艺术造型比赛，此比赛让更多学生知道阅读的作用，鼓励更多人通过阅读提升自己的能力和知识。图1和图2都是学生的优秀作品。

图1 《成长道路》

图2 《帆》

3.3 提供微视频阅读资源库

微视频阅读比传统书籍具有更好的读书效果，更让人喜欢和接受，社会各界更应该建立有效的微视频阅读资源库，为大学生阅读提供帮助。资源库建设可以让更多作者发布资源，更多读者享受资源。学校或者教育机构、各地图书馆可以通过竞赛、奖励等方式鼓励更多的优秀教师、学者去建设优秀的微视频阅读资源库。

3.4 提高大学生“互联网 + 微视频”阅读能力

习近平在《求知善读，贵耳重目》（2006 年 3 月 1 日）中指出，一方面，读书要用“巧力”，读得巧，读得实，读得深，懂得取舍，注重思考，不做书呆子，不让有害信息填充我们的头脑；另一方面，也不能把读书看得太容易，不求甚解，囫囵吞枣，抓不住实质，把握不住精髓。培养大学生的阅读能力，应引导他们做到以下几点：

①巧选阅读资源，如提倡微视频阅读，多读名著、少看错别字多的网络小说。

②学会取舍，辨别真伪，取其精华，去其糟粕。

③养成读书的习惯，把读书作为一种爱好。

④合理利用时间，坚持不懈。

⑤保持求知若渴的态度。

⑥提高读书的效率和质量。

⑦读书时善于思考，善于总结，善于深化知识。

3.5 提高“互联网 + 微视频”阅读技巧

“互联网 + 微视频”阅读具有很多的优点，但是如果不懂得合理阅读，反而效果不好。所以对“互联网 + 微视频”的阅读要有辨别能力和良好的阅读技巧，才可以提升阅读的意义。提高“互联网 + 微视频”阅读技巧从下面几个方面努力：

①合理选取资源。

②根据需要阅读，不要随波逐流，要有自主选择的能力。

③学会搜索资源，通过搜索引擎搜索，并且学习一些搜索技巧。

④合理使用资源库，采用一些知名微视频阅读资源库。

⑤通过多看、多查、多交流的方式获取一些免费的阅读资源。

⑥合理选用知名度高的软件、网站、图书馆资源，学会辨别钓鱼网站和隐式扣费阅读 App。

⑦网络诱惑多，切莫贪小便宜。

4. 结　束　语

通过以上几点分析研究，我们认为当代大学生阅读能力较低，随着“互联网 +”时代的到来，我们有必要探讨新的阅读方式和阅读载体，提升大学生的阅读水平，培养大学生的阅读习惯。当前，通过对“互联网 + 微视频”阅读的相关探讨，对促进大学生阅读具有重要的意义。希望各位大学生自觉培养阅读的习惯，学习中华传统文化知识，发展创新思维，为国家做出贡献。

参考文献

［1］马可．大学生阅读品质的提升策略［J］．重庆与世界，2011（8）：67.

［2］孙保营．新媒介时代大学生阅读素养的培养困局及提升策略［J］．华北水利水电大学学报：社会科学版，2016（8）：107.

［3］张月娇，张世波．技能类微视频的设计与应用［J］．中国教育信息化，2017（2）：56.

［4］匡奕森．高校图书馆“互联网 + 阅读推广”模式的探索［J］．内蒙古科技与经济，2016（6）：56.

高职学生数字化移动阅读行为研究*

马航通[1]　周　逊[2]

（[1]广州松田职业学院图书馆　广州市；[2]广州珠江职业技术学院图书馆　广州市）

摘　要：本文通过采用观察法、文献法、问卷调查法对在校高职学生的数字化移动阅读情况进行调研后发现，大部分高职学生进行移动阅读的工具是手机，哪怕购买了电子阅读器的学生也是以手机阅读为主。那些购买了电子阅读器的学生在手机阅读中呈现一些特点，如更强的阅读意愿、更具计划的阅读时间、更强的阅读动机等。男生、女生在阅读内容方面呈现不同偏好，男生更关注社会、金融、电子、机械等方面的内容。女生更关注小说、时尚、健康等方面的内容。在对待阅读中所出现的广告内容方面，男生比女生体现出更高的容忍度。

关键词：移动阅读工具；移动阅读内容；高职学生；移动阅读行为规律

1. 引　言

1.1　数字化移动阅读界定

数字化移动阅读指使用移动终端进行的所有数字化的阅读行为，包括通过手机浏览网站，以及阅读报纸、杂志、微博、微信的文章等。通常阅读途径有以下两种：①在移动终端（主要是智能手机）上安装阅读软件，如熊猫读书、QQ阅读。这样做的好处是成本低，一般不用重新投资就可以获得阅读体验，而且方便携带，可以极大地提高“碎片时间”的利用率。②使用专用的电子书阅读器（比如Kindle等）。电子书阅读器的好处也比较直观：贴近真纸阅读，不伤眼，无辐射；而且电子书资源无所不包。缺点是：需要资金购买；便携性稍逊一筹。

1.2　研究意义

随着信息技术的发展，数字化阅读使阅读变得更加便利、阅读成本更低，因为更能利用碎片化的时间进行阅读，使得阅读效率也提高不少。据中国社会科学网报道，截至2015年，中国活跃的数字化移动阅读用户有5.9亿人，移动阅读市场巨大，机会更多，目前已经成为众多企业争夺的市场。随着市场竞争加剧，市场被瓜分，要想要在移动阅读市场中占有一席之地，必然向个性化小众市场发展，目标人群更加具体，因此，提供的阅读内容需更具有针对性。

在中国应试教育的影响下，一般高职层次的学生基本上属于高考中比较落后的一部分学生，无论是在理论学习能力还是学习动力上都比本科层次的学生至少低一个档次。对于这部分学生的阅读情况的了解，有助于发掘高职学生移动阅读方面的行为规律、阅读动机、阅读内容等，为具有针对性的数字化出版决策提供参考。

* 广东省图书文化信息协会课题“高职学生数字化移动阅读行为研究”（项目编号：GDTWKT2016-48）的成果。

2. 研究方法

本文所采用的定性研究方法有观察法、文献法，定量化的研究方法有调查法。

2.1 观察法

通过观察高职学生在平时生活和学习中对书籍的阅读情况发现，只有极少数的学生有课外阅读的习惯，绝大部分的高职学生对纸质书籍的接触只限于教材，并且很大一部分高职学生对教材的阅读也是非常有限，而且阅读的主要动机是老师要求或是需要完成作业等；所以，对于纸质书籍的阅读情况非常不乐观。与此相应的是，相当一部分高职学生每天花很多时间在浏览手机，包括浏览互联网内容、手机阅读相关 App 内容等。基于高职学生阅读方式主要以移动电子终端阅读为主，所以将研究范围界定为高职学生数字化移动阅读行为规律、影响因素等的研究。

2.2 文献法

主要查阅国内相关研究的文献，了解大学生对手机使用的情况，尤其是使用手机阅读方面的情况。从所查阅资料看，有不少针对大学生手机阅读或是移动阅读的研究，但是都基于本科层次的大学生的调研或是默认本科层次的大学生，针对高职学生移动阅读的调研非常少。鉴于高职大学生与本科层次大学生不同的特点，有必要针对性地研究高职大学生在数字化移动阅读方面的行为规律。

2.3 问卷调查法

基于观察法所得，每个高职大学生都至少拥有一部智能手机，没有智能手机的高职大学生都是极个别的或有特殊原因，所以在进行问卷调查前，假设每个高职大学生都至少拥有一部智能手机。本次调查同时采用信息调查方法，基于“问卷星”设计网络调查问卷，收集数据时，过滤非在校高职大学生，对在校高职大学生也分两类进行调查，一类是针对常用手机进行数字化移动阅读的在校高职大学生，另一类是有手机，但常用电子阅读器进行阅读的在校高职大学生。基本逻辑见图 1。

本调查利用时下最流行的聊天工具微信进行问卷收集，通过后台设置每部手机只能填写一次问卷。

3. 结果分析

3.1 调查结果概述

本次调查共收到问卷 552 份，其中有效问卷 515 份，其中共有 1 份调查来源是来自电脑互联网直接访问的，其余均来自于手机访问调查；被调查者所在地区主要在广东，共有 509 份有效问卷；性别分布方面，男生 254 名，占 49.32%，女生 261 名，占 50.68%，男女比例基本持平；被调查学生所学的专业，主要有管理类专业、财会金融类专业、机械工程技术类专业等。

3.2 分析

以下分析都是在 515 份有效问卷的基础上进行的。

3.2.1 阅读工具的调查分析

当问及“除了手机以外，您还有没有其他阅读器”时，有 127 人选择了“有”，然后这 127 人在题目

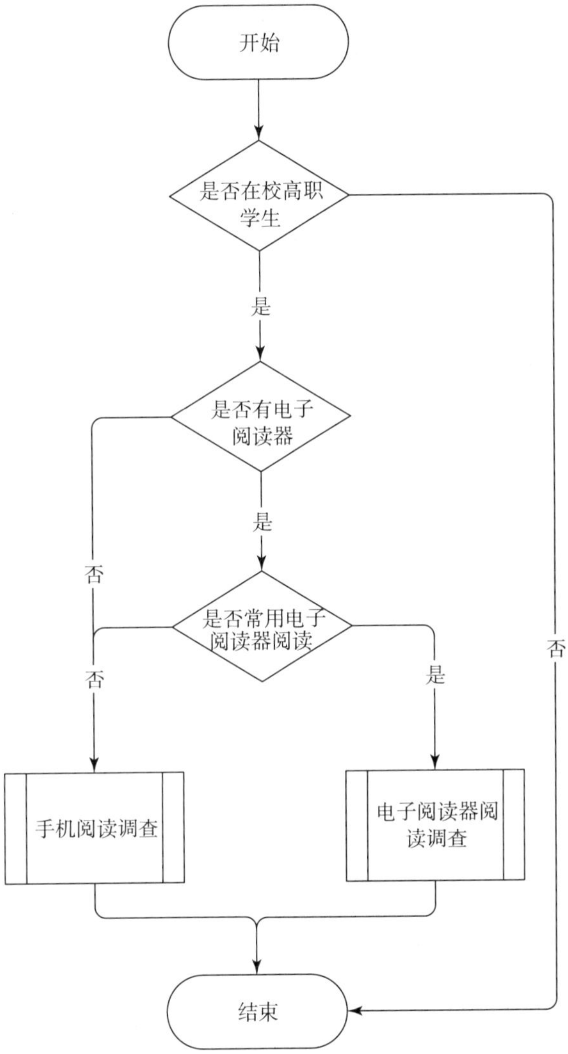

图 1 调查问卷逻辑图

“您用手机阅读多，还是电子阅读器阅读多”中，有 114 人选择了“手机”，占 89.76%。由此可见，拥有电子阅读器的高职学生并不少，将近 25% 的学生拥有电子阅读器，但是在阅读的使用上，还是以手机阅读为主。

对拥有电子阅读器学生的阅读情况与没有电子阅读器学生在手机上的阅读情况进行交叉分析对比：

（1）以“除了手机以外，您还有没有其他阅读器”为自变量

$$X_1 = \begin{cases} \text{有} \\ \text{没有} \end{cases}$$

因变量 Y_1 为“每个月在阅读上的花费”的选项（单选题），交叉分析结果如下：

表 1 阅读工具交叉分析结果 I

X_1/Y_1	我读书从来不花钱 Y_{11}	10 元以内 Y_{12}	30 元以内 Y_{13}	50 元以内 Y_{14}	100 元以内 Y_{15}	100 元以上 Y_{16}	小计
有	45(35.43%)	24(18.9%)	11(8.66%)	12(9.45%)	10(7.87%)	12(9.45%)	127
没有	204(52.58%)	68(17.53%)	50(12.89%)	28(7.22%)	26(6.7%)	12(3.09%)	388

表 1 中数字计算方法：当 X_1 ＝“有”时，$Y_1=\sum_{1}^{6} Y_{1i}=127$，其中 $Y_{11}=45$，$\frac{Y_{11}}{Y_1}=35.43\%$，其余交叉分析数据的计算方法相同（下同）。

从表 1 中，只有一组数字 Y_{13}，没有电子阅读器的学生比拥有电子阅读器的学生在手机阅读上花更多的钱，其余的都是拥有电子阅读器的学生比没有电子阅读器的学生在手机阅读上更愿意花钱。一般而言，利用手机阅读有更多免费的资源可供阅读，而电子阅读器的内容一般为电子书籍，需要花钱购买，免费阅读资源相对较少，按此推理，拥有电子阅读器的学生对付费阅读接受程度较高。

（2）以“除了手机以外，您还有没有其他阅读器”为自变量

$$X_1=\begin{cases}\text{有}\\ \text{没有}\end{cases}$$

因变量 Y_2 为“你阅读的原因、动机”的选项（多选题），交叉分析结果如下：

表 2　阅读工具交叉分析结果 Ⅱ

X_1/Y_2	读我感兴趣的内容 Y_{21}	无聊，用于打发时间 Y_{22}	与我学习相关 Y_{23}	与我专业相关 Y_{24}	对未来发展、工作等有帮助 Y_{25}	小计
有	97(76.38%)	35(27.56%)	43(33.86%)	53(41.73%)	59(46.46%)	127
没有	331(85.31%)	152(39.18%)	115(29.64%)	129(33.25%)	179(46.13%)	388

从百分比数字看，Y_{21} 和 Y_{22} 两组数据，没有电子阅读器的学生比拥有电子阅读器的学生更高；而在 Y_{23} 和 Y_{24} 两组数据，拥有电子阅读器的学生比没有电子阅读器的学生高；在数据 Y_{25} 中，基本持平。

表 2 数据表明，拥有电子阅读器的学生在移动阅读上目的性、阅读动机都相对比较强，随意性阅读比较少。

（3）以“除了手机以外，您还有没有其他阅读器”为自变量

$$X_1=\begin{cases}\text{有}\\ \text{没有}\end{cases}$$

因变量 Y_3 为“每天大概花多长时间在阅读上”的选项（单选题），交叉分析结果如下：

表 3　阅读工具交叉分析结果 Ⅲ

X_1/Y_3	30 分钟内 Y_{31}	1 小时内 Y_{32}	2 小时内 Y_{33}	不知道，有时间就会看 Y_{34}	不知道，不能上网、不能打游戏、不能看电影的时候我才阅读的 Y_{35}	小计
有	8(6.3%)	30(23.62%)	20(15.75%)	52(40.94%)	4(3.15%)	127
没有	48(12.37%)	52(13.4%)	45(11.6%)	229(59.02%)	14(3.61%)	388

从表 3 中看出，拥有电子阅读器的学生在 Y_{32} 和 Y_{33} 两组数字百分比较高、在 Y_{34} 百分比较低，可以看出，拥有电子阅读器的学生在阅读时间安排上较有计划性、目的性。

（4）以“除了手机以外，您还有没有其他阅读器”为自变量

$$X_1=\begin{cases}\text{有}\\ \text{没有}\end{cases}$$

因变量 Y_4 为“您觉得用手机进行阅读的好处是”的选项（多选题）、因变量 Y_5 为“您觉得用手机阅读有哪些不好”，交叉分析结果分别如下：

表 4　阅读工具交叉分析结果 Ⅳ

X_1/Y_4	方便，随时随地可以阅读 Y_{41}	可读内容多，范围广 Y_{42}	成本低 Y_{43}	其他 Y_{44}	小计
有	96(75.59%)	79(62.2%)	54(42.52%)	2(1.57%)	127
没有	360(92.78%)	253(65.21%)	202(52.06%)	1(0.26%)	388

从表 4 可以看出，高职学生认为手机阅读的好处主要在于方便，可以随时随地进行阅读，可选择内容

多、范围广，阅读成本低。学生的业余时间是零碎的，出现空余时间的空间是不确定的，而且手机作为随身携带的工具是实现随时随地阅读的最佳工具。

表 5　阅读工具交叉分析结果Ⅴ

X_1/Y_5	阅读内容零碎 Y_{51}	损害健康 Y_{52}	阅读时干扰太多 Y_{53}	谣言太多 Y_{54}	其他 Y_{55}	小计
有	53(41.73%)	51(40.16%)	61(48.03%)	55(43.31%)	6(4.72%)	127
没有	170 (43.81%)	156(40.21%)	192(49.48%)	171(44.07%)	15(3.87%)	388

手机阅读的弊端主要是阅读内容零碎、不系统，手机阅读有损健康，手机阅读时干扰太多，手机里随处可见只为吸引眼球的谣言文章等。

3.2.2　阅读内容的调查分析

（1）以“性别”的选项为自变量 X_2、“阅读内容”的选项为因变量 Y_6 进行交叉分析，结果如下：

表 6　阅读工具交叉分析结果Ⅵ

X_2/Y_6	社会新闻 Y_{61}	财经新闻 Y_{62}	小说 Y_{63}	时尚 Y_{64}	运动 Y_{65}	健康 Y_{66}	冷知识 Y_{67}
男生	173 (68.11%)	59 (23.23%)	101 (39.76%)	73 (28.74%)	110 (43.31%)	83 (32.68%)	68 (26.77%)
女生	164 (62.84%)	38 (14.56%)	117 (44.83%)	130 (49.81%)	74 (28.35%)	133 (50.96%)	55 (21.07%)

X_2/Y_6	电子产品 Y_{68}	汽车 Y_{69}	与学习相关的内容 Y_{610}	订阅的杂志 Y_{611}	无所谓，随便看 Y_{612}	小计
男生	73(28.74%)	86(33.86%)	64(25.2%)	33(12.99%)	67(26.38%)	254
女生	33(12.64%)	17(6.51%)	100(38.31%)	58(22.22%)	64(24.52%)	261

交叉分析可得，男生、女生在阅读内容喜好方便有所不同，男生偏向关注“社会新闻”“财经新闻”“运动”“电子产品”“汽车”方面的内容，女生偏向关注“小说”“时尚”“健康”“学习相关”“订阅杂志”方面的内容。

（2）以“性别”的选项为自变量 X_2、“手机阅读渠道”的选项为因变量 Y_7 进行交叉分析，结果如下：

表 7　阅读工具交叉分析结果Ⅶ

X_2/Y_7	AppY_{71}	直接打开浏览器进行阅读 Y_{72}	微信公众订阅号 Y_{73}	微信朋友圈 Y_{74}	电子杂志 App Y_{75}	其他 Y_{76}	小计
男生	59.84%	57.09%	55.51%	49.21%	17.72%	8.27%	254
女生	56.7%	56.70%	65.90%	55.94%	21.07%	14.56%	261

从表 7 中男生、女生在阅读渠道选择上有明显区别的是更多女生选择“微信公众号”“微信朋友圈”作为阅读渠道，而男生在渠道选择上无明显的特点。

（3）以“性别”的选项为自变量 X_2、“对阅读中出现的广告的态度”的选项为因变量 Y_8 进行交叉分析，结果如下：

表 8　阅读工具交叉分析结果Ⅷ

X_2/Y_8	有趣我会喜欢 Y_{81}	讨厌 Y_{82}	无所谓 Y_{83}	小计
男生	34 (13.39%)	174 (68.5%)	41 (16.14%)	254
女生	26 (9.96%)	192 (73.56%)	40 (15.33%)	261

对于有趣的广告男生更喜欢；对于阅读中出现的广告，女生表现出更多厌恶的情绪。总体而言，男生

比女生对广告的容忍度更高，更能接受阅读中所出现的广告。

4. 结　论

大部分的在校高职学生都利用手机来进行数字化的移动阅读，主要利用电子阅读器来完成日常阅读需求的高职学生并不多，即便有一部分学生购买了电子阅读器，但仍然以手机为主来完成日常的阅读行为。拥有电子阅读器的同学体现在以手机作为工具的阅读行为上的特点是：阅读意愿更强、更有计划性、更具阅读动力。但是在实际阅读中，购买了电子阅读器的高职学生觉得手机具有阅读更方便、成本更低等特点，所以仍然以手机阅读为主。至于影响因素还有哪些、如何使更多的在校高职学生有更强的阅读意愿等有待进一步调研。

在校高职男生、女生在数字化移动阅读内容方面偏好有所不同：男生更多关注社会、经济金融、电子产品、汽车等阅读内容；而女生更多关注小说、时尚以及与自身相关的内容，如健康等；女生比男生对某一领域内容能更持久地关注，如更多女生订阅电子杂志；在阅读渠道方面，女生比较偏好微信订阅公众号和微信朋友圈，而男生在选择阅读渠道上显得随意，无明显偏好；此外，对待阅读中所出现的广告，男生比女生体现出对广告更高的容忍度。

参考文献

[1] 茆意宏．论手机移动阅读［J］．大学图书馆学报，2010，28（6）：5－11.

[2] 袁曦临，王骏，孙雅楠．基于PAD的移动阅读行为及阅读体验实证研究［J］．图书馆杂志，2013，32（3）：22－27.

[3] 黄晓斌，付跃安．基于用户体验的移动阅读终端可用性评价［J］．图书馆论坛，2011，31（4）：6－9.

[4] 吴丹，陆柳杏．移动阅读工具对大学生学术文献阅读效率的影响研究［J］．数据分析与知识发现，2017，1（1）：64－72.

[5] 吴丹，冉爱华．移动阅读应用的用户体验比较研究［J］．现代图书情报技术，2015，31（7）：73－79.

[6] 阚德涛．基于个体特征的大学生移动阅读行为影响因素差异分析［J］．现代情报，2016，36（6）：87－90.

[7] 陈化，朱海燕．基于智能手机的大学生移动阅读现状调查与分析——以江苏省部分高校为例［J］．出版科学，2015，23（4）：69－72.

云计算环境下的图书馆的挑战与对策研究

李曙光

（广州体育学院图书馆　广州市）

1. 本课题国内外研究现状述评及研究意义

云计算（Cloud Computing）是现代信息技术飞速发展的产物，它是将分布式处理器资源和计算机产品中的海量数据进行无缝整合，从而达到协同工作目的的一种计算机理念。概括地说，目前的计算机依靠计算机的硬件（包括硬盘、CPU、显卡、内存等）进行单机计算，通过单机的计算机软件进行各种应用，单机计算能力和服务水平受到很大的限制；而新一代云计算的目的，是依靠 B/S 架构，把计算压力从电脑客户端转移到服务器端，计算服务也将由技术提供商进行远程支持。

2009 年 4 月 23 日，全球最大的提供文献信息服务机构之一 OCLC（联机计算机图书馆中心）宣布正将世界各地成员图书馆的内容、技术和专家能力结合起来，创建首个基于 WorldCat 书目数据的“Web 规模协作型图书馆管理服务”。OCLC 的这种协作型图书馆管理服务就是云计算在我们图书馆领域的一种实际运用。

我们以“云计算”和“图书馆”为篇名主题词，共在中国知网期刊全文库检索到 326 篇论文，博硕论文库检索到 7 篇学位论文。最早一篇关于云计算在图书馆的应用文章发表于 2009 年，可见学术界研究云计算在图书馆的应用方兴正艾，我们有必要在该领域进行更深入细致的科学探索与研究。

云计算技术应用于图书馆将会给图书馆带来一系列革命性的变化，有非常重要的价值和意义，主要体下在以下几个方面。

1.1　云计算极大地降低图书馆的建设和运行成本

各个图书馆无须购买大量的硬件设备和软件系统，可以节约大量的设备成本；同时我们不必担心服务器崩溃的状况，因为服务器由我们的运营商负责技术保障。各个图书馆仅仅需要一个浏览器就能够满足图书馆读者的所有需求，其他事情将由云计算服务提供商代为解决。云计算在图书馆的广泛应用不但能提高图书馆的管理与服务效率，还能够最大限度地降低图书馆的建设和运行成本。

1.2　为图书馆提供超强的数据资源存储能力

云计算的最大好处就是为图书馆提供了强大的资源存储空间。云存储技术的出现解决了图书馆数据资源存储的巨大瓶颈和障碍。计算机云存储可对各个图书馆的各类信息数据进行统一查看和管理，使图书馆分布式的远程服务便捷地提供给广大读者。图书馆在云计算环境下，云存储技术改变了传统的信息服务方式，改变了传统的图书馆管理方式，实现了中央数据库和各个图书馆终端之间更紧密的应用整合，并可以更快捷简便地管理图书馆的信息资源，为未来图书馆的巨量存储提供了技术支持。

1.3　云计算能够使图书馆真正实现信息资源共享

图书馆管理与服务在云计算环境下能够使资源和服务得到便利的共享。各个终端图书馆的信息资源将存储在“云”端，汇集在云服务器中，“云”里成千上万台服务器在为各个图书馆的所有用户服务。云技术在图书馆信息服务中的应用使读者的信息需求获得最大的满足，从而实现更大范围的图书馆信息资源共享。另外，通过运用云计算模式，全省、全国乃至全球的各个图书馆可以将各自的资源存储在“云端”，共同构筑信息共享空间，有力地提高了信息资源利用的效率。

1.4　提高图书馆工作效率，有利于馆员开发新的业务领域

在云计算管理与服务环境下，单个图书馆中几乎所有管理支持系统、资源存储系统、业务管理系统、资源服务系统都可由云计算服务提供商来协同运作，大大地提高了图书馆的工作效率，使图书馆的专业人员有更多的时间来专注图书馆核心业务，为图书馆的发展带来了广阔的空间。

2. 云计算对图书馆事业带来的挑战

计算机技术的每一次革新都会对图书馆的管理与服务模式带来深刻的变化和严峻的挑战。大家都知道计算机搜索引擎技术的出现已经对图书馆的传统技术带来了巨大的威胁和挑战，搜索引擎简便的用户界面，还有它的数据库信息组织和信息披露的能力超过了图书馆的传统技术方法，甚至威胁到图书馆的存在。新一代云计算技术由谷歌等公司率先提出，将进一步促进计算机搜索引擎技术的快速发展，图书馆危机论再度出现在我们的视野。云计算是否就是图书馆危机的技术呢？我们认为云计算对图书馆的影响应该辩证地看待。任何技术的发展对图书馆的影响都是双方面的：先进的技术可以推动图书馆在管理与服务方面的变革，从而提高图书馆管理的效率。反过来，新技术也会对传统的图书馆管理与服务方式起到淘汰的作用，甚至会像有些人认为的颠覆图书馆。其实自图书馆产生以来已经有几千年历史，新技术的发展从来没有颠覆图书馆，反而促进了图书馆事业的不断发展。

当然，云计算还是会对图书馆带来巨大的冲击，主要有信息安全、数据安全、信息服务标准、知识产权等方面的问题，图书馆应该积极地面对这些问题并提出切实可行的解决方案。

3. 云计算环境下图书馆信息资源整合

云计算的发展对图书馆的信息资源存取方式带来了巨大的变革，以前图书馆的信息资源都是单个图书馆的信息资源各自存放，云计算出现之后各个图书馆都会把资源集中存储在云端，也就是云服务器中，或者各个图书馆从云服务商处购买信息资源。云计算环境下，传统的信息资源存储方式已经不能适应新技术下的服务，那么就必须把原有不同格式、不同图书馆的信息资源进行整合。所谓云计算图书馆信息资源整合，是指根据云技术的相关标准和要求，通过云技术把不同标准和不同通信协议的原有信息体系完全融合，使各种类型、各种格式的数据信息资源实现无缝对接。经过云技术整合的图书馆信息资源系统，具有统一的平台检索功能，是一种跨平台、跨数据库、跨内容的云计算环境下的新型信息资源体系。

3.1　云计算环境下的数据库整合

各个图书馆建立的数据库是按照各自的需要建立的，所以它们没有统一的标准，形成了各种结构、各种代码不同的数据库。在云计算环境下，我们必须将各单位标准各异、结构不同的数据库进行整合来实

现各种数据库的无缝链接，从而形成一个新的有机整体。在云计算的相关技术整合下，对重复数据进行剔除，从而形成一种新的云服务器环境下的统一的信息资源体系。

3.2 云计算环境下的系统整合

云计算环境下，我们通过云技术将各种结构各异、标准各异的信息系统进行整合。传统环境下，各个图书馆各自按照需要建立了标准各异的应用系统。而云计算环境下，我们各个图书馆都会使用统一的云服务器和云应用系统，各单位不再需要自己的应用系统。云计算环境下，我们通过对图书馆计算机应用系统和信息资源进行分解和重组，使其在数据库组织结构和应用系统表达方式等方面趋于一致，建成一个统一的信息资源管理平台。

建立了统一的云计算应用系统之后，各个图书馆只需购买云计算系统的使用权，就可以在本馆的终端系统登录云端（云系统），用户的数据也统一保存在云系统。云计算所独具的海量数据计算和处理能力保证了新一代网络环境下强大的云计算能力，能够高速完成很多普通计算无法完成的信息处理。

3.3 云计算环境下的检索方式整合

云计算环境下，图书馆的检索方式有所改变。云计算环境下提高了数据存储的可靠性，图书馆一站式检索服务平台能够给读者提供全方位的检索方式，还可以全面支持各种检索运算符以及多组合检索，从而使读者精确定位信息。同时云计算环境下，各图书馆数据可以实时同步传递，使用网络上任何终端设备即可通过 Web 使用。因此云计算环境下，图书馆的检索方式得到了有效的整合，真正实现了网络环境下的一站式检索。

3.4 云计算环境下的技术整合

由于各个图书馆在此前按照各种技术标准建立了本馆的数据库，这使图书馆之间的信息共享受到了很大的影响，各图书馆构建了标准各异的数据库形成了事实的信息孤岛。新一代云计算环境下对多种应用于资源整合的技术进行合并，对异构数据库进行整合，有效地解决了信息孤岛问题。

云计算环境下使图书馆读者只要学会用简单的网络浏览器，就可随时随地享用云计算提供的各种便捷的云服务，不必为安装和升级计算机中的各种应用软件劳神费力。云计算所独具的海量数据计算和处理能力保证了新一代网络环境下强大的云计算能力，能够高速完成很多普通计算无法完成的信息处理与信息检索。

3.5 云计算环境下的协议标准整合

云计算针对以前图书馆各种不同的数据结构方式和网络通信协议，通过云计算的技术整合手段，使各个图书馆采用不同访问协议和各种不同标准的异构数据库在云计算的统一服务平台上实现集成检索或者一站式检索。云计算环境下，各种体系的技术和协议标准实现了云的统一，使各个图书馆的信息共享更为便利和快捷。

4. 云计算环境下的图书馆建设与对策

4.1 云计算环境下的云基础设施服务的图书馆资源建设

在云计算环境下，基础设施的建设是我们实现云计算服务的根本条件。基础设施的云服务即 IAAS，也称为硬件即服务，主要是提供底层的云技术平台以及核心的云服务。Amazon、Google、Sun、IBM 等都属于这类。我们要采用各种最先进的硬件来构建图书馆的云基础设施，只有把云计算的基础设施构建好，才能使图书馆的读者享受到各种快速、便捷的云服务。

4.2 云计算环境下的 SAAS 服务与图书馆资源建设

构建好云计算的基础设施后，我们就要为云计算采用先进的软件系统。软件服务（SAAS）是基于云计算的一项重要云服务。通过 Internet 网络提供软件的模式，云服务提供者将各种云应用软件统一部署在自己的中央服务器上，图书馆使用者可以根据自己实际需求定制软件服务。

在云计算环境下，我们图书馆的需求得到了有效的释放，图书馆可以根据自己的业务需求来定制最优秀的系统软件。有了云计算软件，我们图书馆的读者可以自由地使用软件来满足自己的信息需求。云软件系统改变了以前各个图书馆都有各自的软件系统、各种标准不一的界面，使我们的读者有了一套标准的、更好用的软件系统。

4.3 云计算环境下的云存储服务与图书馆资源建设

云计算技术的出现是计算机技术的一个伟大创新。云计算除了有超大容量的云存储空间，能够存储海量的信息数据，它还通过集群应用、网格技术或分布式文件系统等云技术，将互联网中各种不同类型的存储设备通过云应用软件集合起来协同工作，共同对外提供数据存储和图书馆业务访问功能。所以云计算通过统一的中央服务器与分布式的云存储系统，将网络中的各个图书馆的原有数据资源进行整合，统一存储在“云端”，通过云应用系统提供给网络中的图书馆读者使用，在真正意义上实现了云环境下的信息资源共建共享。

5. 云计算环境下的图书馆信息服务优势

随着云计算技术的发展和图书馆服务理念的更新，云数字图书馆的信息资源服务将朝着一体化的交互式信息服务模式发展，云计算环境下的图书馆信息服务特点主要包括以下几个方面：全方位的读者用户交互服务、精准的智能信息检索服务、一站式的信息服务、多层次的用户信息服务。

在云计算环境下，图书馆的读者用户获得的是全方位的交互式服务，能够和云环境下的馆员、资源商、数据资源等各种要素进行实时互动，在云环境下用户获得了极大的信息获取自由并能够随时获得云端专家的帮助。

精准的智能检索使云计算环境下的图书馆信息服务有一个重要特点，云计算系统会自动搜集、比较和评价，来实现关键词检索相关的各种资源，通过智能推理，为特定读者给出最佳的检索结果。

云计算环境下的图书馆信息服务将实现统一平台、统一检索入口，并在各个图书馆实现用户统一认证，构建云环境下一体化的图书馆信息服务。云技术通过对各图书馆异构数据库的整合形成统一检索平台，可以帮助读者同时在多个异构数据库中进行检索，并同时得到多个数据库的结果，实现了云计算环境下图书馆信息检索服务的一站式登录与检索，大大提高了图书馆信息检索的效率与速度。

云计算系统还通过中央服务器认证中心向读者发放数字证书，即读者在网络中的唯一身份标识来实现云环境下跨系统的统一用户认证，实现对图书馆读者身份的确认。

6. 本课题的重点难点、主要观点和创新之处

本课题的重点难点在于各系统各类型图书馆之间资源整合、服务整合以及他们之间的产权冲突；课题的主要观点和创新之处是最大限度地利用云技术整合图书馆资源为全社会读者提供全方位、多层次、精准的智能化服务。

参考文献

[1] 魏达贤，谢强. 基于云计算的国家数字图书馆基层“服务云”研究 [J]. 国家图书馆学刊，2012 (4)：40－47.
[2] 宋戈，魏志鹏. 基于云计算的图书馆建设与服务发展 [J]. 图书与情报，2011 (1)：79－81，134.
[3] 李硕，李秋实. 云计算在图书馆联盟中的应用探讨 [J]. 图书馆工作与研究，2011 (5)：36－42.
[4] 王长全，等. 云计算环境下数字图书馆信息资源安全策略研究 [J]. 情报杂志，2010 (3)：184－187.
[5] 王长全，艾雰. 云计算环境下的数字图书馆信息资源整合与服务模式创新 [J]. 图书馆工作与研究，2011 (1)：48－51.

高职院校图书馆志愿者服务管理初探

苏东华

（广州体育职业技术学院图书馆　广州市）

摘　要：本文介绍了高职院校图书馆志愿者服务的基本情况，以及引入志愿者的主要作用，分析了高职院校图书馆志愿者服务管理存在的问题，最后提出了完善图书馆志愿者管理工作的途径。

关键词：高职院校；图书馆；志愿者服务

引　言

随着社会公共文化服务体系的不断完善，图书馆承担的业务更多、服务的对象更广，图书馆现有人力资源已无法满足日益增长的业务需要，因而，将志愿者队伍引入图书馆各项服务之中，既是和谐社会发展所需，也是图书馆建设顺应社会发展的要求，更加充分地体现了图书馆公益性与志愿者精神的完美结合。将志愿者引入图书馆、开展志愿服务，在国外已司空见惯。我国大陆地区的图书馆志愿者服务从20世纪90年代开始起步，经过几十年的发展，目前无论是高校图书馆还是公共图书馆的志愿者队伍均呈现出蓬勃发展的趋势，在很多图书馆中都可以看到和接触到志愿者的风采。受种种因素影响，高职院校引入志愿者服务机制的时间较晚，在人员招聘、制度机制和服务管理等方面还有待完善，因此，对高职院校图书馆志愿者服务问题进行分析和探索具有重要的现实意义。

1. 高职院校图书馆志愿者服务研究情况

自1993年中国青年志愿者协会成立后，广州、上海和北京等大城市图书馆开始了志愿者服务探索。由于培训层次、专业特色的不同，相比而言，高职院校图书馆无论是规模、人员数量、基础建设，还是馆藏规模等方面与本科院校图书馆相比，都存在较大差距，图书馆志愿者服务启动较晚。笔者以高职院校、图书馆志愿者为关键词进行检索，截止到2016年10月8日，在中国知网全文数据库中，检索到关于高职院校图书馆志愿者服务的文献只有7篇，其中包括硕士学位论文一篇。在这7篇文献中，专家学者们围绕图书馆志愿者服务机制、管理模式等方面进行了探讨，由于该项研究还处于发展的初级阶段，在服务内容和管理制度方面还需要深入研究和探讨，其不足之处主要体现在以下三方面：

1.1　管理机制不健全

图书馆引入志愿者服务的时间不长，相应的制度机制还不完善。当前，我国大部分高职院校图书馆制度建设不完善，对于志愿者招聘、培训和使用缺乏制度规范。往往是人手不够时临时发下通知，简单面试后就直接使用，用完之后就算完事。很多志愿者抱着尝新鲜、寻好玩的态度前来应聘，有的即便参加了面试也没有服务过，或者一年来不了几天，服务不了几次。图书馆层面拴心留人的机制不健全，志愿者是来得快去得快，真正留下来的是极少数。很多比较优秀的志愿者，也是无所适从，找不到自己的方向，最终结果是图书馆难以吸引和留住志愿者。

1.2 志愿者服务工作安排不合理，内容过于单一

很多高职院校将学生的课外实践纳入综合素质评价系统，实质上是采取行政干预的手段要求学生完成一定的义务。实际运作过程中，往往使图书馆与志愿者都处于比较尴尬的境地。很多学生是抱着混学分的态度参加服务，在某些重大节日会出现志愿者的“高峰”，而大部分时间则少有参加者。志愿者服务的随意性强，流动性大，而由于各种因素限制，很多高职院校又不愿意组织志愿者培训，一些志愿者来到馆里自始至终都不明白该做什么，怎么做，岗位无法确定，职责无法明确，服务内容单一，服务质量很难得到读者的认可。

1.3 部分志愿者服务意识不高

从历年来的志愿者服务团队来看，大多数都是抱有服务意识的群体，主动申请到图书馆岗位锻炼，丰富知识，开阔视野。然而，也有部分志愿者，抱着玩一玩、看一看的态度过来参加服务，有的是“做一天和尚撞一天钟”，个别的甚至还有抵触情绪，从而导致服务的主动性不够，服务质量不高。

2. 高职院校图书馆引入志愿者的作用

2.1 节省经费，缓解人员不足

随着图书馆服务模式的改变，图书馆承担的任务更多，服务方式更多、服务内容更广。然而，受编制和经费等因素限制，高职院校图书馆人员不足与服务需求增长的矛盾日益突出，尽管高职院校图书馆想方设法解决这个矛盾，但终因人员有限，还是无法满足读者多样化服务需求。组织志愿者服务团队，协助图书馆开展工作，既能优化资源配置，节省经费，提高服务绩效，又可弥补图书馆因人力资源的不足，对图书馆服务创新工作造成的影响。

2.2 给志愿者实践锻炼的机会

图书馆给志愿者提供的不仅是一个实践的机会，更可以说是一个平台，通过这个平台，志愿者既可以学习和了解图书馆的馆藏知识和管理技能，又可以培养与人交流、协作的职业素质。在这个平台上，志愿者更可以实现思想由不成熟向成熟的转变，学会利用平台，发挥自己优势，体现出自我价值，从而得到他人和社会的认可。

3. 加强志愿者服务管理的途径

3.1 科学规划，严格把好志愿者的选拔关

对志愿者招募工作有一个规划是实现志愿者选拔的前提和基础。在志愿者招募之前，图书馆要会同学生处（学生社团工作负责人士），成立图书馆志愿者管理组织，负责志愿者选拔、招聘、培训和管理等工作，根据实际情况，制定一个详细而具体的策划书，包括志愿者选拔的基本要求、选拔方式、岗位设置、

管理制度，考核评估等。图书馆要甄选报名材料，组织结构化面试。面试中，要重点掌握志愿者服务的动机、个人能力及可胜任的理由，模拟困难测试中的解决能力讲述等，从思想品德、能力素质、吃苦耐劳等方面综合考虑，完善志愿者个人信息，包括年级、班级和个人爱好等，综合考虑应聘者是否适合图书馆工作，切实选拔个人素质好、安心图书馆服务工作的志愿者充实到图书馆服务队伍中。

3.2 制定图书馆志愿者管理制度

“没有规矩，不成方圆”。针对图书馆志愿者管理松散的缺点，为规范志愿者的行为，必须制定有效的管理制度。制度中要明确志愿者的权利和义务、选拔标准、工作时间、服务内容、服务时间、考核标准、奖励规则等。完善人才作用机制、读者参与监督和评议机制。图书馆内要设立专门的办公室，要专门制定高职院校图书馆志愿者管理办法及服务守则，规范志愿者服务工作的管理和运作。同时，志愿者也可以自发成立“图书馆志愿者协会”，其职能是协调志愿者活动。

3.3 强化志愿者培训

培训工作是志愿者做好服务的重要环节。志愿者上岗位前，必须做好相应的岗位培训，主要内容包括对图书馆基本知识的普及，向志愿者介绍图书馆的基本职能、主要架构、相关业务。让志愿者学习图书的基本分类方法、电子资源检索及应用，以及图书排架等基本技能。同时，还要加强志愿者对于图书馆管理系统维护、参考咨询和信息服务等专业技能的培训。最重要的是要培训志愿者的社会实践能力，包括社交礼仪、沟通协调、呈文办事和主动服务等工作能力。

3.4 突出宣传推广，完善志愿者可持续发展机制

招不到合适的人，留不下想要的人，已成为志愿者队伍建设的主要问题。要加强宣传推广，宣传是让广大读者和志愿者了解图书馆工作的重要途径。在组织志愿者招募工作时，应当增加其招募信息发布渠道，通过学院图书馆主页、学院海报、学院的宣传页，以及在食堂发布信息让公众和志愿者从多渠道了解图书馆的招募情况。还可以通过图书馆微信公众号，充分发挥微信的传播渠道作用，实现图书馆宣传信息推送服务，同时在学院的显目位置，张贴海报，只要简单地扫描二维码，便可让大家了解图书馆；在发布信息时，要采取多种风格来吸引读者，激发潜在志愿者的热情与参与意识。要完善志愿者的可持续发展机制，建立起管理志愿者服务工作的长效机制，包括志愿者队伍建设机制，志愿者可持续发展机制，要通过完善志愿者队伍保障、奖惩制度，以及沟通合作机制，让志愿者服务更加人性化，同时，要改善志愿者的工作环境，营造良好和谐的氛围，让志愿者自身感受到图书馆这个家庭的温暖，体验到工作环境中的真情，让现有的志愿者安心工作、后续的志愿者源源不断。

4. 结　　语

实践证明，在高职院校图书馆开展志愿者服务活动，既有利于培养学生良好的职业素养，又有利于扩大图书馆工作的影响力，并具有重要的社会意义。为此，图书馆应做好志愿者服务的管理，不断完善图书馆志愿者服务工作，吸引更多的志愿者参与到图书馆的服务工作中，从而促进高职院校图书馆事业的健康发展。

参考文献

[1] 吴迪．海外图书馆志愿者的经验及启示［J］．图书馆学研究，2009（1）：80－81.

[2] 程荣芳. 高校图书馆志愿者管理探析 [J]. 图书馆学研究，2011 (4)：39-42.
[3] 武咏斐. 国外患者图书馆概述 [J]. 图书馆杂志，2009 (7)：50-52.
[4] 杨红梅. 公共图书馆志愿者服务探析：加拿大多伦多图书馆给我们的启示 [J]. 图书馆建设，2011 (3)：103-105.
[5] 洪文梅. 公共图书馆志愿者服务管理的探讨 [J]. 图书馆论坛，2010 (1)：164-166.

高职院校学生阅读疗法书目研究

林　静

（广州铁路职业技术学院图书馆　广州市）

摘　要：本文讲述了阅读疗法的目的以及阅读疗法书目在阅读疗法中的重要作用，并对高职院校的阅读疗法开展与书目编写提出了一些意见与建议，以促进高职学生阅读疗法书目的建设及图书馆建设。

关键词：高校；阅读疗法；书目

目前我国正处于一个前所未有的发展阶段，我们所走的道路是前人没有走过的，国家发展的方方面面都需要我们进行探索和研究，去学习、创造适应我国社会发展的新事物，教育事业也是如此。为什么这些年大家经常会说，人们身上的暴戾之气越来越严重，或是越来越看重物质，精神世界极为空虚？这一切除了社会大环境的影响外，还源于教育。我国受应试教育的影响，只看重分数，在无形之中形成了一种只看结果的思想，而忽视了孩子们的主观体验。在这种应试教育的环境下，为了给高职院校学生的心灵提供一个温暖的港湾，我们可以通过阅读疗法来缓解他们的学习压力，告诉他们一些做人做事的道理，排解他们心中的苦闷，帮助他们更好地发展与学习，成为阳光、健康的栋梁之才。

1. 高职院校进行学生阅读疗法的必要性

随着我国生产力水平的不断提高，对于人才的需求量也就越来越大，使得我国的高等职业教育有了很大的发展空间。但是随着时代的变迁以及经济的快速发展，人们受到社会大环境的影响，或多或少地会引发一些心理问题。由于高职院校的学生们在中学学习成绩一般不是很好，在这个应试教育的体制下，他们很难受到重视，自信心不足，有些时候还会因为家长与老师的不理解或是强行管教留下心理阴影，这对于正处于青春期的青年来说影响是很大的。到了高职院校之后，其心理问题主要体现在人际交往、恋爱与性心理、受挫折的能力以及择业问题上，这些问题会影响到他们对于事情的选择。等他们以后成为社会的中流砥柱，那时对整个社会的影响将会更大。所以高职院校不仅要抓学习，更要注重非智力因素的培养，关注学生们的心理健康。

有一句话说得好："有能力、有公德心的人是人才，有能力、没功德心的人是危险品。"这句话说得一点都不夸张。人之初，性本善，给人们提供变化的是这个社会。如果没有在学生的受教育阶段对其心理发展方向进行引导，那么产生的后果也是十分严重的。我国《普通高等学校图书馆规程（修订）》指出："高校图书馆必须贯彻国家的教育方针，履行教育职能与信息服务职能……"同时规定："高等学校图书馆应以读者为第一，以服务育人为宗旨，健全服务体系，做好服务工作。"由此我们可以充分发挥高校图书馆的各项职能，引进与发展阅读疗法，从侧面对学生们进行心理辅导，帮助学生们走出心中的困境，这不仅符合高校图书馆的发展方向，而且丰富和完善了教育体制，为我国的经济社会发展提供了更有力的保障。[1]

2. 阅读疗法书目在阅读疗法中所起到的作用

阅读疗法源于希腊语，是“图书治疗”的意思，其含义就是借用书籍文献作为治疗媒介，让有所需求的人自己或通过别人的引导对文献内容进行学习、理解与感悟，达到一种养护、滋润心灵的目的。而阅读疗法最重要的组成部分就是文献，所以“阅读疗法书目”就是阅读疗法的灵魂所在，只有针对不同读者选用不同的书籍来满足其不同的心灵需要，才能够使得阅读疗法达到最好效果，而且阅读疗法可以选择的阅读资料不仅限于书籍，还可以包括一些影视资料、录音、录像等，一切能够让人领悟到知识的载体都可以当作阅读疗法的阅读材料，但是为了尊重传统以及表达简洁的需要，仍然保留着“书”这一称谓。

阅读疗法中的书目就相当于食物对人的重要性一样，处于一种较为基础但是却很重要的地位，阅读疗法的书目编制直接影响到阅读疗法的成败。所以阅读疗法所采用的文献必须有可以进行心灵治疗的功效，能够引起读者的共鸣，从而使得读者的内心世界得以洗涤、平衡、净化，从文献中感悟人生道理，最终达到修养身心、治愈痛苦的目的。阅读疗法的书目要保障有充足的生活气息，有益于人的健康发展，使人积极向上，但是在采取阅读疗法指引人们进行阅读的同时，会让部分读者有一种相对被动的感觉，会产生一定的反感，所以如何减少阅读书目也是一个值得思考的问题。

随着我国经济社会的不断发展，人们的生活水平不断提高，人们在满足了物质需求之后，必然会追求更高的精神需求，所以人们会更加关注自己的精神世界，更加注重对于自身精神、心理上的调节与养护，而阅读疗法非常适应这种发展趋势，使得阅读疗法书目不断进入更多人的精神世界，在不久的将来，阅读疗法书目可能跻身于畅销书的行列之中。

3. 高职院校阅读疗法中阅读书目的编制基础

3.1 高职院校学生心理问题

在进行书目编制之前为了搞清楚进行书目编制的主要目的是什么，我们针对学生所需要解决的心理问题进行了调查。我们发现高职院校学生在以下几个方面容易出现心理问题：恋爱与性心理健康方面、人际交往方面、学习方面、自我认知方面、未来的发展方向方面、做人的基本原则以及看待社会方面、家庭问题方面。一些高职院校的学生还具有上网成瘾的倾向。由于每个学生的家庭环境、生活环境不同，加上涉世不深、身心发育不完全等因素的影响，会产生很多的心理问题。针对上述情况，我们在进行阅读疗法的书目选择时就应该先进行全面的分析，再做决定。

3.2 高职院校学生的读书热情

现在的高职院校中有一个很突出的问题，就是没有那么多学生去图书馆阅读，更多的是等到考试前去图书馆看看本专业所要学习的书籍，真正阅读图书馆藏书的同学并不是很多。阅读疗法做得再好，书籍再符合学生需要，如果不能在学校中形成一种读书的风气，那么也无法达到预期的目标。由于高职院校的学生大多在升学考试中成绩不太理想，他们没有阅读图书的习惯，进入高职院校之后又离开了家庭的管束，使得他们的心思更野，如果这时不能够对其正确引导，而一味重视其学习成绩的话，往往会适得其反。学生与图书馆本就是相辅相成的关系，学生需要图书馆，图书馆也需要学生，想要正确地引导学生健康成长，就要从图书馆以及阅读疗法自身做起。要能够通过我们的工作吸引学生来到图书馆，能让他们坐下来静下心去看书，而不是把图书馆当成是一个自习室。[2]所以我们要从提高高职院校学生的读书热情开始，只有这样才可以为阅读疗法提供一个更好的平台，才能够被更多的学生知道、了解。如果只是一味完善阅读疗法的内容，而忽视了对其进行宣传，同样起不到预期的效果。只有让学生们爱上读书，才能更好地开展阅读疗法工作。

4. 高职院校阅读疗法中阅读书目的编制措施

4.1 编制“高职院校学生的心理咨询书目”

著名的美国医学家高尔特说过，“图书馆是一座心智的药房，里面存贮着为各类情绪失常病人治疗的药物”。这句话非常形象生动。学生在来到图书馆准备调整自己的心理状态时，这些书籍就相当于需要他们自取的药物。图书馆就像是一座免费的药房，学生在这里选取治疗自己心病的“心药”是不泄露个人隐私、不伤害自己自尊的，具有保密性，如果不想被别人看到，可以在图书馆看完再放回，这对于有心理问题的学生来说是十分方便的。

一些较为权威的调查结果表明，一些学生在遇到难以启齿的心理困扰之后往往不会去心理咨询室，甚至千方百计躲避。但是这些有心理问题的学生真的需要帮助，这时就体现出阅读疗法的作用了，我们可以选择一些心理学学术理论和咨询、治疗以及训练的书籍来编成一个书籍目录，交给图书馆以及心理咨询室各一份，要保证这些书籍能够真正起到缓解学生的心理压力，使他们开朗乐观、积极向上，并且能够帮他们找到正确方向的作用。[2]

高职院校的学生比较喜欢的期刊有《心理世界》《心理与健康》《心理辅导》等；最受欢迎的图书有《人格心理学》《个性心理学》《伯恩斯新情绪疗法》《人性的弱点》《人性的优点》《健康心理学》以及《奇妙的心理暗示》等。

4.2 编制“高职院校学生阅读疗法的常用书目”

根据高职院校学生的具体心理需要，我们可以制定不同类型的阅读疗法书目，当下高职院校学生中很多人都存在缺乏自信、对未来迷茫、害怕社会竞争、就业压力大、心情烦躁、交际困难、郁郁寡欢、怕受挫折、讨厌学习以及恋爱不顺利等诸多心理问题，针对这些心理问题，我们可以对图书馆中的现有资源进行整合，编制一份能够解决上述问题的书籍目录，将每个问题作为一个专题，通过这些书籍来保障学生们的身心健康。如美国作家马克·维克多·汉森和杰克·坎菲尔的《挑战自卑》《克服紧张：一种积极的方法与途径》《心灵鸡汤》《远离焦虑》《爱的艺术》《孤独心态的超越》等，这些书籍所阐扬的精神，会为学生提供力量来勇敢面对生活中的无尽挑战、挫折与失败，当他们迷失前进方向的时候，会在他们的心中点亮一盏明灯；这些书籍更像是母亲的爱，给寒风中的孩子一个温暖的拥抱，帮助他们抚平内心的创伤，让他们慢慢地走出自己心中的阴影，不再孤独、自卑、焦虑与紧张。[3]

4.3 根据不同的年级以及群体进行书目编辑

不同年级的高职学生所具有的心理问题也不一样，对于刚刚入校的大一新生来说，更多的还是在于学习的主动性、动力以及习惯方面，以及人际交往、自我定位上的问题，用“迷茫”一词来形容这些刚进校门的新生真是再恰当不过了，他们对未来没有明确的定位，在这种陌生的环境中很容易产生孤独感，所以针对他们这种情况，我们可以选用《中国青年》《为人处世》《青年文摘》等期刊文献，来对他们的世界观、人生观以及价值观进行指引，促进他们的健康发展。而对于大二的学生来说，最主要的是人际关系、专业能力以及恋爱情感问题，我们可以将《爱的艺术》《知音》《菜根谭》等引导正确交际与恋爱的书籍加入书目之中。由于高职院校一般为三年制，所以大三的学生们面临的最大困扰就是就业问题，面对毕业之后巨大的就业压力，他们容易情绪低落、不安，针对这种情况我们可以选择一些励志的图书，帮助他们调节情绪；再选择一些有关就业咨询、职场心理的书帮助他们更好地认识职场，减少对职场的恐惧，拓宽他们的眼界与思路，避免他们走弯路，做好就业的各种准备，如《中国大学生非常求职纪实：记录27位大四学子的心路历程》《高职学生就业指导》等。

4.4 其他形式的阅读疗法书目编制

阅读疗法的阅读媒介种类现在多种多样，除了书籍，还有音乐、影视、图片等，高校在进行纸质书籍的目录编辑时，不要忽视了其他类型的文献载体。现在大多数新建图书馆都有电子阅览室，虽然高职院校的读书氛围不是非常浓厚，但是对于网络等新技术的好奇心理会促使学生对电子阅览室产生兴趣，电子阅览不仅拓宽了阅读疗法的治疗方式，而且适应了学生的需求。在电子阅览室的计算机上，我们可以建立一个专业的阅读疗法系统，在此系统里不仅有电子版的图书，还可以包含一些音乐、图片及影视作品，这样就大大丰富了阅读疗法的内容，可进一步提高疗效。[5]

5. 结　　语

近年来，虽然我国的高职院校不断开展阅读疗法，并见到了一定成效，但是总体的治疗水平并不高，还是处于一种较为初级的阶段，对于阅读疗法书目的研究也不是很透彻，缺乏大量的实证研究；各个高校也缺乏较为专业的心理阅读咨询师。不过这些问题随着教育的不断改革终究会得到重视与解决。本文提出了一些阅读疗法的书目，但是还没有经过系统的检验，其具体的治疗效果还有待考证。

参考文献

[1] 康芳芳．高校图书馆开展阅读疗法的探索性研究——以苏州大学图书馆为例［J］．图书馆研究，2016（6）：58－61.
[2] 蔡洪齐．面向学科的高校图书馆数据素养教育研究［J］．图书与情报，2016（3）：138－141，74.
[3] 赵丹僖，韦婉．台湾地区阅读疗法研究的分析与思考［J］．河北科技图苑，2016（5）：27－29.
[4] 蔡洪齐．数字图书馆融合微信平台的创新服务研究［J］．南方职业教育学刊，2016（4）：74－79.

"互联网+"思想下高校图书馆延伸服务的探索研究*

——以MOOC服务为例

侯林丽

（华南理工大学图书馆　广州市）

摘　要：MOOC是"互联网+"技术和教育相结合的产物。高校图书馆如何在"互联网+"潮流下借助于互联网技术开展MOOC服务是高校图书馆开展MOOC服务的难点。本文首先简要回顾了国内外高校图书馆研究MOOC服务的现状，其次结合信息生态学理论和MOOC服务的特性，提出了以信息消费为驱动点的高校图书馆MOOC服务生态链，最后结合5W1H法，提出了高校图书馆本土化MOOC服务生态链，并从信息消费、信息生产、信息存储和信息组织四个方面分析了高校图书馆本土化MOOC服务的基本思路，为高校图书馆MOOC服务的开展提供了一个新的研究视角。

关键词：信息生态链；MOOC服务；高校图书馆

1. 引　言

MOOC（Massive Open Online Courses，大型开放式网络课程）是"互联网+"技术和教育相结合的产物，作为一种崭新的教育和学习方式，它正在打破学校之间的隔墙；它提倡的免费和优质不仅是最优质教育资源的分享，而且是教育资源的弥补和优化。[1] MOOC起源于美国，2012年被称为MOOC元年，于2013年发展达到高潮。MOOC实现了一种高端的知识交换，适用于专家培训、各学科间的交流学习以及多种类型的学习模式。对于MOOC，有人赞许，有人期待，也有人质疑。笔者认为，只要加强管理，定位准确，规范发展，MOOC是值得大力推广运用的新模式。

伴随着计算机技术和网络技术的高速发展，互联网已经深入各行各业，并且影响着用户的心理和改变着用户的行为。高校图书馆作为高等教育的文献信息中心和科研服务机构，如何在"互联网+"浪潮下，突破传统的服务内容实现延伸服务或开拓新的服务是图书馆界同行们面临的一个挑战。而近年来如火如荼的MOOC为我们提供了一个延伸服务的新视角。事实上，关于图书馆界开展MOOC服务，国内外许多学者已经做了大量的工作，如Brian Mathews首次提出在MOOC主流环境下馆员应参与MOOC服务[3]；M. Schwartz和M. Stephens认为MOOC环境下图书馆员的作用包括：①版权清理；②内容授权；③确保所有用户可以获取MOOC内容，包括辅助技术的使用；④提供信息素养教育等[4-5]。王红等给出了MOOC本土化发展的特点——联盟性、混合性、互动性和创新性[6]；龚晓林提出图书馆参与MOOC教参资源建设[7]；秦鸿则探讨了图书馆在MOOC浪潮中扮演的五种主要角色——版权顾问、信息素养培训师、多媒体制作指导师、学习场所提供者、课程内容提供者。[8] 但笔者发现，在已有的研究工作中，都未见考虑影响MOOC

* 本文系2016年广东省图书文化信息协会社会科学项目"'互联网+'思想下高校图书馆延伸服务的探索研究——以MOOC服务为例"（项目编号：GDTWKT2016－54）及2015年度华南理工大学中央高校基本科研业务费专项资金资助项目"信息生态环境下高校图书馆MOOC创新服务研究"（项目编号：2015GM06）的成果之一。

使用的信息生态因素。清华张琛团队在"学堂在线"MOOC调研报告中也证实了"使用效率低"这一点，他们认为"学堂在线的媒介平台不能实现对市场需求的准确把握，目前的运营模式实际处于市场无效率状态"。[9]故本文拟引入信息生态理念[10]，从促进信息蓬勃发展的信息生态链角度，提出高校MOOC服务生态链；并且结合MOOC服务生态链和5W1H法分析高校图书馆在MOOC浪潮下如何本土化MOOC服务。

2. 信息生态学对高校图书馆本土化MOOC服务的影响

①创造性：从大数据环境信息的良性循环视角出发，基于信息生态学理论研究高校图书馆开展MOOC创新服务，不仅拓展了MOOC服务的理论，而且探寻了一种指导高校图书馆积极参与MOOC服务途径的正确思想。

②系统性：信息生态强调的是系统化、整体化平衡发展，用信息生态思想指导高校图书馆MOOC服务，将使高校图书馆的MOOC服务进入良性发展状态，尤其对即将开展高校MOOC服务的高校图书馆来说意义更加重大，从一开始就把握着整体发展主线，将起到事半功倍的效果。

③平衡性：随着互联网的普及，在线教育将成为未来教育的主流模式之一。用信息生态思想指导高校图书馆MOOC服务，建立以信息消费为驱动点的信息生态链，将使高校图书馆的MOOC服务供需平衡，避免了信息冗余和杂乱，而更加科学化、人性化。

④互动性：信息生态要求各要素间共生共进，这要求高校图书馆在开展MOOC服务的过程中，需加强各个环节的沟通交流，针对不同内容，分工合作，虽各司其职但又相互作用。

3. 高校图书馆本土化MOOC服务的MOOC服务生态链

3.1 MOOC服务信息生态链

信息生态于20世纪80年代由西方学者率先提出，用来表达生态理念和日益变得重要和复杂的信息环境之间的关联。[11]所谓信息生态是指在特定的信息环境下，信息人与信息环境之间以信息的交流、传输和反馈为基础、以信息技术为手段、以满足需求为目标而形成的一种均衡运动状态，是人类信息生态系统中人类及社会组织周围一切信息交流要素的总和。[12]"在一个信息生态中，最引人注意的并不是技术，而是利用技术的人类行为"，"信息生态是以人为中心的，强调人的重要性"，正是基于上述观点，对比生物界的食物链，学者们提出了信息生态链——信息生态系统中不同信息人之间信息流转的链式依存关系。[13]目前，信息生态链已经在电子商务、电子政务、图书馆网络生态及网络教育生态等问题中得到了应用研究。

对比信息生态链[14]，本文提出了以信息消费为驱动的MOOC服务信息生态链，见图1左侧虚线框内所示，它包括信息消费、信息生产、信息存储和信息组织四要素。它与传统信息生态链的区别在于传统信息生态链以信息生产为起点，MOOC服务信息生态链则以信息消费为起点。MOOC服务信息生态链之所以以信息消费为起点，主要是基于MOOC服务本身的特性：服务对象广、个性化需求意识强。故高校图书馆一开始就立足于消费者的需求，主动开展服务，相当于直接抓住了成功开展MOOC服务的先机；又因是建立在消费者需求之上的服务，笔者认为该服务被边缘化的概率较小，被认可的概率偏大。

3.2 高校图书馆本土化MOOC服务生态链

高校图书馆怎样和实际相结合本土化MOOC服务是高校图书馆馆员能否成功开展MOOC服务的前提，5W1H法恰为我们提供了一种能够本土化服务的思考方法，它可以为我们提供科学的工作分析，使我们在对工作的分析与规划中能够有效地执行。故本文尝试结合MOOC服务信息生态链和5W1H分析法，提出了高校图书馆本土化 MOOC 服务的 MOOC 服务生态链。如图 1 右边虚线框内所示。

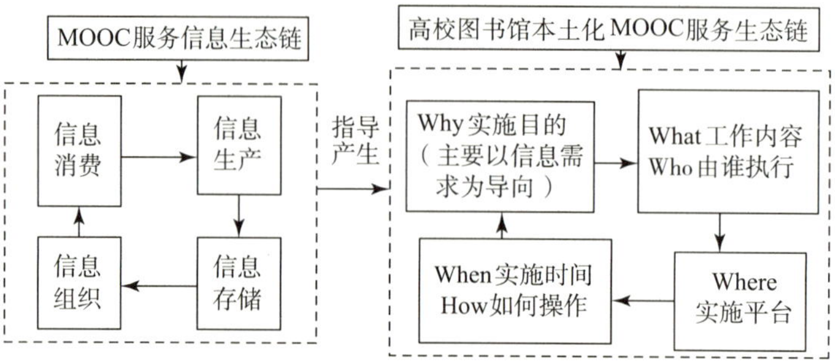

图 1　MOOC 服务信息生态链与高校图书馆本土化 MOOC 服务生态链对应关系图

4. 高校图书馆本土化 MOOC 服务的基本思路

4.1　信息消费

高校图书馆本土化 MOOC 服务，必须坚持“以信息需求为驱动”原则，故 MOOC 服务生态链中的信息消费在本土化 MOOC 服务生态链中对应为“Why 实施目的（以信息需求为导向）”，这也正是本土化服务思考方法 5W1H 法中的一个重要因素。Why 实施目的主要包括宏观目的和微观目的。宏观目的是研究高校图书馆实施 MOOC 服务的缘由和出发点，讨论高校图书馆在 MOOC 创新服务中的角色定位与功能。微观目的是以信息消费者的信息需求为导向，调查教师和学生的具体信息需求。

其实，MOOC 服务属于大数据服务，在本土化 MOOC 服务过程中，为什么从庞大的 MOOC 信息中选择这个或这类科目？为什么要采用这种方式？为什么非做不可？梳理清这些问题成为能否成功本土化 MOOC 服务的关键。

4.2　信息生产

信息生产是高校图书馆本土化 MOOC 服务的实质性操作步骤之一，也是高校图书馆本土化 MOOC 服务的重点工作。在确定了开展 MOOC 服务的目的之后，MOOC 服务生态链中的信息生产在本土化 MOOC 服务生态链中对应为提供什么样的内容（即工作内容，What）和由谁去执行（Who）。

4.2.1　工作内容（What）

信息生产过程中提供的 MOOC 内容直接决定着消费者是否为该项服务埋单。高校图书馆本土化 MOOC 服务的工作内容主要是指：在本土化 MOOC 服务中提供哪些 MOOC 服务？开展哪些 MOOC 课程？选定的课程有什么优点，能否被别人的课程替代或两者是否需要同时推广？到底什么课程最适合本校情况？馆员除了版权清理、内容授权、技术服务外，还能做些什么管理和推广服务？笔者认为，除了选取能辅助促进学校学科发展的 MOOC 外，高校图书馆可以推广一些如职业技能与创业学习类的特色服务课程，这类课程实操性强，更接地气，不仅能为提高大学生就业能力提供便利途径，也能弥补学校理论多实践技能少的缺憾。

此外，一定要定期收集在信息交流过程中产生的新内容，着重考虑：哪些内容需要被整理挖掘？哪些内容需要被个性化推送？……可以说，信息生产既是独立的，也依存于信息存储和信息组织过程。

4.2.2 由谁执行（Who）

工作内容由谁执行是高校图书馆本土化 MOOC 服务的重中之重，MOOC 服务包括信息的生成、存储、分配及分解，需要多部门的通力合作方能完成。哪部分工作由谁干？为什么要让他干？如果他临时有事，是否有团队中的其他人接替？可以将 MOOC 服务需要的技术支持与图书馆所设部门特点相结合，如技术部门负责后台维护及 MOOC 服务过程中需要的计算机技术支持，信息咨询部门负责 MOOC 服务的信息生产、挖掘及在线咨询培训服务，采访部负责信息需求调查等。

这里需要指出的是信息生产者不单是指馆员，也可以是消费者代表。用户既是信息的消费者，也是信息的生产者，让用户代表适当参与到信息生产中，不仅能真正抓住消费者需求的内容，还能充实信息生产者团队的力量。

4.3 信息存储

信息存储是高校图书馆开展 MOOC 服务的基础，在高校图书馆本土化 MOOC 服务的过程中，信息存储主要是指实施平台（Where），但实施平台的大小又依赖经费的多少，故本文作者认为，随着新的存储技术和存储思想的相继出现，高校图书馆除了应配置专门的存储空间外，优先考虑的应是云存储和使用现有的 MOOC 平台。

其中，云存储就是将储存资源放到云上供人存取，使用者可以在任何地点、任何时间，通过可联网的装置连接到云上存取数据。国外以 Dropbox 为代表的个人云存储服务较为突出，像亚马逊公司的 Simple Storage Service（S3）和 Nutanix 公司都提供这样的存储服务；国内代表性的公共云盘有：百度云盘、360 云盘、淘云盘、华为网盘、搜狐企业网盘、坚果云、新浪微盘、腾讯微云等。

国内外较为知名的 MOOC 平台有 Khan Academy、Udacity、Coursera、edX、Future Learn、爱课程、网易公开课、好大学在线、学堂在线、腾讯课堂、淘宝大学、MOOC 中国、MOOC 学院、慕课网、超星慕课、极客学院和森图学院等。当前的 MOOC 平台具有工具资源多元化（课程整合多种社交网络工具和多种形式的数字化资源，形成多元化的学习工具和丰富的课程资源）、课程易于使用（突破传统课程时间、空间的限制，依托互联网，世界各地的学习者在家即可学到国内外著名高校课程）、课程受众面广（突破传统课程人数限制，能够满足大规模课程学习者学习）、课程参与自主性（MOOC 课程具有较高的入学率，同时也具有较高的辍学率，这就需要学习者具有较强的自主学习能力才能按时完成课程学习内容）等特征，高校图书馆在本土化 MOOC 服务过程中，一定要选取符合高校学科设置的 MOOC 平台，并结合上述特征重点研究 MOOC 平台与图书馆现有服务平台的融合。

4.4 信息组织

信息组织是高校图书馆本土化 MOOC 服务的核心环节，具体表现为什么时候（When），怎样执行（How）。信息组织的目的是将大量、分散、杂乱的信息通过信息组织方便用户有效地检索、传递和利用。

4.4.1 实施时间（When）

基于 MOOC 具有在线、开放的特点，高校图书馆开展 MOOC 服务也是在线、开放性的。因此只要 MOOC 服务前期准备就绪，随时可以开展。

由于馆员在本土化 MOOC 服务的过程中的职责是管理和推广应用，除了考虑开展 MOOC 服务的时间外，馆员还要安排好具体 MOOC 课程开展后的相关服务，如什么时间进行师生在线答疑（针对专业问题），什么时间开展馆员在线咨询（针对课程相关问题、辅助资料获取），什么时间提交作业、什么时间课程结束等。这些服务项目哪些顺序能调换，哪些不能调换，到底什么时间开展哪些服务最佳，都需要馆员认真斟酌和统筹安排。

4.4.2 如何操作（How）

虽说任何一种新事物诞生后都需要经历一个漫长的发展过程，但开展初期必须事先寻求一种实施方法，最基本的包括实施流程、实施方案，有何配套激励措施。对于高校图书馆如何本土化 MOOC 服务来说，主要研究包括怎么推广及应用 MOOC 资源、怎样设置配套的激励措施。

当选定推广的 MOOC 课程后，馆员除了选择校务通知、新闻报道、摆放宣传栏、发放宣传单等传统宣传方式外，微信、微博等新媒体应成为宣传的主流方式。此外，举办有物质奖励的 MOOC 推广创意大赛也可以起到集思广益的效果。在引导应用过程中，馆员应及时更新开课时间、提醒开课、推送开课进度；除了高校图书馆主页给予相应链接外，要注意类似 YY 语音、QQ 腾讯课堂等通讯软件的辅助应用。比如 YY 语音教学模式的应用，馆员可在 YY 课堂组织用户进行课前或课后的交流探讨，还可通过录播录屏功能将交流过程录成视频放于网上，方便未能及时参与交流的用户学习。用户可以随时在 YY 语音开课，QQ 腾讯课堂则需要事先申请开课时间、开课内容等。QQ 腾讯课堂虽在开课随机性方面有所限制，但它的推广功能更优，凡是参与交流的用户，QQ 腾讯课堂会自动分享在用户自己的 QQ 上，基于 QQ 拥有如此庞大的群体，推广效果应会相当可喜。

值得一提的是，基于当前用户层年龄、心理及行为的特点，笔者认为应密切关注移动端的使用。YY 语音和 QQ 腾讯课堂均有 App 软件，用户通过电脑或手机可以随时使用，但目前市面上 MOOC 平台的 App 软件不多，仅有网易公司推出的中国大学 MOOC App 软件。然而，随着“互联网 +”思维的深入发展，更多的平台都会与时俱进地推出 App 软件。馆员要注意搜集这方面的信息，第一时间将有关联内容的信息推送给用户。

5. 小　结

即使在“互联网 +”环境下，在高校图书馆中能成功本土化 MOOC 服务也并非一件易事，但作为图书馆的馆员，我们要坚信高校图书馆虽不是 MOOC 的主导者，但可以作为 MOOC 的推广及管理协调者。本文以信息生态为视角，结合 5W1H 法，提出了高校图书馆本土化 MOOC 服务的信息生态链，并从信息生态链中信息消费、信息生产、信息存储和信息组织四个方面分析了高校图书馆本土化 MOOC 服务的基本思路，探寻了一种高校图书馆积极参与 MOOC 服务的途径。

参考文献

[1] 汤敏. 慕课革命：互联网如何变革教育？[M]. 北京：中信出版社，2015：32 - 35.
[2] 我国建成世界上规模最大“现代职教体系”[EB/OL]. [2015 - 11 - 02]. http://www.zhicheng.com/n/20150629/22841.html.
[3] OCLC. MOOCs and libraries：massive opportunity or overwhelming challenge? [EB/OL]. [2015 - 11 - 02]. http://www.oclc.org/research/events/2013/03 - 18.html.
[4] Schwartz M. Massive open opportunity：Supporting MOOCs in public and academic libraries. [EB/OL]. [2015 - 02 - 11]. http://lj.libraryjournal.com/2013/05/library-services/massive-open-opportunity-supporting-moocs/.
[5] Stephens M. MOOCs for LIS professional development：Exploring new transformative learning environments and roles [J]. Internet Learning，2013，2 (2)：72 - 88.
[6] 王红，马东明. MOOC 本土化发展及其对高校图书馆的影响 [J]. 高校图书馆工作，2014 (6)：44 - 47.
[7] 龚晓林，张丹. MOOC 环境下高校图书馆教参资源建设探讨 [J]. 图书情报知识，2015 (6)：61 - 66.
[8] 秦鸿. MOOCs 的兴起及图书馆的角色 [J]. 中国图书馆学报，2014 (2)：19 - 26.
[9] 王烨捷. 清华学子调研：中国“慕课”注册率高　成功率低 [EB/OL]. [2015 - 12 - 09]. http://www.cssn.cn/gx/gx_xywh/201511/t20151111_2572944.shtml.
[10] Showers B. Data - driven library infrastructure：towards a new information ecology [J]. Serials，2012，25 (2)：150 - 154.

[11] Harris K. Information ecology [J]. International Journal of Information Management, 1989, 9 (4): 289 -290.
[12] 张福学. 信息生态学的初步研究 [J]. 情报科学, 2002, 20 (1): 31 -34.
[13] 娄策群, 周承聪. 信息生态链中的信息流转 [J]. 情报理论与实践, 2007 (6): 725 -727.
[14] Rongna Geng. Research on the operating mechanism of information ecology chain on electronic business website [J]. Applied Mechanics and Materials, 2013 (263 -266): 2698 -2702.

“互联网+”环境下大学生对MOOC接受与使用现状的调查与分析

侯林丽

（华南理工大学图书馆　广州市）

摘　要：为了了解高校大学生对MOOC接受与使用现状，切实提高MOOC在高等教育中的使用效率，通过实证分析，采用统计和关联分析法分析了高校大学生当前对MOOC的认识程度、具体需求及影响其能否坚持MOOC学习的因素，并提出了基于用户需求为驱动的资源组织与服务内容，不仅为高校图书馆积极开展MOOC服务提供了科学参考，还有助于真正发挥MOOC优势，使其为高校创建双一流大学添砖加瓦。

关键词：MOOC；大学生；需求；调查

1. 引　言

“互联网+”环境下用户的心理和行为发生着巨大的变化，教育界随着互联网应运而生的MOOC将迎来突破性的发展。那么什么是MOOC呢？MOOC（Massive Open Online Course，大众网络公开课，又称慕课）是近年涌现出来的一种大规模开放在线课程模式，最早可追溯到2007年，2012年以后受到国内外教育行业的广泛关注。MOOC不但有别于传统的电视大学的学习方式，也有别于网易公开课，主要呈现出短视频（一个知识点对应一个视频）、随堂考试、机器评判与学生互评、实时论坛和大数据分析等特点。MOOC作为一种崭新的教育和学习方式，使教育资源共享、教育信息化、自主学习和终身学习成为可能。目前，我国的MOOC仍处于发展阶段，虽已建立了一些MOOC平台，但使用效率偏低。[1]为了更好地推动MOOC的发展，让更多的用户接受和使用MOOC资源，了解用户对MOOC接受与使用的现状及其影响因素变得十分必要。现阶段国内外关于MOOC的研究主要集中在以下几个方面：①从MOOC的现状、发展形式、版权、使用效率等方面研究MOOC的发展与建设[2-5]；②研究MOOC对教学、教师、学生、图书馆等相关主体提供的机遇与挑战[6-9]；③MOOC的制作、维护及系统研发[10-11]；④从技术接受模型（TAM）或技术接受与使用理论（UTAUT）研究影响用户接受网络公开课的行为因素[12-13]。在已有的研究工作中，笔者发现，关于MOOC的实证文章较少，国内如黄如花等和何宇杰基于MOOC学员调查了信息需求现状[14-15]；李新平等调查了大学生对MOOC的需求。[16]但寥寥的实证调查文献不足以说明中国高校中MOOC的需求现状，可操作性差，难以推广，且未见提出以用户需求为驱动的资源组织与服务内容。

据不完全调查显示[13]，MOOC的主体参与者为在校大学生。如果从大学生这个主体入手，让参与MOOC的人更加积极坚持，让未参与MOOC的人踊跃加入，MOOC在中国的蓬勃发展将指日可待。那么，如何才能让大学生积极参与并坚持呢？以需求为驱动的资源组织与服务理念恰为我们提供了一个从消费者角度把握的新视角。我们知道，学习者是学习活动中的主体，关注和满足学生的需求是驱动MOOC服务取得成功的关键。鉴于此，本文将以在校大学生为调查对象，了解大学生接受与使用MOOC的现状及影响因素，并为高校图书馆开展MOOC服务提供对策与建议。

2. 调查概况

2.1 问卷设计

为了了解目前高校大学生对 MOOC 的认知现状、参与 MOOC 的学习意愿、对 MOOC 的需求以及影响自身主观能动性的因素，问卷内容的设计包含认知 MOOC 前的状况、认知 MOOC 后的学习意愿、学习需求、影响 MOOC 学习的因素及是否乐意参与 MOOC 推广五个方面。问卷中插入一段关于 MOOC 的介绍，插在大学生对 MOOC 的认知现状调查之后，使不了解 MOOC 的受调查者对 MOOC 能有个简单的认识，以便对后续的需求调查有所帮助。问卷中还通过设置"在 MOOC 平台注册过用户吗"和"成为 MOOC 用户多久了"两个相互验证的问题来判断问卷是否有效。

2.2 调查对象

本次调查选取的调查对象是华南理工大学信息素养课"信息检索与利用"的学生。一方面，选择"信息检索与利用"课的学生来自全校多个专业，年级分布广泛，覆盖多种学科，能反映学生真实需求；另一方面，上"信息检索与利用"课的学生多数对信息检索方法、信息素养和自身素质培养有需求，主动学习意识强，使用网络学习的行为突出，故以上"信息检索与利用"课的学生为调查对象，具有一定的代表性和针对性。本次调查共发放 203 份纸质问卷，回收 203 份，去除无效问卷，剩余有效问卷 180 份，占比 88.7%。

2.3 调查统计

采用 Excel 对调查的数据进行统计和分析。问卷中部分选项是不定项选择，统计时以"选项被选次数/有效调查问卷总数"作为选择这一选项的学员占总调查人数的比例，故当调查对象多选的情况下，会出现同一题目下各选项所占的比例之和可能大于 1，而单选部分不会出现该情况。

3. 调查结果与分析

3.1 大学生认识 MOOC 前

3.1.1 样本基本情况

样本基本情况如表 1 所示。问卷中男生 144 人，占总体的 72%，女生 56 人，占总体的 28%，男女生比例接近 2.6∶1，符合理工科院校的特征；在年级分布方面，大二学生占比 88%，是这次调查的主要对象，大一和大四学生占比偏低，仅占 2%。这与信息素养课定位于低年级学生有关。从表 1 中参与调查学生的专业来看，工科如电气工程及其自动化、交通和建筑等专业偏多，理科和文科专业偏少，可见工科生比较重视信息行为和信息获取方法。从城乡分布来看，城市大学生 123 人，农村大学生 57 人，城乡大学生比例为 2.2∶1，这可能与学生成长环境有关，城市的学生上网方便，网络信息传播广泛，他们较易接受网络学习的模式。

表 1　样本基本情况

单位：人

性别	男	130	家庭住址	城市	123
	女	50		农村	57
年级	大一	3	了解 MOOC 的途径	老师或同学推荐	96
	大二	159		微博/社交网站等在线媒体	41
	大三	15		电视/报纸等传统媒体	5
	大四	3		其他	1
专业	材料	9	对 MOOC 的了解程度	完全没听说过	37
	电气工程及其自动化	35		只听说过	50
	电信	14		了解一点但没学	32
	工商管理	10		了解一点并访问过	55
	化工	9		了解并认真学过	6
	化学	4	是否在 MOOC 平台注册过	注册过	57
	机械	10		没有注册过	123
	计算机	1	学生熟悉的前 7 个 MOOC 平台	网易公开课	69
	建筑	25		新浪公开课	37
	交通	30		MOOC 学院	33
	英语	3		慕课网	24
	食品	12		腾讯课堂	15
	数学	14		豆瓣公开课	14
	水利工程	4		Coursera	12

3.1.2　对 MOOC 的认知现状

调查结果显示，仅 3% 的大学生参与过 MOOC 学习，31% 的大学生只访问过 MOOC 网站，20% 的大学生从没听说过 MOOC，其他 46% 的大学生仅是有所耳闻。大学生对 MOOC 的了解程度如图 1 所示。

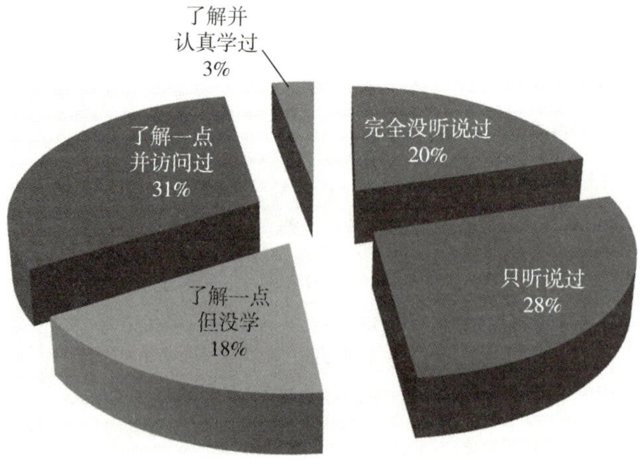

图 1　大学生对 MOOC 的了解程度

进一步分析发现，参与 MOOC 学习的 3% 的学生均来自城市，男女性别均等。这表示来自城市的学生更容易接受 MOOC 学习模式，且接受程度不受性别影响。除去从未听说过 MOOC 的样本，67% 的大学生了解 MOOC 的途径是老师或同学推荐，可见 MOOC 的推广工作并不理想，还需借助于老师或同学的口耳相传。从学生熟悉的 MOOC 平台（见表 1）来看，网易公开课领先于其他平台被学生知悉，这与网易 2010 年在国内最早开展公开课服务且口碑较好有关。MOOC 学院是果壳网 2012 年 MOOC 在全球兴起后推出的一个在线平台，集合 Coursera、edX、Udacity、学堂在线等平台的所有课程，主要侧重于科技板块。被学生知悉且仅次于网易公开课、新浪公开课，这与果壳网原有的"粉丝"基数及大力推广宣传有关。Coursera 是学生熟悉的前 7 个 MOOC 平台中唯一一个国外的 MOOC 平台。慕课网简称 IMOOC，专注于 IT 专业，又称程序员的梦工厂，它是学生熟悉的前 7 个 MOOC 平台中唯一一个收费的 MOOC 平台。通过样本分析发现大三和大四的计算机和自动化专业 90% 的学生都选择了该项，说明该平台实战课程多，即使收费也没有阻挡学生的学习意愿。

3.2 大学生认识 MOOC 后

3.2.1 认识 MOOC 后的学习意愿和目的

针对有些大学生在调查之前对 MOOC 不太了解，调查时特意在问卷中设计了 MOOC 的介绍，使被调查者对 MOOC 能够初步认识。在认识 MOOC 后，从图 2 可以看出 90% 的学生表示对 MOOC 感兴趣，8% 的学生表示无所谓。这说明大部分学生对 MOOC 这种学习模式还是认可的。

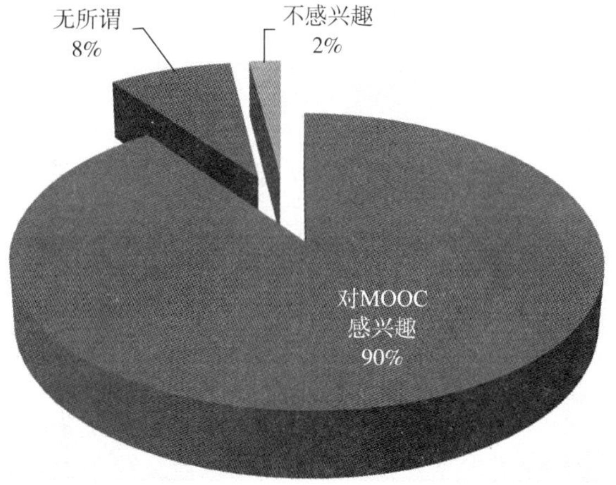

图 2 认识 MOOC 后大学生的学习意愿

进一步分析发现，对 MOOC 的了解程度极大影响着大学生参与 MOOC 的意愿。完全没听说过 MOOC 的样本中有 91% 愿意参与 MOOC 学习，只访问过 MOOC 的样本中有 94% 愿意参与 MOOC 学习，仅有所耳闻的样本中有 86% 愿意参与 MOOC 学习。这说明宣传推广很重要，当然，让大学生对 MOOC 有深入了解也有助于提高其学习意愿。

认识 MOOC 后，90% 对 MOOC 感兴趣的大学生中，有 40% 首选学习目的是基于兴趣爱好/拓宽个人视野，他们认为多学点技多不压身，这是他们的动力，有 29% 首选学习目的是提高自己所学专业的课程知识；有 10% 首选学习目的是感受名校教师风采。但在学习目的的排序（问卷中学习目的的选项设计为一个多选题，并要求被调查者按主次程度进行排序）中，26% 的样本觉得"提高自己所学专业的课程知识"比"兴趣爱好/拓宽个人视野"重要，18% 的样本觉得"兴趣爱好/拓宽个人视野"比"感受名校教师风采"重要。这些数据都未占到一半以上的比例，由此可以看出，大学生参与 MOOC 的学习目的呈现多样化，未出现一致性的偏好规律，这将导致高校图书馆馆员难以选择合适的 MOOC 课程来试服务。同时首选目的较高的"兴趣爱好/拓宽个人视野"目的约束力不强，过于松散，将可能导致课程完成率过低。

从学习 MOOC 的目的的调查结果中还发现，MOOC 证书不具有吸引力，仅有 1% 的大学生选择了该目的，并都不是首选目的。原因可能是 MOOC 证书目前在中国尚不能提供什么用处，对学习者的学习意愿影响有限。

3.2.2 认识 MOOC 后的学习需求

按学科分析，调查结果显示，50% 的大学生喜欢“文学艺术”类科目，46% 的大学生喜欢“工程技术”和“生活百科”类科目，37% 的大学生喜欢“职业技能”类科目等。由于该项调查是多选题，所占比例之和会大于 1，同时对各选项进行关联分析发现，喜欢文学艺术类科目的大学生中 90% 的人会选择哲学历史类科目，喜欢生活百科类科目的大学生中 60% 的人会选择职业技能类科目。并且发现大三和大四的学生都选择了“职业技能”，可见即将毕业的大学生会投入较多精力来提高自身的职业技能。

按是否选择名师分析，如图 3 所示，50% 的大学生会根据自身情况选择适合自己的老师的课程；46% 的大学生会选择名师课程，5% 的大学生明确表示不受名师影响。以上数据说明大学生们相对理性，并没有出现唯名师马首是瞻的局面。

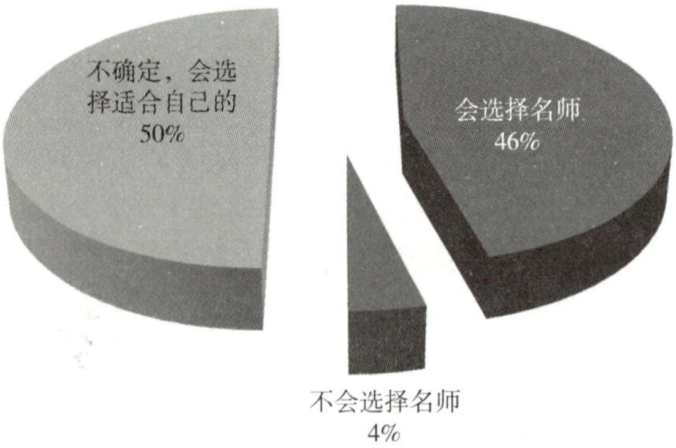

图 3　大学生选择名师课程的倾向

按学生期望提高的能力分析，如图 4 所示，专业知识、兴趣爱好和职能技能各占 28%，大学生所期望提高的能力并没有出现一致的偏好性，说明大学生懂得因人而异，能够根据需求和发展进行恰当选择。

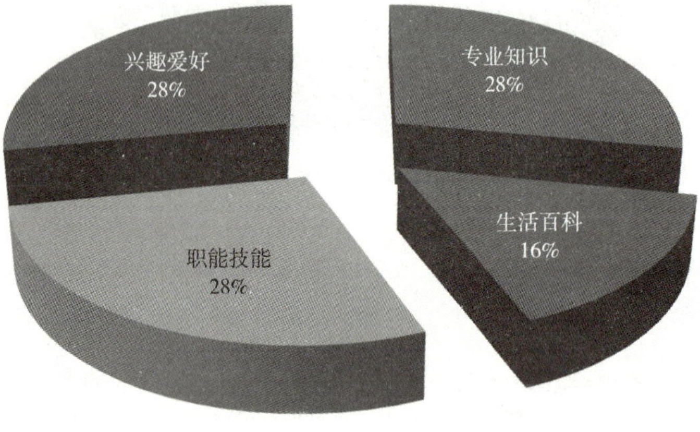

图 4　学生期望提高的能力分布

按学生期望代替传统课堂教学的科目分析，如图 5 所示，48% 的学生认为公共基础课（思政、计算机和外语类课程）可以使用 MOOC 模式代替传统课堂，这个想法在“互联网 +”时代，高校不妨一试；41% 的学生认为专业前沿课可以 MOOC 模式代替传统课堂，仅有 11% 的学生认为专业基础课可以 MOOC 模式代替传统课堂。以上数据说明，大部分大学生认为专业基础课适合传统课堂教学，他们认为传统课堂老师能控制课程进度，慢快适宜，如有疑问能面对面交流。传统课堂的这些特点有助于他们打好基础。

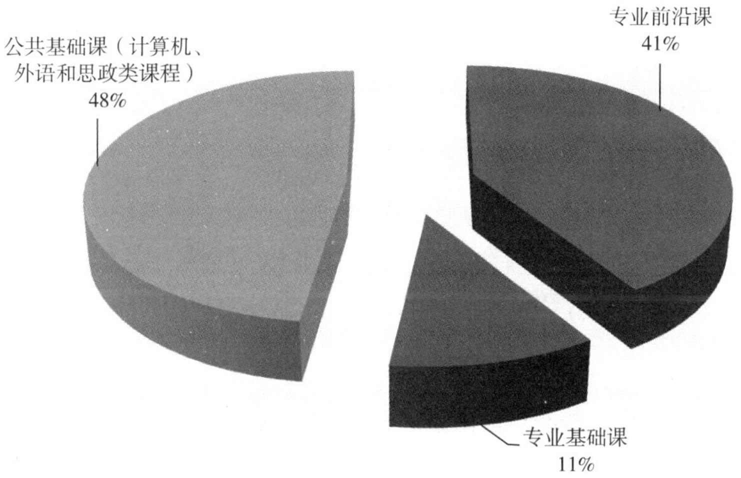

图5 适合代替传统课堂的课程分布

3.2.3 影响MOOC学习的因素

调查结果发现，网速、MOOC学习能达到的期望目标、社群环境、交互性、参与MOOC课程的终端是否方便、上课时间、课程视频长短在影响大学生使用MOOC意愿的基础上，进一步对大学生的MOOC使用行为产生作用，即当大学生觉得使用MOOC很有用、使用MOOC方便容易、周围很多人使用MOOC、使用MOOC的氛围很好、MOOC内容很有趣时，他们就较容易坚持MOOC学习的意愿。利用Ucinet的绘图工具Netdraw呈现出各因素间的可视化共现关系，如图6所示，图6中每个影响因素作为一个网络节点，节点位置越居中表明地位越核心，节点的大小表示影响因素对大学生影响力的强弱，节点间的连线表示各因素间的共现关系，连线越粗表示关系越密切。

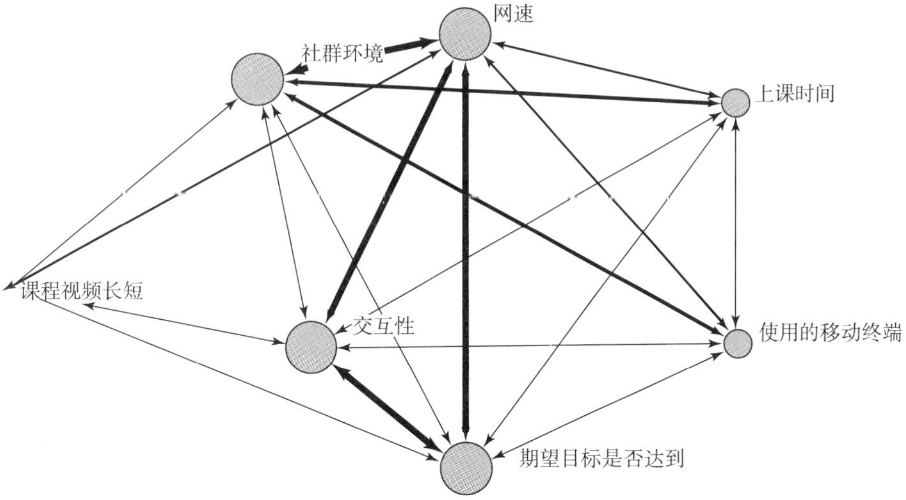

图6 影响MOOC学习的各因素间的共现关系

从图6可以发现，网速、期望目标是否达到、社群环境和交互性是影响MOOC学习的主要因素，其中网速和期望目标是否达到处于共现网络的中心位置，对大学生能否坚持学习MOOC的影响最大。社群环境与网速、网速与期望目标是否达到、期望目标是否达到与交互性之间的连线、交互性与网速间的连线最粗，说明它们共现的频率较高，两因素相结合影响大学生是否能坚持MOOC学习的作用力最大。社群环境与使用的移动终端、社群环境与上课时间的连线次粗，说明支持MOOC学习的移动设备和上课时间影响着

MOOC 社群的氛围，当上课时间合适、周围参与 MOOC 学习者较多时，有助于大学生坚持完成 MOOC 课程。此外，还发现网速与其他各因素的连线较粗，说明网速这一客观因素是大学生完成 MOOC 学习的基础。

在对“优先选择的使用终端”的分析中发现，69% 的大学生优先选择使用电脑学习，选择手机和 iPad 等平板电脑参与 MOOC 学习的学生分别占 17% 和 14%，参与 MOOC 学习的移动终端是否具有移动的特点对学生学习意愿的影响较小。

在对交互性因素的进一步分析中发现，仅 10% 的学生选择留言方式答疑，90% 的学生希望得到在线及时答疑，在线答疑的方式可以包括网页交互窗口、QQ 群或微信群等社交媒体。

4. 基于用户需求为驱动的资源组织与服务内容

4.1 MOOC 推广力度不够，高校图书馆可以做 MOOC 的推广者

调查结果显示 67% 的大学生了解 MOOC 的途径是老师或同学口耳相传，这与老师的精力主要放在 MOOC 的制作和质量上有关，老师没有精力推广，这给高校图书馆的馆员提供了机会，虽然图书馆馆员不是 MOOC 的生产者，却可以做 MOOC 的推广与管理者。在推广方面，馆员除了选择校务通知、新闻报道、摆放宣传栏、发放宣传单等传统宣传方式外，微信、微博等新媒体应成为宣传的主流方式。此外，举办有物质奖励的 MOOC 推广创意大赛也可以起到集思广益的效果。尽管调查结果显示仅 20% 的大学生有兴趣参与图书馆举办的推广活动，但有 68% 的大学生表示不确定是否参与，图书馆馆员还是有希望获得更多的支持者。

4.2 MOOC 课程繁多，高校图书馆可以基于用户需求来选择 MOOC 内容

调查结果显示 48% 的大学生希望思政、计算机和外语类公共课能够采用 MOOC 模式替代传统的课堂教学，高校图书馆馆员可以联系相关公共课老师，在高校中组织尝试。

调查结果显示能否达到期望是影响大学生是否愿意参加 MOOC 学习并能否坚持学习的首要主观影响因素。授课老师不可能有太多的精力来调研学生的真实需求，基于“有需求才能有期望”的原则，高校图书馆馆员可以开展有针对性的 MOOC 服务，譬如：调研本校学生希望开设的 MOOC 课程，协助高校进行 MOOC 建设，这样可以避免高校盲目地进行 MOOC 建设，提高 MOOC 使用率；其次，可以先分专业、分年级对学生进行问卷调查，了解和摸查学生的具体需求后选择现有 MOOC 平台中的相关 MOOC 课程，采用学生投票的方式确定图书馆馆员参与管理的 MOOC 课程。

在课程选择方面，针对专业前沿或时事前沿，如果本高校设置了相关课程，馆员可以配合授课教师的工作，组织邀请社会成功人士或权威专家进行远程授课；如果没有开设相关 MOOC 课程，可以直接提供相关视频。

4.3 MOOC 的管理不到位，高校图书馆可以做 MOOC 的管理者

MOOC 实际完成率低的一个主要原因是缺乏管理，馆员可以参与 MOOC 课程整个过程的管理工作，开展线上学科服务。如更新开课时间、提醒开课、推送开课进度；除了高校图书馆主页给予相应链接外，要注意类似 YY 语音、QQ 腾讯课堂等通信软件的辅助应用。馆员除了管理相关课程实务外，还可以负责处理版权、文献借阅或传递、信息检索培训等工作。

参考文献

[1] 王烨捷. 清华学子调研：中国“慕课”注册率高　成功率低 [EB/OL]. [2016 - 06 - 08]. http：//

www. cssn. cn/gx/gx_xywh/201511/t20151111_2572944. shtml.
[2] Parslow Graham R. Commentary: Massive open online courses [J]. Biochemistry and Molecular Biology Education, 2013, 41 (4): 278-279.
[3] Dylla, Frederick H. Commentary massive open online courses and the future of education [J]. Physics Today, 2014, 67 (6): 8-10.
[4] Margaryan Anoush, Bianco Manuela, Littlejohn Allison. Instructional quality of massive open online courses (MOOCs) [J]. COMPUTERS & EDUCATION, 2015 (80): 77-83.
[5] 王志军, 陈丽, 郑勤华. MOOCs 的发展脉络及其三种实践形式 [J]. 中国电化教育, 2014 (7): 25-33.
[6] Beng Soo Ong, Grigoryan A. MOOCs and universities: competitors or partners [J]. International Journal of Information and Education Technology, 2015, 5 (5): 373-376.
[7] Kerry Wu. Academic libraries in the age of MOOCs [J]. Reference Services Review, 2013, 41 (3): 576-587.
[8] Donna Harp Ziegenfuss, Cynthia Furse. Opening up collaboration and partnership possibilities: revaluing library resources, skill sets, and expertise [J]. Digital Library Perspectives, 2016, 32 (2): 1-12.
[9] 侯林丽. 基于信息生态链的高校图书馆本土化 MOOC 服务研究 [J]. 数字图书馆论坛, 2016 (7): 63-67.
[10] 陈学慧, 赵鲁涛, 王洪桥, 杨盼. MOOC 类课程影音制作方法研究 [J]. 中国大学教学, 2014 (8): 69-72.
[11] 孙力, 钟斯陶. MOOC 评价系统中同伴互评概率模型研究 [J]. 开放教育研究, 2014 (5): 83-90.
[12] 钱瑛. 社会化网络环境下网络公开课用户使用行为研究 [J]. 现代情报, 2014 (5): 50-55.
[13] 赵英, 杨阁, 罗萱. 大学生对 MOOC 接受与使用行为的调查研究 [J]. 中国远程教育, 2015 (8): 37-44, 80.
[14] 黄如花, 王春迎. 面向学科的数据素养现状及需求调查分析——以"信息检索"MOOC 学员为例 [J]. 图书馆论坛, 2016 (6): 1-8.
[15] 何宇杰. MOOC 环境下图书馆服务创新研究——基于 MOOC 学员需求调查的分析 [J]. 新世纪图书馆, 2014 (10): 20-23.
[16] 李新平, 彭玉嫒. 大学生对 MOOC 的了解及需求情况的调查研究 [J]. 当代继续教育, 2014 (6): 66-69.

整合营销策略视角下高校图书馆阅读推广研究*

何建新　刘信洪

（华南农业大学图书馆　广州市）

摘　要：从整合营销策略的角度，为高校图书馆开展阅读推广活动提供可借鉴的推广策略。阐述整合营销的概念，分析整合营销策略与高校图书馆阅读推广相结合的思路，运用整合营销的促销组织机构策略、精准营销策略、传播策略、品牌策略、平台营销策略、跨界营销策略与高校图书馆相关阅读推广相结合，推动高校图书馆阅读推广的可持续性。

关键词：阅读推广策略；整合营销策略；阅读推广；高校图书馆

我国官方组织阅读推广活动起于中宣部、教育部等部门联合实施的“知识工程”。[1]2012年，“推进全民阅读”写入了党的十八大报告；2015年，李克强总理在《政府工作报告》中提出“倡导全民阅读，建设书香社会”。[2]2015年12月31日，教育部印发《普通高等学校图书馆规程》，其中第三十二条规定：图书馆应积极参与校园文化建设，积极采用新媒体，开展阅读推广等文化活动。[3]引入整合营销理念可以让我们对高校的阅读推广进行更深入的分析和思考；从整合营销理论的视角，将整合营销策略与阅读推广相结合的思维运用于目前的高校图书馆阅读推广工作，推动高校图书馆阅读推广的内容和形式的更新，培养大学生的阅读习惯，以期进一步促进高校阅读推广工作的开展，让高校图书馆的阅读推广活动更具有创新性和可持续性。

1. 整合营销的含义

整合营销理论（Integrated Marketing Communication，IMC）是美国学者唐·E·舒尔兹根据20世纪90年代以来已经开始发生变化的市场环境而提出的一种营销理论，其中心思想是：通过企业与消费者的沟通，以满足消费者需求的价值为取向，协调使用各种不同的营销策略，发挥不同营销策略的优势，从而使企业的营销实现低成本策略化。[4]IMC以消费者的需求和满意为营销的主要目标，整合各种营销策略，重视消费者的消费需求和消费心理的分析和研究，从以企业为中心转移到以消费者为中心。[5]整合营销传播通过企业与消费者的双向沟通，建立并完善企业在消费者心目中的形象，建立企业与消费者长期密切的关系，能够有效地实现产品营销的目的。[6]

2. 整合营销策略与高校图书馆阅读推广相结合的思路

高校图书馆的阅读推广是对其服务进行营销的一种形式，其目的是提高读者对高校图书馆阅读推广价

* 本文系广东省图书文化信息协会课题“新媒体时代高校图书馆阅读推广服务创新研究”（项目编号：GDTWKT2016－56）的成果。

值的认同，满足读者对阅读的需求，通过整合营销策略与阅读推广相结合，以其阅读推广效果来提高读者的满意度和忠诚度等问题都是值得探究的。因此，将整合营销策略与阅读推广相结合运用到高校图书馆，用于指导高校图书馆阅读推广，是解决上述问题的可行性措施。[7]那如何将整合营销策略与阅读推广相结合运用到高校图书馆阅读推广中来？应该根据目前高校图书馆阅读推广的实际情况，将整合营销策略应用到具体的阅读推广活动中加以创新运用。[8]用整合营销策略的思维来推动高校图书馆的阅读推广，开阔视野，丰富和创新阅读推广方式，对高校图书馆阅读推广将起到启迪和创新作用。它们之间的结合，其思路框架见图1。

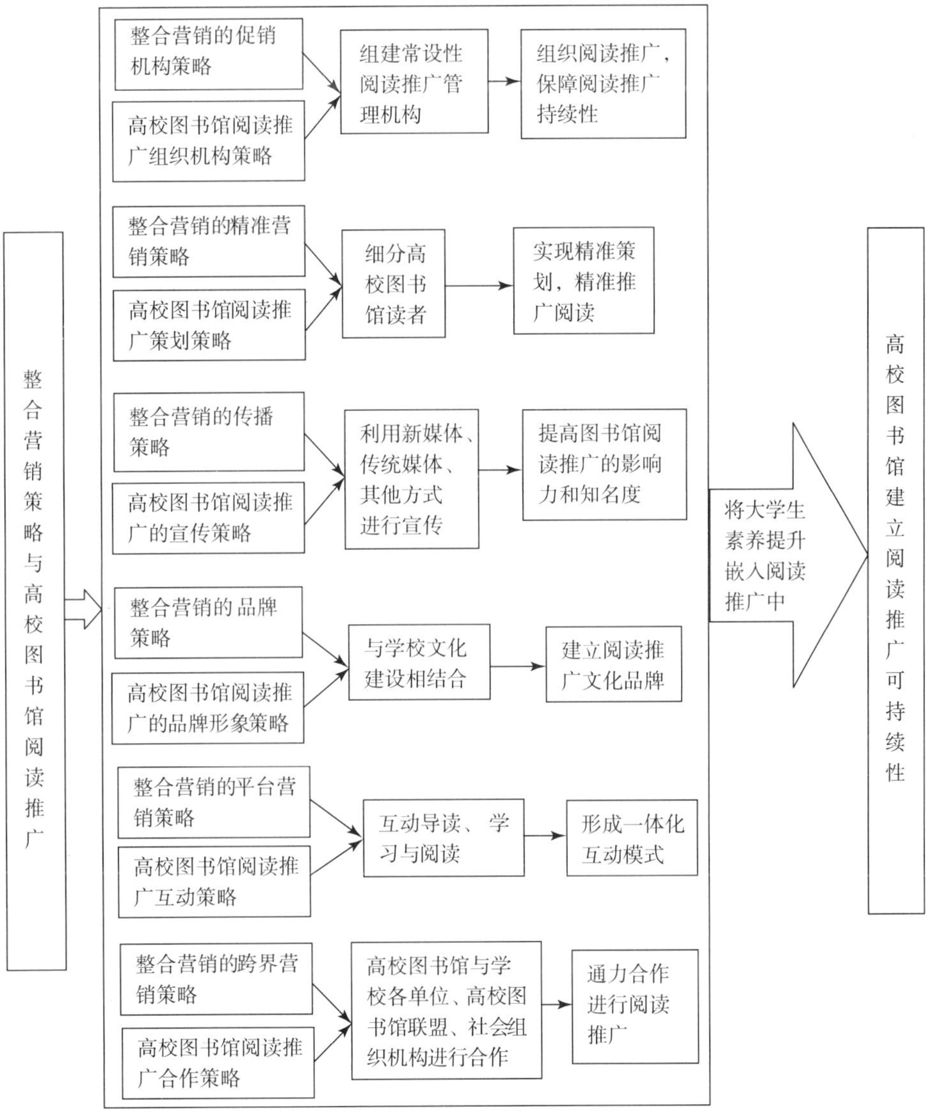

图1　高校图书馆阅读推广与整合营销策略相结合思路框架图

3. 整合营销策略视角下高校图书馆阅读推广

3.1　促销机构策略与高校图书馆阅读推广组织机构

企业要成功推出一个品牌，就是要在每一个消费者可接触点上，企业促销机构将企业希望表达的信息与创意对消费者进行沟通和宣传。[4]为此，在整合营销中，企业为了与消费者接触并进行有效管理，需建立促销管理机构。高校图书馆要树立经营理念，像经营企业一样经营图书馆，将读者或用户当成消费者，建立促销机构。阅读推广是一项长期的工作任务，为保证阅读推广工作长期有效地执行，高校图书馆应组建常设性阅读推广机构——阅读推广工作小组，由一位馆领导负责组织协调阅读推广工作，如对工作人员的安排以及进行阅读推广的系统规划等。阅读推广工作小组每年要制订阅读推广活动计划、活动主题和规划活动内容。同时将阅读推广内化为图书馆的一项基本业务，开展多种多样的活动，成为阅读推广活动的倡导者和促进者。[9]这样，将有利于对阅读推广工作效率的提高和经验的积累，以及阅读推广活动的衔接和连续。可见，建立阅读推广工作小组，对于高校图书馆阅读推广的可持续性是一个重要保障。

3.2 精准营销策略与高校图书馆阅读推广精准策划

整合营销的精准营销策略要求充分利用各种媒体，将营销信息比较准确地推送到消费者手中。要做到精准营销，就要求企业做好市场营销分析，并进行营销策划，实现精准营销。[10]整合营销的精准营销是一种分析消费者特征、细分消费者市场的营销策略。高校图书馆阅读推广要借鉴整合营销的精准营销策略，对读者进行分析和细分读者。高校图书馆根据读者的阅读特点，细分读者阅读要求，然后针对不同读者群，策划打动他们阅读的感性痛点，自然就会助力读者主动进行阅读。因此，高校图书馆要对读者群进行细分，实行精准阅读推广。高校图书馆的读者群大致可分成三种类型：①情怀型。这些读者是爱阅读之人。其中一部分读者是为了获取知识，以便将来有更好的发展；另外一部分读者纯粹是为了追求精神上的愉悦，获取精神财富。②谈资型。这一类型的读者读书是为了快速获取书中的精彩部分，他们提取书中某些片段，并将其作为饭后谈资。③休闲型。读书并没有特别强的目的性，就是把阅读当作休闲。[11]针对这三种类型的读者，高校图书馆应精准策划阅读推广活动。

3.3 传播策略与高校图书馆阅读推广的宣传

3.3.1 全方位的宣传

整合营销传播策略的实现需要企业进行无孔不入的宣传，以点带面扩大宣传的力度，使消费者的脑海中对产品形成深刻的印象。[5]高校图书馆要充分利用传统媒体和新媒体以及其他宣传方式进行多渠道、全方位的宣传，从而引起高校图书馆读者的注意。同时，高校图书馆也要将阅读推广活动前后的具体情况做详细的宣传报道，让读者对活动产生更深的印象，加强读者对活动的认可度。这样，高校图书馆的阅读推广活动才能形成长期的影响力。

（1）传统媒体宣传

传统媒体宣传方式包括利用图书馆公告栏、横幅、书签、校广播台以及校刊、校报宣传。另外，制作富有创意的阅读推广广告同样是有效的传播途径，广告可以做成海报、展板、电子屏等形式。

（2）新媒体宣传

选择新媒体进行合作，利用新媒体宣传阅读推广，其优点是传播速度快、读者面广，还能节省宣传成本。高校图书馆的阅读推广活动可以利用网站、微博、博客、QQ 等网络交互平台进行宣传推广，以及利用手机媒体的微信、移动图书馆以及微电影等进行宣传推广。

（3）其他宣传方式

其他宣传方式，如利用新生入馆教育进行阅读推广宣传，会起到很好的效果，以及在兄弟馆参观交流或进行学术交流时进行宣传，可以提高本馆的阅读推广知名度和影响力。[13]

3.3.2 打破常规思维模式宣传

研究表明，那些出乎人们意料的信息，更容易引起人们的关注和仔细推敲。所以在宣传上，高校图书馆要打破常规思维模式，探索新的宣传方法，或者采用逆向思维方式，改变常规宣传方式所带来的定式思维规律，做到出其不意，吸引读者的注意。心理学研究表明，人们在注意外界信息时，会更关注那些能够对自己形成视觉冲击的信息。因此，在高校图书馆制作宣传广告时，要针对高校图书馆读者的特点，找准视觉冲击点，设计出符合高校图书馆读者群审美偏好、独具特色、引起读者视觉冲击点的宣传广告，将阅读潜在价值精准、迅速地传递给读者，吸引读者的关注。[12]高校图书馆的阅读推广宣传要融入创新元素，与常见阅读推广宣传形式形成反差，利用读者对与众不同事物的好奇心理，吸引读者的关注。

3.4 品牌策略与创建高校图书馆阅读推广品牌

品牌的树立是企业产品发展的推动力，企业通过多维度的品牌宣传策略实现品牌信息的全面传播。[5]目前，高校图书馆的阅读推广方式近似度较高，阅读推广品牌能够帮助高校图书馆在读者之间树立起差异化意识，从而提高读者对图书馆的忠诚度，因此高校图书馆不仅需要开展丰富多彩的阅读推广活动，更需要注重品牌建设。高校图书馆推广品牌的培育和形成，主要应从以下几方面去做：

3.4.1 特色鲜明

高校图书馆的阅读推广要获得读者的注意力，必须为读者提供值得关注的阅读推广目标，也就是阅读推广活动的特色之处。[12]高校图书馆要根据阅读推广活动的各方面因素，如阅读推广的主题、内容和表现形式等，从中找出活动的鲜明特点，并予以重点推广。从整合营销的角度来说，特色就是卖点，就是竞争力。如四川大学图书馆的“光影阅动·微拍电子书”阅读推广活动就很有特色，活动以数字阅读和多媒体UGC（User Generated Content）为服务手段，通过拍摄微视频的方式来推介该馆的电子资源。

3.4.2 寻求创意

一个好的阅读推广品牌通常依赖一定程度的创意。[14]目前各高校图书馆虽然都在开展阅读推广活动，但创意不够。高校图书馆要想真正拥有具有自身特色的品牌，必须结合自身的实际情况寻求创意。如北京科技大学图书馆的“对话—足迹”阅读推广活动是一项有创意的活动，活动吸引知名作者和读者精英，作为真人图书展示。同时，让大学生们收获阅读感受，并把自己的阅读经历保存下来，留作永久的纪念。

3.4.3 准确定位

正如“定位之父”里斯所言，“定位就是在顾客头脑中寻找一块空地，扎扎实实地占据下来，作为‘根据地’，不被别人抢占”[15]。对于高校图书馆来说，定位就是高校图书馆阅读推广品牌在读者大脑中扎根的程度。高校图书馆要依托馆藏资源，以阅读推广活动为抓手，不断创建新型阅读推广内容和形式，丰富校园文化内涵，提高阅读推广效果，要建立与学校阅读文化建设相结合的文化品牌阅读推广模式。中原工学院图书馆的“以‘阅读学’课程推进阅读文化建设”的阅读推广活动，就是一个很好的例子。活动定位为：把阅读理论知识系统化，搬上大学讲台，提高大学生的阅读品位和阅读素养。[16]

3.4.4 舍得投入

有了一个好的阅读推广品牌创意后，要舍得投入才能使之变成现实的品牌，包括人力、物力以及财力的投入。这意味着高校图书馆要投入时间、精力和费用，这样才能使阅读推广品牌成为现实，并具有可持续性。

3.4.5 持续坚持

一个好的阅读推广品牌创意只能算是品牌建立成功的一半，真正要使之成为阅读推广品牌还需要持续的努力和付出。如“社群运营”阅读推广方式，是把高校图书馆的读者看成一个社群，通过社群来运营形成稳定的读者与图书馆友好关系。[17]对高校图书馆来说，就是要坚持不断更新和丰富阅读内容，让大学生读者感受到阅读对其成长是有用的，也就是让阅读的内容和形式吸引大学生读者。

3.5 平台营销策略与高校图书馆阅读推广互动

整合营销的平台营销就是要以消费者为中心，以网络为导向，借助于传播媒体，为实现企业目的而进行一系列企业活动，其中体验式互联网产品营销是整合营销平台成功的关键因素。[11]在互联网时代，阅读终端多种多样。高校图书馆要适应互联网时代发展的要求，就要更新阅读推广理念、利用互联网技术创新阅读推广互动方式。[18]

3.5.1 网络阅读互动式导读

“互联网 +”时代的读者需要的是方便、快捷的阅读推广导读服务，引导读者多读书、读好书。因此，高校图书馆要为读者提供方便、及时和有效的阅读互动式导读服务。高校图书馆要进行网络阅读互动推广，及时对读者提出的问题进行解答，并进行阅读指导，减少读者对阅读信息查找的盲目性，帮助读者从杂乱无序的网络中快捷地找到其所需阅读的内容。另外，高校图书馆可以根据读者的阅读兴趣，利用移动阅读咨询平台将推荐书目或数字资源内容主动推送给读者，为读者提供具有针对性的个性化阅读服务。

3.5.2 创建读者阅读社交平台

“互联网 +”时代，一些读者总希望在阅读的时候能和同学或朋友进行学习心得交流分享。互动阅读是以读者为核心，强调分享、互动以及社交与传播。读者互动阅读让阅读多次传播，实现阅读价值的升值，推动阅读不断进行。[13]高校图书馆应建立读者社交网络平台，让读者在交流互动中寻找所感兴趣的阅读和与阅读相关的信息。近年来，高校图书馆在读者阅读社交平台方面开始实践与探索，如宁波大学等图书馆通过移动图书馆平台实现发微博、写书评等读者阅读互动，读者可随时随地分享自己的阅读感受和学习心得。上海师范大学图书馆开通了“涂书寮”，通过“涂书寮”将喜欢的图书推荐给好友，同时可以实时评论读者阅读过的图书，并通过朋友圈将自己喜欢的图书及书评以微博、微信的形式与朋友进行分享和讨论。暨南大学等图书馆的 OPAC 提供与豆瓣网的互通，读者通过 OPAC 系统可以上传自己的书评，读者也可以通过豆瓣网查看其他读者的书评，同时与其他读者分享阅读体会与心得。

3.5.3 构建网络阅读课堂

通过 MOOC 和 SPOCs 将大学的课堂转移到互联网中，转化成适合在线学习的形式，MOOC 和 SPOCs 为大学生提供了大量的开放性网络课程，因而为大学生同时学习同一门课程提供了载体。另外，MOOC 和 SPOCs 还超越了传统在线学习课程的局限，它不仅为大学生提供涵盖了各个学科的课程，还为大学生提供一个可以共享和讨论的平台。[19]因此，高校图书馆要利用 MOOC 和 SPOCs 构建网络课堂，让大学生利用 MOOC 和 SPOCs 网络课堂学习自己喜欢的课程，在 MOOC 和 SPOCs 网络课堂分享笔记、学习心得、评论课程，寻找自己喜欢的学习伙伴。这不仅有利于知识在大学生群体间的流动，还有利于形成网状的阅读推广。

3.6 跨界营销策略与高校图书馆阅读推广合作

跨界营销是整合营销领域的行业合作模式，通过与不同行业的企业或品牌之间的跨界合作，开创更大的市场空间，产生双赢，实现“1 +1 >2”的效果。[10]高校图书馆应与其他相关单位或组织机构合作进行阅读推广，建立阅读推广合作机制，相互借力，共同发展。

3.6.1 高校图书馆与学校院系、部门、学生社团合作

在开展阅读推广活动时，高校图书馆要与学校院系、部门、学生社团等合作开展阅读推广。如华南农业大学图书馆每年的“校园读书节”，由图书馆牵头，联合各学院、校团委、宣传部、教务处、学生处、研究生院、学生会等部门，开展多种多样的阅读推广活动，多方参与，不断增强组织合力。与学校宣传部合作，开通阅读推广微信、微博平台，在校报里增加“阅读推广”专栏等，提升影响力，扩大参与性；与学生处、各院系合作，针对不同年级、不同专业的学生举办不同类型的活动；与团委、学生社团合作，鼓励学生成立阅读协会、书友会等社团，鼓励学生社团举办阅读活动，把阅读推广作为学生社会实践活动之一，对在活动中表现突出的学生给予一定奖励。这些合作阅读推广方式充分发挥了图书馆在文献资源方面的优势，发挥了校宣传部在校园文化建设上的统筹、协调和宣传作用，以及学生处、团委等职能部门和学生会在组织发动学生方面的优势，也调动了相关学院在图书馆举办展览活动的积极性，多部门形成合力，

集中各自的资源和优势，保障阅读推广活动的长期性与可持续性。

3.6.2 高校图书馆阅读推广联盟合作

高校图书馆的阅读推广工作应该走出自己的小天地，与兄弟馆进行合作。[20]但是目前各高校图书馆之间缺乏有效的沟通，在阅读推广工作上没有很好地发挥作用。因此，有必要建立高校图书馆联盟合作机制，借助于高校图书馆联盟共同开展阅读推广活动。通过联盟合作，不仅能聚集优质的资源，还能扩大读者参与度，增强活动影响力。高校图书馆馆际合作建立的阅读推广联盟形式主要有：一是建立区域高校图书馆推广联盟，例如建立广州地区高校图书馆阅读推广联盟。二是建立同类型高校阅读推广联盟，例如建立农业类高校阅读推广联盟。建立高校图书馆阅读推广联盟，首先应成立联盟阅读推广委员会，科学指导联盟成员馆开展阅读推广活动；其次要制定联盟阅读推广合作机制，联盟组建领导小组，并对成员馆的任务分工、经费分担等做出明确规定。[13]

3.6.3 高校图书馆与相关组织机构合作

高校图书馆要与各级图书馆学会进行合作，如与中国图书馆学会、省市图书馆学会等合作。同时积极寻求与文化传播机构的合作，进一步发掘文化传播机构的资源，助力高校图书馆的阅读推广活动。企业、社区、街道等组织机构等也有着资金和文化资源，高校图书馆寻求与它们的合作，也将为阅读推广活动带来新的活力。[21]如华南农业大学图书馆参与由广东省图书馆学会、广东省高校图工委、数据商等单位组织的“图书馆杯广东大学生英语口语大赛”，2013 年华南农业大学图书馆与社区进行阅读推广互动，均产生了很好的社会效果。还可与出版企业或媒体等合作，共同举办读书节、读书月等活动，采取大学生喜闻乐见的方式，通过社会舆论引导，提高阅读推广的成效。

4. 结　语

高校图书馆阅读推广活动是一项长期的工作，需要持之以恒地坚持和创新，使之可持续发展。在“互联网 +”时代，高校图书馆吸引并维持用户或读者对图书馆的满意度和忠诚度是阅读推广工作成功的关键，需要我们在实践中不断探索和创新，用整合营销的相关营销策略，使高校图书馆的阅读推广活动符合高校读者的阅读心理需求，激发其潜在的阅读兴趣。从整合营销策略视角出发，高校图书馆应积极创新阅读推广手段，以创新服务为目的，建立阅读推广机构，加强高校图书馆阅读推广特色宣传和品牌建设；加深对高校读者的阅读了解，分析不同层次的读者阅读需求，进行精准策划推广，促使他们积极参与到阅读推广中来，提高高校图书馆阅读推广服务效果；与学校的文化建设相结合，进行阅读互动，与高校图书馆联盟以及其他组织机构合作推广阅读，提升大学生的文化素质，确保高校图书馆阅读活动开展的可持续性。

参考文献

[1] 李晓敏．中外图书馆阅读推广活动比较研究［D］．洛阳：河南科技大学，2012：4 - 6.

[2] 李婧璇，王坤宁．倡导全民阅读　铺就走向书香社会的坦途．［EB/OL］．（2015 - 03 - 16）［2016 - 03 - 02］．http：//news. xinhuanet. com/edu/2015 - 03/16/c_1114654544. htm.

[3] 中华人民共和国教育部．普通高等学校图书馆规程．［EB/OL］．（2015 - 01 - 04）．［2016 - 03 - 05］．http：//www. moe. edu. cn/srcsite/A08/moe_736/s3886/201601/t20160120_228487. html.

[4] 整合营销管理案例分析以及基本策略［EB/OL］．［2016 - 03 - 02］．http：//wenku. baidu. com/org/view? org = gaipuzixun.

[5] 石秀珠．整合营销在中国市场的实现途径探讨——从营销终点到营销起点［J］．市场营销，2015（9）：67 - 69.

[6] 王森．整合营销传播理论及应用策略分析［J］．中国商贸，2011（5）：33 - 34.

[7] 王嵘. 高校图书馆服务营销策略分析 [J]. 图书情报工作, 2008, 52 (6): 128-130.
[8] 薛宏珍. 服务营销组合理论在阅读推广中的应用研究——大学图书馆“书香吧”服务营销为例 [J]. 图书馆学研究, 2015 (23): 59-64.
[9] 张媛. 高校图书馆阅读推广长效机制的思考 [J]. 黑龙江科技信息, 2013 (2): 155.
[10] 焦建萍. 新媒体形势下中小企业整合营销策略探讨 [J]. 商业经济研究, 2015 (8): 61-62.
[11] 谢园. Kindle: 如何利用创新营销推广阅读大理念? [J]. 成功营销, 2015 (10): 44-45.
[12] 邱建玲. 大学阅读推广的实践路径: 注意力视角 [J]. 大学图书馆学报, 2016 (1): 83-87.
[13] 杜昊. 高校图书馆阅读推广常态化机制的探索 [J]. 江苏科技信息, 2015 (19): 6-8.
[14] 王新才. 高校图书馆阅读推广的多样化与品牌建设 [J]. 图书情报研究, 2015 (4): 3-7.
[15] RIES A, TROUT J. The positioning era cometh [J]. Advertising Age, 1972 (24): 35-8.
[16] 以“阅读学”课程推进阅读文化建设 [EB/OL]. [2016-03-20]. http://www.scal.edu.cn/xzzx/201504071028.
[17] 陈凤娟. 移动互联网思维下图书馆的阅读推广策略研究 [EB/OL]. (2014-11-07) [2016-03-08]. http://xhsmb.com/20141107/news_16_2.htm.
[18] 马彦格. 移动互联网时代高校图书馆阅读服务研究 [J]. 河北科技师范学院学报: 社会科学版, 2014, 13 (1): 114-118, 128.
[19] 肖瑶. “互联网+”时代下的全民学习 [EB/OL]. (2015-04-21) [2016-03-09]. http://ent.chinadaily.com.cn/2015-04/21/content_20495345.htm.
[20] 裴劲松. 新媒体时代高校图书馆的阅读促进 [EB/OL]. (2015-03-26) [2015-07-03]. http://finance.ifeng.com/a/20140326/11977643_0.shtml.
[21] 李园园. 高校图书馆阅读推广机制研究——以同济大学图书馆立体阅读为例 [J]. 图书馆学研究, 2014 (7): 85-88, 96.

医院医护人员信息需求调查与分析*

肖春芳[1]　周燕莉[1]　阳立群[2]　肖顺娥[1]　刘　映[1]　张　军[1]

([1] 南方医科大学南方医院　广州市；[2] 广州市白云区太和人民医院　广州市)

摘　要：基于医护人员信息需求和信息利用现状，结合某医院医护人员的工作特点和信息需求开展问卷调查，发现医护人员信息需求和信息利用方面的共性特征和个体化差异。结合调查分析，提出了提高医护人员信息素养的主要策略：医学信息检索专家对科室医护人员进行系统的检索培训；以META分析为基础开展文献检索与文献利用能力培养；基于专业数据库开展针对性培训。作者指出，针对医护人员的信息需求和信息行为，还应定期不定期学习参考文献管理软件的使用，学习如何利用海量医疗大数据进行数据挖掘和知识发现，只有这样才能全面提高医护人员的信息素养，在信息检索和信息利用中事半功倍，用娴熟的信息检索方法和技巧助力医学科研，不断提升医护人员的医学科研能力和水平。

关键词：百佳医院；医护人员；信息需求；信息素养；调查分析

1. 引　言

当今社会正在步入信息爆炸的时代，信息时代给人们获取各类信息以满足自身信息需求带来了诸多便利，人们可以通过读书看报、广播电视、上网浏览、搜索引擎、电子邮件等方式获取信息满足自身个性化的信息需求。可供大家使用的信息源主要有图书、期刊、报纸、学位论文、会议文献、专利文献、科技报告、产品样本和技术标准等。事实上，不同人群有不同的信息需求和满足信息需求的信息利用行为与方法。对医院医护人员而言，获取与教学、科研及临床实践有关的各类信息是他们满足信息需求的重要方式方法，也是提升自身教学科研和医疗水平的重要途径。随着现代信息技术的发展，馆藏文献的构成、信息资源的来源和获取途径、信息服务的内容及方式，都发生了深刻的变革。同时，医护人员的信息需求也随之发生变化，不断向内容个性化、载体多样化、获取手段网络化的方向发展。

科研水平的高低，在很大程度上与科研工作者信息需求意识的强弱及获取情报信息能力的大小有关。医院医护人员因职业、人员结构的特殊性，使得其信息需求具有自己的特点。1995年，孟其善对西安市医技人员的信息需求进行调查，发现要求提供综述信息的186人，占49.7%；要求提供文摘型信息的151人，占40.4%；要求提供题录型信息的37人，占10%。有作者指出，我国护理人员的信息意识比较淡薄，获取文献信息的能力较弱，且途径单一。任慧玲发现医护人员信息需求内容主要包括：①来自相应专业的病案、专业期刊、经典图书、药典、药物的技术资料等的疾病诊疗方法和药物信息；②面临不断出现的新的疾病、药物、仪器等，医护人员需要不断的交流和进步，所以关注本行业国内外的会议信息、进修机会等。随着生命科学的迅速发展和社会进步速度的加快，读者知识信息需求的深度不断加大，读者信息需求正从传统印刷型文献信息为主体向电子数字化资源发展，而数字网络化信息环境的形成，信息资源载体形式的丰富多样，从根本上改变着读者知识信息需求的结构。医师不仅可以通过传统的途径，如阅读印刷版的期刊、报纸、书籍以及参加学术会议等途径获取信息，还可以通过新兴的网络途径，如网站、数据库等获得

* 本文系广东省图书文化信息协会2016年立项科研课题（项目编号：GDTWKT2016－58）的研究成果。

信息；同时还可以通过各种日益兴旺的媒体，如电视等获得信息。我国西北地区军队医院广大医务工作者需求的是与西北地区地理环境、民族种群、作战任务等相关的军事医学、临床医学、预防医学等学科发展前沿的最新信息，他们不仅需要新颖的信息内容，而且需要跨学科和跨地域的综合性知识。侯胜超等人发现，医技人员的信息需求主要有：所研究领域的前沿进展信息、科研基金信息、专业文献的获取和利用方法、科研论文的投稿和撰写信息（如期刊的投稿启示、影响因子等）、疾病诊断治疗的循证医学信息、团队协作支持等；护理人员的信息需求与医生相似，但文献语种以中文为主，且对护理的基本知识更新、重病专科护理等方面有广泛的学习需求，同时也关注循证护理信息、医患沟通技巧等实用性信息。综上所述，国内对于医护人员信息需求和信息利用行为的调查较为分散，对于医护人员信息需求和信息利用行为的特点和规律的总结分析尚缺乏实证研究的支持。医护人员自身信息意识淡薄、信息获取能力不强、医院专业信息资源缺乏等原因也造成医护人员信息需求得不到满足，信息获取和信息利用显得较为盲目和无所适从。因此，需要全方位了解各类人群信息需求和信息利用的特点与规律，结合医护人员的工作特点和信息需求开展问卷调查，发现医护人员信息需求和信息利用方面的共性特征和个体化差异，探索提升其信息素养的方式方法，全面提升其综合素质，为科技兴医、科技兴院打下良好基础。

2. 全国百佳医院医护人员信息需求调查

我们针对全国百佳医院医护人员的信息需求和信息利用行为进行了调查，旨在摸清该群体信息需求和信息利用的主要特点，探索提升其信息素养的主要途径和方法。主要内容：基于 × × 医院这一全国百佳医院医护人员群体，采用问卷调查法和文献分析法进行医护人员信息需求和信息利用行为的调查分析，剖析信息需求和信息利用上的问题与障碍，探索其信息需求满足和信息利用的主要特点与规律。在文献分析和问卷调查基础上，尝试探索提升医护人员信息素养的主要途径和方法，以促进医护人员信息管理和信息利用能力的提升，为科技兴院打下基础。

2.1 方法

①相关文献分析法与问卷调查法相结合。通过检索国内发表的不同人群信息需求的文献初步汇总分析各类人群信息需求和信息利用的特点，结合问卷调查法进一步探索医护人员信息需求与信息利用的主要规律。

②对比分析法。基于全国最好的医院优势科室排名，将该医院整形外科（全国第四）、传染科（全国第五）、肾脏病（全国第六）、病理科（全国第七）、消化病（全国第十）医护人员设为观察组，另选医院5个广东省重点专科的医护人员为对照组，比较分析其信息需求与信息利用上的特点与差异，总结探索提升其信息素养的途径与方法。信息来源：复旦大学医院管理研究所的中国医院排名评比是以同行评议的方式，抽取著名专家，然后这些专家们综合考虑学科建设、临床技术与医疗质量、科研水平等因素，提名本专业领域内排名第一到第五的医院。根据专家的排名，得出了该专科领域的各医院平均声誉分值，通过排序产生了平均声誉分值的前五名医院和获得提名的医院名单。在“中国医院最佳专科声誉排行榜”的基础上，根据每所医院获得的各专科声誉排名，得出该医院所有专科的总分值，在此基础上综合该医院科研学术水平总得分，评出“中国最佳医院排行榜”。

2.2 问卷设计与调查

通过查询医护人员信息需求和信息利用行为的相关文献，结合我院医护人员发表论文所引用的参考文献信息，我们设计了《全国百佳医院医护人员信息需求与信息利用》调查问卷，在整形外科、传染科、肾内科、病理科、消化科以及该院其他5个广东省重点专科选取医护人员100人进行问卷调查，其中每个科室10人，医生、护士各5人。回收问卷100份，回收率达到100%。

3. 全国百佳医院医护人员信息需求特点与信息利用现状分析

3.1 信息需求主要特点

文献按照不同的分类标准有不同的类型，其中文献按照出版形式来划分可分为三大类10种信息源，包括图书、连续出版物（期刊和报纸）、特种文献（会议文献、学位论文、专利文献、科技报告、产品样本、技术档案、标准文献）。虽然不同类型、不同层次的医护人员对信息源的利用顺序不同，但经汇总分析后发现其信息需求有一些共同的特点。

3.1.1 期刊文献为医护人员的首选

期刊文献内容新颖、信息量大、出版周期短、传递信息快、传播面广、时效性强，能及时反映国内外各学科领域的发展动态。据统计，科技人员所获取信息的65%以上来源于期刊，它是十分重要和主要的信息源和检索对象。无论是全国优势科室还是广东省重点专科，医护人员都将期刊文献列为其第一需要，从调查结果来看，全国优势科室50人中有48人选择期刊为其第一信息来源，而广东省重点专科有45人将期刊列为第一信息来源。在利用期刊的过程中，外文文献特别是英文文献是其首选，其次是中文文献。这和我院对医护人员科研绩效的评价以SCI论文为重点有必然联系。

3.1.2 图书文献为第二选择

图书的内容比较系统、全面、成熟、可靠，缺点是传统印刷业图书的出版周期较长，传递信息速度慢，但电子图书的出版发行可弥补这一缺陷。从调查结果来看，图书是医护人员的第二信息来源，主要是因为图书总结了近期研究的主要进展，理论和方法、技术比较成熟。所调查的100人中有80人将图书列为其信息来源的次要选项，反映了图书文献在科学研究中的重要地位。

3.1.3 会议文献与学位论文是重要的信息来源

会议文献，其特点是内容新颖、专业性和针对性强，传递信息迅速，能及时反映科学技术中的新发现、新成果、新成就以及学科发展趋向，是了解有关学科发展动向的重要信息源。学位论文，其研究水平差异较大，博士论文论述详细、系统、专深，研究水平较高，参考价值大。

将会议文献和学位论文作为重要的信息来源，这也体现了医护人员密切关注国际国内相关领域研究现状和进展，而会议文献和学位论文因其非正式出版的特点提高了相关文献进入科学共同体的速度。全国优势科室和广东省重点专科的医护人员都能够把目光瞄向快速发表研究成果的专业会议，而学位论文因为有导师基金课题的资助也集中反映了选题的新颖性。本次调查发现，全国优势科室和广东省重点专科分别有70%（70人）和60%（60人）的医护人员将会议文献和学位论文列为其获取信息的重要来源，全国优势科室和广东省重点专科的医护人员在会议文献和学位论文的需求上没有明显差异（$P>0.05$），依据SPSS 19.0进行统计学处理。

3.1.4 专利文献是常用信息源

专利文献，是实行专利制度的国家在接受申请和审批发明过程中形成的有关出版物的总称。专利文献因其数量庞大和技术含量高而成为医护人员信息获取的常用来源，究其原因，可能是医院在新技术应用和新医疗器械研发上需要借鉴他人的技术方案，专利文献就成为医护人员学习他人经验、解决临床医疗实践难题的重要信息来源。这些科室每年也都申请了不少专利，这可能也是这两类科室医护人员在专利文献的需求上相一致的主要原因（全国优势科室与广东省重点专科之比为60%∶50%）。

3.1.5 产品样本和技术标准也是平时利用较多的信息来源

产品样本主要是对产品的规格、性能、特点、构造、用途、使用方法等的介绍和说明，所介绍的产品多是已投产和正在行销的产品，反映的技术比较成熟，数据也较为可靠，内容具体、通俗易懂，常附较多的外观照片和结构简图，形象、直观。技术标准对标准化对象描述详细、完整，内容可靠、实用，有法律约束力，其时效性强，适用范围明确，是从事生产、设计、管理、产品检验、商品流通、科学研究的共同依据，也是执行技术政策所必需的工具。随着科技兴院的不断推进，医院在医疗产品研发和遵循临床实践指南方面有了更高的要求，查阅产品样本和技术标准指导临床诊疗是医护人员的基本功，产品样本和技术标准是医护人员平时利用较多的信息源。由于全国优势科室和广东省重点专科都是医院的名牌专科，相关科室医护人员对产品样本和技术标准的需要也比较一致：前者有一半的人将其列入常用信息源，后者有45%的人将其列入常用信息源。

科技报告内容新颖、详细、专业性强、出版及时、传递信息快，每份报告自成一册，有专门的编号（即报告号，通常由报告单位缩写代码+流水号+年代号构成），发行范围控制严格，不易获取原文。因科技报告反映新的研究成果，故它是一种重要的信息源。政府出版物对了解各国的方针政策、经济状况及科技水平，有较高的参考价值，一般不公开出售。技术档案内容真实、详尽、具体、准确可靠，保密性强，保存期长久，是科研和生产建设工作的重要依据，具有很高参考价值，它通常保存在各类档案部门。医护人员对科技报告、政府出版物和技术档案的需求也占据了调查总人数的20%～30%，可能因为相关文献获取不易、技术档案在医学科研中的利用价值不大等原因，医护人员没有将这三类信息源列入常用信息源。这也反映了医护人员在平时的科学研究和临床实践中不太重视科技报告、政府出版物和技术档案的利用。

3.2 信息利用现状

3.2.1 网络生物医学数据库的利用是其首选

对两个类型科室医护人员来讲，国内外常用数据库如SCI、PUBMED、CNKI、VIP、万方等是他们最常用的信息渠道，特别是生物医学专业数据库PUBMED几乎成为部分医护人员每天必用的检索数据库，这可能反映出数字化信息资源已成为医护人员重要的信息来源，利用办公室电脑访问网络数据库也非常便捷。100%的医护人员首先使用PUBMED，90%的医护人员次选SCI，大约80%的人员都离不开上述中外文数据库。调查中看到了一个比较一致的倾向：医务人员多以国外数据库为主要利用对象，而护理人员特别是低年资中初级职称人员则多以中文数据库为主要利用对象，高学历（硕士和硕士以上）医护人员则没有显著差异。

3.2.2 搜索引擎是获取信息的第二途径

搜索引擎百度、搜狗和外文搜索引擎Yahoo等已经成为医护人员获取信息的重要途径，调查中发现80%的医护人员都将搜索引擎列为信息利用的第二选择，分析其原因，可能是搜索引擎强大的搜索功能便于快速获取文献全文。

3.2.3 依托图书馆的文献传递是获取全文的重要方式

医学科研是医护人员的一项非常重要的工作，这也是影响医护人员职称晋升、绩效奖励的重要环节。医护人员在申报各级各类课题时都能够系统地查询国内外相关数据库来获取课题相关历史背景和现状的文献，但有时限于时间和检索技巧，获取全文就成了他们信息利用的一大困难。他们选择了依托图书馆的文献传递服务来获取全文，这可能是因为这一信息获取方式简单省力，能够节省信息检索的时间就等于是给科研提速。调查中发现60%的医务人员和约50%的护理人员都喜欢选择文献传递这一获取全文的方式。

3.2.4 利用朋友圈或同学圈是获取信息的重要方式之一

同学或朋友因兴趣爱好相同而能够成为信息获取的重要来源，调查中发现医护人员喜欢就全文获取向同学或朋友求助，特别是身处境外的朋友或同学，这可能是因为境外的全文数据库建设更完善和全文检索更方便快捷。在调查中发现，全国优势科室中有50%左右的医护人员选择这一方式来获取全文，而广东省重点专科也有40%左右的医护人员选择向同学和朋友求助。

3.2.5 进馆阅读是医护人员很少利用的信息获取形式

虽然图书馆离上班地点不远，但很少有医护人员选择直接进馆阅读这一信息获取方式。究其原因，可能是因为医护人员上班工作强度大，平时临床工作压力也大，因此抽不出时间也没有精力再去图书馆查阅资料，另一方面也说明网络技术的发展和数字化资源建设能够保障医护人员的信息获取。我们发现，全国优势科室中无一人在半年内进馆阅读，而广东省重点专科有5人在半年内光顾了图书馆。这可能说明前者更重视依托网络来获取信息。

4. 提高医护人员信息素养的主要策略

全国优势科室和广东省重点专科医护人员的信息检索知识已经具备，其信息素养也比较高。但由于不完全熟悉中外文数据库的检索特点，联合使用中外文数据库查找文献的经验不足，针对专业数据库的专业检索比较陌生，所以还必须通过系统的培训和加强专业数据库的利用来提高其检索能力。结合调查结果，我们认为以下这些策略有助于提升医护人员的信息素养。

4.1 医学信息检索专家对医护人员进行系统的检索培训

由于医学信息检索专家全面掌握了国内外相关数据库的检索方法和检索技巧，他们在关键词选取、检索技术运用上灵活自如。邀请医学信息检索专家进医院讲授数据库检索方法和技巧能够帮助医护人员快速掌握相关数据库的使用方法，迅速提高其检索能力。

4.2 以META分析为基础开展文献检索与文献利用能力培养

META分析是利用检索出的一批文献进行定量合成分析，目的是考察哪种技术方法在临床上应用更合适、更安全。其中包括了检索词的选取、搜索策略的构建、文献纳入和剔除标准的把握、系统评价工具（RevMan、SPSS）的应用等，这是系统全面地利用国内外数据库进行文献普查的重要形式，有利于结合临床实践开展文献检索与利用能力培养。

4.3 基于专业数据库开展针对性培训

医护人员常用的专业数据库有PUBMED和SCI、EMBASE等，对这些专业数据库的针对性培训有助于帮助医护人员快速掌握检索技巧，能够在今后的数据库利用中起到举一反三的效果，因此医院可以邀请相关数据库开发商结合医学科研和临床选题进行专业数据库的讲授，这既能向医护人员普及检索知识，又能切合医护人员的医学科研需求开展有针对性的信息检索，达到短期快速提高其信息素养的目的。

当然，针对医护人员的信息需求和信息行为，还应定期不定期地让他们学习参考文献管理软件的使用，学习如何利用海量医疗大数据进行数据挖掘和知识发现，只有这样才能全面提高医护人员的信息素养，在信息检索和信息利用中事半功倍，用娴熟的信息检索方法和技巧助力医学科研，不断提升自身的医学科研能力和水平。

参考文献

[1] 侯胜超，胡鸿．基于信息需求的医院图书馆预约讲座服务设计与实践［J］．中国医院，2016（1）：73－75.
[2] 皮海清．浅谈我院医务人员的信息需求与医院图书室的服务支撑［J］．医学信息：上旬刊，2011

(2): 589.
[3] 季汉珍，周建伟，章幼奕. 网络环境下医院图书馆读者群的信息需求与服务对策 [J]. 中华医学图书情报杂志，2011 (8): 46-48, 53.
[4] 黄文，董秋生. 网络环境下军队医院图书馆信息需求与服务模式研究 [J]. 解放军医院管理杂志，2010 (3): 243-244.
[5] 王姝. 数据挖掘在医院图书馆用户信息需求研究中的应用 [J]. 预防医学情报杂志，2008 (12): 996-998.
[6] 李初阳. 医院图书馆信息需求服务新动向 [J]. 当代医学：学术版，2007 (8): 23-25.
[7] 郑萍，王行高，罗书练，邵新，侯世方，雷权，刘娜，杨柳，史艳莉. 西北地区军队医院医学信息需求分析及服务对策 [J]. 西北国防医学杂志，2007 (5): 396-397.
[8] 张春艳. 网络环境下医院图书馆的功能与读者信息需求 [J]. 实用医技杂志，2006 (8): 1393.
[9] 钟冬兰. 新时期医院图书馆及其用户的文献信息需求 [J]. 图书馆论坛，2004 (3): 57-59.
[10] 申红菊. 新时期医院图书馆用户的信息需求特点与主动服务 [J]. 中华医学图书情报杂志，2004 (4): 42-43.
[11] 任慧玲. 当前国内医院信息需求特点 [J]. 医学情报工作，2004 (4): 253-255.
[12] 崔英子，金柏玲. 医院图书馆用户的信息需求与服务 [J]. 中华医学图书情报杂志，2003 (2): 61-63.
[13] 盛梅. 医院护理人员的信息需求的现状 [J]. 解放军医院管理杂志，2002 (2): 176-177.
[14] 傅佩芝. 新世纪医院信息需求和图书馆信息服务 [J]. 今日科技，2000 (10): 35.
[15] 孟其善. 市区级医院医技人员信息需求研究 [J]. 情报杂志，1995 (3): 62-63.
[16] 魏力更. 高校不同层次群体的信息需求及其对策 [J]. 黑龙江高教研究，2006 (7): 137-138.

特种训练人员文献信息需求分析与因应策略研究*

吴倩倩　周　娜　于凝雨

（解放军特种作战学院训练部图书馆　广州市）

摘　要：本课题旨在通过对特种训练人员的文献信息需求进行调查统计，分析特种训练人员的阅读现状、阅读水平和对各类文献信息资源的需求程度，归纳出不同类型特种训练人员的阅读特性，以期从中找出现有文献信息保障工作中的漏洞和缺陷，提出对不同情况的因应策略，加强硬件资源和软性服务的保障水平，使其能够更专业、更全面、更有针对性地满足特种训练人员的文献信息需求。

关键词：特种训练；文献信息需求；协同理论；因应策略

引　言

我军的《军语》对“军事训练”做了这样的解释：军事训练简称训练，武装力量及其他受训对象所进行的理论及相关专业知识教育、作战技能教练和军事行动演练的活动，包括部队训练、军事院校教育、预备役训练等，分为共同训练、技术训练、战略战役战术训练。针对本课题研究范围，研究对象为参加军事训练的特种人员，包括特种作战人员、特种侦察人员，以及在未来的非正规战斗中临时赋予特殊任务的其他人员。特种人员的“特种训练”包括特种作战专业理论、专业技术和战术等训练内容。

特种部队是新军事革命的重点建设对象，对特种训练人员的文献信息需求有必要进行深入调查分析，借此探索建立特种训练信息资源体系，为特种训练人员开展更好的信息服务。

1. 相关研究综述

特种作战训练通过近30年的建设和发展，建立了完善的训练体系，专业训练从无到有，由弱变强，发展迅速，课程深入。与此同时，对特种训练的研究也取得了丰硕的成果，从1994年邵国生在《轻兵器》上发表的《从以色列营救人质战斗谈特种部队的装备与训练》起，在我国报纸期刊中介绍特种训练的文章已超过万篇，这些文章内容基本可归纳为以下四个方面：①介绍各国特种部队的训练情况，如朱伟宾的《美国特种警察部队的选拔与训练》；②对特种兵训练伤的防与治，如李文进、孙磊、张军的《某特种兵大队新兵下肢军事训练伤情况调查》；③对特种训练人员的心理情况调查分析，如龚晓燕等的《特种训练部队官兵心理健康状况分析》；④研究特种训练的方法，如申勇的《特种兵基础体能训练方法研究》。这四个方面无一研究涉及特种训练人员的文献信息需求，而对其他人员文献信息需求的研究，如工科院校读者、医疗卫生从业人员、高职院校教师、本科毕业生、教学科研人员、高校管理人员、党政机关人员等都有涉及。

---

* 本文系广东省图书文化信息协会2016年立项科研课题“特种训练人员文献信息需求分析与因应策略研究”（项目编号：GDTWKT2016－59）的部分成果。

综上所述，有必要对特种训练人员的文献信息需求进行深入调查分析。

2. 研究背景与方法

2.1 选题背景

近年来，随着新军事革命的兴起和发展，建设新型作战力量和培养新型作战指挥人才的目标日益凸显。结合本院校的教学特点和课程设置，本着突出特种作战特色、注重人才培养质量、全面提升教学效果的理念，作为服务保障单位的图书馆有义务、有责任深入分析特种训练人员的文献信息需求，积极探讨构建特种训练人员的文献信息资源体系，提出图书馆馆藏建设和服务模式因应策略。

军事科学的发展及军事技术的更新换代，使得特种训练人员用户群体的文献信息需求有如下特点：

①十分关注新信息。对于新理论、新发展、新解释、新动向、新技术、新武器装备、新应用等，用户表现出相当敏感的关注。

②所需信息的时间跨度很小。一般而言，用户对于信息的新颖性和及时性有着较高的要求。特种训练人员信息需求的时间性更强，因为较之理论原理的突破，军事技术的更新要快得多。

③更重视从期刊文献中获取信息。特种作战训练人员偏向于应用性期刊、技术标准等文献信息。

④潜在信息需求更为宽泛。特种训练人员的潜在信息需求数量往往大大超过已经表达的信息需求。

因此，深入分析特种训练人员的文献信息需求，对制定教学目标、教学计划，提升教学质量，丰富教学内容，及时了解该用户群体思想动态和阅读需求，尤其对于院校图书馆的建设，都有着十分重要的现实意义。

2.2 研究价值

2.2.1 理论意义

随着科学技术的发展，建设各种类型的信息资源已经成为图书馆或其他信息部门的重要工作之一。目前我国针对特种训练人员的信息资源建设还没有形成体系，相关特色信息资源建设还是一片空白，建设具有特色的特种训练信息资源体系可以进一步丰富各类信息资源建设理论，可以促进特种训练信息保障体系的逐步完善。

2.2.2 实践意义

课题研究成果可以为特种部队、特种作战培养基地、军事院校及其他从事特种训练研究和教学训练的单位提供信息建设和信息服务依据；可以为我国特种训练的发展提供完备的信息保障；最基本的实践意义在于可以为特种训练人员所在单位图书馆的馆藏提供参考，完善其特色信息资源的建设，增强图书馆的信息保障能力。

2.3 研究方法

2.3.1 文献法

主要是在课题研究的起始阶段，通过文献研究了解国内外图书馆针对特种训练人员服务的历史与现状，并对特种训练人员的概念、特点和任务进行分析、定义，参考其他人员对文献信息需求的分析和图书馆因应策略。

2.3.2 问卷调查法

在课题研究的起始阶段，通过对不同类型特种训练人员的问卷调查，分析特种训练人员对图书馆文献信息的利用现状和自身对信息资源的需求程度与方式，掌握本类人群对图书馆资源获取的真实情况、需求特点以及意见建议。

2.3.3 访谈法

在特种训练人员用户群中选取有代表性对象，进行结构化、非结构化访问，深层次了解人员对图书馆文献信息需求情况。

2.3.4 逻辑分析法

利用此方法对所获得的文献资料、调查数据以及访谈结果进行对比分析和综合研究，归纳总结，提出建设性意见。

2.3.5 行动研究法

采用行动研究法对提炼出来的馆藏建设方向以及因应策略在实际中运用检验。

3. 特种训练人员对图书馆文献信息资源的利用调查分析

本课题以问卷调查法、非结构访谈法为主要手段，对特种训练人员的文献信息需求进行调查分析，并对特种训练人员的行为特征、阅读特性进行归纳分类，进而为图书馆针对本类人群的文献信息服务提供一些参考和建议，提高图书馆的服务保障水平。

3.1 调查的实施

课题主要通过问卷、非结构式访谈法两种方式进行调查。

第一阶段以问卷形式对特种训练人员的阅读情况进行调查统计。调查时间为2016年11月至12月，调查对象为特种作战学院的特种训练人员，调查方法为实地调查当场回收纸质问卷，调查内容主要包括调查对象的基本信息、阅读频次、阅读目的、专业性图书阅读频次、阅读方式、阅读习惯、图书馆对专业研究的支撑程度等几个方面，共计18题。回收问卷105份，其中有效问卷102份，有效率97%。

第二阶段用非结构访谈法对特种训练人员中的专家、教员、骨干学员进行访谈调查，进一步了解特种训练人员的训练任务的特殊性，了解特种训练人员的阅读特性与专业需求，并参考专家对于特种训练人员教学、训练的目标要求，分析特种训练人员在院校学习培训阶段对于文献信息的基础需要、进阶支撑、潜在需求等，及其特征、特性以及在各种情景下对文献信息的需求情况。

3.2 问卷调查的统计分析

3.2.1 基本信息统计

人员类型分布：作为课题调查对象的特种训练人员实际分布比例按人员类别进行划分，专科生、本科生、干部培训班、教员分别占调查对象人员总数的14%、47%、24%、15%。为更好地调查适应特种训练人员的文献信息服务的提供方式，此次调查也同样按照实际人员分布的比例进行问卷调查，选取了同比例的14%专科班人员、47%本科班人员、24%干部培训班人员和15%教员作为调查对象。另一方面，由于我院研究生人数较少，但其知识水平较高，是我军特种训练人员的科研中坚、未来骨干，其需求情况对图书馆建设有十分重要的参考价值，因此，我们对所有研究生的阅读需求情况进行了了解，同时分层次对其他特种训练人员的阅读情况进行调查分析，以更好地构建适应特种训练人员需求的馆藏建设策略，更好地探索图书馆针对特种训练人员的最佳服务模式。

对象单位分布：通过统计分析，此次调查问卷的人员类别除教员为本单位的外，其他人员来源单位涵盖全军各大系统，五大战区，海、陆、空、火箭军、战略支援部队等诸兵种，样本丰富，能客观反映特种训练人员真实、广泛的情况。

3.2.2　阅读习惯统计

（1）阅读时长

见图1。

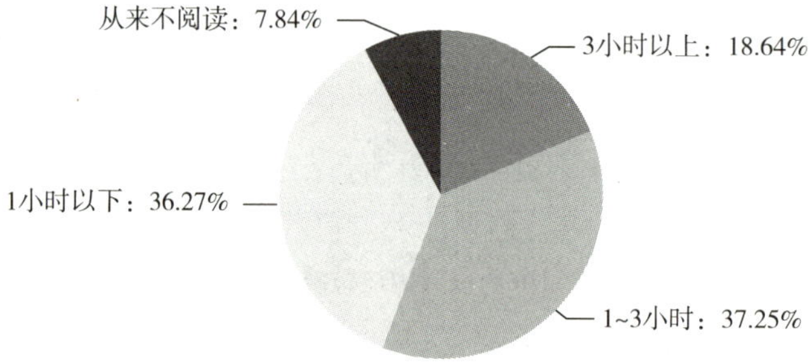

图1　特种训练人员阅读时长统计

在问卷调查中，阅读时长为3小时以上的有19人，其中17人为教员和研究生，另有2名本科生。阅读时长在1～3小时的有38人，1小时以下的有37人。从来不阅读的有8人，包括7名专科生和1名干部培训班学员。

（2）到馆频次

见图2。

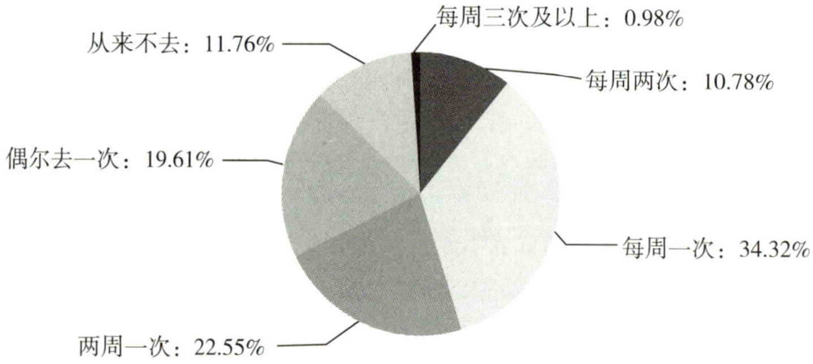

图2　特种训练人员到馆频次统计

在到馆频次调查中，从来不去图书馆的人员有12名，占11.76%，每周一次以上的人员有47人，占46%，偶尔去一次和平均每两周去一次的人员占42%，每周三次及以上的人员只有1名教员。

（3）阅读书籍类型

见表1。

表1　特种训练人员阅读书籍类型

书籍类型	选择人数/人	占样本比例/%	书籍类型	选择人数/人	占样本比例/%
军事	80	78	政治	28	27
文学	68	67	漫画	26	25
专业书籍	66	65	哲学	18	18
历史传记	55	54	财经管理类	16	16

续表

书籍类型	选择人数/人	占样本比例/%	书籍类型	选择人数/人	占样本比例/%
畅销书	44	43	生活实用	15	15
经典名著	35	34	就业培训类	12	12
科学技术	32	31	教辅考试类	7	7

（4）阅读方式

特种训练人员中纸质文献的阅读比例依然是最高的；手机上网阅读的比例也较高，有66人在近期的阅读中使用过手机；图书馆电子书下载的比例最低，只有18人使用过。如表2所示。

表2 特种训练人员阅读方式

阅读方式	选择人数/人	占样本比例/%
纸质图书	90	88
手机上网阅读	66	65
纸质期刊报纸	35	34
平板、MP4	20	20
电子阅读器	19	19
图书馆电子书	18	18

3.2.3 调查对象阅读目的分析

在针对阅读目的进行调查分析时，问卷将各种阅读目的的作用分为5级，对作用非常大、作用比较大、作用一般、作用很小和没作用分别赋值0～4分，并测算每项得分的平均值，分析结果如图3所示。

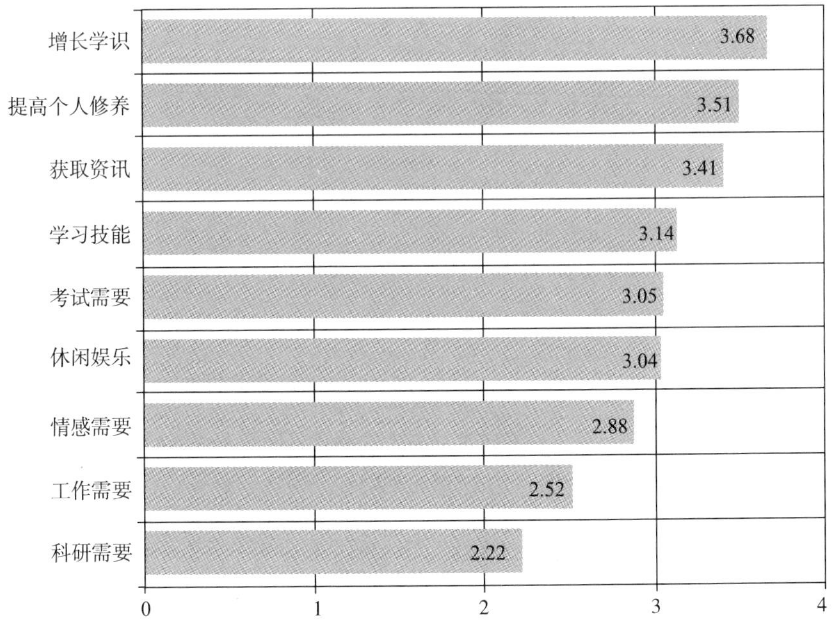

图3 特种训练人员阅读目的分析

3.2.4 专业图书阅读情况统计

（1）阅读时长

对专业图书阅读时长的统计结果为：平均每日 3 小时以上的有 10 人，其中 6 名教员、3 名研究生、1 名本科生；平均每日 1 ~ 3 小时的有 25 人，其中 7 名教员、1 名研究生、9 名本科生和 4 名专科生；平均每日 1 小时以下的有 45 人；从来不看专业图书的有 22 人。

（2）信息来源

在浏览阅读所学学科专业信息资料时，读者更青睐数字资源、期刊报纸和学位论文，同时对于研究生与教员来讲，机要文件也是一个重要的选择。如表 3 所示。

表 3　特种训练人员信息来源

信息来源	选择人数/人	占样本比例/%
数字图书馆	80	78
学位论文	70	69
期刊报纸	69	68
纸质图书	66	65
机要文件	15	15
电子书	8	8

（3）专业图书对需求的满足程度

见图 4。

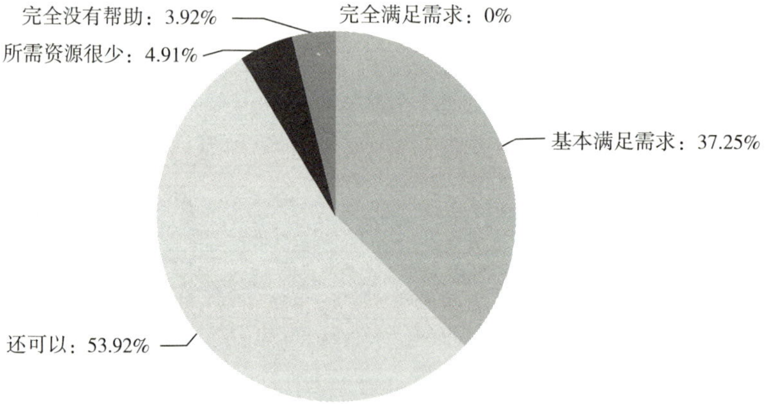

图 4　特种训练人员专业图书对需求的满足程度

在图书馆馆藏专业图书对特种训练人员文献信息需求的满足程度调查中，问卷按程度分为完全满足需求、基本满足需求、还可以、所需资源很少、完全没有帮助五个选项。调查中，没有一人选择“完全满足需求”，大部分人认为“基本满足”或者“还可以”；有 5 人认为“所需资源很少”，其中专科生 1 人，教员 2 人，研究生 2 人；有 4 人认为“完全没有帮助”，其中研究生 3 人，干部培训班学员 1 人。

3.2.5 图书馆各类资源使用情况统计

问卷对图书馆各类资源的使用情况进行调查；使用纸质图书、期刊报纸、学位论文、机要文件、数据库资源、电子书都是为何目的阅读，选项有学术研究、撰写毕业论文、辅助教学活动、完成作业、休闲娱乐和其他。

结果显示，在以休闲娱乐、辅助教学活动为目的时，读者多使用纸质图书。在以撰写毕业论文、学术研究为目的时，多使用期刊、报纸，其中教员、研究生也会使用机要文件。绝大多数读者只有在以撰写毕业论文和学术研究为目的时使用数据库资源，在以休闲娱乐为目的时会使用电子书。在以撰写毕业论文和学术研究为目的时，读者也会想到利用学位论文。

3.3 非结构访谈调查结果

①特种训练人员情况复杂，阅读时长、方式有较多阻碍。

②特种训练人员阅读情境复杂，许多情况下阅读、学习难以开展。

③特种训练人员获取知识方式多样化，公开出版物、文字信息提供的信息情报有限。

④限于特种训练人员特殊身份，所需信息、情报保密要求高，来源渠道少，保密信息无法平等提供给所有读者。

⑤特种训练人员不同层次对知识、情报需求不同，专科生重操作，本科生重理论，研究生重科研。

⑥特种训练人员信息素养水平迥异，人员群体对所需信息的描述能力与检索能力有较大差异。

⑦特种训练人员潜在需求更为宽泛，在族性检索中可以获得更多有价值的情报。

4. 特种训练人员文献信息需求特点分析

根据问卷调查的结果统计和对个别人员访谈结果分析，我们对特种训练人员的信息需求特点做以下归纳：

4.1 按人员层次分

4.1.1 专科生主要特点

①此类学员在我校特种训练人员中占比最大、人数最多，是图书馆文献信息保障的主要对象，但其需求的高级文献服务较少，常规文献提供、信息咨询服务可以满足专科学员大部分信息要求。

②由于学员管理严格，去图书馆和自主阅读的时间较少，阅读时间相对其他类型读者最少。

③信息素养较差，对于所需求的信息概念模糊，表达不清，造成检索和阅读效率较低。

④由于特种训练人员中的专科生大部分是操作岗位，对科研无要求，因此此类学员并不要求高、精、新的信息，重实操，轻学术。

⑤专科学员到图书馆首选图书为文学、军事，绝大部分调查样本都为了提高修养、增长学识，另外，此类学员为休闲娱乐而阅读的比例也较大。

⑥部队专科生大多是士兵考学，知识水平有限，但阅读意愿也较为强烈，愿意学习知识，积极要求进步。

4.1.2 本科生主要特点

①此次调查对象的本科学员为军事院校独有的“3+2”教学模式，教学时间紧，学员任务重，野外驻训多，到图书馆阅读的时间较少。

②本科学员基础知识较为扎实，接受信息和表达需求的能力尚可，但缺乏较为科学的信息检索培训，检索效率一般。

③本科学员的教育培训针对性较强，重基础知识和军事技能，对于学术研究的要求较低，其对新理论、新发展、新技术、新武器、新应用的关注度不高。

④本科学员阅读最多的是纸质图书，对于电子设备依赖度也较高，手机阅读、电脑上网阅读比例较高。

⑤本科学员阅读目的较为分散，除工作需求和科研需求外，其他选项的阅读目的都有，分布较均匀。

4.1.3 研究生主要特点

①对于最新资讯较为关注。

②基础知识较为扎实，军事基础牢固，一般都有基层工作经验，对于知识的接受能力较强。

③阅读目的除大多样本的共同选择外，科研需要的因素突出。

④研究生学员阅读时间最长，但到馆次数并不多。

⑤研究生学员对图书馆文献信息的需求程度较高，对图书馆学科专业文献保障的满意程度较低。

4.1.4 干部培训班学员主要特点

①干部培训班学员受教育水平较高，多为短期培训，科研、工作需求较强烈，其自由时间少，到馆次数最少。

②此类学员使用手机的时间较其他学员长，其利用图书馆电子书下载业务较为突出。

③此类学员阅读时间较长，阅读目的广泛，但由于培训时间短，对图书馆的了解和需求较少，因此不是我们研究的重点对象。

4.1.5 教员主要特点

①教员知识水平较高，阅读方式多样，阅读时间长，阅读目的分布广泛，问卷结果特征不鲜明。

②教员是非结构访谈的重点对象，因其话语权威，对教学有一定的经验和想法，对于学员的阅读引导和知识构建有灯塔效果，是本课题分析的重点对象。访谈中发现，教员对于科研、工作需求的阅读较多，其对高、精、尖技术关注程度高，对于机要文件兴趣高，其中一位教员每周有两至三次机要阅览室的借阅记录，是机要阅览室借阅频次最高的读者。

③教员对学科专业、军事基础、军事前沿发展关注程度高，其所需信息的时间跨度很小，对情报资源的时效性要求高，对文献信息资源的质量要求也更高。

4.2 按需求目的分

在不同需求牵引下的读者需求特征各有不同，主要在以下几个类型中体现：

4.2.1 阅读目的为休闲娱乐时

在读者的阅读以休闲娱乐为目的时，其阅读的载体主要为纸质图书和手机上网阅读，其阅读图书类型以文学类的小说为主，同时我校图书馆借阅率最高的图书主要为网络玄幻小说和悬疑小说，阅读时间整体上较以学习、工作等为目的阅读的时间长。

4.2.1 阅读目的为学术研究时

当读者以学术研究为阅读目的时，其检索的文献信息资料的目标需求较为明确，有较为清晰的检索关键词，多利用学术期刊、数据库资源来查找资料，但因军事类资源的保密特性，读者的检索满意度不高。

机要阅览室中藏有大量军事条令文件、外文翻译资料等，但其保密等级高，除研究生和教员外，其他类型读者无法查阅，其文献针对性、时效性强，对学术研究有较大帮助。

4.2.3 阅读目的为完成作业、论文时

当读者为完成作业、论文而进行阅读时，多选择纸质文献及期刊资源，专科生、本科生的课程作业、毕业论文要求不高，其对资源的检索整合要求也不高。

4.2.4 阅读目的为辅助教学活动时

当读者为辅助教学活动而阅读时，多选择纸质图书，纸质图书权威性强，资源整合程度高，对课程学习有较大帮助。

4.3 按阅读情境分

由于特种训练人员肩负军人的特殊使命，其机动性较强，身处的环境复杂，会有野外、基地驻训，处理突发社会事件，抢险救灾，军事演习，维和，救援等非战争军事行动等情况发生。在各种阅读情境下，其阅读需求又表现出不同特征。

4.3.1 在校学习、工作期间

在校学习、工作期间，学员、教员的作息时间较为固定，每天晚上也安排学员队到馆自习，可以保障一定的阅读时间，适合进行阅读的方式、载体和空间、时间选择性大，可以适应各种载体、各种类型文献的阅读。

4.3.2 在野外驻训期间

在野外驻训期间，特种训练人员的生活环境较差，电力供应不足，大型电子设备无法使用，没有较好的条件进行阅读，因此其阅读方式局限性较大，Kindle、平板电脑等续航能力强、对灯光条件要求低的电子设备使用较多；同时，野外、基地驻训期间，特种训练人员自由时间非常有限，只有零星空闲时间可以用来阅读，因此移动电子设备的优势比较突出；驻训期间训练强度大，人员精神紧张，短时间内几乎没有对情报、学术的需求，多阅读休闲娱乐和提高自身修养的非专业性图书。

4.3.3 在执行各项外出任务期间

当前环境下，非战争军事行动日益增多，特种训练人员在军演、维和、反恐、救援、护航等情况下为执行任务的主力。在执行各项外出任务期间，由于任务的特殊性、艰巨性和复杂性，行动中官兵面临各种特殊情境，易造成心理压力过大，情绪波动较强烈，因此阅读针对性较强，主要进行放松身心、激励行动、舒缓情绪的阅读，主要阅读方式因行动特性各不相同。

5. 针对特种训练人员阅读特性的因应策略分析

从针对特种训练人员的调查分析结果和归纳出的阅读特性以及调查对象反映的文献信息保障中存在的问题中可以看出，特种训练人员的阅读需求因人员层次、阅读目的和阅读情境的不同也有不同特征，特性鲜明而复杂。为更好地保障其文献信息需求，本课题目前从优化资源和提升服务两个方向入手进行研究，取得了一定的研究成果，先期形成《基于特种训练人员需求的数字资源评价方法研究》和《论协同理论在特种训练人员信息服务中的应用》两篇论文，在后续研究中提出建设以读者需求为中心的文献信息服务体系，目标是完善基础服务、适应军事智库需求、突出特种训练学科特色、重点建设军事库。

5.1 优化特种训练人员信息资源

5.1.1 获取特种训练人员信息需求的途径方法

针对特种训练人员信息需求的特点和信息的类型，可以采用以下途径和方法获取其信息需求：

（1）协同信息调查分析

采用协同理论，通过互动的方式直接获取特种训练人员的信息需求，包括问卷调查、访谈、荐购、参与训练作业、听取学科专家意见等。这些方式获取的信息需求，既有现实信息需求，也能反映出潜在信息需求，尤其对经常进行户外训练的特种训练人员来说，通过接触和参与更加容易获取深度的信息需求。

（2）使用情况调查分析

调查特种训练人员对数字资源的使用情况，主要包括调查数字资源的浏览统计数据、下载统计数据、

登录图书馆门户网站的 Web 日志、数字资源对应的印本文献借阅率、原文传递请求数据、全文文献请求数据等。使用情况调查数据真实客观，便于结构化分析处理，但是无法满足个体用户的特定需求。

（3）引文数据调查分析

特种训练人员所在单位图书馆应将机构内特种作战和特种侦察学科专家视为重要用户，对他们发表的论文中所引用的参考文献进行分析，统计引用频次、文献数量、研究方向、核心作者等，通过调查分析可以了解特种训练人员的学科倾向、科研动态、基本知识结构等，还可以根据统计分析结果，确定图书馆用户等级，有针对性地提供信息服务和资源配置。

（4）对比数据调查分析

承办特种训练的院校机构虽然不多，但通过与兄弟单位图书馆进行对比，比较其馆藏文献资源情况、信息服务能力、自建专题数据库资源、用户满意度等，可以分析出本馆资源和服务上的不足，从而进一步加强建设，为用户提供优质的资源和服务。图书馆可以设置数字资源责任员，由专人负责数字资源的联络工作，包括联络兄弟单位进行资源共享、联络读者收集用户信息需求。

5.1.2 特种训练人员信息需求评价

在分析特种训练人员信息需求特点和获取他们现实和潜在需求的基础上，制定相应的需求评价指标，为特种训练人员建设数字资源提供重要参考依据。

（1）需求评价指标的用户对象

特种训练人员按专业方向、训练项目、目标任务的不同，具有共性和个性的信息需求，因此需求评价指标也应该针对不同的用户对象单元，比如个人用户、单位组织、学科群体，将共性单元进行组合，合理进行评价。

①个人用户：特种训练人员的个人用户是用户需求评价的主体，特种训练人员群体数量小，人员身份单一，共性需求大，不同的只是训练项目和目标任务的个体差异，可以简单地进行专业层次上的归类。

②单位组织：是指承办特种训练的单位个体，按照承训目标和规模可以分为院校、系、教研室、实验室、课题组或项目组等组别。

③学科群体：是指所有承办特种训练的院校、特种部队、训练场及科研单位所组成的学科群体，在学科群体里可再根据行政隶属关系、训练项目或特定训练目标、教学或训练系统、机构联盟等再划分组别。

（2）需求评价指标的资源对象

①资源单元：资源个体，也是资源的最小单位。可以是一本图书，一篇期刊论文，一份科技报告，一本军事年鉴，一份学位论文、会议录、声像视频等。

②资源集合：按照特定属性和规则，将有共性需求的资源进行汇总成为集合。如特种作战专题数据库、特种侦察专题数据库、专家科研成果库等。

（3）需求评价指标

根据用户和资源的不同，制定特种训练人员的数字资源评价指标需要设定适当的需求等级，只有加以区分才能针对每一级别的需求等级提供相应的资源和服务方式。

①广度指标。

需求广度是指对同一资源有共同需求的用户数量及用户分布情况，按照需求广度指标可以设定需求广度等级。公式为：

$$\text{需求广度指标} = \text{有需求用户数量}/\text{总用户数量} \times 100\%$$

②频度指标。

需求频度是指特定用户在特定时间内需要资源的数量。按照需求频度指标可以设定需求频度等级。公式为：

$$\text{需求频度指标} = \text{单元用户需求频度}/\text{全部用户需求频度} \times 100\%$$

需求广度和需求频度的综合评价称为需求强度，评价需求强度的指标称为强度指标。

③潜在需求评价指标。

潜在需求一直是图书馆值得重视和挖掘的一个内容，因此对潜在需求进行评价也十分重要。以对比数据调查途径为例，图书馆与兄弟单位进行数据对比，发现本馆在馆藏资源方面优于兄弟单位，但在二次文献数据库建设方面与其存在较大差距，此结果便可作为用户潜在需求评价指标，并可根据具体定量分析设定一个指标等级。

④综合需求评价指标。

综合需求评价指标就是将前四种评价指标的结果进行综合评算，结合本馆情况以及资源建设成本，形成数字资源建设方案。

5.2 提高特种训练员人信息服务水平

特种训练人员信息服务工作是教学保障工作中的一环，它的运作是由图书馆内部各部门：流通组、期刊组、技术组和资源建设组共同维护的，同时也与教务科、教保科、各教研室密切相关。协同理论强调各子系统的自发协调运转，以减少内部摩擦，最大化地发挥系统职能，这与图书馆读者至上、主动服务的理念不谋而合。基于协同理论，结合学院与本馆实际，提出针对特种训练人员信息服务的协同创新应用策略。

5.2.1 基本服务协同创新

（1）图书荐购

图书荐购工作是图书馆的常态化工作之一，以往是通过推送书目和读者推荐来进行的。针对特种训练人员的图书荐购工作应深入教研室、深入学员队中。图书馆应主动联系各教研室相关教员，了解学科发展需求，协同制定专业荐购书目，主动联系学员队，了解学员专业学习需要，协同制定读者荐购书目，让每位教员学员都参与进来，切实保障特种训练人员信息需求。

（2）文献推送

针对特种训练人员信息需求时效性强、类型丰富的特点，图书馆可以开展文献推送服务。由学科馆员协同专业教员，每周搜集学科内新资讯、新文献、新图书，配以内容导读，印发至每位学员，满足其对新鲜信息的渴求，营造积极的学术氛围，激发学员的学习兴趣与科研活力。

（3）参考咨询

多数特种训练人员都有论文撰写和科学研究的要求，但由于时间环境限制，难以满足其文献检索搜集需求。学科馆员应协同专业教员，分析科研论文方向，了解学员个性化咨询需求，提供全新及时高效的参考咨询服务。

5.2.2 协同信息检索

单一图书馆的数字资源难以满足用户日益增长的信息需求，为完善特种训练人员信息服务工作，需要多个图书馆之间协同合作。但由于各个图书馆数据库采用不同的检索机制与操作界面，加之网络环境的限制，用户很难快速全面准确地查找到自己需要的资源，因此应采取协同信息检索的方法解决这一问题。

（1）跨库检索

跨库检索的基本原理类似于元搜索引擎。筛选部分数据库整合后当作数据来源，当用户提交搜索要求后，由系统把要求发送给各个数据库，再将搜索结果整合后反馈给用户界面。只要一次操作，用户就可以享受到快捷高效的服务。图书馆可以协同多所特战相关院校，成立跨库检索合作机构，筛选一批与体能训练、特战侦察、武装泅渡、攀岩跳伞等专业相关的数据库，由技术部门制作统一的检索平台，以达到共享数字资源，提升服务质量的效果。

（2）特战专题门户集成

门户集成是指将网络中的信息资源集成到一个整体中，为用户提供一个便捷的服务窗口。图书馆可构建特战学科信息门户，协同专家教授和技术部门，对学科信息进行筛选、组织、处理，集成为特战学科信息导航系统，为用户提供大量专业数据库与网站链接服务，并应用网络技术将门户嵌入学院网站中，使用户在浏览网页的同时就能获取特战专题学科信息。

5.2.3 嵌入式信息素养教育

教育部制定的《普通高等学校图书馆规程（修订）》第三条规定，图书馆的主要任务之一是“开展信息素养教育，培养读者的信息意识和获取、利用文献信息的能力”。协同理论指导下的信息素养教育为嵌入式信息素养教育。与传统课堂式教学不同，嵌入式信息素养教育要求学科馆员嵌入专业课程的教学过程中，与专业教员共同承担专业课和信息素养课的教学工作。

学科馆员和专业教员的协同信息行为按课程的进行过程分为四个部分：第一，协同信息交流。学科馆员和特战专业教员就教学大纲、教学内容、教学设计、考试方式等问题进行交流。第二，协同信息检索。这是指学科馆员在备课过程中为教员提供专业检索技能支持。第三，协同内容创作。在教学内容的制定上，双方共同创作，分工协作，力求把信息素养课程和专业课程紧密结合起来。第四，协同信息评估。在课程末尾，双方就学员的论文质量与信息素养水平进行评估。

嵌入式信息素养教育注重利用信息技术手段将两种课程融合起来，紧扣教学环节，为教员和学员提供及时的双向服务，使学科馆员与教员能共享智慧，与学员能深入交流。这不仅体现了图书馆服务模式的创新，也体现了图书馆主动协同的服务态度。

5.2.4 嵌入式学科服务

嵌入式学科服务是指学科馆员真实嵌入用户的科研项目中，以用户需求为中心，通过实时跟进，为用户提供个性化高质量的学科服务。针对有科研项目的特种训练人员，学科馆员应主动协同嵌入科研项目，了解科研情况，利用信息技术收集全面、准确的学科前沿信息，经过加工提炼，分析整合为系统化的知识，拓展图书馆服务范围，把资源和服务送到教员与学员身边。

嵌入式学科服务注重学科馆员的信息素养水平和科研感知能力，这直接决定了学科馆员与科研项目的融入程度。开展嵌入式学科服务能促进图书馆与教研室协同合作，利于优化资源配置，促进学院重点学科建设，为科学研究的自主创新提供有力的信息支撑。

5.2.5 特种作战专业数据库

特种作战专业作为我院的重点优势学科和特色专业，近年来专业设置不断优化，学科建设逐渐完善，拥有专业特色馆藏的图书馆也应向前迈进，积极协同各教学保障部门开发特种作战特色资源数据库。数据库可细化分为图书库、报刊库、教参文库、学位论文库、特种作战经典战例库、世界著名特种部队库、相关图书和视频库。数据库构建的重点是馆藏资源数字化，因为馆藏资源是特色资源数据库建设的重点项目，也是各项工作中的基础。

通过建设特种作战专业数据库，能跟踪学科动态，反映学术成果，比较权威、集中并且更深层次地反映特种作战学科的研究与发展进程。一个内容丰富、类型多样、信息完整的专题数据库，能为特种作战人员提供教学、科研、学习等全方位的信息服务保障，有利于促进特种作战教学和科研成果的高效利用，为今后特种作战专业研究的持续深入开展提供智力支持。

5.3 建设以读者需求为中心的文献信息服务体系

5.3.1 提高馆藏文献质量，分层次、多方面满足读者需求

首先，要提高专业图书馆藏覆盖率，提高特种训练人员学科专业所需图书、教辅和相关文献的数量。多渠道、多方式采集文献信息资源，除获取公开出版物外，还要与军内出版单位密切联系，多获取军内出版物；其次还要广泛搜集军事教学训练中的灰色文献，在保密框架下提高信息、情报的数量、质量。

其次，对于有密级的机要文件，在做好保密安全防范的同时，提高其利用效率。机要文件对于教学科研针对性、时效性强，是特种训练人员获取知识的重要途径。对于机要文件，一是要做到密级的细分，对可利用人群进行严格划分，把握好保密流程规范；二是要对保密信息进行个性化推广，向有权限借阅文件的对口学员、教员宣传推广，提高资源利用率。

再次，大力加强基础学科文献建设，在基础科学、社会学基础，如统筹学、逻辑学、辩证法等方面加强建设。特种训练人员是军队战斗力的中坚力量，其认知水平、学习能力的高低对军队建设尤为重要，应大力加强基础学科的文献建设，拓宽读者视野，打牢其知识基础，为强军兴军提供智力保障。

最后，要提升文学、艺术、历史、自然学科类图书的品质，严控采购关，真正采购读者需要、读者爱看、质量上乘的图书。

5.3.2 完善多种阅读形式，满足不同情境下的阅读需求

要完善各种形式的阅读，大力提升图书馆数字化水平，为特种训练人员提供多种选择，提高多种情境下图书馆文献保障服务的因应能力。

第一，要搞好纸质文献的馆藏建设。纸质文献的提供服务是文献保障的基础，近年来，我校图书馆纸质文献建设稳步发展，检索、借阅自动化水平不断提高，要以读者需求为牵引进一步完善。第二，要大力推广电子书借阅，同时考虑引进 Kindle 电子阅读器，在保密框架下推广数字阅读、移动阅读，保障在外驻训、执行任务时阅读的方便快捷。第三，要完善驻训基地图书室建设，延伸图书馆文献保障的空间要素，主动协同相关部门，了解学员队驻训情况，按照专业灵活调拨图书，保证各类图书文献质量，让特种训练人员在外驻训时也可享受图书馆的文献信息服务。第四，要完善视频库建设，特种训练人员多为技术岗位培养，许多知识重实践、重实操，因此视频资源的直观性和易学性对特种训练人员的知识获取、技能获取有较大帮助。

5.3.3 建立与专业的经常性联系，提升特色资源建设质量

要建立健全学科性服务，建立与特种训练专业的经常性联系，同时根据自身实际，朝着学科嵌入、设立学科馆员的目标发展，收集课程中的析出文献，例如课程教案、想定作业、课程作业、课程论文等，重视课程中的非公开资源，进行收集整理，供其他特种训练人员使用。

加强与兄弟院校的交流沟通，共享信息资源，共建特种训练人员个性化信息服务文库，交流文献信息保障的经验与想法，共同提高服务保障水平。

同时，要重视与学科专家的定期联系，了解学科专家的指导意见，与学科专家共同商定教学相关文献的采购、流通，提高专业学科文献信息资源的质量和学科匹配水平。

5.3.4 完善馆员专业来源，立体化发展人才队伍

特种训练人员学科专业性强，对馆员军事基础要求较高，因此要建立完善的职员队伍，馆员专业要囊括图书情报学科、计算机学科、军事类学科、自动化学科等多方面人才，立体化发展人才队伍，要积极吸纳地方人才，努力争取军事专业人才，更好地开展针对性、特色化服务。

5.3.5 开展阅读推广服务，培养读者阅读兴趣

要广泛开展阅读推广活动，提高特种训练人员的阅读意识，培养特种训练人员的阅读兴趣。可以通过形式多样的阅读活动提高读者积极性，例如推广真人图书馆，邀请专家、学者、战斗英雄等举办讲座、读书会、经验交流会、专家会谈，充分发挥人的主观能动性，激发特种训练人员的阅读兴趣；开展读者荐购和图书导读活动，多提供读者爱看的图书，多提供馆员推荐的图书，建立长期机制，提高馆藏文献水平；推广视频资源数据库，通过多媒体形式宣传数字资源等。

结 语

本课题研究分析了特种训练人员的人员特征、阅读特性，并针对不同层次、不同阅读目的和不同情境下的阅读特征，更好地了解了特种训练人员的文献信息需求，对更好地构建适应特种训练人员需求的馆藏建设策略、完善图书馆馆藏结构有重要意义。针对特种训练人员，图书馆应不断总结经验教训，随教学目标和作战形式的不断转变逐步提高对特种训练人员文献信息需求的保障能力，为官兵成才提供保证，为强军兴军提供智力基础。

参考文献

[1] 默秀红. 高校图书馆文献信息服务需求调查分析 [J]. 情报理论与实践，2008 (5)：75-752，755.

[2] 巩海霞，王明芝，谷丽娜. 基于文献计量的个性化信息服务研究现状分析 [J]. 情报科学，2011 (3)：391-395.

[3] 杨柳. 试论军队院校图书馆文献信息服务工作的优化 [J]. 图书馆界，2008 (4)：73-74，82.

[4] 佘诗武. 有效地开发和利用军事灰色文献 [J]. 图书与石油科技信息，1994 (1)：55-57.

转型环境下地方高校图书馆社会职能的拓展实践

刁叔钧

（五邑大学图书馆　江门市）

摘　要：本文从公共事业管理的角度，对地方高校图书馆公共事业的特性进行了分析；作为公共事业管理的主体之一，地方高校图书馆应该积极参与公共事业管理工作。五邑大学图书馆面向社会公众开放，是转型环境下地方高校图书馆社会职能拓展的良好实践。通过转型环境下地方高校图书馆社会职能的拓展，图书馆可以真正成为探索和创造的中心。

关键词：高校图书馆；社会职能

一、图书馆的资源与服务

图书馆是搜集、整理、收藏图书资料供人阅览、参考的机构，有保存人类文化遗产、开发信息资源、参与社会教育等职能，其核心任务就是把文献资源提供给读者。[1]图书馆的资源由纸质资源（图书、期刊、本校学位论文、会议论文、各种研究报告、标准规范等）和数字资源（电子图书、电子期刊等网络付费资源）两部分组成。图书馆资源建设和使用是当前网络环境下图书馆拓展服务范围和提高服务能力的重要手段，而服务则是图书馆存在和发展的永恒主题。在当今数字时代，图书馆处在印本和数字世界的十字路口，需要找到两个世界之间的平衡点，以确保图书馆提供的产品和服务仍然是重要的社会资源。在当今创新环境下，图书馆应该意识到馆舍空间的功能布局不能再一成不变，而是需要伴随时代的发展一同进化。在上述转型环境下，地方高校图书馆如何拓展自己的社会职能，提高馆藏资源的使用效率，更好地为大众服务呢?

二、地方高校图书馆公共事业的特性分析

我国图书馆依其建立单位、功能、服务对象的不同可分为以下三种：国家图书馆及地方公共图书馆、大学图书馆、专业（行业）图书馆。[1]地方公共图书馆属于公益性文化事业的活动形式之一，即非营利性文化事业，是以满足社会共同的文化需要为目标的文化事业。它们着眼于提高公众的文化素质和文化水平，既能给公众以一定社会所能提供的最基本文化精神享受，也能保证和维持社会生存与发展所必需的文化基础和条件。由于这类文化服务是同一社会中每个成员都应该享有也能够享有的，所以公共图书馆不应该以营利为目的，需要有足够的财政经费保证。[2]随着经济全球化和信息技术的发展，社会公众对公共产品和服务的需求也发生了改变，在这种情况下产品和服务的性质在不断发生变化，昔日的私人产品（大学图书馆）今天可能会成为公共产品；原来由政府供给的产品和服务（地方公共图书馆），现在通过政府和非营利组织的合作能够更好地提供。每一种公共产品和服务都可能通过多种渠道、多种方式来供给。

公共事业是以满足社会公共需要为基本目标、直接为社会经济的发展和人民生活的提高创造条件或提供服务、不以营利为目的的社会活动。[3]高等学校属于中国非政府公共组织，作为公共事业管理的主体之

一，高校图书馆应该积极参与公共事业管理工作。从公共事业管理的角度来看，地方高校图书馆也具有公共事业的特点。

第一，公共性。公共事业是为了满足社会共同需要的产品和服务。[3] 根据中央办公厅、国务院办公厅《关于加快构建现代公共文化服务体系的意见》，广东省委、省政府《关于加快构建现代公共文化服务体系的实施意见》，江门政府提出了加快建设文化强市的工作要求，考虑到我校图书馆是江门五邑地区最大的图书文献和信息情报中心，为贯彻落实江门市政府“同城共融，文化先行”的工作要求，五邑大学图书馆打破公共文化服务地域界限，以提供均等、优质、便捷服务为标准，从 2016 年开始启动了图书馆全年全天候对社会公众开放的管理服务模式。

第二，公益性。公共事业的目的是满足社会的需要，在社会效益和经济效益之间更强调社会效益。[3] 江门市政府为了加快建设文化强市的工作要求，整合各级各类图书馆的资源，搭建覆盖全市、服务全民的文献信息资源共享网络和服务体系，保障市民享受到更加充分和平等的文化权利，切实提升公共文化服务的质量和效益。五邑大学图书馆作为地方高校图书馆，为提升地方公共文化服务的质量和效益，积极投身到江门五邑联合图书馆的建设当中。

第三，非营利性。公共事业从不以营利为目的。[3] 五邑大学图书馆参与江门五邑联合图书馆的建设项目，面向五邑地区全体市民开放，图书馆需要的资金都由学校财政安排，市民只需象征性支付每年 50 元人民币的公共事业服务费。

第四，服务性。公共事业是向社会提供的服务和劳务，它们一般不具有实物形态，而且生产的过程与消费的过程往往是同步的。[3] 市民来图书馆就是消费或接受图书馆服务的过程。

三、创新服务模式，地方高校图书馆对社会公众开放

五邑大学图书馆总建筑面积为 24 438 平方米，拥有阅览席位 2 400 个，设有独立的教师研讨室 30 间。图书馆现已形成内容涵盖人文社会科学、管理科学、自然科学、工程技术科学、艺术科学等多类型、多载体的综合性馆藏资源体系，现有有效读者近 25 000 人。图书馆一层主要是电子阅览室、音像阅览室、期刊阅览室；二层至八层按照专业学科馆布局，采取大流通，藏、借、阅一体化的管理模式，读者在馆内拥有最大的自由空间。图书馆原有 20 位工作人员参与学科馆春、秋季学期共 40 周的对外开放工作。为了实施五邑大学图书馆对社会公众的全年全天候开放，在不增加工作人员、不增加工作津贴的前提下，如何做到对外开放工作的顺利实施？这确实是摆在管理者面前的一项艰巨任务。

为了使开放工作平稳过渡，在校内外广泛调研的基础上，图书馆首先确定了寒暑假对社会公众的开放时间：8：00—12：00、14：30—17：30。其次，在图书馆电子阅览室流通量大幅下降的情况下，将电子阅览室的管理工作并入学科馆，并将学科馆的管理工作以楼层为单位分为 4 组（每组负责管理两层），每组 4 位工作人员参与管理工作；每组工作人员抽调出 1 人值正常班，其余 3 人参与倒班工作，整个学科馆总计 12 人参与倒班。将学科馆工作时间与流通台工作时间差（58. 34 小时）由学科馆参与轮班的 12 位工作人员在暑假期间予以补齐，此工作方案基本上解决了图书馆暑假期间对社会公众的开放管理工作。同时在创新工作模式的基础上，图书馆积极倡导员工认真履行岗位职责，爱岗敬业，树立团结协作的全局观念，寒假期间图书馆对外开放由图书馆全体工作人员义务承担。由此，在全馆工作人员的大力支持下，在学科馆工作人员不变（仍然维持 20 人）、学校不增加图书馆各岗位津贴的前提下，五邑大学图书馆顺利实施了对外开放管理新模式。

四、转型环境下地方高校图书馆社会职能的拓展

五邑大学图书馆全年全天候对社会公众开放管理服务实施一年以来，得到了社会的一致好评。为了更好地服务社会大众，我们在 2017 年寒假开始将寒暑假开放时间更改为上午 8：00 至下午 17：30。同时积极拓展地方高校图书馆在转型环境下的社会职能，将图书馆的建设由“知识空间”转向“学习空间”“文化

空间”的建设上来。图书馆空间设计的标准从考虑“馆藏的属性”转移到“人的感受”上来，强调有效开发和利用图书馆的所有空间。[2]2017年启动了图书馆的原有馆舍空间改造项目，将图书馆馆藏资源主要集中在一楼密集书库进行管理，使得图书馆非馆藏区域的面积越来越大，用新的方便用户参与活动的各类“学习空间”“文化空间”替代原有的馆藏空间，实现“以馆藏为核心”向“以用户为核心”的转变，功能从面向馆藏的保存发展到面向用户的协作和创新活动。同时注重加强图书馆的内涵建设，学科馆员的工作框架从侧重于馆员在做什么（馆藏、参考、教学）到侧重于用户在做什么（科研、教学和学习）；图书馆从过去被动等待用户上门到主动将不同的用户“召集”在一起交流思想、促进创新。通过转型环境下地方高校图书馆的社会职能的拓展，图书馆可以实现远比知识仓储更为强大的功能，它将成为发现、学习、协作和学术突破的催化剂和智慧的召集者。[2]

参考文献

[1] 邓发云．信息检索与利用［M］.2版．北京：科学出版社，2015：25－27.

[2] 王铮，王燕鹏，邹美辰，等．在变化的知识环境中寻求新平衡［J］．图书情报工作，2015，59（9）：8－9.

[3] 徐双敏．公共事业管理概论［M］.2版．北京：北京大学出版社，2013：4－5.

SoLoMo 模式下基于 iBeacon 技术的移动图书馆应用

黄悦深

（五邑大学图书馆　江门市）

摘　要：iBeacon 是基于低功耗蓝牙技术的距离接近感知技术，目前已在多个行业部署应用，提供基于位置情境感知的交互服务。对图书馆而言，iBeacon 应用以其低功耗、易部署、成本低的特性，极可能成为 SoLoMo 模式的新落地方案。本文分析了 iBeacon 技术的发展、原理、应用现状、开发流程，并着重探讨了 iBeacon 在图书馆应用的可行性，以及可能的应用方向，包括实时签到、展厅导览、基于使用情境的信息推送、“人馆相连”的物联模式等。

关键词：iBeacon；接近感知；智慧图书馆；SoLoMo

1. 引　　言

芬兰奥卢大学图书馆的学者认为，智慧图书馆是一个不受空间限制的、可被感知的移动图书馆服务，它可以帮助用户找到所需图书和相关资料。[1] 国内学者王世伟认为，智慧图书馆的要素是“书书相连”“书人相连”“人人相连”“任何时间可用”“任何地点可用”和“任何方式可用”。[2] 这些论述都突出了智慧图书馆的新特性——“互连”与“感知”。

互连与感知是图书馆智慧服务的基石，由此发轫，国内学者提出了以 SoLoMo 作为智慧图书馆的构建模式。[3] SoLoMo 强调“位置”“实时性”“身份”和“交互性”，与智慧图书馆的核心要素相吻合，因此，SoLoMo 是一个理想的构建框架。但是，SoLoMo 需要建立具体的构建技术和部署方案才能实现。因此，笔者认为，今后的相关研究，应在 SoLoMo 框架下，着重结合新技术的应用，深入探讨具体可行的技术实施方案。

在 SoLoMo 框架中，近场感应是关键的基础性技术，直接决定着顶层应用能否足够“智慧”。本研究将探讨一项新的近场感应技术 iBeacon 在图书馆的应用。iBeacon 源自 2013 年 6 月苹果 WWDC 大会上发布的技术概念 iBeacon——苹果将其定义为 Proximity Sensors（距离接近感应器），一种基于低功耗蓝牙技术（蓝牙 4.0 或 BLE）的近场感知技术。随后，众多设备生产商和应用方案公司纷纷跟进，生产和开发基于 BLE 的设备和应用，目前这项技术已在多个行业部署应用。业界将这项技术称为 iBeacon。

2. iBeacon 技术的发展沿革及其应用现状

2.1　背景

当下的移动互联应用拥有强大的线上交互能力，但是，对线下情境却难以知晓。试想，当您通过智能移动设备实时地追踪公司股价时，它却完全不知道您正在排队购物。换言之，相对于丰富的“远程化”应用，“本地化”应用亟待发展。“本地化”应用必须与用户所处的情境密切相关，服务内容随着情境变化而变化，以营造实时、个性、便利的使用体验。因此，本地化应用需要实时、精确地感知用户的位置、身份等情境信息，这是实现线上服务与线下环境无缝交互的关键。

目前，代表性的位置感知技术有 Wi-Fi、蓝牙、ZIGBEE（一种低功耗的无线组网通信技术）、RFID（射频识别技术），每种技术都有各自的特点以及各自适用的场合。其中，蓝牙技术的优势在于精确感知、部署灵活、容易植入，而且技术普及度高（移动设备基本都配备蓝牙），但是，由于过去的蓝牙技术（蓝牙 3.0 以下）存在感知距离短、长时间通信能耗大的缺点，难以应用。直至 2012 年，以低功耗、长传输距离为特点的低功耗蓝牙技术（蓝牙 4.0 或 BLE）普及应用，蓝牙技术才真正成为具有实用价值的位置感知技术。

2.2 发展历程

（1）萌芽期

2013 年 6 月的 WWDC（苹果全球开发者大会）上，作为 iOS 7.0 中最重要的新特性之一，苹果正式对外公布了 iBeacon。虽然发布会上并未提及 iBeacon，而且苹果也没有对外公布这项技术的细节，但是，iBeacon 的名称出现在演示幻灯片上，引起了人们强烈的关注和猜测。

同期，一家名为 Estimote 的创业公司宣布推出一套 iBeacon 产品及整套应用部署方案。Estimote 是 2012 年由两位波兰计算机科学家创立的公司，致力于创建一套现实世界的互动方案，其核心技术就是低功耗蓝牙。Estimote 的标准方案包括三个称为“尘粒”的 iBeacon 设备和一套开发者工具包，开发者使用一个基站可以测量智能手机与基站的距离，使用三个基站能精确定位智能手机。[4]

Estimote 的实现思路与技术方案与苹果公司不谋而合，是最早推出的基于 BLE 技术的应用方案商。经过苹果 WWDC 大会的广而告知，以及 Estimote 公司的应用方案，人们对这项新应用有了初步的了解。随后，关于 iBeacon 的应用展望、优缺点分析、与其他同类应用的比较等讨论迅速成为热点话题。

（2）试验期

2013 年 12 月，苹果在全美 254 家零售店部署 iBeacon 应用，向店内的用户提供关于产品的通知、活动以及其他信息。同期，美国老牌商场梅西百货开始在店内部署 iBeacon 传感器，称之为 ShopiBeacon。身在曼哈顿和旧金山的顾客在经过不同的楼层、不同商铺时会接收到不同的产品推荐信息。这标志着 iBeacon 从概念讨论进入实验。

与任何新技术一样，人们对 iBeacon 应用有褒有贬。Estimote 的创始人贾科布 · 克兹奇认为，“易装易用、成本相对低廉使 iBeacon 技术容易普及应用”。[3] 反对者则认为 iBeacon 应用会给用户带来信息骚扰、隐私泄露等问题。无论支持与反对，都是对 iBeacon 发展的有益建言。而且事实表明，iBeacon 获得了业界的支持，形成了包括低功耗蓝牙芯片厂家、iBeacon 设备厂家、应用方案商在内的产业服务群，这为 iBeacon 的大量应用奠定了基础。

（3）应用初期

2014 年，iBeacon 的应用数量快速上升。据 IndoorLBS 的统计数据，至 2014 年 2 季度底，全球只有约 2 000 个 iBeacon 的部署案例，至 3 季度上升至约 10 000 例，至 4 季度结束，预计将升至 50 000 例。[5] 商业零售是 iBeacon 应用的主要行业，占比 75%，其次是交通运输行业，占比 20%。此外，iBeacon 技术在智能家居、博物馆、体育场馆、银行、会展、饮食、娱乐、房产、教育、电子商务领域都有应用方案。虽然 iBeacon 已在多个行业部署使用，但是仍然以试验性使用为主，大范围、上规模的普及应用仍未到来，整体发展仍处在应用初期阶段。

2.3 技术原理

iBeacon 的出现让位置感知更加精确——从几百米的精度级别提高到分米级别。凭借高精度的地理围栏，很多实际物体都有条件标识自己的位置。例如一张桌子、一个书架，可以通过部署 iBeacon 设备向外界发射 iBeacon 数据，当装载蓝牙的移动设备进入信号区域，会自动探测和接收数据，从而“感知”到物件的存在。在这个过程中，iBeacon 数据是设备之间建立互联感知的纽带。iBeacon 数据是基于 BLE 通信协议制定的广播数据，它有特定的数据包结构。其中，包含实际信息的数据包由前缀数据以及 4 个有实际意义的数据组成。如图 1 所示。[6]

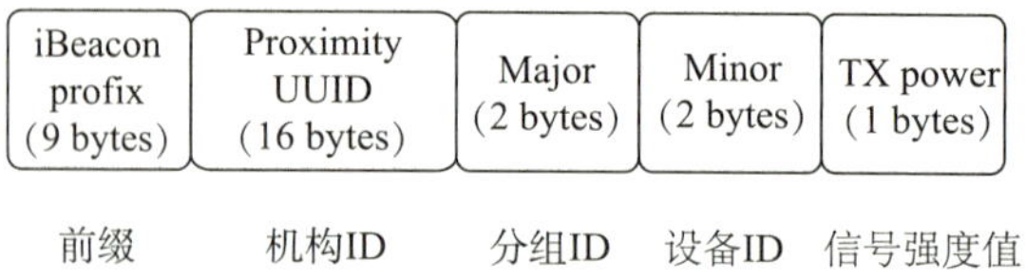

图 1　iBeacon 协议的广播数据

Proximity UUID、Major、Minor 是一组身份属性值，作为 iBeacon 设备的全球唯一标识值。TX power 反映了用户接收的 iBeacon 信号强度值 RSSI（Received Signal Strength Indication）。在实际应用中，iBeacon 发射设备以设定的时间间隔和发射距离不断地发射 iBeacon 广播数据，当装载了配套 App 以及蓝牙 4.0 的设备进入信号区域内，App 会自动监测和接收 iBeacon 广播数据，然后通过比对当前的 RSSI 和既定距离（如 1 米）的 RSSI 值，测算出用户与 iBeacon 发射设备的距离。当距离小于设定阈值时，App 会执行指定的响应事件，从而产生基于地理位置的情境应用。实现流程如图 2 所示。

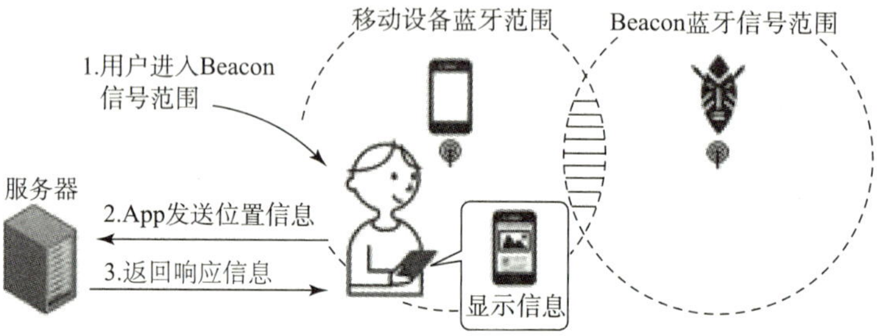

图 2　iBeacon 应用原理

值得注意的是，无论是苹果公司对 iBeacon 的最初定义，还是 iBeacon 的工作原理，都清楚地表明 iBeacon 是一种用于感应和测量距离接近程度的应用。但是，目前国内很多资料将 iBeacon 直接等同于室内定位技术，这是有失偏颇的。事实上，室内定位只是 iBeacon 的一种应用方向，而且这种应用需要通过三角定位、指纹算法等额外的算法支持。

2.4　应用现状

目前，iBeacon 技术已在多个行业应用，主要的应用方向包括以下内容：

（1）室内导览

主要应用在商业百货、展览场馆中，基于 iBeacon 设备感知用户的地理位置，进行情境信息推送、室内导航服务。用户进入部署了 iBeacon 应用的场馆中，手机可能会收到这样的信息：“您所站的石板砖已有 100 年的历史”“您所看到的瓷器是经过这些工艺制作的，请看视频”“在 1 号展台有徽章收集活动，收集 3 个并成功拼出商家 logo 即可兑奖”。

（2）商品导购

2013 年 12 月，苹果开始在全美 254 家零售店中部署 iBeacons 技术，开创了商业零售应用 iBeacon 技术的先河。随后，梅西百货迅速引入了这项技术，为旗下几家店铺建立了名为“ShopiBeacon”的“电子围栏”，当顾客在这几家商场购物时，商场可以通过 ShopiBeacon 捕捉到顾客的位置，进而推送各类促销信息。[7] 随后，Safeway、Giant Eagle 等 200 家商店采用 inMarke 公司的服务方案，部署 iBeacon 应用，为顾客提供自动推荐和智能导购服务。至 2014 年 6 月，全美已超过 600 家零售商店部署了 iBeacon 应用。[8]

（3）情境感知

iBeacon 和配套 App 所起到的作用是将线上和线下环境关联起来，使得用户在实体环境中的活动也能被感知和记录，解决了移动互联应用只能提供线上服务，却不能提供与用户使用情境相关的本地化服务的问题。2013 年年底，移动支付领域的领头羊 Paypal 公司发布了基于 iBeacon 技术的自动签到式的移动支付产品。在安装了 iBeacon 无线支付设备的商店中，用户进入商家的结账区域内，POS 机上就会显示用户头像，经过口头确认就可以进行付款。[9] 这是情境应用的一种模式。每个机构都有自己的应用点和业务模式，因此，情境应用拥有无限种实现方案，关键是创造出环境关联性、个性化和优化体验的应用，在合适的时间与地点为用户提供合适的服务。

3. iBeacon 应用开发

完整的 iBeacon 应用由服务器、配套 App、iBeacon 设备三者完成。由于配套 App 的功能无法一概而论，因此，在此不涉及具体的 App 业务设计，只探讨对接过程，具体包括 iBeacon 发射设备如何实现数据广播，以及移动设备如何监测并接收 iBeacon 数据，然后触发 App 调用响应程序。

3.1 iBeacon 数据广播

iBeacon 广播应用部署在 iBeacon 广播数据发射设备上，即通常所说的 iBeacon 基站。

(1) 创建并初始化 iBeacon 广播设备

在 iBeacon 开发规范中，一个 iBeacon 设备采用 4 个属性值来标识：Proximity UUID、major、minor 以及 identifier。每个属性的含义见表 1。组合使用这些属性值，用户能对一个单位内的所有 iBeacon 设备进行有序标识。同一单位的设备拥有相同的 UUID 标识，同一单位的相同部门的设备拥有相同的 major，同一部门下的不同设备采用 minor 区分。

表 1 iBeacon 设备标识属性

属　性	含　义	数　值
Proximity UUID	标识一个单位的 iBeacon 设备	使用 UUID 工具自动生成
major	标识一组 iBeacon 设备	自定义
minor	标识一个 iBeacon 设备	自定义
identifier	身份描述	自定义，采用“机构网站域名 + 自定义名称”方式描述

以下代码演示了如何创建并初始化一个机构中的一台 iBeacon 设备。

```
@ property CLiBeaconRegion * wyulibiBeaconRegion;
//传入 ProximityUUID、major、minor、identifier 属性值，初始化
wyulibiBeaconRegion 对象
NSUUID* uuid = [[NSUUID alloc]
initWithUUIDString:@ “E67E87C5 - 3273 - CD98 - 25F5 - A2E147FA2C55”];
self. wyulibiBeaconRegion = [[CLiBeaconRegion alloc]
initWithProximityUUID:uuid major:1 minor:1 identifier:@ “edu. wyulib”];
```

(2) 获取 iBeacon 广播数据

```
@ property(strong,nonatomic)NSDictionary * wyulibiBeaconData;
self. wyulibiBeaconData = [self. wyulibiBeaconRegion
peripheralDataWithMeasuredPower:nil];
```

(3) 开始广播

```
//创建外围设备管理对象
@ property(strong,nonatomic)CBPeripheralManager
```

```
* peripheralManager;
self.peripheralManager = [[CBPeripheralManager alloc]
initWithDelegate:self queue:nil options:nil];
//开始对外发送 iBeacon 广播数据
[self.peripheralManager startAdvertising:self.wyulibyiBeaconData];
```

3.2 iBeacon 数据监测

监测应用部署在 iBeacon 接收设备上，即用户的移动终端上。iBeacon 监测过程先后经过监视模式（Monitoring Mode）和搜索模式（Ranging Mode）。在监视模式下，设备能在应用不活动或锁屏状态下监视是否进入目标设备的蓝牙信号区域，能精确测定 iBeacon 接收设备与发射设备间的距离。

（1）创建 CLLocationManager 对象实例

首先，设置需要监视的 iBeacon 发射设备。通过设置目标设备的标识值，既可以监视一台设备，也可以监视多台。然后创建 CLLocationManager 对象实例监视目标设备发出的广播数据。

```
NSUUID * uuid = [[NSUUID alloc]
initWithUUIDString:@"E67E87C5 - 3273 - CD98 - 25F5 - A2E147FA2C55"];
self.wyulibiBeaconRegion = [[CLiBeaconRegion alloc]
initWithProximityUUID:uuid identifier:@"edu.wyulib"];
self.locationManager = [[CLLocationManager alloc]
initWithDelegate:self];
[self.locationManager startMonitoringForRegion:self.wyulibiBeaconRegion];
```

（2）监视

当蓝牙区域被监测到时，将触发该方法搜寻区域内的所有 iBeacons 发射设备。

```
(void)locationManager:(CLLocationManager* )manager
didEnterRegion:(CLRegion* )region
{
   [self.locationManager
startRangingiBeaconsInRegion:self.wyulibbeaconRegion];
}
```

（3）调用事务处理方法

当检测到进入指定的蓝牙信号区域时，马上调用响应程序，以实现向用户推送信息等互动效果。

```
(void)locationManager:(CLLocationManager* )manager
didRangeiBeacons:(NSArray* )beacons
inRegion:(CLiBeaconRegion* )region
{
    self.statusLabel.text = @"五邑大学图书馆欢迎您!";
}
```

4. iBeacon 在图书馆的应用

4.1 可行性分析

图书馆是 SoLoMo 化服务的积极参与者，与 iBeacon 同属近场感应技术的 RFID 已在图书馆应用多年，成效丰富。因此，只要具备应用可行性，图书馆引入 iBeacon 是合适的选择。以下从设备成熟度、投入成本、技术难度三个方面做可行性分析。

4.1.1 设备成熟度

设备购买是否容易、设备运行是否稳定、售后保障是否可靠，这是图书馆首要考虑的因素。iBeacon 设备生产商很多。在国外，Estimote 是最早从事 iBeacon 设计生产的创投公司，技术处于领先地位，高通、得州仪器、Particle beacon、Glimworm iBeacon 等也是知名的 iBeacon 设备商。国内成熟的设备商有四月兄弟和深圳的 Minew。虽然厂家众多，但核心部件 BLE 芯片主要来自四大芯片厂家：得州仪器、Nordic Semiconductors 以及 Bluegiga、高通，四家的市场占有率总共有 95%，国内两家公司都使用得州仪器的芯片。

4.1.2 投入成本

目前，国外 iBeacon 设备的价格在 30 ~ 100 美元，如 Estimote 的 iBeacon3 件套装售价 99 美元。国内四月兄弟的 iBeacon 售价为 66 元，Minew 公司的 iBeacon 售价约 50 元。虽然 iBeacon 的单价较高，但是，考虑到图书馆的 iBeacon 应用不是大范围、高精度的定位应用，而是在单点位置部署地理围栏感知应用，考虑到一个 iBeacon 的有效信号距离在 15 米以上，完全能满足一个位置区域的地理围栏感知应用需要，因此，事实上图书馆对 iBeacon 的数量需求不多，整体投入成本是可以灵活控制的。

4.1.3 技术难度

iBeacon 设备商不仅提供硬件，还提供完整的开发者工具包、调用接口和示例文档，用户只需规范调用，即可实现 iBeacon 的广播发送与监测业务。因此，图书馆无论是开发基于 iBeacon 应用的 App，还是将 iBeacon 应用嵌入已有的 App 中，产生基于位置情境的交互效果，都是可以自主完成的过程。

4.2 图书馆的 iBeacon 应用

由于 iBeacon 应用具有低能耗、长距感知、易用易部署、技术普及度高的优点，是比较理想的近场感应技术，因此，图书馆可以将其作为 SoLoMo 框架的落地方案之一，部署试验性应用。结合图书馆的服务需要，笔者认为图书馆的 iBeacon 应用可能有以下方式：

4.2.1 实时签到

签到是 iBeacon 常见的应用方案，零售商家通过各种签到奖励或互动游戏的方式，吸引顾客关注特定的品牌产品。相比于已有的近场通信技术，如 NFC（近距离无线通信技术）、RFID 的接触式签到方式，iBeacon 的信号传输距离要远得多（30 米以内），因此，用户只需保持蓝牙开启状态，即便远离 iBeacon 发射设备，也能实现自动签到，整个过程无须用户参与，实现了设备间的无缝连接。

图书馆可以利用 iBeacon 部署签到服务，记录读者在馆舍内的使用行为。当读者身带安装了配套 App 的移动设备进入部署了 iBeacon 的馆舍内，App 会自动监测区域内的 iBeacon 信号，然后持续地将 iBeacon 位置信息与读者身份信息传回服务器，服务器端会根据传回的数据，判断读者身处哪个书库，甚至哪个书架旁，停留时间有多长，并做好记录。

只有当图书馆掌握了充足的读者使用数据时，才能因应读者的使用情境推送“智慧”的服务，例如，向读者实时推送他们感兴趣的新书。过去，图书馆主要通过线上方式掌握读者的个性偏好，如今，签到服务为图书馆收集线下实体环境的读者行为提供了可能。通过 iBeacon 应用部署签到服务，图书馆能够系统、细致地收集读者的到馆使用数据，为科学决策、智慧服务提供更有力的支持。

4.2.2 展厅导览

导览是 iBeacon 技术比较成熟的应用方案之一，在多种场馆、大型活动中已有成功的部署。位于比利时安特卫普的鲁本斯故居博物馆，部署了 iBeacon 应用。当游客手持装载了导览 App 的移动设备进入各个展厅内的不同展品前，会触发不同的互动效果，包括通过小测试的方式讲述展品的故事，通过扫描的方式细说作品的艺术价值，如图 3 所示。[10] 在国内，2014 年青岛世园会在植物馆内率先部署 iBeacon 设备，推出了手机智慧导览 App，为观众提供了室内室外都精确覆盖的自助语音导览服务。[11]

图书馆一般都设有展厅，不定期布展，因此，可以尝试引入 iBeacon 应用，仿效已有的应用案例，为读者提供更丰富、更有深度的导览服务。此外，在图书馆馆舍内，针对有特色、有故事的建筑、布局及位置，也可以部署 iBeacon 应用，为到馆读者（尤其是首次到访者）推送介绍信息。

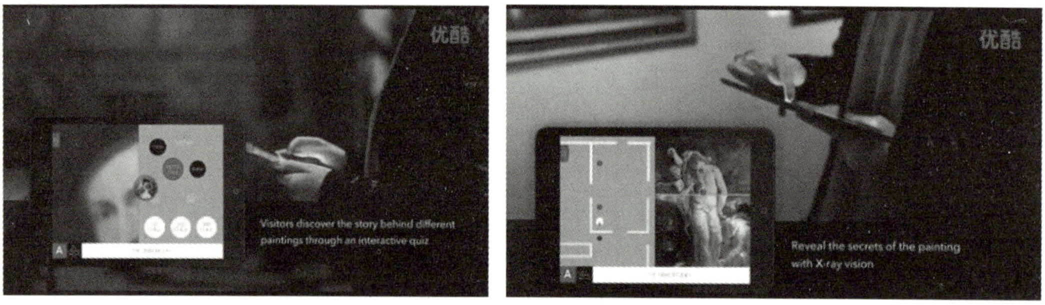

图 3　iBeacon 在鲁本斯故居应用场景

4.2.3　基于使用情境的信息推送

基于使用情境的信息推送是指在合适的场合、合适的时间为用户推送合适的信息，这是图书馆智慧服务的重要方面。在图书馆中，基于 iBeacon 的信息推送应用可以有多种可能。

新书推送。当读者正在书架前浏览，读者移动设备上的配套 App 自动监测到部署在书架上的 iBeacon 信号，随即向服务器发起通信，服务器根据传回的 iBeacon 位置信息确定读者所在的书架，最后向 App 返回该书架上的新到图书目录，显示在读者的移动设备上。

馆内寻书。图书乱架是困扰馆员的一大难题，如果能“动员”读者自愿地参与其中，帮助寻书，是一个好办法。iBeacon 应用或许能提供巧妙的实施方案。首先，馆员需要记录书架上“丢失”的图书，并录入服务器的数据库中。然后，当读者接近书架时，读者移动设备上的配套 App 监测到 iBeacon 信号并向服务器发起通信，服务器根据位置信息返回该书架上的“丢失”图书目录，并向读者发出“对话”：“我是书架 ×××，我的图书 ×××不归架好多天了，如果你在其他书架上看到它，请帮我带它回来归架好吗？我很想念它！如果您发现了不属于我的图书，也请将它拿到流动书车上！谢谢！”iBeacon 应用将物件“活化”了，巧妙地营造出书架与读者对话的互动效果。这种有趣的情境互动，配合适当的奖励措施，或许能激发读者的寻书热情。

4.2.4　“人馆相连”的物联模式

图书馆物联模式是一套综合的体系，是多种物联技术综合使用的结果。RFID 技术建立了“书书相连、人书相连”的物联模式，由此产生了自助书架定位、自助流通管理的应用服务。与 RFID 类似，NFC 也是基于芯片的近场通信技术，借助于移动设备的 NFC 功能，能够实现个人自助图书借还的扩展应用。[12] iBeacon 是基于蓝牙通信的非接触式近场通信技术，它赋予了物件标识并广播“自己”位置的能力，而且 iBeacon 容易部署、容易植入，任何物件、设备都能利用 iBeacon 而拥有“对外说话”的能力。图书馆通过部署 iBeacon 应用，能够让读者的移动设备“无缝”地感知读者身处的馆舍环境，形成“人馆相连”的物联模式。

iBeacon 的易用性和相对低廉的部署成本，使得它拥有更大的适用范围，将极有可能为图书馆的物联应用开启一片广阔天地。当前，图书馆界需要对 iBeacon 保持正确的态度，既不可因为它还不成熟而等闲视之甚至嗤之以鼻，也不可对其过于吹捧甚至否定其他物联技术。应该对世界范围内的 iBeacon 应用发展保持密切的关注和探讨，借鉴、学习、创造出适用于图书馆的可行应用，在图书馆内部署试验。

参考文献

[1] Aittola M, Ryhanen T, Ojala T. Smart library: location - aware mobile library service. [J]. International

Symposium on Human Computer Interaction with Mobile Devices and Services, 2003 (5): 411 - 415.
[2] 王世伟. 未来图书馆的新模式——智慧图书馆 [J]. 图书馆建设, 2011 (12): 1 - 5.
[3] 谢蓉, 刘炜. SoLoMo 与智慧图书馆 [J]. 2012 (3): 5 - 10, 79.
[4] Estimote 欲借传感器打造现实世界的操作系统 [EB/OL]. [2014 - 11 - 09]. http: //tech. 163. com/13/0808/17/95P88BN7000947EG. html.
[5] Indoor LBS. Number of iBeacon Deployed [EB/OL]. [2014 - 11 - 15]. http: //www. indoorlbs. com/#store - mapping.
[6] CSDN 博客. iBeacon 工作原理 [EB/OL]. http: //www. tuicool. com/articles/JJbMZf.
[7] 美国老牌零售商梅西率先部署 iBeacon 技术 [EB/OL]. [2014 - 11 - 16]. http: //www. feng. com/apple/news/2013 - 11 - 21/U. S. _veteran_retailer_Macy_s_first_deployment_iBeacon_technology_569097. shtml.
[8] iBeacons Infographic-June 2014 [EB/OL]. [2014 - 11 - 16]. http: //www. indoorlbs. com/market - reports/zckfttnbfq96qn4jvzetfys7gpxzxv.
[9] Paypal 发布 iBeacon 无线支付设备 [EB/OL]. [2014 - 11 - 16]. http: //cn. engadget. com/2013/09/09/paypal - beacon - hands - free - payments/.
[10] iBeacon 博物馆应用 [EB/OL]. [2014 - 11 - 16]. http: //www. ibeaconfans. com/? p = 586.
[11] 青岛世园会采用 iBeacon 做植物馆智能游览 [EB/OL]. [2014 - 11 - 16]. http: //tech. hexun. com/2014 - 10 - 22/169570508. html.
[12] 广东省立中山图书馆 NFC 自助借还书 [EB/OL]. [2014 - 11 - 16]. http: //www. 56. com/u94/v_MTMwNjA2OTU1. html.

SoLoMo 模式下移动阅读推广方案研究

代晓飞

（五邑大学图书馆　江门市）

摘　要：全民阅读已成为图书馆重要的文化推广活动。为适应新媒体时代读者阅读方式的转换，研究构建基于 SoLoMo 模式的图书馆移动阅读平台，整合社交网络平台、本地馆藏资源、用户情境信息向用户有针对性地推送阅读信息。

关键词：SoLoMo；移动阅读；图书馆

SoLoMo 既不是一门具体的应用技术，也不是一种商业形态，而是 Social（社交化）、Local（本地化）和 Mobile（移动化）这三个概念的有机融合，与 Web 2.0 相似，SoLoMo 是互联网领域催生的又一新的应用模式。SoMoLo 与行业融合催生出新的营销模式、服务模式和运作模式。典型的应用方向是游戏化的 O2O 营销，通过移动 App + LBS（Location Based Service）技术设置出虚实结合的游戏场景，以各种有趣的游戏主题如"全场搜寻优惠券""接力跑步"等吸引受众，达到产品营销的效果。对于服务行业，SoLoMo 已成为"互联网 +"战略的主要实施模式。

对于图书馆而言，SoLoMo 模式为深化移动图书馆服务指明了建设方向，主要表现为：信息终端便携化、信息网络泛在化、信息用户精准化、信息交流社会化、信息内容情景化。近年来，不少图书馆都大力发展移动图书馆业务，手机端能实现信息查询、信息管理、信息交流等功能，用户能够便利地、自助地获取图书馆服务。但是此类功能的"移动图书馆"仅限于提供物理馆藏的定位管理和无人值守的自助式服务，对于是否能够根据读者在社会性网络活动中的偏好，结合地理位置和情境信息，提供即时的个性化服务还未开发，而这正是图书馆应用 SoLoMo 的价值和优势所在。

1. 基于 SoLoMo 模式的移动阅读方案总体设计

如何实现对读者阅读需求的精准满足是阅读推广服务系统永恒的核心问题。进入移动互联网时期，以终端移动化、服务泛在化、内容情景化为特征的 LBS 模式出现。LBS 强调本地化的线下交互，与 Web 2.0 重在远程化的线上社交正好互补，两者相融合催生了互联网应用的新模式——SoLoMo，这意味着互联网服务将嵌入用户的活动情境中，服务内容更加精准。[1] 在 SoLoMo 模式下，图书馆阅读推广服务将由机械化的信息推送转变为智能化的服务互动。

1.1　系统的服务架构

基于上文所述的纸电图书阅读同步推广系统（下文简称阅读推广系统）模型，融合 Web 应用架构，引入 SoLoMo 应用模式，构建了阅读推广系统的服务架构，如图 1 所示。

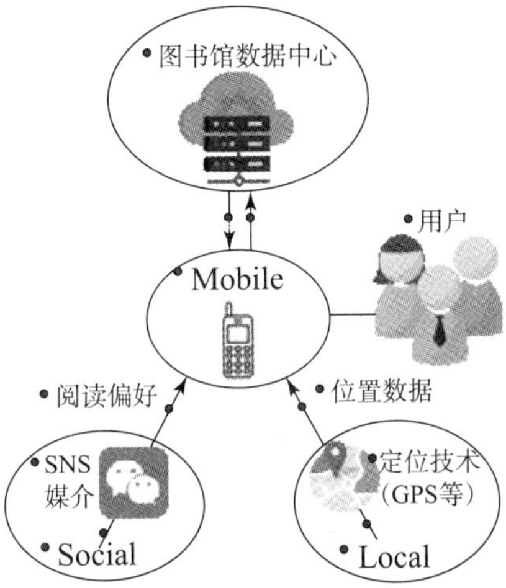

图 1 基于 SoLoMo 的移动阅读系统的服务架构

图 1 从数据流的角度揭示了基于 SoLoMo 的阅读推广系统的工作流程。较之 PC 时代阅读推广系统是以图书馆和用户为端点组成的线性模型有所不同，本系统是一个网状模型，用户的移动终端成为系统的数据流程中心。通过移动终端，用户的即时情景信息被传送到图书馆数据中心，有效地拓展了数据分析来源，为实现即时化、个性化的阅读推送提供了有力支持。

利用移动终端的 GPS 定位功能和地图 API（应用程序接口）能实现基于用户位置属性的个性化阅读推广服务。用户位置属性是参照所在地最近的标志性场所的功能属性来定义，例如在美术馆、博物馆、体育馆等文体机构聚集地被赋予文体教育属性、商场周边被赋予休闲娱乐属性。此外，根据用户的图书搜索和浏览行为，也能对用户所在地的位置属性进行补充修改。当系统能够实时跟踪用户位置属性后，即可实时推送与用户位置情景相吻合的阅读内容，实现更加灵活、智能的阅读推送服务。用户位置属性是 SoLoMo 模式下阅读推广系统的新增维度，是实现阅读推广服务与用户活动情景即时无缝对接的基础。

利用 SNS（社交网络服务）社区平台辅助实现交互化的网状阅读过程。传统的阅读是相对封闭的线性过程，建立在"图书馆（书店）——用户"两点之上。而网络时代的阅读是建立在开放的社交网络之上，搜寻阅读来源、体验阅读媒介、参与社群评价成为阅读过程的有机组成部分。这时的用户阅读不仅包括书本阅读，还包括阅读媒介选择、阅读社群交流、阅读主题活动等在内的立体化阅读体验。在移动互联时代，阅读推广系统需要充分满足立体化的阅读需求。SNS 社区是 SoLoMo 模式下实现上述功能的关键平台，有利于提升用户对系统的黏度。

1.2 系统的层次结构

为了实现 SoLoMo 模式下的阅读推广服务架构，运用分层设计理念，采用了 Web App 开发模式，构建了面向读者的应用框架，如图 2 所示。该框架以图书馆的本地数据源为基础，并利用开放 API 调用位置数据以及 SNS 数据，三者共同构成了数据层。业务层是实现各项功能的逻辑算法部分，向下调用数据层，向上响应应用层。应用层以易用友好的用户体验为设计原则，采用 Web App 开发模式以提高产品的易用性，同时采用可视化等技术简化业务流程，以友好的方式将操作界面展示给用户。该系统框架层次清晰，各层通过接口实现相互耦合，具有良好的易用性和扩展性。

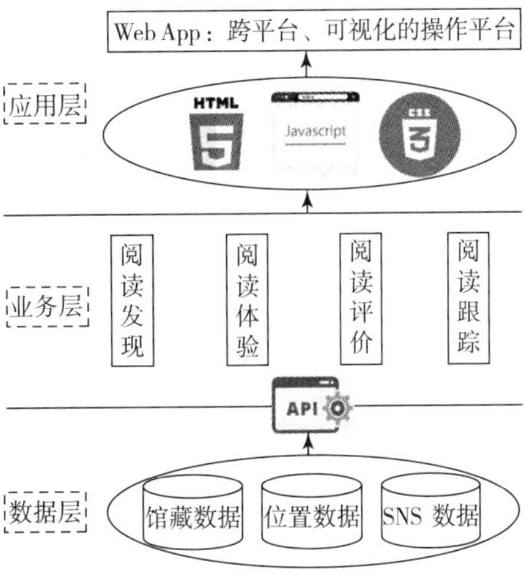

图 2 移动阅读系统的层次结构

系统面向用户的业务包括四大部分：①阅读发现。一是对阅读资源自动聚类和排序，方便读者发现图书；二是通过对读者的位置数据、阅读数据进行分析，自动匹配和推荐符合读者个性的图书。②阅读体验。通过提供读书指引、社群评价、阅读媒介等相关内容，为读者提供全面的“预阅读”体验，以便选择适合个人的阅读方式。③阅读评价。阅读评价是读者对阅读过程进行评价。阅读评价采取评分和书评两种方式，评价结果同步至 SNS 阅读社群中。④阅读跟踪。实时跟踪记录读者的阅读行为，为建立阅读档案提供基础数据。其中，阅读跟踪是核心环节，需要对用户的阅读行为进行多维度的跟踪和数据收集分析。下文将对本系统的数据流程进行详细分析。

2. 基于 SoLoMo 模式的移动阅读方案的数据流程分析

移动阅读系统的数据来源，可分为馆藏数据、位置数据和 SNS 数据。馆藏数据主要包括纸质馆藏图书、电子馆藏图书、读者借阅记录等数据集成，是提供纸电图书同步推广服务的基础数据源。位置数据动态地记录读者的即时位置数据，通过分析读者的位置属性，动态地建立“读者—图书”之间的空间联系，是实现即时的情景化阅读推荐的基础。SNS 数据包括读者的基本阅读情况，如阅读经历、阅读偏好、阅读社群等，通过分析挖掘阅读行为，建立读者的阅读档案，有助于实现深度的阅读推荐服务。

2.1 用户访问数据流程

图书馆是数据供给方，负责搜集、关联和分析数据；用户是数据消费方，只需要简单易用的使用方式。从数据流程的角度分析，系统整体呈现出“胖服务端、瘦客户端”的结构，这也是当前移动互联应用的常态结构。

移动互联环境下的阅读推荐服务应该是泛在化、跨平台的便捷应用。用户可以在任何时间、任何地方，通过任意设备、任意方式获得服务。开放的访问服务需要开放的数据接口提供支持。在推荐系统中，用户访问将以 HTTP GET 请求的方式发起，由相应的数据接口处理事务后返回原始的数据结果，原始数据经过 XML 格式化处理后返回最终的数据结果。

2.2 阅读数据分析流程

不同的发展时代存在不同的数据交互技术和数据使用环境，如何适应当前的时代环境为用户提供越来越好的阅读服务是图书馆永恒关注的课题。SoLoMo 模式代表了互联网服务的重要趋势：嵌入式服务，即实时跟踪用户所处的活动情境并提供与用户情境相关的服务内容。这无疑为图书馆阅读推荐服务带来了更广阔的应用场景，但同时也加大了数据收集和分析的难度。

在 SoLoMo 模式中，用户数据源不仅包括图书馆各类业务系统中的用户活动数据，而且还包括用户社交网络中的自媒体内容。前者是经过人工组织的结构化数据，后者是未经处理的非结构化的自然语言文本。对于前者的分析与利用图书馆已有成熟的应用方案，但是对于后者该如何跟踪收集？如何提取有价值的数据？这是基于 SoLoMo 模式的阅读推荐系统必须解决的新技术问题。目前对于社交网络的自然语言文本分析的主要流程如图 3 所示。随着大数据分析的普及应用，上述技术流程已经具备了良好的通用性，在 Python、R 语言等适用于数据分析的主流平台都内置了专门的技术应用包支持实施上述分析流程。通过该流程有助于提取用户的自媒体内容中所包含的主题语义，从而为基于用户活动情境的图书推荐服务提供数据支撑。

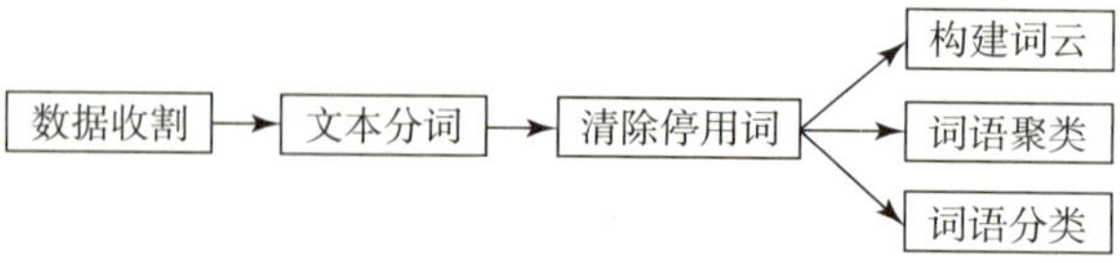

图 3 社交网络中自然语言文本分析流程

3. 基于 SoLoMo 模式的移动阅读方案的技术难点与实施方案

3.1 多元数据收割机制

纸电图书元数据是阅读推广系统的重要基础数据。为了丰富数据内容，增强读者的阅读体验，数据来源除了馆藏图书数据以外，还需收集每种图书的 SNS 数据，同时，为了增添新书信息，还应接入第三方的新书数据。但是，考虑到数据量庞大，整体收集以上数据并不现实，而且不利于系统的高效运作，笔者设计了一个可行的高效的数据收集方案，见表 1。

表 1 系统元数据字段

元数据名称	元数据描述
isbn	馆藏图书 ISBN 号
lib_id	图书馆纸质图书 ID 号
lib_ebook_id	图书馆电子图书 ID 号
douban_id	豆瓣图书 ID 号
douban_ebookid	豆瓣电子图书 ID 号
new_book_id	田田网平台新书 ID 号
new_book_isbn	田田网平台新书 ISBN 号

系统元数据收集机制的指导思想是重在建立异构系统之间的数据关联，而不是收集所有的数据。具体方法是：首先根据不同系统的数据接口情况建立相应的数据收割机制来获取系统中每条图书记录的标识 ID，然后通过标识 ID 和资源基地址动态地构建资源访问的 URL，供用户随时调用。

在本系统模型中，图书馆管理系统数据来自 SULCMIS Ⅲ系统，馆藏电子图书数据来自超星本地镜像，图书 SNS 数据来自豆瓣读书社区，新书数据来自三星公司的田田网平台。在实际运作中，馆藏电子图书数据、图书 SNS 数据和新书数据都可以根据需要扩展数据源。上述四类数据源中，由于图书馆管理系统数据、超星电子图书数据都是本地的数据源，而三星田田网等馆配方一般都与图书馆建立了业务关系，因此这三类元数据容易收割，在此不做赘述。相对而言，以豆瓣读书社区为代表的图书 SNS 数据源，由于来源繁多、数据分散，而且跟图书馆缺乏业务联系，因此数据收集渠道并不完善和稳定。

目前，针对图书 SNS 数据的收割方式主要有两种：一是调用官方的 API 实现，二是通过网页爬虫程序自动抓取页面内容，相对而言第一种方式更高效稳定。以豆瓣图书社区为例，可通过 API + ISBN 的方式获取豆瓣图书的 XML 数据。例如：通过构造 https://api.douban.com/v2/book/isbn/9787121255113，获取《计算机：一部历史》的 XML 数据，然后再通过文档对象模型（DOM）的方式读取 XML 文档中的 ID 节点和 ebook_url 节点，从而读取到 douban_id（26352544）和 douban_ebook_id（12328807）两个元数据。[2] 元数据入库后，当用户需要深入了解图书的更多信息时，推荐系统能够动态地构建图书的资源页面：https://book.douban.com/subject/26352544/以及试读页面：https://read.douban.com/ebook/12328807/，供用户深入了解和阅读体验。

3.2 用户社交数据挖掘机制

现在流行的方式是使用 OAuth 获取连接社会化媒体的 API 的使用权限。它工作的原理如下：①首先使用者发出使用请求；②然后新浪微博在收到请求后向使用者发出一个授权码；③获取授权码之后使用者依据授权码从新浪微博获取连接码（ACCESS TOKEN）；④使用连接码，使用者就可以连接到新浪微博的数据库并获取数据了。但是，这种工作模式必须经过用户授权才能实现，因此，不便于批量抓取。对此，笔者构建了通过网页抓取内容的方式批量获取指定用户的微博最新内容。

通过网页抓取技术批量获取用户微博内容的流程如下：①批量模拟构建用户微博页面地址。用户微博地址由两部分组成：基地址+用户ID。其中，基地址是相同的“http://weibo.cn/u/”。[3]用户ID则通过关注图书馆微博的用户列表批量获取。两者两两配对构成所有用户的微博页面地址列表。②分析微博页面中每条微博内容共同的代码规律。经过分析比对，笔者发现新浪微博页面中的每条微博正文的html代码都拥有固定的ID形式，即以“M_E”为前缀。③利用网页抓取软件提取微博页面中的特征节点内容。即ID以“M_E”为前缀的html节点的文本内容。通过上述步骤就能批量地自动提取用户的最新微博内容，为后续的数据挖掘工作奠定了基础。

3.3 用户情境数据挖掘机制

个性阅读推送是根据用户的活动数据着手分析，推断用户的个性化需求，从而实现精准推送。目前，相对容易获取的用户活动数据包括身份数据、阅读数据、位置数据三类。从时间维度上分析，基于身份数据和阅读数据的阅读推广服务能够满足用户长期稳定的阅读需求，但是，却难以满足用户即时动态的阅读需求。现实生活中，用户往往存在诸多即时动态的阅读需求，它们是在用户处在特定情境中被激发出来的，之前无迹可寻。因此，根据用户的身份数据和阅读数据都不能分析推断出用户的即时动态阅读需求，需要引入一种全新的分析维度——用户情景状态。

随着移动应用的盛行，用户位置数据已成为一种相当重要的数据源，用于分析预测用户需求。用户位置数据是相对容易获取的用户情景状态之一，据此判定用户的即时活动情景，然后推送与之相符的阅读内容，满足用户即时动态阅读需求。该服务的核心机制包括两部分：一是实时获取用户位置坐标信息，二是实时判定用户位置属性。核心算法通过调用HTML5的Geolocation API实现，主要脚本代码如下：

```
//获取用户的实时经纬度数据
navigator.geolocation.getCurrentPosition(get_position);
functionget_position (position) {
    //通过自定义的Ajax方式保存用户经纬度数据
    save_position (position.coords.latitude,
position.coords.longitude);
}
//判定用户的位置属性
functionget_location {
   var Distance=distance (user lat, user long, target_lat, target_long);
   if (Distance< =0.2) {
       get_book ();
   }
}
```

第一段代码通过调用HTML5的Geolocation API获取并保存用户的经纬度数据。第二段代码通过计算用户即时位置与数据库中预存参照位置的经纬度数据，判断两者间的直线距离，判定算法是基于Haversine公式实现。预存的参照位置是商场、社区、场馆等具有明显功能属性的地标，系统事先根据功能属性为参照位置设定阅读类别，以此作为参照位置的属性值。当距离少于既定阈值时，用户的即时位置属性取参照位置的属性值，然后系统向用户推送相关的阅读内容。由于个性阅读推送机制是基于HTML5实现的，因此，可以方便地嵌入图书馆的Web App或者Native App中，以及第三方移动服务平台，如图书馆的微信公众号中使用。

参考文献

[1] 张云玲，章忠平．基于 SoLoMo 的图书馆数字阅读推广探究［J］. 情报资料工作，2015（4）：83－87.
[2] 豆瓣图书 API. 根据 isbn 获取图书信息［EB/OL］.［2016－10－25］. https：//developers. douban. com/wiki/？title＝book_v2#get_isbn_book.
[3] 新浪微博移动版入口［EB/OL］.［2016－10－28］. https：//weibo. cn/pub/.

广州地区社区图书馆建设存在问题及对策

车　盈

（广州市越秀区建设街中马路社区图书馆　广州市）

摘　要：本文介绍了国内社区图书馆研究现状，阐述了社区图书馆的重要作用，分析了广州地区社区图书馆建设发展存在问题。最后，提出了社区图书馆建设的对策建议。

关键词：社区图书馆；建设；对策

引　言

社区图书馆是根据现代都市人聚居形式的变化，设置的为一定地域内的所有居民提供服务的公益性信息集散场所。随着城市化进程的加速和社区规模的发展，我国社区图书馆已大体形成包括地方政府主导的公共图书馆的延伸服务、分馆建设、共建联办、家庭图书室以及网络等五种类型。在社区图书馆建设中，广州和深圳等大城市走在前列，通过前期调研发现，目前广州地区社区图书馆服务体系已粗具规模，形成以中心城区为核心，向城市副中心延拓，因地制宜、合作形式多样的社区图书馆发展模式。然而，社区图书馆的总体发展现状仍然堪忧。因而，本文依托广东省图书文化信息协会课题，以广州地区社区图书馆为研究对象，对社区图书馆建设发展存在问题进行分析，并提出相应的对策。

1. 社区图书馆研究现状

近年来，国内专家学者围绕社区图书馆的定义、服务特色、职能定位、管理机制和保障体制等方面开展了大量的研究。在现有成果中，有的学者采取问卷调研的方式，对北京、上海、宁波等大城市的社区图书馆的馆舍建设、文献资源、知识服务以及读者借阅的情况和存在问题进行了剖析。有的学者从社区图书馆的建设模式、人员素质等方面展开了探讨，也有的学者从国内外社区图书馆建设相互比较的角度，提出了社区图书馆建设的相应对策措施。总体来说，已有的研究视角丰富、内容多样。从研究方法运用上来看，既有定性分析，又有定量研究。然而，从定位来看，社区图书馆的地位十分尴尬，它既不属于公共馆又不属于高校馆；从现有的研究成果数量来看，通过对中国知网全文数据库进行检索，关于广州地区社区图书馆的研究文献寥寥无几。从研究内容来看，关于广州地区社区图书馆的研究，内容大多不精，调研数据分析不全面，研究成果缺乏指导性。

2. 社区图书馆的作用

2.1 社区图书馆对于提高居民文化素养具有重要作用

社区是基层的社会服务组织，是社会的基本单位，它紧贴人民群众生活。社区图书馆是“居民身边的图书馆”，它对于普及科学文化知识，提升人民思想道德修养，具有重要作用。同时，以社区图书馆为中心开展各类休闲活动，不仅可以引导居民的读书意识，大兴学习之风，而且还可以增强居民对本社区的强烈认同感和归属感，让居民充分享受社会主义精神文明建设的成就，对于民众文化素养的提高以及先进文化知识的广泛传播发挥至关重要的作用。

2.2 社区图书馆是构建和谐社区的重要基地

社区图书馆是社区精神文明建设的重要载体。当前，社会主义经济高速发展，社区的规模日益庞大。社区既是基层的政府部门，又是可以信赖的信息服务机构。建好社区图书馆，既可以为社区人民群众传播精神文明，又可以为社区居民提供休闲、娱乐的场所，促使社区民众陶冶情操、放松精神；社区图书馆，还可以协助各社会职能部门，发挥其小型、分散、便利、快捷的优势，完善社会服务网络，大大增强社区人与人之间的亲和度和关爱度，传承中华民族的优良传统，促进社会稳定，为构建和谐社区奠定基础。

2.3 社区图书馆是公共文化体系的有效补充

即便是发达国家，因财政资金短缺，公共图书馆的职能也有所萎缩。我国现有的 3 000 家公共图书馆中，仍有部分由于经费缺乏，运营困难。此外，在北京、上海、广州等大城市中，土地划拨、规划等也成为公共文化体系发展的重要制约因素。显然，单纯依靠政府来解决公共图书馆不足的问题需要时间，缓不济急。如果将难题化整为零，结合社会力量建设社区图书馆，则可以缓解上述矛盾，减轻财政负担。

3. 社区图书馆建设存在的问题

社区图书馆的地位决定了它的发展现状。近年来，随着社区图书馆建设经费的逐年上升，无论是馆舍建设、信息化水平，还是馆藏数量等方面条件都有较大程度的改善，然而，从总体来看，广州地区社区图书馆发展水平滞后，区域间发展不平衡的问题仍然存在。

3.1 社区图书馆建设的标准体系不健全

尽管广州市自 2005 年呼吁为图书馆建设立法，2015 年颁布了《广州市公共图书馆条例》（以下简称《条例》），提出了要构建市、区、镇、街村四级图书馆服务体系；然而，广州的社区图书馆目前多半是依托街道的文化站而设立，很多社区馆建设是出于当初评级的需要，对于馆舍面积、资金投入、人员配置等方面，缺乏一系列健全的法规体系。导致大部分社区图书馆在建设的时候是“一阵风”，建成之后没人用。落实《条例》街区的建设任务很重，老城区（地方）比较窘迫，很多社区馆都沦为摆设，形成了恶性循环。

3.2 资金匮乏、文献资源欠缺，可持续发展难度大

社区图书馆的主要资金来源于政府拨款，资金来源渠道单一。由于各区的财政收入状况的差异，导致

各不同行政区域间资源投入不平衡，资金投入数量有限，文献资源短缺等问题难以解决。部分社区图书馆信息化建设滞后，设施更新缓慢。有的社区图书室或阅览室的藏书量还不及个人藏书量大。社区图书馆一般只藏有印刷型文献，电子文献几乎没有；图书的类型较单一，多数是文学、生活类图书。因缺少购书经费，也存在购买盗版书的现象，图书更新速度缓慢。因此，门庭冷落，少人问津。同时，与新区相比，越秀和海珠等老城区“寸土寸金”，社区图书馆的馆舍扩建扩容土地规划非常困难。比如，海珠区约有120万常住人口，本来需要配一个2万平方米以上的区级图书馆，但目前海珠区图书馆实用面积只有3 700平方米。据海珠区图书馆馆长罗湘君反映，按照标准，海珠区图书馆应配有1 200多个座位，目前也只有500来个座位，远远不够。辖区内18个街道的各个图书馆面积，小的有30多平方米，大一些的有80～100平方米，即便如此，连10 000平方米的面积都不够。上述因素直接影响社区文化建设和可持续发展。

3.3 宣传策划不到位

社区图书馆知名度和利用率不高，成为制约图书馆发展的瓶颈。据调研，很多社区的图书馆处于闲置状态，读者访问率一直不高。有些街道的文化站只设一名站长和一两名工作人员，平常受事务性工作影响，无心开展宣传推广活动，更谈不上做一些大型的读书文化活动策划，导致最关键最基础的社区图书馆常年被“冷落”，不少图书馆藏书偏旧偏少，在管理上更差，有些连一个懂电脑检索的管理员都没有。一些常住居民不知道社区图书馆的存在及其职能。

4. 社区图书馆建设对策

4.1 强化社区图书馆宣传力度

通过多种形式，加大宣传力度。要以社区为主体，发挥文化站的职能，定期进行社区居民阅读兴趣调查，以组织青少年和儿童活动等方式向居民宣传图书馆，及时发布新书信息；条件允许的话，要多组织如名家讲座、知识竞答比赛、读后感征文比赛等读书活动，扩大社区图书馆的影响，营造社区的读书氛围，必要的时候邀请专业的策划公司、新闻媒体参加，针对社区馆基础设施建设、馆藏分布以及社区居民的实际需求，做好相应的活动策划，从而有效提高社区图书馆的知名度和文献资源的利用效率。

4.2 突出政府的职能定位，做好社区图书馆建设的总体规划

社区图书馆的发展必须依靠政府主导。要将社区图书馆建设纳入政府公共文化服务范畴，明确社区图书馆建设的政府责任。借助于广州“图书馆之城”项目的开展，制定并健全社区图书馆建设标准和服务的法规政策，从政府支持、资金投放和制度保证上推进社区图书馆建设。做好“图书馆之城”项目的顶层设计，各区、街道办事处和城市规划设计等部门，要高度重视，密切协同，对于各社区馆的建设不仅要在政策上积极扶持，更要在实践过程中全程帮带指导，特别是围绕以市图书馆为中心、街道图书馆为基础的辐射型图书馆网络布局的总体规划工作，把社区图书馆建设成为便民利民的服务网点。要改变服务理念，从被动的“借阅中心”，转变为积极的内容服务中心，统筹规划社区的各类文体设施建设，让社区居民真正地享受到社区图书馆的服务。

4.3 建立多元化的社区图书馆投入、共享机制

应打破单纯靠政府吃饭、靠财政拨款的思路，利用“互联网+”技术，建立以政府为主体、社会力量为补充的多元化投入、共享机制。借鉴发达国家的成功经验，在资金来源上，采取政府拨款、社会资助、自筹资金相结合的方式。在人员配置上，鼓励社区居民、图书情报专业的学生等人员积极加入，依靠自身、

企业和图书馆志愿者服务相结合的模式，充实社区图书馆馆员服务队伍。在馆藏资源建设上，充分利用共享技术，建立“图书银行”，广泛发动民间人士兴办家庭图书馆，捐献和共享图书文献。同时要加强馆际、馆企合作，与企业工会、民政部门等开展共建，发起如“社区图书援建”“科技之家”，以及“智慧图书馆园林”等项目，实现馆舍的共同使用、图书资源的充分共享，促使图书馆服务水平的提高。

5. 结　语

社区图书馆是社会文化进步的标志。发展社区图书馆是公共图书文化体系的关键环节。当前，社区图书馆建设任重而道远，下一步仍需进一步完善法规，强化政府的主导，进一步加强共享合作，推进公共文化体系深度融合和社区图书馆的可持续发展。

参考文献

[1] 熊太纯. 我国城市新型社区图书馆发展模式研究 [J]. 现代情报，2007，(10)：139－140.

[2] 席涛，付跃安，李阳. 广州地区公共图书馆事业均衡发展实证研究 [J]. 图书馆杂志，2012 (1)：51－55.

[3] 于良芝，邱冠华，许晓霞. 走进普遍均等时代：近年来我国公共图书馆服务体系构建研究 [J]. 中国图书馆学报，2008 (3)：31－41.

[4] 黄秋梨. 社区图书馆建设体系探析 [J]. 晋图学刊，2009 (4)：51.

[5] 周和平，城镇化条件下我国图书馆事业的发展 [J]. 中国图书馆学报，2013，39 (6)：4－8.

[6] 黄秋梨. 福州市社区图书馆建设研究 [D]. 福州：福建师范大学，2008.

论加快构建现代公共文化服务体系视阈下地区图书馆协同阅读服务

——肇庆市图书馆的实践与探索

陈小梅

（肇庆市图书馆　肇庆市）

摘　要：肇庆市图书馆以服务群众为宗旨，以新馆建设为契机，致力于阅读推广工作，推出了各项便民新举措，联合全市八个县、市、区公共图书馆，大力推进文化惠民活动。地区图书馆之间应加强合作，建议侧重服务未成年人，服务常态化与小型化，致力消除数字鸿沟，探求阅读推广的形式和内容，更好地保障人民群众基本的文化权益，稳步提高基本公共文化服务均等化水平。

关键词：图书馆；阅读推广；协同服务

1. 引　言

党的十八大以来，党中央对现代公共文化服务体系建设做出了一系列重要部署，出台了《关于加快构建现代公共文化服务体系的意见》，提出了到2020年，基本建成覆盖城乡、便捷高效、保基本、促公平的现代公共文化服务体系的主要目标。[1]公共图书馆是公共文化服务体系的重要组成部分，是文化惠民的重要阵地，而开展全民阅读活动一直是图书馆的任务与使命。联合国教科文组织《公共图书馆宣言（1994）》明确开展阅读活动是公共图书馆的主要使命之一：“公共图书馆服务的核心应该是与信息、扫盲、教育和文化密切相关……支持并参与各年龄群体的扫盲活动和计划，在必要时组织发起这样的活动。”[2]《图书馆服务宣言（2008）》明确阅读活动是图书馆的目标之一：“图书馆努力促进全民阅读。图书馆为公民终身学习提供保障，促进学习型社会的建设。”[3]全国各地公共图书馆阅读推广活动蓬勃开展，作为全市文献信息中心、公共文化服务的重要平台，肇庆市图书馆以服务群众为宗旨，以新馆建设为契机，致力于阅读推广工作，推出了各项便民新举措，联合全市八个县（市、区）公共图书馆，大力推进文化惠民活动，让城乡群众得到更多的文化实惠，推动了现代公共文化服务体系建设。

2. 图书馆协同服务概况

2.1　读书节庆领航阅读

为纪念“4·23”世界读书日，肇庆市从2006年开始至今已举办了10届的“肇庆读书节”活动，以显著的社会效益赢得了党政部门的重视和支持，各相关政府部门积极参与，成为全民行动的读书活动品牌。每届的活动主题都不相同，密切服务当地经济社会的建设。每届读书节都设计了十几项活动，主要活动时间为4—8月，内容主要有读书征文比赛、知识竞赛、经典诵读、培训、专题讲座、公益展览、图书捐赠、肇庆书市、优秀读物推荐、报社“读书有约”栏目、专家研讨会、与阅读有关的评选、主题演讲等。其间不断将优秀的精神文化成果传递给广大市民，营造全民读书氛围，倡导优良读书风尚。读书节活动全市联动，各县、市、区党委宣传部、教育局、文广新局（文体局）、工会、团委、妇联，肇庆学院，肇庆高新区党群工作部，市直有关单位等列入主、承办单位，其中各级公共图书馆是读书节具体活动的组织者或举办者，实现了地区图书馆的合作与互动。

2.2 公益讲座惠及城乡

肇庆市图书馆倾力打造“肇图公益大讲堂”“砚都读书讲坛”“道德讲堂”等讲座活动品牌，把各学科各领域的知识以及最新的思想火花带入市民生活之中，努力使图书馆这个文化交流传播的重要阵地，能够成为整个城市的大课堂，成为广大市民的精神家园。其中，“砚都读书讲坛”以读书为号召，以名家、专家、学者演讲为主要形式，以促进城市文明建设和学术文化交流为宗旨，2014年创办至今已成功举办了24期，社会反响良好。“肇图公益大讲堂”自2013年至今已举办28期，宣讲内容包罗万象，满足了不同读者的学习需求。自2013年7月开始，根据市文明办的要求，肇庆市图书馆成为本市“道德讲堂”总堂承办单位，积极进行道德讲堂总堂建设工作，每月上旬、下旬各举办1场讲堂活动，截至2016年12月共举办了77场，弘扬了正能量，取得了良好实效。上述活动参与面广，部分是与其他图书馆合作举办。如“砚都读书讲坛”第二十讲“《哈姆雷特》与说不尽的莎士比亚”，为纪念第21个世界读书日，于第十一届肇庆读书节启动日，即2016年4月23日，由肇庆市图书馆牵头协调，肇庆市文化广电新闻出版局主办，肇庆市图书馆、广东金融学院及肇庆市图书馆学会共同承办，在市图书馆一楼报告厅开讲。来自广东金融学院肇庆校区、肇庆学院、广东理工学院、肇庆工商学院、肇庆工贸学校、肇庆颂德学校的师生以及社会各界人士200多人到场聆听了讲座。另外，为把各县、市、区图书馆带动起来开展联合服务，加快推进把肇庆市建设成为代表珠三角科学发展成果的城市，肇庆市图书馆特开办“和谐·健康·幸福——2016肇庆市惠民公益巡回讲座”，联合端州图书馆、封开县图书馆、高要图书馆分别到城西文化站、城东街道文化站、封开县图书馆、肇庆市图书馆、高要区妇幼活动中心共进行了6期健康讲座，受众300多人次，内容贴近群众需求，备受欢迎。

2.3 公益展览传递精彩

“公共图书馆共建共享与服务协作项目”为各公共图书馆拓展读者服务工作提供了新契机。肇庆市图书馆自2007年起与上海图书馆合作，引入“上图展览”这个享誉国内公共图书馆界的品牌，成为“上图展览”全国巡回展的其中一站，组织了本市各公共图书馆的巡展，成功举办了“读书乐”“西部畅想曲”“金山农民画展”“松江丝网版画精品展”“人间净土”“黄河颂”等多个展览项目，丰富了肇庆人民的文化生活，受到市民的欢迎。在广佛肇文化合作框架下，通过与广州、佛山两地图书馆开展合作项目，把展览工作推上了一个新台阶。自2011年始，每年与广州、佛山两馆联合举办“广佛肇‘悦读生活’摄影比赛暨作品展”，到2016年共办了五届，推进了广佛肇三地文化交流，在全社会进一步掀起了读书、爱书的热潮。另外，通过与省馆及其他单位合作，举办了“全国图书馆馆长摄影作品巡回展”“环球图书馆图片展”“青海藏传佛教文化·唐卡艺术作品展”“岭南民俗摄影作品大赛及获奖作品巡回展”“古籍保护成果展”等多个展览活动，加强与各县、市、区图书馆的沟通联系，开展了在本市的巡展工作，为图书馆聚集了人气，吸引了广大人民群众的目光。

2.4 “一卡通”用共建共享

在市、县两级政府的推动下，肇庆市图书馆于2008年10月开始以“Interlib图书馆集群管理系统”为技术平台，推行“肇庆区域图书馆‘一卡通’联合服务”，在2009年4月正式启动“一卡通”联合服务项目，首批形成以市图书馆为中心馆，德庆、封开、高要、怀集、广宁图书馆为成员馆的公共图书馆服务网群，搭建文献资源共建共享平台，实现网群内书刊通借通还。在广东省立中山图书馆的大力支持下，2010年7月建起了“肇庆区域图书馆‘一卡通’联合服务（群际分布式）”业务系统平台，为实现肇庆区域图书馆群与广东流动图书馆群的“一卡通”联合服务做出了努力，到2012年9月，已实现肇庆全市公共图书馆参与的“一卡通”联合服务，即读者持证（流动图书馆读者证或肇庆区域图书馆各分馆读者证）即可在肇庆1市、9县（区）图书馆及肇庆地区9个省流动图书馆分馆中任何一个加盟馆藏文献库实行通借通还。不仅在全市公共图书馆推广“肇庆区域图书馆‘一卡通’联合服务”，还建设了1个企业成员馆，即风华高科图书馆。自2013年省流动图书馆实行“一卡通”起，更多市、县流动图书馆加入群际借阅服务，借阅册次由2011年的12 000多册上升到2016年的58 000多册，取得了较好的社会效益。

3. 分析和启示

3.1 免费开放与均等化服务理念是导向

2011年，由文化部、财政部出台的《关于推进全国美术馆公共图书馆文化馆（站）免费开放工作的意见》（文财务发〔2011〕5号）要求“到2011年年底，全国所有公共图书馆、文化馆（站）实现无障碍、零门槛进入，公共空间设施场地全部免费开放，所提供的基本服务项目全部免费”。肇庆市图书馆自2011年3月1日起免办证费，积极推进免费开放工作，同年5月1日起电子阅览室实行免费开放，由此向社会实现了全面免费开放，是全省最先实现全面免费开放的公共图书馆之一。肇庆市图书馆始终坚持“全免费、零门槛”，让馆内场地、设施设备能为所有读者服务，给予读者更好的文化享受。肇庆市图书馆还通过设立分馆及流动图书馆服务点，同时建立文化共享工程基层服务点，把阅读服务进一步延伸，服务更多的人群，目前已建有鼎湖、高要、封开、德庆、广宁、怀集六个分馆，实现了文献资源服务的合作。肇庆市图书馆关照特殊人群的需求，一直利用本馆资源坚持对残疾人、老年人、未成年人、外来务工人员提供阅读服务；担起建设与推广全市公共图书馆参与的“一卡通”联合服务项目，参与“农家书屋”工程建设服务“三农”等，均体现了公共图书馆“普遍均等”的服务理念。在免费开放环境下，实现均等化服务是公共图书馆协同服务的出发点。

3.2 良好的馆舍环境、设施设备与技术条件是保障

《公共图书馆宣言》明确指出：“使社区每一个人都能确实得到图书馆服务，需要有理想的馆舍环境、良好的阅读学习设施，以及相关的技术和充足的开馆时间，包括对不能到馆的用户提供馆外服务。”[3]肇庆市图书馆新馆位于本市城东新区，馆舍楼高5层，建筑面积16 500平方米，于2012年12月运行，阅览座席1 000个。翕庐分馆，即旧馆，建筑面积1 780平方米；两馆舍合计18 280平方米。旧馆同时是广东省流动图书馆翕庐分馆，为周边居民提供书报刊借阅及举办乐龄书友会等服务。新馆除周一全天和周四下午闭馆外，每天8：30至21：00开放，周六、日和法定节假日不闭馆（节假日开馆时间以实际通知为准）。2013年肇庆市图书馆获评国家一级图书馆、广东十大最美图书馆建筑。肇庆市图书馆管理自动化程度高，各类管理系统应用涵盖图书馆业务管理、办公自动化、安防监控等各个层面，拥有Interlib图书馆集群管理系统、RFID系统、LED屏信息发布系统、万象网管系统、深信服AC上网优化管理系统、门禁管理系统、网站发布系统、数字资源认证平台等自动化管理系统，共建设了7个一级域名网站和13个专题网站，并提供各类专题服务。为了更好地服务广大读者，提高图书馆资源利用率，肇庆市图书馆制定了多种便民措施，积极开展各种图书馆服务宣传活动，通过网上新书通报、专架展示、馆外宣传推介等形式宣传推介书刊。肇庆市图书馆通过新技术应用，帮带各山区公共图书馆开展数字图书馆建设，实现了数字资源共享与服务，合力为读者提供便捷、贴心的图书馆服务。

3.3 服务品牌建设是纽带

服务品牌能够加强图书馆对于项目的内部管理，提升公众知晓度，推动图书馆服务更好地发展。“肇庆读书节”是依据世界读书日，由肇庆市委、市政府于2006年创设并举办的一项大型综合性群众读书文化活动。读书节期间，全市各部门联动，肇庆市图书馆作为主阵地，联合各县区图书馆，开展丰富多彩的阅读推广活动，鼓励人们阅读。肇庆市图书馆注重建设活动品牌，其中针对未成年人的特点，创立了“周末故事会”“周末儿童剧场”“少儿读书会”等活动品牌；针对老年人创立了“乐龄书友会”活动品牌；在讲座方面打造了“砚都读书讲堂”“肇图公益大讲堂”“道德讲堂”三大品牌。阅读推广品牌活动，既要充分考虑本馆资源、环境和馆员能力实际，更要从读者的特点出发，加强与读者的互动，增加读者对图书馆的认知度，增强读者的认同度，树立起行业及社会的公信力，使更多读者受益。历经四届的“故事大王”比赛，由肇庆市图书馆联合各县、市、区公共图书馆共同举办，得到众多读者的认同和踊跃参与。

3.4 引入社会力量共赢发展

公共图书馆为公众的阅读行为提供资源、环境等各方面的保障，维护人们的阅读权利。但是，单个图书馆的空间、设施、文献与人力资源等都是有限的，合作与共赢是知识经济时代的呼唤，凝聚社会力量举办阅读推广活动，成为图书馆与社会合作共赢的现实选择。引入社会力量合作开展业务活动，将成为图书馆发展的助力。社会力量是指能够参与、作用于社会发展的基本单元，包括自然人、法人（社会组织、党政机关、事业单位、非政府组织、党群社团、非营利机构、企业等）。[2]肇庆市图书馆通过与社会团体、社会组织、党政机关、事业单位、企业等广泛合作，甚至与热心公益事业的个人合作，举办朗诵音乐会、开笔礼、戏剧欣赏讲座、手工制作、图书漂流、知识竞赛、消防安全教育、书画展览、邮票集藏展等活动，共享了社会资源，丰富了活动内容和形式，引领读者走进知识殿堂，吸引读者产生阅读兴趣。一花独放不是春，百花齐放春满园。单体馆在获取资源后，与其他图书馆实现共享并联合服务，能实现资源效能最大化，这也是构建现代公共文化服务体系的内在要求。

4. 协同服务的几点建议

4.1 侧重服务未成年人

阅读是人类获取知识的重要途径。读者的阅读是一种个人行为，是读者根据自身需要的一种自我设计，读者阅读需求呈现个性化、多元化、更加崇尚新知的特点。图书馆应该通过各种途径，如“新书通报”“每日一书”、设置主题图书专架等推荐活动，把新书、好书及时呈现在读者的眼前，并通过举办读书沙龙活动，分享读书感受，相互推荐优秀书籍，扩大目标读者群，培养读者忠诚度。图书馆应该把良好的阅读方法介绍给读者，特别是青少年读者，养成并强化未成年人的阅读习惯，提高他们的阅读效率、促进他们的自身发展。

4.2 服务常态化与小型化

当代图书馆除了做好文献服务、信息服务等传统服务外，更要致力于阅读推广这种新型图书馆服务，提升公众的阅读意愿和阅读能力，使他们关注阅读服务，培养阅读习惯，进而促进全民阅读，提升全民素质。公共图书馆必须将阅读推广工作常态化，将阅读推广贯穿于流通、阅览、宣传、咨询、管理当中，与各项服务一起构成图书馆的重要业务内容，这样才能从组织上更有效地保证阅读推广工作的开展。但是，基层公共图书馆受限于人力、物力，经常举办大型的阅读推广活动是不现实的，因此，必须是大型活动结合小型活动，持续不断地开展下去。在图书馆合作方面，小型活动的合作更具可操作性，如小型展览、讲座、读书沙龙、故事会、读书会、手工制作、亲子阅读，等等。这些小型活动更能持久地号召读者阅读，增加图书馆的人气，推动阅读推广工作持续发展，进而提高图书馆的资源利用率。

4.3 致力消除数字鸿沟

公共图书馆的主要服务对象是普通居民，要致力于消除弱势群体利用图书馆的困难，为全体读者提供人性化、便利化的服务。科技进步是推动文化发展的重要因素。数字技术不断创造新的奇迹，同时也拉大了信息鸿沟。帮助弱势群体掌握数字阅读的方法和技能，是实现社会信息公平的重要内容，也是公共图书馆的重要工作。在做好网上参考资源和原文传递工作、服务高知识层次读者的同时，应多开展"扶老上网""帮扶农民工"等阅读技能培训活动；多利用图书馆资源，深入厂企、社区、农村开展宣传推广工作；与县级图书馆联手，加强对"农家书屋"、公共电子阅览室的业务指导和工作研究，促进优秀文化信息资源在全区域的共建共享，指引各县更好地为农民、农业、农村服务，把实施和推广"文化共享工程"与加强基层文化建设、促进图书馆事业发展紧密结合起来，实现优秀文化信息通过网络为大众服务的目标。[4]

4.4 探求阅读推广的形式和内容

目前业界已达成共识，阅读推广的研究和实践，不仅需要从阅读本身出发，而且需要借助于其他学科的研究成果。如借助于心理学的研究成果，借助于IT技术的最新成果，借助于经济学、管理学的研究成果等，既研究这些成果对阅读的影响，又研究阅读推广对社会发展的影响。[5] 如阅读疗法就是图书馆学与心理学、医学等学科的互相融合的研究成果。另外，我们还需要研究外部环境变化对阅读的影响，如城市化进程、撤乡并镇、经济状况、交通条件等的变化，特别是教育制度的改变，都会对阅读推广活动的形式和内容产生影响，甚至对图书馆的服务模式、技术应用、组织结构等产生影响。我们需要研究和借助于这些成果，适应环境的变化，创新阅读推广活动的形式和方法，形成阅读推广方面新的研究成果，并据此来发掘更多的合作形式和内容。

5. 结　　语

在2016年实施"十三五"规划的开局之年，肇庆市委提出从"稳增长、谋创新、抓城建、补短板、惠民生、强党建"六个方面做好工作，努力实现"十三五"良好开局。如何实现"惠民生"，巩固和发展创建文明城市成果，加快构建现代公共文化服务体系，成为公共图书馆的新挑战、新任务。着力构建公共文化服务平台，以文化惠民举措不断培育和提升市民文明素质、信息素养和整体素质，已成为提升城市精神的战略性举措。作为知识信息的集散地、市民终身教育的学校，公共图书馆具有独特的传统文化优势和丰富的资源。地区图书馆之间应加强合作，努力为广大群众开展普遍均等的文化服务，关注特殊群体，积极为残疾人、老年人、外来务工人员和未成年人开展各种文化服务活动，开展送书下乡、"志愿服务号"列车便民服务、"文化拥军进军营"、共享工程优秀影剧进社区进军营活动，不断扩大活动的服务范围及社会影响力，更好地保障人民群众的基本文化权益，稳步提高基本公共文化服务均等化水平。

参考文献

[1] 中共中央办公厅、国务院办公厅印发《关于加快构建现代公共文化服务体系的意见》[EB/OL]. [2016-05-23]. http://www.gov.cn/xinwen/2015-01/14/content_2804250.htm.

[2] 联合国教科文组织公共图书馆宣言（1994）[EB/OL]. [2016-05-24]. http://baike.baidu.com/

view/1085353. htm.
[3] 践行《图书馆服务宣言》推动图书馆事业发展 [EB/OL]. http://www. lsc. org. cn/c/cn/news/2009 - 01/05/news_2771. html.
[4] 社会力量 [EB/OL]. [2016 - 05 - 24]. http://baike. baidu. com/view/494744. htm.
[5] 文化共享工程 [EB/OL]. [2016 - 05 - 24]. http://baike. baidu. com/view/861297. htm.

浅析高校图书馆与公共图书馆协同开展社会化服务的模式

吴国秋

（肇庆学院图书馆　肇庆市）

摘　要：随着新技术、新媒体的飞速发展，图书馆单一的服务已无法满足信息用户日益增长的信息需求。为实现全民的知识共享，更好地为信息用户提供高质量、深层次的信息服务，高校图书馆与地区图书馆利用对方的优势，整合后协同开展社会化服务是可行而必要的。本文分析了现有的社会化服务模式存在的问题，在此基础上探讨地区图书馆与高校图书馆整合后协同开展社会化服务的可能性，总结出高校图书馆与地区图书馆协同开展社会化服务的三种服务模式。

关键词：社会化服务；服务模式；地区图书馆；高校图书馆

引　言

进入21世纪以来，随着计算机技术的普遍应用，网络化的信息环境开始形成规模。不同类型的图书馆都开始尝试这些新事物从而创新自身的服务模式。特别是中共中央的“十三五”规划建议中，明确提出了树立创新、协调、绿色、开放、共享的五大发展理念。为有效推行资源、信息等的“全民共享”，图书馆应秉承自己的社会责任，积极开展社会化服务。

1. 现有社会化服务模式存在的问题

纵观现有图书馆开展社会化服务的模式，不难发现不同类型图书馆的社会化服务模式都比较封闭，更多的是为特定的对象服务，不同类型的图书馆之间的协同合作也很少。想更好地利用不同类型图书馆的优势、规避劣势，因地制宜，团结协作，开展社会化服务，我们首先需要了解其障碍及存在的问题。受服务职能、服务对象的限制，面对社会化服务，高校图书馆存在诸多问题。

1.1　政策法规不健全

目前，我国缺少针对图书馆开展社会化服务的国家层面的法律法规。作为国家财政拨款的事业单位，图书馆有义务和责任向社会公众开放。教育部下发的《普通高等学校图书馆规程（修订）》要求有条件的高等学校图书馆应尽可能向社会读者和社区读者开放。[1]联合国教育、科学及文化组织（简称联合国教科文组织）1999年11月通过的《学校图书馆宣言》提出，“学校图书馆必须向学校辖区所有成员提供平等的服务，而不论他们年龄、种族、性别、宗教、国别、语言、专业和社会地位的差异。必须向那些不能获得图书馆正常服务和咨询的用户提供特殊服务”[2]。虽国情不同，但社会大众享有信息资源的权利是平等的，要想实现共享，要从基本的知识共享开始。

1.2 缺少社会化服务的动力机制

各类型图书馆都是社会文化建设的一部分，作为一种非营利性质的组织，它的发展与创新需要社会各界的支持与维护。当信息需求者查找不到所需信息时，他们会想到去寻求专业人员的帮助——图书馆。而在这一过程中，信息需求者则不会进一步思考为什么图书馆会出现文献资料的不足、设备老化等问题。各类型图书馆的这些问题不被社会各界所重视，缺少精神与物质上的投入，这无法激发各类型图书馆的社会化服务热情与积极性。对高校图书馆而言，其管理者也未将社会化服务水平与质量纳入绩效考核或教学评估中。没有一个系统化的规范和要求，缺乏有效的社会化服务激励机制，这些都制约着图书馆向社会化服务迈进的步伐。[3]

1.3 传统服务理念的束缚

传统服务理念是一把“双刃剑”。优秀的理念、精神等我们要继承和发扬，但那些固有的服务方式、方法要选择性摒弃。当前社会，各高校图书馆仍保留传统的服务理念，仅为本校的教职工服务，认为自己的服务对象就是本校教职工，所要满足的也是本校师生的教学、科研任务，没必要花费额外的精力与资金去进行社会化服务，更没必要与其他类型图书馆协同合作来开展社会化服务。[4]社会在发展，图书馆的服务理念也在改变。各类型图书馆在完成本馆工作的基础上，应选择性地开展一些结合本馆优势的社会化服务，将自身优势、所拥有的文献资源让更多人受益。

1.4 图书馆软、硬件设备的限制

众所周知，各类型图书馆馆藏资源都是针对其读者群的，专业性过强。例如高校图书馆所藏文献资源密切结合所设专业，非学科的文献资料则少之又少，这样的状况在医学院校、工科院校尤为明显；地方图书馆的馆藏文献也带有很强的地方特色。这些都制约了图书馆面向社会公众提供横向、纵向服务的范围，无法满足其信息需求。同时，多数图书馆的馆藏设备陈旧老化；图书馆自动化、数字化的程度参差不齐；读者阅读空间设计不合理；网络化环境、网络技术力量不足；人才队伍建设不成规模等。这些问题严重影响图书馆读者的信息利用率，使得原本紧张的资源更加捉襟见肘，更遑论面向社会各界的社会化服务。

1.5 专业人才匮乏

图书馆是非营利性质的社会组织，其发展资金部分或全部靠政府拨款，生产与发展要依附其他组织，其工作人员结构严格受到其他外在因素的制约，无法根据本馆自身需求来聘用人才。而现有的馆内工作人员的知识结构、图书馆学专业素养、信息素养等无法满足日益发展的读者专业化、个性化的信息需求，在谋求各类型图书馆的协同合作上，制约了社会化服务的水平。

2. 高校图书馆与地区图书馆协同开展社会化服务的可能性

图书馆社会化的含义有广义和狭义之分。本文所讨论的图书馆社会化主要是狭义上的图书馆社会化——高校图书馆服务的社会化。伴随着市场经济的冲击和全民共享的文化发展方向，图书馆开始对社会各界开放，广泛接纳来自社会的个人或者团体读者，允许他们来馆查阅馆藏文献资源，为其提供专业化、个性化的信息服务，满足他们的信息需求。[5]

高校图书馆社会化服务，即高校图书馆在满足本校师生的教学、科研任务的情况下，依据馆藏文献资源、硬件设备、人才队伍等优势，结合当地的政治、文化、经济的建设要求，积极地向社会各界提供专业化、全面的文献信息服务，最终实现全民知识共享。与地区图书馆协同开展社会化服务，就需要两类型馆

优势互补、团结合作开展社会化服务，共同提升全民知识共享水平。

2.1　实现馆藏资源共享

众所周知，各类型馆的馆藏资源都有自身的倾向性，为服务其特有的读者，多数文献资料带有很强的专业性，其服务内容、服务方法都有其优势。每一类型馆的馆藏资源都是不全面的，高校图书馆与地区图书馆协同合作，可以利用对方的馆藏优势，实现“1 + 1 > 2”的效果。我们知道，经济发达国家，如美国，其高校图书馆被称作大学里的公共图书馆；耶鲁大学则是将“人人读书的城市”作为其城市文化发展的理念。[6] 这些完全打破了高校图书馆与社会各界的壁垒，将高校图书馆内的馆藏资源推向公众，将来在我国也是可以实现的。

2.2　专业人员职业技能互补

受传统观念及现实条件的影响，在专业馆员就业时，他们会更倾向于向高校图书馆求职。无论从图书馆的建筑物、硬件设备还是软件条件，多数地区图书馆的条件是追赶不上高校图书馆的。受这些外在因素的制约，地区图书馆内专业人才数量少、年龄偏大，对新事物、新技术的接受能力也较慢。地区图书馆通过与高校图书馆的合作，有助于人才间专业技能的切磋，实现理论基础与实践经验的交流与学习，提升工作人员的服务水平与能力，更好地实现资源共建共享。

2.3　服务时间、空间互为补充

目前，图书馆实行外借服务的多数是纸质资源，读者接受服务时，就会受到时间、空间上的限制。高校图书馆与地区图书馆原本针对不同的服务对象，也因各自所依附的组织的职能不同，所提供的服务时间、服务场所等也不同。例如，公共图书馆、高校图书馆多数会在每周的特定时间进行内部的学习、交流活动，这时会临时闭馆；高校图书馆在寒暑假也会适当减少某部分馆藏的开放时间等。因此，高校图书馆若与地区图书馆协同合作，两者将会互为补充其中的空白时间，为读者营造更多的借阅选择和时间。

3. 高校图书馆与地区图书馆构建新型服务模式

3.1　构建高校图书馆与地区图书馆的网络系统

该网络系统是在某地区内的高校图书馆与公共图书馆之间构建网络化平台，实现校园内外的读者都能访问该平台，组建成一个可以相互借阅文献资料的网络系统[7]，使读者可在区域内任一图书馆借阅其他馆藏的文献资料，高效率、高质量地为社会公众服务。在发展上，我们可以突破传统，为避免资源浪费、盲目建设，在经费、文献资源上都实行总—分馆制，在宏观上统一发展目标，微观上又具有各自的服务与文献资源特色，在盘活各馆的特色资源基础上，更合理地实现资源的共建共享。

3.2　构建多类型的图书馆联盟服务模式

图书馆联盟是图书馆联合的形式之一，是为了实现资源的共建共享而组织起来的、受共同认可的协议和合同制约的图书馆联合体，可以理解为馆际合作，也可以理解为传统图书馆与数字和虚拟图书馆、纸质资源与电子资源的互补共存。图书馆联盟可以是综合性的高校图书馆与地区图书馆的合作，也可以是有一定倾向性、专业性很强的同类型馆之间的合作，它可以有多种类型。

众所周知，当前大部分的图书馆联盟是通过馆际互借，且以纸质资源为主来实现信息共享。电子图书、学位论文、特色数据库、电子期刊等资料，通过完善、系统的书目查询系统也可以作为馆际互借的内容，还可以将纸质资源电子化进行馆际互借。同样，在资源的采购等方面也需要成员馆之间多交流、多沟通，避免浪费。

3.3 提供个性化、专业化的多层次服务模式

来馆读者的信息需求千差万别，他们的信息需求有着不同的层次。图书馆要本着“以人为本”的服务理念，根据读者的信息需求，提供个性化的信息服务。例如，为读者提供文献借阅等基础性服务，为读者提供导引等指导性服务，为读者提供搜集整理出二次文献、定题服务等更深层次的服务。[8] 网络信息大量充斥在我们的周围，在这种信息不对称、虚假信息泛滥的情况下，就需要图书馆将传统“粗”的服务模式转向“精”的特殊服务模式。

高校图书馆与地区图书馆应该建立以联盟为依托的参考咨询服务机制，通过各种网络新媒体技术、手段进行文献资源的传播，为社会各界读者提供免费网络咨询、远程传递资源等各项图书馆服务。各图书馆的读者可以通过网络享受各种借阅、咨询服务，免受时间、空间上的限制，从根本上实现资源的共建共享。

结　语

当今网络社会，图书馆与其他众多的信息服务机构相比，有着自身的优势。例如，高学历人才队伍、先进的设备、日趋成熟的理论知识系统、人性化的服务模式、丰富的文献资源等。在社会化服务竞争中，以社会大众为对象，高校图书馆联合地区图书馆开展社会化服务，是其未来发展的方向和主旋律。高校图书馆应与地区图书馆协同合作，充分利用自身优势，采用新技术、新方法，以协同构建网络系统服务模式，多类型图书馆联盟服务模式，个性化、专业化的多层次服务模式等开展社会化服务，为社会各界读者提供多方位、多层次的信息服务。馆员更要在协作中不断学习新技术、新方法，扩大自身的知识储备，丰富自己的实践经验，为社会的知识共建共享发挥重要作用。

参考文献

[1] 田文英. 高校图书馆地方文献工作与社会服务功能 [J]. 图书馆学刊，2010 (5)：72 - 74.
[2] 教育部高等学校图书情报工作指导委员会. 2012 年高校图书馆发展报告 [EB/OL]. [2014 - 06 - 07]. http：//162. 105. 140. 111/tjpg/201311060956.
[3] 丁学淑，丁振伟. 高校图书馆社会化服务的困难与障碍研究 [J]. 图书情报工作，2014 (7)：56 - 59.
[4] 皮维宁. 高校图书馆社会化信息服务创新模式研究 [D]. 重庆：重庆大学，2008.
[5] 杜先锋. 关于高校图书馆社会化的几个问题 [J]. 图书馆，2004 (5)：54 - 57.
[6] 万文娟. 中外高校图书馆信息服务社会化比较研究 [J]. 图书馆学研究，2009 (2)：73 - 76.
[7] 龚军慧. 高校图书馆的发展趋势与地区图书馆网络系统构建——以构建张家界地区图书馆网络系统为例 [J]. 内蒙古科技与经济，2010 (16)：105 - 107.
[8] 吴微. 21 世纪地方图书馆服务模式的创新 [J]. 图书馆纵横，2010 (12)：109，94.

新常态下地区图书馆协同开展社会化服务的研究

周剑梅

（肇庆市怀集县图书馆　肇庆市）

摘　要：随着经济发展逐步趋于稳定，我国社会步入一个缓速发展的新常态阶段。图书馆与人们的学习生活息息相关，是人们查阅资料、获取知识的地方。为了满足市民的文化需求和适应高速发展的居民社区文化建设，在新常态下，我国各地图书馆在协同开展社会化服务上也面临着新的问题和更大的挑战。在科技的带动下，图书馆的建设及服务模式都在发生变化，由于社会化的服务效能需要不断提升，图书馆面向社会开放服务，必将是政府对社会公共文化事业的一项改革，并将更好地推动国家文化大发展的战略实施。本文就是针对新常态下地区图书馆协同开展社会化服务中所面临的一些问题所做的相关研究。

关键词：新常态下；地区图书馆；社会化服务；研究

图书馆作为一个国家社会文明进步发展的标志，体现了一个国家整体文明水平的高低。图书馆的信息开放和资源共享能够推动社会文化和政治经济的建设，各地区图书馆开展社会化服务的能力应该成为衡量该图书馆综合服务能力的重要指标之一，图书馆开展社会化服务已经成为现代文明社会发展的必然趋势。

1. 新常态下地区图书馆社会化服务的现状

现在政府对各地区图书馆的投入力度有所加大，其中包括各地的公共图书馆、居民社区图书馆、高校图书馆等，但近年来一些居民社区图书馆和许多城乡基层图书馆仍面临着设施简陋、馆藏资料陈旧、经费紧缺等情况，这些现状严重影响了图书馆的社会化服务的开展。从20世纪80年代起，我国许多专家开始关注到美国首次提出的高等学校图书馆开展社会化服务的理念，不少学者对图书馆社会化服务这一理念进行了一些必要性和可行性研究，综合分析了高校图书馆所面临的问题和挑战，也总结了一些图书馆在开展社会化服务上的一些情况，但是对于我国现有的城乡或各地区图书馆社会化服务的综合情况缺乏系统的、深入的研究，对各地区图书馆的发展缺乏完整的可实践的方法。

2. 开展社会化服务中的问题及对策

2.1　馆藏资源少

为了促进各地区图书馆更好地发展，国家加强了对图书馆基础建筑等设施的建设。2008年建设部颁发了《公共图书馆的建设标准》，政府对公共图书馆的建设进行了标准规范化，政府对馆舍环境的重视，为满足人们对文化的需求提供了保障。建设标准里提到了对各地区包括街道、乡镇和新建居民区的图书馆的改建、扩建和新建，但直到现在许多地区的图书馆建设发展依然不平衡，尤其是城乡基层图书馆建设少，资源配置不均，城乡文化差异越来越显著，在这种背景下，图书馆开展社会化服务便无从谈起。图书馆旨在为人们提供基本知识和社会文化信息，图书馆馆藏资源少、利用不方便等因素阻碍了图书馆社会化服务的开展。希望政府今后对各地区图书馆的建设加大投资力度，同时增强对馆藏资源建设的检查督促，健全相关的政策法律法规，包括可以硬性规定为新建居民小区或者城镇为居民配置图书馆等，以促进各地区图书馆的社会化服务，满足全民阅读在馆舍环境和藏书数量方面的要求。

2.2 人力技术资源匮乏

无论是市属、城乡基层还是高校图书馆，都存在专业知识人才紧缺的现象，例如有一份关于天津高校图书馆专业人员的调查报告显示，在图书馆专业管理的人员中11%的人表示对自己的工作不感兴趣，16%的人抱着随时跳槽的心态，50%的图书情报专业人员已跳槽，在整个调查过程中仅仅只有13%的人对图书馆这项工作感兴趣，其余的则准备从此岗位调走。[1]在各地区的图书馆管理人员中，尤其是城乡基层图书馆管理人员，不少人并不具备图书情报等专业管理技能，未能熟练掌握现代网络信息技术，不会使用计算机等工具，因此无法满足公众对图书馆从业者的信息素养和图书检索能力的要求，专业管理技术力量的缺乏严重制约了图书馆社会化服务的开展。

2.3 无线网络开放性的安全问题

无线网络在图书馆中的应用提高了图书馆数字化发展的速度，同时也给图书馆的网络安全带来了隐患。在科技数字化发展的今天，无线网络在为广大读者的服务方面发挥了巨大的作用，图书馆面向社会服务的人数多，人员层次复杂，就其开放性的特质来说，增加了对无线网络的维护和安全管理的难度，无线网络的开放性易导致被攻击。在无线网络开放性的安全问题上我们有许多可以解决的办法：首先，加强无线网络病毒的防护，要求馆内管理人员提高无线网络安全意识，提醒读者不进入来源不明的网站，定期更新和维护杀毒软件，主动做好网络防护工作；其次，对馆内数字资源和无线网络配备的硬件设备进行提前备份，一旦无线网络遭到攻击造成瘫痪，可以在最短的时间内得到修复，确保无线数字资源社会化服务的稳定性和延续性；再次，在图书馆管理经费充足的情况下，可以增加建立一条无线网络专线，使馆内有线网络和无线网络专线专管，这样就大大地提高了网络维护的工作效率，使管理人员更好地服务社会、服务读者。[2]

2.4 区域内高校图书馆的社会化服务

众所周知，高校的图书馆有丰富的图书资源，如果能够充分地将其利用起来，对各地区图书馆服务社会化的发展必将发挥重要的作用。但在传统意义上，学校的图书馆一般只对本学校人员开放，面向社会人员服务面临着重重的困难。美国人首次提出高校图书馆可以服务社会这一理念。从国人开始关注这一问题到现在已经有近30年的时间了，由于高校图书馆的封闭管理，导致了馆藏资源的利用率偏低，从而造成社会人士对这些知识资源渴求而又不可企及的矛盾，但在这近几十年的实践中，这些问题都摆在了高校图书馆的面前。完善的高校图书馆社会化政策的体系是高校图书馆社会化服务的运营基础，相关立法部门应该对已有的高校图书馆规程进行扩充和修订，完善图书馆法以及高校图书馆法等不同类型的法律法规，使图书馆社会化服务有法可依，同时政府应出台相关的优惠政策，引导高校图书馆树立社会化服务意识，增强对社会公众开放的大局意识，协同其他图书馆实现信息资源互通和资源共享。[3]政策的制定需要强有力的执行监督机制的保证，加强监督管理是推动高校图书馆面向社会化服务的重要手段之一，因此相关立法部门在健全监督机制的同时，要提高对各地区高校图书馆的社会化服务的政策的执行力。通过立法不但能够使高校的图书馆资源得到全面的、更好的利用，而且能够使之在社会化服务的过程中有法可依。

2.5 地区图书馆老年读者的社会服务

据国家统计局统计，在2014年时我国60岁以上的老年人口就已经有2.1亿人之多，占人口比例的15.5%，65岁以上的老人有1.3亿人之多，占人口比例的10.1%，我国的人口老龄化的问题越来越突出。在老龄化逐步发展加深的趋势下，如何提升对老年读者的服务，这是各地区图书馆必须解决的重要问题。老年读者是一个特殊群体，图书馆工作人员必须正确定位对老年读者的服务工作，现今很多图书馆并没有对老年读者服务工作加以重视，没有将老年读者正确地定位为学习者和图书的利用者。在对老年读者群体服务内容的拓展上，有条件的图书馆可以成立专门的老年读者服务部，建立老年读者沙龙，丰富老年读者的文献资源，改善老年读者的阅读学习场所和环境。据《羊城晚报》2014年的一篇报道称，深圳图书馆发布的分析报告统计显示，60～69岁年龄段的读者在图书外借中平均年借读量在38.12册，50岁以上的读者在期刊外借中占到7%，借阅量达到16%。[4]老年读者对于纸质文献的阅读需求远远高于年轻读者，图书馆应及时掌握老年读者社会群体的阅读需求，为老年读者合理地规划文献资源，建设适合老年读者的资源体系，满足老年读者的阅读需求，以更好的资源体系为图书馆面向社会服务奠定基础。

2.6 图书馆数字资源的社会化服务

开发数字资源成为当今传统图书馆发展的重要目标之一，电子资源容量大、信息更新快、可实现资源共享，因此发展数字资源服务能够提高传统图书馆开展社会化服务的质量。但电子资源数据库产品的建设需要大量的资金，资源购置成本高，从而给数字资源的开发带来了一些困难。同时，一些已经开发了数字资源的图书馆设置了IP访问权限，拥有权限的人员才可以进行访问获得信息，而没有IP权限的人则无法访问，这严重地降低了数字资源的利用率。还有一些地区的图书馆并不重视网络服务建设，数字资源的服务缺少重要的网络技术支持，因此服务的范围也受到了限制。针对这些问题，首先政府应加大对各地区图书馆建设经费的投入，图书管理人员也应注意控制数字资源的购置成本，可通过与其他图书馆开展合作，来达到数字资源开发和利用的目的，以实现文献资源共享、更好地服务大众的终极目标。IP权限问题的根源在于图书馆与数字资源供应商之间的经济利益关系问题，图书馆应寻求一种有利于双方共同利益的办法，例如针对超过IP用户规模时，可按照超过的IP用户数来适当地调整给供应商的效益份额，这样在不损害商家利益的同时，也扩大了图书馆的服务范围，提高了图书馆数字资源的利用率，有利于图书馆更好地进行社会化服务。

2.7 基于图书馆社会化媒体的应用

“社交媒体”也称为社会化媒体，它是在线媒体的总称，社会化媒体具有参与、公开、交流、对话、社区化、联通性等特征。网络技术的发展使得作为信息交流工具使用的社会化媒体拥有了大量的用户，通过社会化媒体人们可以自由地定制阅读自己喜欢的新闻等信息，也可分享自己的生活心情等，人们通过社会化媒体可获得更多的信息，随时随地地获取和发布信息，使得原有的媒体资源正遭受着巨大的冲击。图书馆作为传统的文化资源机构，其价值在于对传统文化精髓的传播和传承，一个具有完整知识体系的图书馆，其人文主义精神在于健全和净化读者的心灵。社会化媒体传播自由性的特质，使得它传播的内容的价值呈现多元化的趋向，一方面它的便利给人们带来了丰富的生活视野，另一方面也给人们的精神世界带来负面的影响。社会化媒体的广泛发展，促使如今的图书馆认识到应与社会化媒体互相取长补短，逐步完善自身在社会化媒体中的应用方式，合理地利用社会化媒体来引导人们正确地获取知识及信息资源，更好地进行社会化服务。图书馆的信息流是指为读者提供文献类的馆藏资源的流动，图书馆的馆藏资源分为纸质信息载体和数字化载体资源两种存在形态，图书馆的信息流主要包括对馆藏资源的获取、加工、整序、检索、利用、剔除（老化文献的剔除）。传统的图书馆信息流已经在社会化媒体的冲击下发生了巨大的改变，这些变化为图书馆更好地引进社会化媒体提供了更广阔的舞台，图书馆可以通过社会化媒体与用户建立交互平台，让用户直接参与到图书馆的不同业务环节里来。社会化媒体在图书馆信息流的变化中更多地体现在用户方面，图书馆采用协同编辑的模式合理地利用社会化协作的优势，有助于提高用户参与的积极性和与用户之间的交流。移动智能终端是社会化媒体的另一种方式，图书馆也应开展移动终端图书馆等方式的服务，使用户随时随地获得更多的资源及服务，从而丰富图书馆在社会化服务中的传播渠道。

3. 结　语

在网络技术飞速发展的今天，传统的图书馆面临着越来越多的问题和挑战，政府在加大新建基层图书馆的力度的同时，也应注重培养基层图书馆的管理人才，在面向社会化服务中，尽快缩小城乡文化差距，合理利用原有的图书馆资源。图书馆应注重与网络社会化媒体的结合，社会化媒体的引入能够更好地为图书馆社会化服务提供便利。在信息时代下，传统图书馆更应彰显自身的馆藏资源价值，利用丰富的信息资源在社会化服务的优势下积极引导人们养成更为健康的阅读习惯。相信无论信息世界如何快速发展，传统的图书馆都能够更好地服务社会，在人类文明的发展历程中永远发挥它应有的作用。

参考文献

[1] 丁学淑，丁振伟，马如宇．高校图书馆社会化服务的困难与障碍研究［J］．图书情报工作，2014，58(13)：56－59.
[2] 蔺剑锋．公共图书馆无线网络安全问题与对策——以黔南地区图书馆为例［J］．贵图学苑，2016（2）：28－29.
[3] 杜辉，王磊，刘晓．高校图书馆社会化服务政策设计［J］．图书馆工作与研究，2014（12）：52－55.
[4] 孙霞中．老龄化社会的公共图书馆老年读者服务——以贵州省图书馆为例［J］．贵图学苑，2016（2）：48－49.

基于智能手机的高校图书馆远程新型服务模式拓展的思考*

——以肇庆学院图书馆为例

樊五妹

（肇庆学院图书馆　肇庆市）

摘　要：智能手机在高校师生中应用非常普遍，本文论述了基于智能手机的高校图书馆远程新型服务模式拓展的背景、必要性、举措，举措包括四个方面：利用 App 技术和 RSS 技术进行个性化的信息推送、嵌入式教学服务、嵌入式学科服务、图书采购决策的读者信息收集系统。通过这些举措，提高高校图书馆服务创新拓展能力，为师生提供个性化、多元化、专业化、智能化、精准化服务水平和学科服务水平，最大限度地满足师生各种文献信息需求。

关键词：智能手机；高校图书馆；服务模式

1. 引　言

随着社会的发展，人们对于信息获取有着多渠道、多形式、快速便捷等更高的要求。信息化和数字化的飞速发展，使智能手机得以推广应用，尤其是在高校师生中智能手机的应用更为普遍，智能手机应用于高校图书馆成为时代的潮流，智能手机中的网络通信方式极为方便和发达，因此，读者去实体图书馆的时间越来越少，高校图书馆里的读者人数逐步下降。为了引导师生更好地利用智能手机高效获取高校图书馆各种信息资源，充分发挥高校图书馆的教育职能，基于智能手机的高校图书馆服务模式的拓展研究成为图书馆界研究的重要课题。通过本课题的研究，高校图书馆不仅可以加强与师生的互动合作，同时，通过与师生的互动合作，图书馆可获得更多的支持与帮助，提高自身的服务拓展能力，提升自身的社会形象。通过本课题的研究，可以提高高校图书馆馆员的综合素质；提高为师生提供个性化、多元化、专业化、智能化、精准化服务的水平，更好地满足师生各种文献信息需求；可以为提高高校学科建设水平、建设特色鲜明的高水平应用型综合大学等做出积极贡献。

2. 必　要　性

2.1　高校发展的需要

2012 年以来，我校坚持“整合资源、调整布局、推进学科建设、服务地方经济社会发展”的指导思

* 本文是广东省图书文化信息协会 2016 年度社会科学研究课题“基于智能手机的高校图书馆远程新型服务模式拓展的研究”（项目编号：GDTWKT2016 - 64）的成果。

想，一以贯之，始终不渝。我校近四年来有众多成果纷纷亮相，包括农用无人机、新能源汽车、智能机器人、3D 打印机、杂交良种水稻、优质水果在内的一系列科技前沿产品，给人带来了耳目一新的感觉。与此同时，学校近四年来在科研立项、项目经费等方面取得了前所未有的成绩，科研立项总数 810 个，同比增长 109.3%，其中，国家级项目 27 个，同比增长 440.1%；科研总经费达到 9 334.08 万元，同比增长 387.6%，其中，国家级项目经费 727 万元，同比增长 856.6%，彰显出我校学科建设与科研工作的生机、活力。2016 年，我校环境科学与工程、计算机科学与技术、机械工程被遴选为广东省重点学科，肇庆市政府将投入 10 亿元，支持我校环境科学与工程、计算机科学与技术、机械工程这三个重点学科的建设，省财政也将向我校提供配套资金支持；我校成功入选全省 14 所转型发展试点院校之一，成功入围 11 所省市共建高校之一。“十三五”期间，省市两级政府将投入近百亿元支持共建高校建设发展。其中，省财政将安排 30 亿元，参与共建的地级市政府将通过多种渠道筹集近 70 亿元，共同致力于省市共建本科高校工作。我校迎来前所未有的发展机遇，高校图书馆作为大学的心脏，应顺势而为，乘势而上，与时俱进，不断创新服务方式，拓展服务范围，为学校的发展提供更好的服务，这是高校发展的需要。

2.2 高校图书馆自身发展的需要

四年来，高水平学科建设和应用型研究在我校齐头并进，立足地方而服务地方、服务地方而受惠于地方的良性循环在学科建设与科研工作中充分显现。这一方面确定了我校将来学科建设与科研工作的基本形态，另一方面更为进一步提高办学层次、增强办学实力奠定了坚实的基础。高校图书馆作为学校教学、科研的文献信息中心，责任重大。随着互联网技术的发展，高校图书馆面临着更大的挑战，只有不断地提高馆员的综合素质，利用新技术为师生提供智能化、专业化、个性化、多元化、精准化的服务，尽量满足师生各种文献信息需求，坚持与时俱进，永远做一个生长发展着的有机体，才能永远立于不败之地，这是高校图书馆自身发展的需要。

3. 举　　措

3.1 利用 App 技术和 RSS 技术进行个性化的信息推送

智能手机应用于高校图书馆，作为新时代技术性较强的服务，可借助于微信免费、平台强大、用户多及覆盖面广等优势[1]，利用大数据做好统计分析工作，做好师生文献信息需求情况调研工作，做好文献信息的收集与筛选工作。利用微信实现用户分类的管理，实现一个圈子一个学科组或相同兴趣爱好的师生群、考试群，高校图书馆利用 App 技术和 RSS 技术，根据师生个人学科背景、课题进程、兴趣爱好、学习经历、学习能力、知识背景等信息，自动搜集适合师生的文献信息，进行个性化、有针对性的快速、高效的信息推送，并定时更新，为全校师生提多元化、专业化、个性化、精准化服务，最大限度地满足师生的各种文献信息需求，充分发挥高校图书馆的教育职能。

3.2 嵌入式教学服务

人才培养是高校的第一要务。加强学科建设，推进科学研究，无疑都是为了进一步夯实办学基础，提高办学质量，最终使作为人才培养对象的广大学生受惠获益。近年来，我校积极探索科研反哺教学的体制机制，把逐步建立起来的学科优势、科研优势和资源优势转化为教学优势，在不断提高人才培养质量这个问题上下功夫。各学科带头人、学术带头人纷纷站到人才培养的第一线，以优秀教学团队骨干的身份参与教学工作。他们以及以他们为主的教学团队教书育人，传道授业，为我校培养“素质高、能力强、善创新”的高水平应用型人才做出了积极贡献。我校今后完全可以借鉴高水平大学的经验，一方面更多地引入研究型教学，提高教学信息的科学化水平；另一方面更多地让学生参与科研工作，促进学生成长成才。高校图书馆作为学校三大支柱之一，尽量满足师生教学所需的各种文献信息需求是自身义不容辞的责任。因此，高校图书馆应对师生的文献需求做好调研工作，掌握他们的信息需求情况，根据他们不同时期的教学任务及进展、学习任务、学习兴趣、爱好、专业等建立不同的微信圈，例如，为各专业老师建立教学群，为应考学生建立四六级考试群、考研群、各类证书备考群，为准备出国的学生建立 TOFEL、雅思、GRE 等考试群，为大学生各类科研项目建立项目组群等，使他们随时拿起手机都可以使自己在不同的教学、学习时期的不同需求得到满足，并根据自己的需求关注不同群组里其他同学的学习心得、体会，老师的学习建议，甚至是专家的指导意见等，从而引导大学生合理地将原本关注于娱乐、休闲的时间，自觉地转移到各种学习、研究上，有效地提高学习效率。高校图书馆还可以借鉴商业运作方式，牢固树立以用户为中心的服务理念，通过用户个性化定制，针对用户的个性化需求整合内部资源、集成各种服务，适时地为用户提供满意的服务。这种机动灵活的服务方式拉近了图书馆与用户的距离，改善了图书馆与用户的关系，增加了用户对图书馆服务的信心，最大限度地满足了用户的信息需求，提高了图书馆的服务水平。[2]

3.3 嵌入式学科服务

高校是学科叠加而成的组织系统，因此学科建设是高校的命脉所在，决定着高校的高度和上限。学科建设与科研工作既是一所大学立校的根本，也是一所大学兴校的保障。当前，以入选全省转型发展试点高校、入围省市共建高校为标志，我校进入新的发展时期，学科建设与科研工作被赋予了新的使命。如何在现有的基础上，把握地方经济社会发展带来的契机，用好学校转型发展产生的效应，深化体制机制改革创新，促进产学研深度融合，全面提升学科建设与科研工作水平，繁荣壮大学校的各项事业，成为我校必须认真思考和准确回答的问题。高校图书馆作为学校的文献信息中心，责任重大，想方设法满足师生各种文献信息需求是图书馆义不容辞的责任。因此，高校图书馆应树立“以人为本、读者至上”的服务理念，借助于微信免费、平台强大、用户多及覆盖面广等优势嵌入师生的物理空间或虚拟空间，主动加强图书馆和师生之间的联系，有效嵌入师生学科、科研过程并紧密跟踪，为师生提供教学和科研及其他深层次服务，随时了解他们的信息需求和服务要求，及时跟踪学科的国内外学术发展动态，共同商议项目研究过程中可能涉及的具体问题，从而在满足师生信息需求的前提下提高图书馆的信息知识服务水平，提高高校图书馆学科服务的水平。

3.4 图书采购决策的读者信息收集系统

馆藏质量是高校图书馆服务的基础，虽然高校图书馆大都有上百万的馆藏数量，但馆藏资源利用率不断降低与借阅率不断降低是不争的事实。为了改变这种现状，首先要从源头上去找原因、做分析，高校图书馆传统的图书采购模式存在许多弊端，高校图书馆传统的图书采购工作主要由图书采购人员来完成，由于受其知识结构、教育背景、兴趣爱好等因素的影响，图书采购随意性较强，造成读者需要的图书，图书馆没有，而图书馆大量的图书无人问津的现象，严重浪费了人力、物力、财力。因此，高校图书馆采购人员应深入书库、阅览室，了解图书的借阅情况、读者的阅读兴趣、信息需求等情况，掌握图书采购的第一手资料，既采用传统的图书采购模式，又基于智能手机的强大功能与携带方便、操作简便等优势，采用图书采购决策的读者信息收集系统。比如读者信息收集系统设定好同一本书有二人以上荐购的，图书馆就应决定采购此书[3]，使读者由图书资源被动的接受者转换为决定者，这是对“以人为本”服务理念的诠释。读者不受时空限制，他们随时拿起手机就可以荐购图书，既可以保证馆藏建设的系统性、连续性及科学性，又可以不断提高馆藏质量，更好地满足读者的各种文献信息需求，为高校教学、科研提供更优质的服务。这真正体现了印度图书馆学专家阮冈纳赞的五定律——“书是为了用的，节省读者的时间，每本书有其读者，每个读者有其书，图书馆是一个生长发展着的有机体”。

4. 结　语

我校师生抓住“省市共建高校”与“广东省普通本科转型试点高校”这一机遇，在学科建设和科研工作上创造了新高度。高校图书馆也要抓住这一契机，努力提高综合素质，与时俱进，不断创新服务手段、拓展服务模式，想方设法满足学校教学、科研、学科等各种文献信息需求，为建设特色鲜明的高水平应用型综合大学而努力奋斗。

参考文献

[1] 范跃华. 基于智能手机 App 的图书馆个性化信息推送服务 [J]. 图书馆学刊，2014 (6)：117.
[2] 吕宇飞. 智能手机在图书馆的应用 [J]. 农业图书情报学刊，2015 (3)：119.
[3] 张丽丽. 高校图书馆开展读者决策采购之机遇 [J]. 图书馆，2014 (1)：138.

基于“二八定律”和“长尾理论”的高校图书馆纸本馆藏动态管理实践

——以广东科技学院为例

成　重

（广东科技学院图书馆　东莞市）

摘　要：基于二八定律和长尾理论的核心思想指导，广东科技学院图书馆结合实际工作情况对部分纸本馆藏进行了馆藏动态管理，通过纸本馆藏动态管理的规划、探索和实践，更好地满足了读者的需求，优化了馆藏结构，释放了馆藏空间，提高了馆藏利用率，为面临同样困境的图书馆提供了一个有益的参考样本。

关键词：二八定律；长尾理论；馆藏动态管理

据统计，广东科技学院图书馆至2016年年底纸本图书为165万册，2008—2016年纸本图书年平均增长13万册。纸本馆藏的快速增长，使面积有限的图书馆面临一系列管理困境。

1. 纸本馆藏管理困境

1.1　挤占阅览和学习空间

近三年来，图书馆因馆藏的增加而挤占了4个阅览室，挤占面积为3 048平方米，挤占阅览座位近1 500个，详见表1。

表1　近三年新增书库统计

年度	新增书库名称	原功能室	新增书架数量/组	挤占面积/m^2
2014	计算机专题书库	期刊阅览室	234	660
2015	英语语言专题书库	报纸阅览室	168	660
2015	复本书库	自习室	364	1 068
2016	思政专题书库	教师阅览室	210	660
总计			976	3 048

1.2　书库空间拥挤，书架饱和

《图书馆建筑设计规范》中关于开架藏书空间单位使用面积容书架量设计计算指标为最多0.5架/平方米，而以我馆F类藏书为例，单位使用面积容书架量0.597，超标20%，书库空间过于拥挤。《图书馆建筑设计规范》规定，开架图书标准书架容量估算按双面6层、填充系数75%计算，高校图书馆中文书约480册/架，而以我馆F类图书为例书架容量达到了604.5册/架。2015年F类图书平均填充系数达到了

94.45%，书架接近饱和状态。见表2。

表2 以2015年F类图书为例的书库空间

书库面积/m^2	书架数量/架	容书架量/(架·m^{-2})	图书总量/册	架均图书/册
665	397	0.597	239 997	604.5

1.3 调架倒架频繁，大量新书无法及时上架

以我馆F类图书为例，近三年的年平均增长量为47 179册，至少需要新增73.7组书架才能装下新增图书。由于书架一直处于饱和状态，按常规即便书库能每年及时增加足够书架，大面积倒架、调架，这些工作量也非常巨大，无法保证新书及时上架。见表3。

表3 F类图书新增情况

年 度	新增图书/册	每组书架饱和藏书量/册	需新增最少书架数量/组
2014	23 923	640	37.4
2015	35 748	640	55.9
2016	81 865	640	127.9
近三年平均增长量	47 179	640	73.7

1.4 冗书复本繁多，读者选书不便，费时费力

由于各类评估中生均藏书量标准的存在，造成了冗书繁多。以我馆F类图书为例，架上平均复本量在2016年达到了4.21册，见表4。根据文献利用的生命周期规律，很多年限较老的图书的复本几乎都可算是冗书，长期占架而无人光顾或极少被利用。读者抱怨在庞大拥挤的纸本馆藏中查找所需文献太难、太耗时间，抱怨图书馆旧书多、新书少，抱怨图书馆书库学习阅览空间少、环境拥挤、学习阅览体验差。

表4 近三年图书平均复本量

年 度	全部图书平均复本量/册	F类图书平均复本量/册
2014	4.03	3.86
2015	4.12	3.88
2016	4.33	4.21

2. 纸本馆藏动态管理理论表述和实践

为了解决纸本馆藏的管理难题，我们图书馆从2016年年初开始，在“二八定律”和“长尾理论”的指导下，着手对A—G类图书进行纸本馆藏的动态管理。

2.1 二八定律

二八定律又称80/20法则、帕累托法则，这是一个近似的比例关系，该定律反映资源分配与占有、投入与产出之间的不平衡关系。通常占其中一小部分约20%的因子起决定和主要作用，剩余80%的因子尽管占大多数，却只起次要作用。[1]

2.1.1　二八定律在纸本馆藏动态管理中的指导意义

二八定律主要揭示馆藏利用的趋向性，20%的馆藏满足80%的读者需求，而另外80%的馆藏满足20%的读者需求。二八定律为合理有效地配置馆藏资源提供了一个最优化的方法。

（1）通过对以往的借阅数据分析，研究本馆的核心文献资源，确保这些核心文献在一线书库的核心配置，并指导后期文献资源的建设重点。对核心文献资源和非核心文献资源采取差异性的复本收藏策略。一般认为，借阅率高的图书，属于核心文献，在一线书库中采取较多复本配置的策略。

（2）研究图书出版时间与利用情况的二八规律，以确定几年内出版的图书较多复本保留。文献价值一般会随着时间的推移而慢慢降低。一般20%的最新出版的图书满足全部图书需要的80%，图书馆应根据文献生命周期规律，调整不同出版时间文献在一线流通馆藏中的比例，定期将价值较低的文献复本移出一线书库，及时增加新出版文献。一般认为，较近出版的图书，属于核心文献，在没有或较少流通数据的背景下，在一线书库中采取较多复本配置的策略。

2.2　“长尾理论”

美国学者克时斯 · 安德森2004年提出了“长尾理论”。它的精髓是只要渠道足够大，非主流的需求量小的商品销售也能够和主流的需求量大的商品销量相匹敌，即尾部商品的总销售额可能超过“头部商品”。[2]

2.2.1　“长尾理论”在纸本馆藏动态管理中的指导意义

在较长一段时期内，多数图书会有人使用，但是少量地使用、利用率不高的图书（长长的“尾部”），是客观存在的现象，但总量可观。利用率不高的图书，大部分是需要精读和深入研读的学术类专业图书，这些个性的或个别的利用，产生的价值很高；利用率不高的图书，利用总数和利用价值之和并不一定比“头部”的价值低，所以对“长尾”需要高度重视，不可以忽视读者个性化的需求和专业性、特色型文献的建设。一般认为，符合学校的发展、专业建设、科研方向以及办学特点等的专业性、特色型文献利用率虽不高，但图书利用价值高，应高度重视，全面收集。

2.3　纸本馆藏动态管理理论表述

纸本馆藏动态管理是指图书馆在纸本馆藏管理过程中，通过对某些数据进行分析、预测，适时调整馆藏管理策略、管理方式，不断对馆藏进行动态修改和补充的一种管理方式。[3]纸本馆藏动态管理机制是以美国图书馆专家 R. W. Truesovel 提出的三线典藏制为基础发展起来的。纸本馆藏动态管理主要基于“二八定律”和“长尾理论”这两种理论来进行，核心是根据读者需要和文献价值安排馆藏结构。动态管理就是使图书馆科学合理及时到位入藏与清理馆藏图书，修改和补充一线流通藏书，及时准确调整下架复本图书，使馆藏成为一个始终保持旺盛新陈代谢的动态有机整体。

2.3.1　纸本馆藏动态管理的特点

（1）馆藏管理注重以读者为中心，“用户本位”观念真正建立。馆藏动态管理要求高度重视文献利用情况和利用数据分析，把读者不同层次的需要、客观真实的需求作为管理工作出发点，根据文献利用情况采取差异化的收藏策略，重视对现有馆藏进行系统性、针对性的清理和添新，注重馆藏文献传递的快捷性，从而优化纸本馆藏结构，改善馆藏质量，增强藏书活力，提高利用效益。藏书的质量和读者对馆藏的利用情况成为评价的核心标准。

（2）馆藏建设更加注重文献价值，“价值本位”促进特色馆藏建设。核心文献资源配置地位得到巩固，文献资源建设重点转向利用率高和利用价值大的这两类文献，符合学校的发展、专业建设、科研方向以及办学特点的文献成为文献资源建设重点，有利于形成馆藏的专业性和特色性。

（3）馆藏建设从单纯静态的配置或单一配置扩展为动态组织与管理。纸本馆藏资源动态管理成为一种相对稳中有序的管理，按一定频率对馆藏内容和复本进行调控，保证动而有序，使馆藏结构得到最优配置。

3. 纸本馆藏动态管理在我馆的实践

我馆的纸本馆藏管理在实施过程当中，严格遵循科学原则、藏以致用原则、可操作原则和时效原则。

3.1 对现有书库进行分级调整

结合我馆情况将三线馆藏简化为开架流通书库和后备贮存书库。开架流通书库保留所有图书品种，后备贮存书库存放调出的复本图书和破损严重、内容滞后、借阅率低的文献，密集存放，不开放。

3.2 统计与分析馆藏文献的借阅情况

保证动态更新馆藏管理机制运行动而有据，动态更新馆藏管理的质量和效率取决于我们对流通数据统计分析的详细程度和准确度。

3.3 下架复本图书

结合我馆情况，在累借次数数据分析的指导下，对最近五年出版的图书保留 2 ~ 3 个复本，五年前出版的图书累借次数低于 2 的保留 1 个复本，保持流通书库藏书的完整性。累借次数 2 ~ 4 的保留 2 个复本，累借次数大于 4 的保留 3 个复本，下架复本图书放入后备贮存书库。这样统一了下架标准，即使不是专家、没有专业背景的员工也可以完成下架工作，标准简单、清晰，好操作，大大提高了下架效率，同时下架的图书都经过了数据分析，有理由、有依据，避免了错下、漏下。

3.4 定期对在架图书进行数据分析，清点审核，动态调整

每年在闭馆期间，对出版时间超过五年的图书进行一次累借数据分析并按标准下架图书。每个月度末，根据借阅情况，调整复本数量。在一线馆藏中，保留一个复本的图书，一旦有相关借阅产生，就从后备馆藏中“激活”，重新增加复本，增加到一线馆藏中来。这样就能形成一种良性的循环，真正做到对藏书的动态调配管理。简化标准后，并未精准体现二八定律，但使我馆的馆藏动态管理具有可操作性，操作起来更简便、易行、有效、省时省力。

3.5 后续更科学合理地入藏新书

藏书的动态调配数据分析和价值分析给采访部门提供了有效的反馈信息，便于采访部门调整采访策略，科学合理地调整藏书结构[3]，便于更好地把握时效原则，保持一线馆藏及时更新，新书资源尽快上架流通，充分发挥新文献的优势。动态及时地“吐故”与“纳新”，使馆藏文献都能根据利用情况和价值，流动到最合理的典藏位置，使馆藏结构更加合理，达到动态平衡。

4. 实施动态管理的效果

实施馆藏动态管理，使图书馆的藏书得到了有效的流动，一线馆藏得到了精化，节约了读者查找文献的时间；进一步释放了馆藏空间、缓解了新书入藏架位紧张的问题，为后续 8 ~ 10 年馆藏新书腾出了位置；

减少了大规模倒架、调架情况，减轻了工作人员管理难度和工作量；优化了馆藏结构、促进了良性循环，提高了藏书资料的价值性、及时性，使馆藏资源更具吸引力[4]；同时，也提高了图书馆员对图书内容的专注度，提升了图书馆的服务层次。见表5。

表5 以F类图书为例一线书库调整前后对比统计

项目	调整前（2015年）	调整后（2016年）	调整后效果
书库面积/m^2	665	978	核心图书面积增加
书架数量/架	397	479	重点和专业图书架位增加
单位面积容书架量/(架·m^{-2})	0.597	0.491	书架密度降低
图书总数/册	239 997	139 828	品种不减，总数减少
架均图书/册	604	291	图书精化，减少查找时间
平均复本量	4.21	1.83	根据需求调整复本
填充系数	94.45%	45.47%	新书上架有位置更及时

我们还需要进一步改进和总结，摸索出适合我馆的馆藏动态管理模式，保障馆藏动态的良性循环和有机生长，更大限度地发挥馆藏作用，更大限度地满足读者需求，提高馆藏利用率。

参考文献

[1] 魏玮. 二八定律和长尾理论对图书馆文献资源建设的指导意义［J］. 科技情报开发与经济.2011（4）：15－18.

[2] 李校红. 二八定律和长尾理论在高职院校图书馆文献信息资源建设的应用［J］. 农业网络信息.2012（4）：73－75.

[3] 吴万华. 图书馆馆藏动态管理——以深圳大学城图书馆为例［J］. 农业图书情报学刊.2015（3）：127－129.

[4] 施晓军. 浅析图书馆图书剔旧标准及其他［J］. 农业图书情报学刊.2009（3）：113－116.

面向创新创业的高校图书馆嵌入式专利信息服务研究*

张丽英

（珠海城市职业技术学院图书馆　珠海市）

摘　要：创新创业背景下，高校图书馆的嵌入式专利信息服务因其成效突出、业务组织复杂而特殊的特点引起了研究者更多的关注。本文分析了“双创”环境下不同类型用户的不同信息需求特点以及相应的服务供给，总结了服务的评价维度，提取分析了服务的影响因素，并对服务的核心能力和保障体系展开了探讨，最后给出了相应的发展对策。

关键词：创新创业；专利信息服务；嵌入式服务

引　言

在全球新一轮以技术和知识为竞争之本的激烈竞争中，创新不仅是推动一个国家、民族和整个人类社会向前发展的重要力量，也是在现代社会环境下一个国家、民族立足世界的保障与动力。在2014年的夏季达沃斯论坛开幕式上，李克强总理提到要掀起“大众创业”“草根创业”的新浪潮，形成“万众创新”“人人创新”的新态势。随后他多次强调要将此作为新常态下经济发展的新引擎。之后，创新创业生态体系不断优化，从“小众”到“大众”的创新环境逐步形成，并向各领域、各机构和各行业渗透。

在此背景下，知识产权信息服务行业受到了空前的重视，而高校图书馆也开始向专利信息服务投入更多的资源以求更快的发展。2012年12月，国家知识产权局、科技部等九部门联合发布的《关于加快培育和发展知识产权服务业的指导意见》指出，要“完善全国知识产权公共服务体系建设，建立政府部门、行业协会、图书情报机构、知识产权服务机构与企业、高校、科研机构等共同参与、协调联动的服务体系”。2015年6月，国家知识产权局发布了《关于就〈高等学校知识产权管理规范（征求意见稿）〉公开征求意见的通知》，更是将高校图书馆定义为知识产权服务支撑机构，为构建高校知识产权管理体系、有效实施与运用高校知识产权成果提供服务支撑。高校图书馆专利信息服务呈现出服务对象更为广泛的趋势，迎来了千载难逢的发展机遇。[1]

高校图书馆专利信息服务在十几年的探索中，逐步形成了较为稳定的服务层次和服务模式。如何进一步深化高校图书馆专利信息服务，最大的挑战在于如何建立与用户的合作关系、保持与用户的持久联系。黄晓芳（2014）认为，高校图书馆的专利信息服务形式较为被动，造成了用户对服务的不满意。[2] 1985年，美国新经济社会学家Granovetter发表了《经济行动与社会结构：嵌入性问题》一文，标志着嵌入式理论的正式提出。在信息资源建设和管理方面，嵌入式理论主要用于指导组织的知识创新与转移、知识网络的构建等，因而在高校图书馆专利信息服务方面具有很高的理论适应性。强调主动服务、积极服务的嵌入式专利信息服务能彻底改变传统的服务方式，为用户带来更好的服务效果。王丽萍、杨波等（2015）认为，“嵌入式专利信息服务对学科馆员提出了新的挑战，如何融入科研团队，成为科研团队的专利情报专员，高效、快捷地满足科研团队的需求，是摆在学科馆员面前的难题，需要大力探索和积极实践”。[3]由此，对

* 本文系2016年广东省图书文化信息协会社会科学研究课题（项目编号：GDTWKT2016－66）成果之一。

于如何使所提供的专利信息服务更为有效、稳定地融入创新创业过程，满足不同类型用户的信息需求，无论是高校图书馆业界还是学界都应进行更为深入、务实的研究和探讨。

1. 信息用户的类型及其需求特点

在“大众创业、万众创新”的背景下，政府、企业和高校及科研机构立足于各自的组织使命，努力推进科技创新和创新成果的推广与应用。高校图书馆的专利信息服务的对象不再囿于高校内部师生，而是拓展到了更为广泛的范围，政府、企业、高校及科研机构是主要的三类服务对象。

（1）政府

各级政府主要发挥整体规划、政策研定、环境创设等主导作用。这些工作的科学开展，均需要可靠、及时、准确的情报支撑。专利信息服务因其科学、权威的特性，必然发挥主要的情报支撑功能。高校图书馆可以为政府用户提供产业或技术领域的发展态势专利分析报告，提供主要竞争国家的技术布局分析及发展趋势分析，为政府的科学决策提供基于专利的导航服务。如清华大学图书馆为国家重大专项研制了《科技重大专项专利战略分析报告》和《科技重大专项专利预警机制报告》；同济大学图书馆与上海市发改委合作完成了《燃料电池汽车专利分析报告》等。[3]

（2）企业

作为创新主体，企业主要发挥技术创新与升级、创业与改造等作用，对相关技术信息的更新发展反应最为灵敏。高校图书馆可以针对企业的核心技术，进行技术功效矩阵分析、重点专利分析、技术路线分析、专利技术规避设计分析，开展微观层面的专利布局和预警工作，定位关键技术合作伙伴，进行专利价值评估，开展专利技术竞争力分析、竞争对手专利技术分析和跟踪，为企业市场定位、专利诉讼、技术贸易、兼并等生产经营活动提供决策信息支持。如北京理工大学图书馆为企业提供发明专利、科技动向等咨询服务。[4]

（3）高校及科研机构

各级各类高校及科研机构也是当前创新创业环境中的重要角色。国家出台了《加快推进高等学校科技成果转化和科技协同创新若干意见》等文件，逐步明确了高校教师创业的身份问题等。受此氛围鼓励，高校及科研机构的创新创业意愿被大大激发，在研发计划和技术布局等方面呈现出较为明显的需求特点。除了为企业用户提供的服务，高校图书馆还可以为个人提供专利挖掘、专利转移转化分析、专利技术路线分析等服务，快速锁定技术热点或空白点，也可以为管理部门提供项目资助方向确定、成果奖励政策制定、产学研合作模式确立等信息支持，帮助其进行专利风险管控。如华南理工大学图书馆嵌入该校轻工食品学院的“绿色安全养殖生产”科研团队，协助其成功申请了56项发明专利；同济大学图书馆成立了专门的专利服务团队，为专利转移转化提供了优质服务。[3]

2. 嵌入式专利信息服务的评价维度与影响因素

在嵌入式专利信息服务中，馆员需要融入用户的整个工作流程中，紧密跟踪并引导用户信息需求的产生与发展。本文结合嵌入式理论、信任关系理论、协同理论等相关理论成果，尝试对嵌入式专利信息服务的评价维度与影响因素做一分析探讨。

2.1 嵌入式服务的评价维度

（1）服务质量

对服务的成效评价最为直接的维度就是服务质量。体现在高校图书馆专利信息服务上，则主要表现为情报的及时性、准确性、权威性。专利文献本身信息量大、内容复杂、专业性强，要保证服务质量，就必须动态、有机地联合专利检索专家、咨询专家和学科专家等各方研究力量，开展信息共享、构建“快速信任”、克服文化及管理理念方面的冲突等，从而提高嵌入式服务的有效产出。

（2）服务密度

嵌入式关系中，密度是衡量嵌入各方成员关系紧密性的重要尺度。在嵌入合作初期，各方均需要通过各种交流来逐步建立对彼此动机行为的预判。成员间交流越密切，相互的了解就越深入，嵌入关系就越牢固。高校图书馆在提供嵌入式服务时，应根据专利检索策略的制定、技术路线分解的思路确认、专利领域边界的确定等工作瓶颈需求，积极主动地通过多种途径与方式寻求其他团队或虚拟团队的帮助与合作。定期与不定期的互动、形式多样的交流、场合各异的沟通，均有利于构建良性合作的关系，拓宽合作空间，促进嵌入式信任关系的健康发展，从而降低嵌入式服务的隐性成本。

（3）服务持续性

服务持续性，是指降低嵌入式服务边际成本，提高服务效率的核心维度。在形成嵌入各方成员间的有效信任基础上，应努力维持服务的持续性，通过文化融合、理念互认，形成内部成员间的行为规范，不断夯实嵌入合作的信任关系，建立成员及组织间的合作默契，并将成果持续性地推进到服务与合作的下一阶段或项目内容当中去。高校图书馆的嵌入式专利信息服务，应将合作眼光尽可能地放长远，注重基于专利生命周期和项目运作周期的专利情报提供，并提升用户的服务体验，从而使服务得到更为深层的嵌入推进。

（4）服务稳定性

嵌入式服务的开展，目标之一就是最大化地发挥专利信息在创新创业过程中的支持作用。嵌入关系的稳定与否，将直接关系到服务产品的评价与利用，也将直接关系到嵌入团队间的信任关系形成。信任关系的建立有利于成员间的共享行为的生成，并为促进内部交流合作提供新的活力与动力。高校图书馆应努力树立自身专业、可靠、积极而有担当的信息专家、合作伙伴的形象，围绕共同目标主动开展全流程嵌入式服务，克服关系建立期、关系维护期、关系转型期等不同合作阶段的嵌入困难，针对用户特点开创性地拓展服务空间，如针对高校用户，即可在选题调研、试验研究、结题鉴定、成果管理等科研创新流程嵌入业务讨论及学术交流过程，寻求嵌入的突破口。

2.2 嵌入式服务的影响因素

基于以上的评价维度，高校图书馆嵌入式专利信息服务的影响因素可从横向与纵向两个角度进行分析，如图1所示。

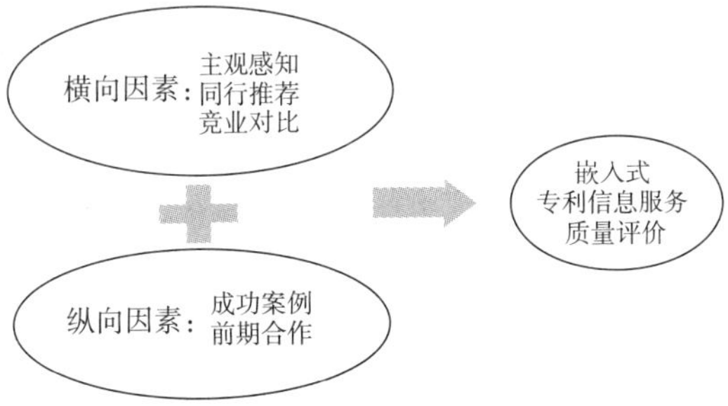

图1 高校图书馆嵌入式专利信息服务的影响因素

横向角度的影响因素是从被嵌入团队角度对服务的利益相关者角度进行分析总结；纵向角度的影响因素则是从被嵌入团队角度对服务的历史感知角度进行分析总结。

其中，横向因素包括主观感知因素、同行推荐因素、竞业对比因素。主观感知因素是指被嵌入团队在与服务团队进行接触的过程中，对其专利大数据的资源掌握情况和利用能力等专业素养、沟通融入能力、相关学科背景、服务品牌认知度等的主观评价；同行推荐因素是指被嵌入团队在业界同行中所获知的对服务团队的评价，具体可表现为推荐值，即是否有良好的口碑声誉，能够对嵌入式合作提供支持；竞业对比因素是指被嵌入团队通过对市场上类似的服务供给方进行比较分析，如商业化服务机构和政府所属服务机构等，确认服务团队的竞争优势，对其进行综合评价。

纵向因素包括成功案例因素和前期合作因素。成功案例因素是指被嵌入团队对服务团队在类似项目服务中的成效进行观察与评价，这一因素将决定其对服务认识的首因效应，即先入为主效应。积极的首因效应，有利于形成良好的沟通嵌入主观倾向，将直接影响其后的一系列合作行为。前期合作因素是指在服务实施的前期沟通阶段，如专利新颖性检索、人才项目能力培训等环节中服务团队的综合素质体现，是基于项目实施历程的重要影响因素。

3. 嵌入式专利信息服务的核心能力与保障体系

根据以上分析，嵌入式专利信息服务对服务馆员及整个团队都提出了更复杂更立体的能力要求，同时也更加强调服务应得到强有力的保障体系的支持。

3.1 核心能力

由于嵌入式专利信息服务属于整个高校图书馆的专利信息服务层次当中的高端服务层[3]，服务馆员需要主动完成由检索人员、教师到情报专员和咨询专家，乃至项目合作伙伴的角色转型。[5] 因而，在服务实施过程中，服务馆员的核心能力需要做出相应的转变，团队应有意识、有计划地对其核心能力进行培训升级，从而适应用户信息需求的快速变化。

针对嵌入式服务区隔于其他层次信息服务或传统信息服务的特点要求，服务馆员及团队的核心服务能力体系如图 2 所示。

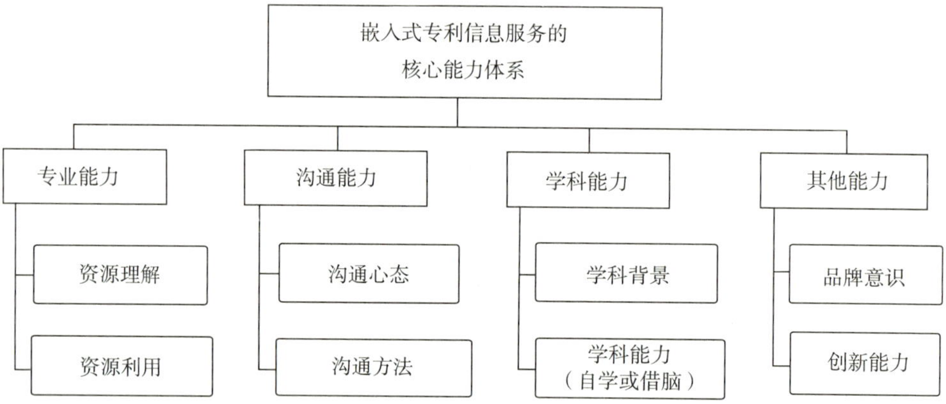

图 2 高校图书馆嵌入式专利信息服务的核心能力体系

其中，专业能力指服务馆员及团队对专利信息资源的理解能力及相应的利用能力。由于专利信息本身所蕴含的技术、法律、经济等方面的巨大价值，需要馆员具备相应的专利知识储备，能够深刻理解资源特性并对其进行深加工，掌握 Innography、Thomson Data Analyzer、Derwent、Incopat 等国内外专利分析工具的使用，掌握专利引证分析、TRIZ 技术等创新技术挖掘分析方法，以开发具有更高附加值的专利情报，这也是对服务馆员的基本核心能力要求。嵌入式服务区隔于以往的阵地式服务，强调在动态环境中实现协同与共赢，能够迅速有效地识别及引导用户特定场景下隐性信息需求的表达，这就要求服务馆员具备迅速有效融入被嵌入团队并展开工作的能力，积极主动的沟通心态和行之有效的科学方法，是对服务馆员的必备能力要求。由于专利信息服务都是在对某一技术领域或分支的专利信息进行深入挖掘的基础上提供的，具备相当的学科理解能力是开展服务的关键能力要求，可从本身具有相应学科背景的复合型馆员当中选拔服务人才，也可通过建立相应的培训或合作机制以使其获得自学或者借脑能力；其他能力是指在“双创”背景下嵌入式服务馆员应具备品牌运营与管理的意识，使服务具有在品牌统一认知下的规范与质量连贯性，同时在服务供给时不拘泥于传统手段和模式，大胆创新，突破行政隶属关系或管理体制在项目审批、合作方式等方面的束缚，创出特色以强化价值认知。

3.2 保障体系

围绕嵌入式专利信息服务核心能力，从组织层面构建强有力的保障体系也是服务有效供给的重要条件。具体如图3所示。

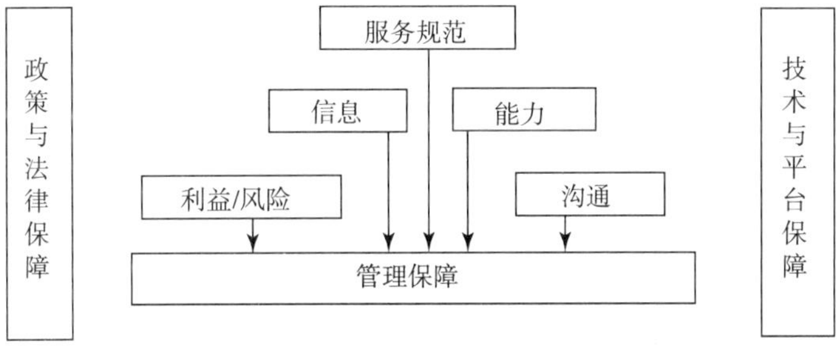

图3 高校图书馆嵌入式专利信息服务保障体系

图3两侧的政策与法律保障、技术与平台保障，共同提供了服务开展的基础支撑条件，是具有支柱性质的环境保障要素。

其中政策保障对于高校图书馆专利信息服务的推进有着直接的影响作用。例如，随着目前国内高校开展专利信息服务的成功案例越来越多，国家知识产权管理部门通过设立专门委托项目、下达文件等措施逐步将高校服务力量纳入专利信息服务体系当中，承认了高校图书馆的专利服务资质及其为国家创新发展所做出的贡献。[1]这使服务馆员及其机构大大增强了专业自信，使嵌入式服务的探索具备了政策保障。平台保障，则指通过构建跨系统协同信息平台，按照共享服务规则和技术标准进行，以便信息使用者在需要的范围内共享信息。胡昌平、张敏等（2010）认为，实现对数据库、应用程序以及相关服务的接口，必然成为基于信息协同服务的关键。[6]标准技术支持下的统一信息平台，是实现嵌入式服务的又一基础性保障条件。

图3中间部分是管理保障体系，按照保障层级可依次划分为利益/风险保障与沟通保障、信息保障与能力保障、服务规范保障等，属于嵌入式专利信息服务的主体性保障体系。

（1）利益/风险保障

司莉、邢文明（2012）指出，嵌入式服务是一种协同互动的服务模式。实现嵌入式服务必须引入协同机制。[7]伙伴式的合作定位使双方利益与风险的协同成为必须商定的问题。确定各自的合作利益取向，即着眼于技术创新或经济利益或服务品牌营销等，对合作风险进行预估与研判，对资金与智力投入进行确认。双方应在互惠互利的基础上建立运行机制，合理的利益机制和有效的风险机制是突破现有组织架构对实施嵌入式服务的种种限制的重要保障，也是使嵌入式服务保有持续性和稳定性的重要保障。

（2）沟通保障

团队需要构建全方位立体化的多维沟通保障体系，如可通过物理派驻、虚拟嵌入等方式保证人员嵌入的有效性，通过面对面现场讲解、重点专家访谈、座谈会研讨、远程调查、问卷调查、非正式入驻成员等方法保证沟通的及时，以合作伙伴的身份通过共同工作建立信任，给服务对象留下良好的主观感知印象，增强服务的密度和稳定性。

（3）信息保障

团队需要保证优质的专利信息资源供给。如2014年国家知识产权局免费开放了中国、美国、欧洲、日本、韩国5个国家的专利基础数据资源，约占世界专利现档数据的80%[8]，服务团队可根据自身的专业优势有机整合免费的专利信息资源，亦可通过科学论证自行建设或采购专门的专利信息数据库如Innography、TDA等，优质的信息资源是保证服务质量的重要条件；团队还需要保证成员间合作信息共享流动的顺畅，工作流程信息的高效交互关系及服务供给的稳定性。

（4）能力保障

团队需要建立能力共享机制以鼓励服务馆员间的知识分享与流动，这是提高团队专业能力素养的重要途径。此外，通过培训或者合作以及科学合理的人才选拔机制，使服务团队的学科能力得以优化重组，借用外脑能大大提高嵌入式服务的效率。团队的服务能力是获得服务对象同行高推荐值的重要条件，能保证服务的稳定性及持续性。

（5）服务规范保障

由于创新创业是一个持续性的工作过程，基于流程产生的信息需求呈现出环环相扣的特点，这就使用户对服务的稳定性和持续性给予了更多的关注。团队需要确立服务的统一规范或者标准框架，以保证服务质量的稳定性。张丽英（2016）认为，需要通过规范化来推进协同环境下的专利信息服务复杂系统活动的各内生要素做自组织演化，以实现该系统的协同效应，主要包括技术规范、流程规范与管理规范等构面。[9] 被嵌入团队在进行同行竞争对比时，高校图书馆团队的稳定服务具有非常大的优势。

4. 结论与建议

创新创业背景下，高校图书馆专利信息服务面临着重大的发展机遇，需要以创新思维对服务层次及模式进行积极探索及深入研究。其中，嵌入式服务由于自身的成效优势和开拓性的业务组织方式，引起了业界和学界的共同密切关注。高校图书馆服务团队可尝试通过大胆探索创新型服务机制以克服内部动力不足的问题，通过更多渠道获得政策、经费和项目上的大力支持，树立品牌意识以做出长期服务承诺，采取立体化的文化融入等对策措施，争取使服务取得更佳效果。

参考文献

[1] 慎金花，张更平．高校图书馆专利信息服务的趋势与思考［J］．大学图书馆学报，2016（6）：51－55.

[2] 黄晓芳．高校图书馆专利信息服务创新策略研究［J］．惠州学院学报：社会科学版，2014，34（5）：119－123.

[3] 王丽萍，杨波，等．高校图书馆专利信息服务内容、模式与趋势［J］．图书情报工作，2015，59（6）：113－118.

[4] 张爱优．论大数据时代高校图书馆情报分析服务的实施［J］．图书情报导刊，2016（9）：138－141.

[5] Clark C. The “embedded librarian”：NIH informationists become team players［J］. The NIH Catalyst，2005.

[6] 胡昌平，张敏，张李义．创新型国家的信息服务体制与信息保障体系构建（3）——知识创新中的跨系统协同信息服务组织［J］．图书情报工作，2010（6）：14－17.

[7] 司莉．我国高校图书馆嵌入式服务的策略选择［J］．图书情报知识，2012，148（4）：46－51.

[8] 冯丽．国家知识产权局开通“专利数据服务试验系统”［EB/OL］．［2016－06－05］http：//ip. people. com. cn/n/2014/1211/. c136655－26187693. html，2017－05－01.

[9] 张丽英．协同论视角下的专利信息服务规范构建［J］．大学图书情报学刊，2016（6）：83－86，125.

基于用户需求的《广州大典》开发利用研究*

邱进友

（广州医科大学图书馆　广州市）

摘　要：基于地方文献开发利用现状和信息需求调查，作者总结了当前地方文献信息需求的四大特点：一过性；缺乏持续性；多数用户很少利用地方文献信息；地方文献信息的现实需求不强，潜在需求不明显。地方文献开发利用现状是以在馆浏览为主、单机查询为辅，在线查询较少。本文提出了开发利用《广州大典》的三大策略：建立《广州大典》数字化出版的信息管理系统，实现集成检索；以微信为平台开展地方文献信息的个性化推送服务；依托《广州大典》继续资助地方文献开发利用研究。只有更多的地方文献研究人员投身于《广州大典》的开发利用研究，不断完善广东地方文化典籍的出版体系，积极推进广东文化典籍资源数字化建设，才能深层次挖掘文化典籍的历史文化价值，进一步推动广东文化典籍资源开发利用，为建设广东文化强省做出新的贡献。

关键词：广州大典；地方文献；用户需求；开发利用；微信平台

1. 引　言

地方文献是一乡一地风土人情、名胜物产等系统全面的记载，是地方政治、经济和文化等过去发展轨迹的记录，也是地方经济、文化等今后赖以继续发展的文献基础、决策依据和重要的信息来源。地方文献多由当地公共图书馆或高校图书馆收集。国外非常重视地方文献的收集、加工、整理和利用，注重发挥公共图书馆在地方文献研究中的作用，注重利用信息化渠道来开展地方文献相关工作，注重设立专门的基金支持地方文献研究工作，注重发挥政府和社会力量推动地方文献抢救、收集整理和利用。地方文献开发利用，目前主要有三种形式：建立地方文献书目索引；建立地方文献书目数据库，如广东文献书目数据库；全息数字化扫描影印出版和建立地方文献全文数据库，如《广州大典》《湖湘文库》《浙江文库》《中原文化大典》、湖北省地方志全文数据库等。《广州大典》是中共广州市委宣传部、广东省文化厅策划并组织研究编纂，旨在系统搜集整理和抢救保护广州文献典籍、传播广州历史文化的大型地方文献丛书，历经10年艰苦磨砺，2016年4月《广州大典》终于全部出版。该书系统收录了1911年以前有关广州的著作、广州人的著作和广州版丛书4 000余种，编成520余册，分为经、史、子、集、丛五部。[1]我们基于用户对地方文献的需求调查和数据分析，提出了开发利用《广州大典》的主要策略和方式方法。

* 广东省图书文化信息协会2016年立项科研课题（项目编号：GDTWKT2016－67）。

2. 用户对地方文献信息需求与信息利用的调查

2.1 设计调查问卷

通过个案访谈、档案分析、预调查等方法研制地方文献用户信息需求与使用现状调查问卷。

2.2 确定调查对象

在全省范围内选择有代表性的公共馆和高校馆共6所，随机选择用户120人作为调查对象。

2.3 实施现场调查

采取课题组成员现场调查方式，调查结束现场收回调查问卷。此次调查一共随机发放调查问卷120份，其中高校馆读者和公共馆读者各半，回收问卷120份，回收率为100%。

3. 地方文献用户信息需求特点与利用现状分析

3.1 地方文献用户信息需求特点

通过对调查问卷进行统计分析并建立数据库，同时采用SPSS软件19.0版对有效问卷的调查数据进行统计分析，我们发现地方文献用户需求主要有以下特点：

3.1.1 地方文献信息的需求存在一过性

地方文献汇集的是当地各行各业专业性比较强的古典文献和重要人物著述，专业性强。从我们的调查来看，高校馆和公共馆读者对地方文献信息的需求均比较少，高校馆60位读者中10人有这方面的需求，公共馆有30人有查阅地方文献信息的需求，由此可见高校馆读者的此种信息需求明显不如公共馆（$P<0.05$）。从调查中我们也发现，无论是公共馆还是高校馆的读者，对地方文献信息的需求都是暂时的，主要目的是了解史料，查询事实和数据性信息，一旦这种需求得到满足，就完成了任务，一过性需求比较明显。在调查中我们发现，公共馆读者之所以比高校馆读者有更高的地方文献信息需求，主要原因还是因为公共馆本身收藏了大量地方文献，特别是珍贵的古籍资料；而不少高校馆很少收藏古籍资料，对地方文献的收藏也缺乏持续性，高校馆读者对地方文献的知晓率明显不如公共馆读者。

3.1.2 地方文献信息需求缺乏持续性

正因为读者对地方文献的信息需求存在一过性，也就很好地解释了为什么用户对地方文献的信息需求缺乏持续性。从我们调查的120位读者来看，只有5位读者存在着较持续的地方文献信息需求，其中有3位为高校博、硕士研究生，另2位读者因申请了《广州大典》与广州历史文化专题研究课题并得到了经费资助，对地方文献信息的需求比较频繁。几乎绝大多数用户都没有针对地方文献信息的持续需求，这可能与地方文献本身比较珍贵、多为繁体字书写且只允许在馆查询等有关。

3.1.3 多数用户很少利用地方文献信息

从调查中发现，40位对地方文献信息有需求的读者中，只有10位读者通过在馆浏览的方式满足了其信息需求，这其中包括了前已述及的3位博、硕士研究生和2位课题承担者。也就是说，在调查的120人中，只有不到10%的人利用过地方文献信息，地方文献利用时间较长的用户则不到5%，可见地方文献特别是珍藏古籍能够得到开发利用的并不多，这是迫切需要解决的问题。

3.1.4 地方文献信息的现实需求不强，潜在需求不明显

众所周知，用户的信息需求可以分为现实需求和潜在需求，在某种条件下这两种信息需求可以相互转化。通过我们的调查发现，无论是高校馆还是公共馆读者对地方文献信息的现实需求都不强，绝大多数读者没有针对地方文献信息的实际需要，潜在需求也不明显。如果大家都不能亲身体验地方文献的价值，那么地方文献就无法为更多人知晓，更谈不上开发利用了。

3.2 地方文献用户利用现状

针对用户信息需求调查和地方文献利用方式方法的调查，我们发现用户满足其信息需求的主要方式是最传统的在馆浏览方式，其次是利用地方文献数据库和光盘进行查询，通过网络和手机、微信平台等方式利用地方文献的并不多见。

3.2.1 在馆浏览

通过调查发现，40位有地方文献信息需求的用户只有10人以在馆浏览的方式满足了其信息需求，在馆浏览是读者利用地方文献最常用、最简单的形式。究其原因，可能是地方文献本身比较珍贵，收藏馆规定不能外借，只能在专业人员的指导监督下进行阅读。

3.2.2 单机查询

调查中发现，有一些读者特别是有较持续信息需求的读者通过利用地方文献数据库和光盘进行单机查询，像《古今图书集成》等是有这类信息需求的读者常用的地方文献品种，有这种查询行为的读者多为高校馆读者，因为高校图书馆在配置地方文献数据库和光盘方面相对比较容易，且高校目前以建设数字化资源为重要的目标，这也给地方文献的开发利用提供了契机。我们的调查发现，3位高校博、硕士生都曾多次利用地方文献数据库和光盘查询资料，2位课题研究人员也利用计算机查询古籍资料。

3.2.3 在线查询

随着网络技术和移动设备的不断发展，人们利用信息的方式更倾向于方便快捷迅速，因而利用网络和手机、微信等方式获取信息正在成为主流。遗憾的是地方文献数据库网络版不多，而且全息扫描出版的古籍史料文献，如《广州大典》同样面临着数据量大、可读性不强的问题，因而多数读者很少通过在线查询方式利用地方文献，几乎没有人通过手机和微信去利用地方文献。从调查中发现，3位来自高校的博、硕士生利用电脑进行地方文献的在线查询，如《古今图书集成》，因为这个古籍数据库也能够在局域网内提供给用户使用。调查的120位读者无人使用手机或微信平台利用地方文献。

4.《广州大典》开发利用策略研究

前已述及地方文献的开发利用主要有三种形式：建立地方文献书目索引、建立地方文献书目数据库、全息数字化扫描影印出版和建立地方文献全文数据库。从我们的视角来看，对地方文献特别是《广州大典》这种大部头、覆盖范围广的地方文献的开发利用目前仍然停留在初级阶段，不能针对地方文献信息需求进行快速查询和实现信息主动推送服务，更不用说针对地方文献进行集成检索和数据挖掘了。我们认为，地方文献开发利用的最终目标就是要适时迅速地挖掘地方文献中的知识精华和重要经验。有鉴于此，针对《广州大典》乃至其他地方文献，均可以采取以下开发利用策略：

4.1 建立《广州大典》数字化出版的信息管理系统，实现集成检索

《广州大典》收录了1911年以前广州地区4 000余种古籍、个人著述和丛书，汇编成520余册，分经、史、子、集、丛五部。当前的现实问题是要通过建立信息管理系统将上述4 000种著作有机有序地联系和进行集成管理，通过建立信息管理系统实现相关信息的快速集成检索，这样就能够保证信息检索的畅通无阻。当然，在建立信息管理系统时要合理解决繁体字、简体字的转换问题，保证能够使用简体字进行有效检索。这可以通过繁体简体字对照索引表来实现。从我们对《广州大典》开发利用现状的调查来看，主要的研究课题有：广东文献书目数据库建设[2]；《广州大典》及其历史文化价值发掘[3]；《广州大典》的特点、史料价值及其编撰意义[4]；《广州大典》子部释家类文献谫论[5]、现代信息技术视野下的古籍文献信息表现形式研究——以《广州大典》为例[6]；《广州大典》采用书目的搜集与整理——以医家类书目为例[7]；《广州大典》收录广州文研院院藏粤剧剧本1949年以前剧目著录表[8]。从其开发利用现状来看，尚没有针对《广州大典》进行集成检索和信息管理的文献报道。为此，我们认为，要真正加速《广州大典》的开发利用，首先必须实现《广州大典》全部4 000部著作的集成信息管理和检索，这是针对《广州大典》进行开发利用的必要而且可行的措施，是加速地方文献开发利用的重要手段和途径。

4.2 以微信为平台开展地方文献信息的个性化推送服务

微信是一个为智能手机提供即时通信服务的免费应用程序，微信公众平台已经被应用到媒体、文化、行政、旅游、金融等诸多领域。从2014年7月大公网发布的数据看，微信公众号的数量已经超过580万个，并以每日1.5万个的速度在增长，每天有数以亿计的信息在微信公众平台中发布和传播。微信因其独特的优势，最近2年来，在图书情报界中得到了关注和重视。主要体现在两个方面：①使用微信公众平台的机构数量不断增加。②机构微信公众平台的功能逐渐丰富：一是主动推送有价值的服务信息；二是开展业务办理活动；三是为用户提供信息查询服务。此外，个别机构和组织还提供一些附加功能，如为用户提供实时公交和天气等消息。

从应用的机构数量看，有580万家机构和组织开通了微信公众平台；从微信公众平台开发的功能看，仅有极个别机构的平台功能建设较完善，多数机构的平台还处于起步和建设阶段，并且发展程度差异较大；从研究的内容和角度看，已有的研究主要是从分析微信公众平台的特征与优势出发，调研机构和组织平台的应用现状及存在的问题，并提出一些建议，或对微信公众平台进行再设计来开展移动服务，这些研究[9-13]基本上都是站在机构和组织管理者的角度来开展，缺乏从用户的视角系统开展基于微信公众平台的用户服务和信息揭示研究。尽管近年来有地方文献数字化、地方文献特色数据库建设的文献，但未见有关地方文献开展微信公众平台服务的报道。我们的调查发现，通过网络和手机、微信平台利用地方文献的读者不多，主要原因仍然是地方文献数字化不畅，缺乏针对地方文献集成化管理的信息系统。有鉴于此，我们从用户的信息需求和利用角度出发，针对用户的微信使用习惯和存在的障碍因素，挖掘用户使用微信获取和利用信息服务的行为模式，创新服务手段，制定基于用户需求的《广州大典》创新“微服务”的策略与方法，优化整合基于用户需求的“微服务”平台，在现有《广州大典》的基础上不断拓宽搜集整理和抢救保护广州文献典籍的渠道，为传播广州历史文化创新沟通渠道、提升和优化服务质量与水平提供借鉴和参考。我们认为，微信服务平台通过个性化改造与整合，要能够实现信息推送（主动推送和被动推送）、信息咨询（针对用户的一些问题进行人工手动回复或系统的自动回复）和品牌营销（利用微信公众平台，打造《广州大典》一些相关活动的品牌）等功能。

4.3 依托《广州大典》继续资助地方文献开发利用研究

2013年广州市为资助海内外研究人员开展《广州大典》与广州历史文化研究，培养新一代具有国际学术视野的广州历史文化研究人才，特设立《广州大典》与广州历史文化研究资金，为加强对研究资金的科学化、规范化管理，提高资金使用效益，根据国家有关法规，配套制定出台《〈广州大典〉与广州历史文

化研究资金管理暂行办法》。资助范围包括以下四个方面：对《广州大典》收录文献开展的文献学研究；以《广州大典》为重要文献依据开展的学术研究；围绕《广州大典》开展的广州历史文化学术研究；关于传统时期广州政治、经济、社会、文化等领域的研究。立项项目包括重点研究课题、一般课题和博士学位论文。《广州大典》专项研究资金的设立及每年开展基于《广州大典》的相关课题申报与评审无疑给《广州大典》的宣传报道提供了重要平台，也激发了广大地方文献研究者重视《广州大典》开发利用研究的热情，这也是地方文献开发利用的重要举措。希望广州市政府能够进一步创新地方文献专项课题资助方式和评选办法，同时进一步扩大资助的范围。只有更多的地方文献研究人员投身于《广州大典》的开发利用研究，不断完善广东地方文化典籍的出版体系，积极推进广东文化典籍资源数字化建设，才能深层次挖掘文化典籍的历史文化价值，进一步推动广东文化典籍资源开发利用，为建设广东文化强省做出新的贡献。

参考文献

[1] 陈建华，曹淳亮．广州大典［M］．广州：广州出版社，2015.

[2] 谢妙慧．开发地方文献 服务《广州大典》——“广东文献书目数据库”建设述评［J］．河南图书馆学刊，2008（02）：97－99.

[3] 程焕文．历史文献传承与城市文化传播——《广州大典》及其历史文化价值发掘［J］．图书馆论坛，2013（6）：51－55.

[4] 倪俊明，林子雄，林锐．汇寰宇万卷玉简 展广府沧桑文华——《广州大典》的特点、史料价值及其编撰意义［J］．图书馆论坛，2015（7）：110－116.

[5] 李福标，黄芳．《广州大典》子部释家类文献谫论［J］．图书馆论坛，2015（10）：107－111.

[6] 黄燕．现代信息技术视野下的古籍文献信息表现形式研究——以《广州大典》为例［J］．新世纪图书馆，2015（11）：44－47.

[7] 张玉华．《广州大典》采用书目的搜集与整理——以医家类书目为例［J］．图书馆论坛，2012（3）：66－69.

[8] 罗丽，黄静珊．《广州大典》收录广州文研院院藏粤剧剧本1949年以前剧目著录表［J］．南国红豆，2014（6）：55－64.

[9] 王烨．微信在高校图书馆服务中的应用分析［J］．上海高校图书情报工作研究，2013，23（4）：37－9.

[10] 张秋，杨玲，王曼．高校图书馆微信公众平台服务发展现状及对策［J］．图书馆建设，2014（2）：61－5.

[11] 陈盈．微信公众平台及其在图书馆移动服务中的应用与研究［J］．图书馆学研究，2013（20）：71－5.

[12] 武龙龙，杨小菊．基于微信公众平台的高校移动图书馆服务研究［J］．图书馆学研究，2013（18）：57－61.

[13] 张蓓，窦天芳，张成昱，李洁芳．开发模式下图书馆微信公众平台服务的设计与实现［J］．现代图书情报技术，2014（1）：87－91.

青少年数字化阅读行为结果分析

林　慧

（广东省财经职业技术学校图书馆　广州市）

摘　要：随着数字时代的到来，青少年阅读习惯发生了极大改变。文章通过对广大青少年数字阅读习惯的调研，分析了当前青少年数字化阅读的现状及存在的问题，最后，从营造阅读推广氛围，加快人员培训等方面提出了提高青少年数字化阅读能力的对策。

关键词：青少年；数字阅读；阅读推广

互联网的快速发展，推动着出版方式和人们阅读手段的深刻转型。数字阅读作为一种全新的阅读方式正在改变着人们的阅读习惯，同时也打破了传统纸质阅读一统天下的局面。[1]继手机、影视、OTT 电视、智能汽车后，数字阅读或能成为下一个互联网经济的风口，可以说“数字阅读”越来越融入大众生活。据统计，在青少年阅读群体中，数字阅读群体的数量和时长快速增长，具有超越传统纸质阅读的趋势。手机、电子阅读器、平板电脑从前只是用来通话、娱乐和传送短消息的移动设备，如今全都承担起了电子阅读的功能。

1. 青少年数字阅读特点

1.1　移动阅读行为成为青少年数字化阅读的主要手段

通过问卷调查发现，绝大部分青少年使用智能手机进行移动阅读，使用非智能手机阅读的人数不多，主要集中在低龄学生群体，另有部分青少年使用平板电脑作为数字阅读工具，而使用电子阅读器的比例不高。据官方统计，在青少年中，中学生平均每天用于移动阅读的时间大约 30 分钟。[2]另据中国新闻出版研究院第 12 次全国国民阅读调查显示，2014 年手机阅读的接触率首次超过 50%，数据分析表明，国内用户花费在数字媒体上的时间已经超过传统媒体，电子报、电子期刊的阅读率都比以往年度有了比较明显的增长。整体而言，数字化阅读也呈现“越来越浅”的趋势，“有博客就不读书了，有了微博，连博客都不看了”。[3]数字化阅读快捷方便，但同时造成的是一代人的浅阅读、泛阅读，读完后可能只记得标题；而这种碎片化的阅读，比如微博 140 字提炼出来全文的精华部分，也造成了青少年只注重重点段落、不看全文、无前后因果的阅读习惯。从总体来看，数字阅读已超越传统纸质图书的阅读成为主要阅读方式，移动阅读成为数字阅读的主要方向。

1.2　青少年阅读行为缺乏有效的引导

尽管网络在线阅读、手机阅读呈现出惊人的大幅度增长，青少年每日手机阅读超过 30 分钟，同时娱乐和小说阅读是青少年手机阅读接触者的爱好所在，微信阅读和交流发展迅速，但是从调查结果来看，对于青少年该阅读什么、如何阅读，以及对阅读内容的鉴别缺乏必要的引导。[4]调查发现，大约三成以上青少年偏爱网络“青春”类小说，有的青少年沉迷于“手机游戏”，阅读的内容主要集中于游戏攻略、装备购买、高手论坛等方面。数据显示，有部分学生甚至误入不法网站，接触过黄色、暴力内容和不文明语言，一些青少年认为一些网络低俗语言可以接受，无伤大雅。[5]这些表明正处于价值观形成时期的青少年接受能力强而分辨能力较弱，对于不良内容和信息缺乏抵抗力和批判意识，这必然会影响其价值观念和现实生活中的行为。

1.3 碎片化阅读影响阅读品位

网络时代，越来越多的读者习惯于在网上逛“书肆”、泡“沙龙”。数字阅读既有文字又有图片，很多情况下，还配有栩栩如生的视（音）频说明，因而更容易激发阅读者的兴趣。[6]再加上多媒体为了争夺、迎合更多的受众，营销手段五花八门，导致部分青少年沉迷于网络新闻、明星逸事，仅限于浏览标题、图片等肤浅的阅读方式。调查中发现，部分青少年利用课余、饭后和临睡前等时间，来关注网络段子、电视剧剧情和奇闻趣事等，从而将部分自我控制能力不强的青少年引入碎片化阅读，抑制了青少年阅读习惯的培养。在日常生活中，床上、车上成了主要阅读场景。

2. 加强青少年阅读推广对策

2.1 营造良好的阅读推广氛围

一是要引导国民的阅读观念。中华民族向来崇文重教、鼓励读书，然而，由于受不良思想影响，读书的功利性比较强。在很多人看来，“学而优则仕”，读书只是求取功名的一种手段，在这种思潮的影响下，阅读并非是兴趣所致，而只是一种功利性手段。因此，要改变传统功利性阅读的理念，营造好的氛围，让大众享受阅读的快乐，从数字阅读中找到自己的归宿和幸福感，这才是推广数字阅读的前提条件。

二是要积极组织开展全民阅读活动，大力开展“网络书香”数字阅读推广活动。每年利用合适时间，开展“读书活动月”“网络书香节”的数字阅读推广活动，进一步加强公共数字文化建设，让广大读者学习数字化阅读手段，熟知和学会利用数字图书馆，通过现代化的手段及时、有效地获取信息。

2.2 组织丰富多彩的活动，促进青少年阅读

青少年是祖国发展的希望，在青少年中开展有效的阅读活动不仅是图书馆的使命，更是需要全社会共同担当的重要责任。在广大青少年中，可采用电话访谈、问卷调研的方式，真实地掌握青少年的需求，梳理青少年的阅读状况、阅读行为、阅读需求、阅读兴趣，针对青少年的阅读行为，制定阅读引导举措。同时，要发挥政府的监督职能，有关部门要强化监控力度，及时有效地清除来自各个方面的不良信息，为青少年营造良好的阅读土壤，促进青少年良好阅读习惯的形成。

2.3 强化信息素养培训

数字化阅读为广大读者提供了丰富的可读资源，然而，浩瀚的互联网中泥沙俱下，“开卷非但无益可能有害”，这是亟待解决的问题。目前，网络数字信息资源良莠不齐、鱼龙混杂。青少年阅历较浅，辨别能力不强，容易误入歧途。因而要加强青少年的信息素养培训，突出对青少年的阅读引导，让他们掌握从纷繁芜杂的信息中甄别和筛选信息的能力，培养青少年学会去粗取精、去伪求真，真正掌握辨别和利用具有较高价值的信息的方法。可以采取多种形式，如知识竞赛、数字化阅读体验、案例分析等，促进青少年数字阅读品位的提升。

3. 结 束 语

数字化时代多媒体形式的数字阅读由于具有内容丰富、获取便利、更新迅速、便于携带等特点，而受到广大阅读者的垂青，更深受广大青少年喜爱。可以说，数字阅读时代的到来，在很大程度上也改变了青少年的阅读方式。积极引导青少年学会阅读、正确阅读，使之养成良好的阅读习惯，对于青少年形成缜密的逻辑思维模式、造就崇高的精神境界具有非常重要的作用。学校、政府及图书馆等相关单位需要共同努力，积极地做好青少年的数字阅读引导工作，为提高青少年的阅读能力乃至未来国家竞争力的提升做出贡献。

参考文献

[1] 叶凤云．数字媒体阅读受众行为模式研究 [J]. 图书馆工作与研究，2012 (8)：21 – 24.

[2] 张磊，周芸熠．青少年阅读推广的创新举措 [J]. 图书馆学刊，2012，34 (11)：91 – 93.

[3] Are grouping and selecting students for different schools related to students' motivation to learn? [2014 – 3 – 21]. http：//www. oecd. org/pisa/pisaproducts/pisainfocus/pisa – in – focus – n39 – (eng) – final. pdf.

[4] 朱丽萍．青少年阅读推广意义、现状及对策 [J]. 安徽农学通报，2012，18 (22)：113 – 114.

[5] 丁文祎．中国少儿阅读现状及公共图书馆少儿阅读推广策略研究 [J]. 图书与情报，2011 (2)：16 – 21.

[6] 王佑镁．未成年人数字化阅读行为特征分析 [J]. 中国出版，2014 (18)：7 – 11.

人力资源投入产出视角下高校科技创新力评价研究

——以广州地区部分高校为例

朱前东

（暨南大学图书馆　广州市）

摘　要：本文分析了高校科技创新力评价研究的现状。从人力资源投入产出视角构建了高校科技创新力评价指标体系。该评价体系包括三个一级评价指标，分别是：科技产出能力、科技转化能力、经济及社会效益。每个一级指标包含若干二级指标。利用层次分析法设定了各个二级指标的权重。利用该评价体系对广州地区6所高校进行了评价，结果表明科技创新成果产出数量不能完全代表科技创新能力。高校科技创新能力与教学科研人员的科技创新参与度、科技成果数量、市场应用价值及科技成果转化水平等多个因素密切相关。政府科技管理部门和高校科研管理部门应做好制度设计、政策导向和科技创新服务工作，努力提升高校科技创新力水平。

关键词：投入产出；评价体系；高校；科技创新力

1. 引　言

科技创新力是一个国家和地区竞争力的核心要素，是推动经济和社会快速发展的动力。高校是人才培养、科学研究和社会服务的集合体，科研是其重要的社会职能。高校科技创新力是高校科研能力与科研水平的重要标志，在很大程度上代表了特定地区或国家的科技创新能力和社会竞争力。高校已成为我国国家创新体系建设的重要主体。

2. 国内外研究现状

目前国外专门针对高校科技创新能力评价的研究相对较少，一些研究成果多集中于科研产出、成果转化效率及大学与企业的关系等[1-6]，国内对高校科技创新力研究主要集中在高校科技创新力内涵、高校科技创新力评价体系和高校科技创新力建设三个方面。

2.1　高校科技创新力内涵

王章豹、徐枞巍认为，高校科技创新能力是指高校有效利用和优化配置各种科技创新资源（包括人才、机构、设备、场地、经费等有形资源和创新文化、政策机制、组织管理等无形资源），通过知识创新、技术创新、成果转化创新、管理创新等各种科技创新活动，产出高水平科技创新成果（包括论文、著作、专利、奖励等直接成果，以及创新人才和成果转化所产生的经济、社会效益等间接成果），并形成具有竞争优势的科技领域与创新特色的综合能力。[7]吕建荣将高校科技创新能力定义为：高等学校依靠自身的科技创新资源优势，准确识别和把握科技发展的趋势，积极应对科技和市场变化的需求，开创性地进行知识创新、技术创新、科技成果转化和创新型人才培养，形成具有创新特色的竞争优势的综合能力。[8] 邱均平(2010) 指出，高校创新能力是高校在科研创新活动中所表现出来的一种综合能力，以高校中从事知识创造、技术研发工作的相关人员为主体，利用整合企业、政府、金融、中介组织等相关机构的各种创新资源，不断进行基础科学、技术科学的知识创造以及相关技术的开发并形成具有竞争优势的科研领域与创新特色的能力。[9]

2.2 高校科技创新力评价体系

国内高校科技创新力评价体系构建有两种模式。一是基于高校科技创新活动的投入产出分析。邱均平指出，科研的投入决定科研产出，而科研的投入与产出又必须讲求效益。因此，投入、产出、效益是影响科研竞争力的基本因素，从而提出按照投入、产出、效益的思路来构建评价指标体系。[10] 马瑞敏和韩小林从创新平台、创新人才和创新成果三个方面构建中国高校科研创新力评价指标体系。[11] 二是基于高校科技创新活动过程与内容创建评价指标体系。张浩和冯林从科技创新资源投入能力、知识创新能力、科技创新支撑能力三个层面构建高校科技创新能力评价指标体系。[12] 施星国等以目的性、科学性和适用性为基本原则，设计高校科技创新能力评价指标体系，包括科技创新基础实力、知识创新能力、技术创新能力、科技成果转化能力和国际交流合作能力5个指标。[13]

2.3 高校科技创新力建设

高校科技创新力建设研究主要集中于高校创新团队与协同创新研究。柳洲和陈士俊从学科汇聚机制角度分析了科技创新团队建设过程中可能存在的问题和障碍。[14] 于洋等指出，目前高校科技创新团队建设存在临时拼凑现象严重，缺少跨学科、跨学校的大规模团队，不重视对学术带头人、接班人的培养，科研成果评价考核不科学等问题。[15] 李祖超和梁春晓分析了我国高校主导的协同创新动力机制在思想、利益分配方式和评价指标体系上存在的问题，以及高校协同创新内部跨学科研究和外部协同创新的几种具体运行方式的优缺点、特点及适用范围等。[16] 蒋晓霞认为，高校协同创新的本质是提升科技创新能力。目前各种原因导致地方高校积淀少、封闭、分散、低效，难以形成聚合效应，从而制约了协同创新的有效开展。蒋晓霞从区域政策、协同创新机制、协同创新的平台、人才培养四个方面全面系统地提出了广西高校协同创新策略。[17]

现有的科技创新力评价研究主要基于投入、产出、效益的思路来构建。本文认为，科技创新投入是产出的重要保证，通常投入越多，科技产出越大。但科技产出总量的大小并不能完全反映科技创新能力的高低。因此本文将基于人力资源投入产出视角，通过科技产出能力、科技转化能力、经济及社会效益三个维度构建高校科技创新力评价体系。

3. 高校科技创新力评价

3.1 高校科技创新力评价体系

本文的科技创新力评价体系包括三个方面：科技产出能力、科技转化能力、经济及社会效益。

3.1.1 科技产出能力

科技产出总量代表着规模，但不能完全反映科研人员的科技创新能力。本文以人均产出科技成果数量来衡量科技创新产出能力。论文产出能力以高校人均在国外及全国性刊物上发表论文数作为指标。国内专利以人均授权作为指标。科技课题以人均科技课题数作为指标。具体指标如下：

①人均论文/篇（人均在国外及全国性刊物上发表论文数）；

②人均授权国内专利数/项（包括发明专利、实用新型专利和外观设计专利）；
③人均科技课题数/项。

3.1.2 科技转化能力

科技转换能力体现在两个方面，一是鉴定成果数，二是签订合同数。鉴定成果数和签订合同数都以百人拥有量为单位进行比较。具体指标如下：
①每百人鉴定成果数/项；
②每百人签订合同数/项。

3.1.3 经济及社会效益

经济及社会效益是以科技创新成果签订技术转让合同的经济效益及成果授奖数量进行评价。从人均技术转让合同收入衡量科研人员科技成果产出效益，同时从平均技术转让合同收入衡量技术本身的经济价值。社会效益主要基于每百人成果授奖数来评价。具体指标如下：
①人均合同收入/千元；
②平均合同收入/千元；
③每百人成果授奖/项。

3.2 指标权重

高校科技创新力评价指标已经确定，但是评价指标只有确定了权重才能应用于评价实践。本文采用层次分析法来确定评价指标权重，见表1。层次分析法是一种定性与定量分析相结合的多目标决策分析方法。该方法的优点是定性与定量相结合，具有高度的逻辑性、系统性、简洁性和实用性，是针对多层次、多目标规划复杂决策问题的有效决策方法。[18]本文按照层次分析法的要求进行了指标权重调查。调查的3位专家分别是高校科研管理人员、专职科研人员和高校教师。调查结果用以构造评价指标的判断矩阵，并最终计算出每个指标的权重。

表1 高校科技创新力评价指标及权重

一级指标	二级指标	权 重
科技产出能力	人均论文/篇	0.21
	人均授权国内专利数/项	0.11
	人均科技课题数/项	0.13
科技转化能力	每百人鉴定成果数/项	0.09
	每百人签订合同数/项	0.12
经济及社会效益	人均合同收入/千元	0.15
	平均合同收入/千元	0.11
	每百人成果授奖/项	0.08

3.3 指标分值

由于不同高校同一指标数值相差较大，本研究采用区间赋值法对每个指标数值进行分段赋值计算得分[19]，见表2。每个指标得分与其权重的乘积为指标分值。每所高校所有指标分值之和为该高校的科技创新力指数。

表 2 区间赋值对应得分表

指标名称	60 ~ 70 分	>70 ~ 80 分	>80 ~ 90 分	>90 ~ 100 分
人均论文/篇	<0.3	0.3 ~ 0.6	>0.6 ~ 0.9	>0.9
人均授权国内专利数/项	<0.3	0.3 ~ 0.6	>0.6 ~ 0.9	>0.9
人均科技课题数/项	<0.6	0.6 ~ 1.2	>1.2 ~ 1.8	>1.8
每百人鉴定成果数/项	<0.2	0.2 ~ 0.4	>0.4 ~ 0.6	>0.6
每百人签订合同数/项	<1	1 ~ 2	>2 ~ 4	>4
人均合同收入/千元	<1	1 ~ 5	>5 ~ 10	>10
平均合同收入/千元	<100	100 ~ 200	>200 ~ 300	>300
每百人成果授奖/项	<0.04	0.04 ~ 0.08	>0.08 ~ 0.12	>0.12

3.4 样本与数据

本论文选取了广州地区的 6 所高校进行分析，分别是中山大学（综合性）、华南理工大学（理工科）、暨南大学（综合性）、华南师范大学（师范）、华南农业大学（农业）和南方医科大学（医学）。数据来源为《2016 年高等学校科技统计资料汇编》[20] 和国家知识产权局专利检索及分析。[21] 根据本文设定的高校科技创新力评价指标体系，统计了 6 所高校科技创新力评价所需的原始数据，见表 3。

表 3 6 所高校科技创新力评价原始数据

高校名称	教学与科研人员/人	论文篇数/篇	科技课题总数/项	授权国内专利数/项	鉴定成果数/项	签订合同数/项	当年实际收入/千元	成果授奖/项
中山大学	14 457	3 663	8 023	1 623	6	15	5 752	6
暨南大学	2 729	1 713	1 433	424	6	65	2 922	1
华南理工大学	2 836	2 780	5 840	5 000	4	173	45 069	5
华南师范大学	988	1 352	814	640	4	6	200	0
华南农业大学	1 578	793	1 599	847	6	23	1 897	0
南方医科大学	3 365	1 432	1 948	344	15	7	37 460	2

3.5 高校科技创新力指数

对表 3 的原始数据按科技创新力评价指标体系要求进行计算。计算后的数据见表 4。

表 4 6 所高校科技创新力评价指标计算数据

高校名称	人均论文/篇	人均授权国内专利数/项	人均科技课题数/项	每百人鉴定成果数/项	每百人签订合同数/份	人均合同收入/千元	平均合同收入/千元	每百人成果授奖/项
中山大学	0.25	0.11	0.55	0.04	0.10	0.40	383.47	0.04
暨南大学	0.63	0.16	0.53	0.22	2.38	1.07	44.95	0.04
华南理工大学	0.98	1.76	2.06	0.14	6.10	15.89	260.51	0.18
华南师范大学	1.37	0.65	0.82	0.40	0.61	0.20	33.33	0.00
华南农业大学	0.50	0.54	1.01	0.38	1.46	1.20	82.48	0.00
南方医科大学	0.43	0.10	0.58	0.45	0.21	11.13	5 351.43	0.06

根据表4的6所高校科技创新力评价指标计算数据，对照表2的区间赋值对应得分表计算各指标得分。指标得分与其权重的乘积为指标分值。最后，每所高校各指标分值之和即为该高校的科技创新力指数，见表5。

表5 6所高校科技创新力评价指标分值

高校名称	人均论文/篇	人均授权国内专利数/项	人均科技课题数/项	每百人鉴定成果数/项	每百人签订合同数/份	人均合同收入/千元	平均合同收入/千元	每百人成果授奖/项	合计
中山大学	13.86	6.60	7.80	5.40	7.20	9.00	11.00	5.60	66.46
暨南大学	17.43	6.60	7.80	6.57	9.96	10.95	6.60	5.60	71.51
华南理工大学	21.00	11.00	13.00	5.40	12.00	15.00	8.36	8.00	93.76
华南师范大学	21.00	9.13	9.49	7.20	7.20	9.00	6.60	0.00	69.62
华南农业大学	15.96	8.36	10.27	6.84	9.12	10.95	6.60	0.00	68.10
南方医科大学	15.33	6.60	7.80	7.47	7.20	15.00	11.00	6.08	76.48

4. 高校科技创新力分析

为分析各高校科技创新力一级指标及总的科技创新力指数，本文对每个高校三个一级指标分值分别进行合计，然后分别按三个一级指标和总的科技创新力指数进行排名，见表6。

表6 6所高校科技创新力一级指标和科技创新力指数排名

科技产出能力	指数	科技转化能力	指数	经济及社会效益	指数	科技创新力	指数
华南理工大学	45.00	华南理工大学	17.40	南方医科大学	32.08	华南理工大学	93.76
华南师范大学	39.62	暨南大学	16.53	华南理工大学	31.36	南方医科大学	76.48
华南农业大学	34.59	华南农业大学	15.96	中山大学	25.60	暨南大学	71.51
暨南大学	31.83	南方医科大学	14.67	暨南大学	23.15	华南师范大学	69.62
南方医科大学	29.73	华南师范大学	14.40	华南农业大学	17.55	华南农业大学	68.10
中山大学	28.26	中山大学	12.60	华南师范大学	15.60	中山大学	66.46

4.1 科技产出能力

从表6可以看出，华南理工大学的科技产出能力最强，其次是华南师范大学、华南农业大学、暨南大学、南方医科大学和中山大学。从表4可以看到，华南理工大学人均授权国内专利数和人均科技课题数均排名第一，因此科技产出能力指数很高，说明华南理工大学的教学与科研人员的科技产出能力最强。华南师范大学的论文篇数、华南农业大学的科技课题总数较高，且两所高校的教学与科研人员数量较低，在其他指标分值也较高的情况下，科技产出能力指数排名较为靠前。

从表3可以看到，中山大学的论文篇数最高，有3 663篇，但其教学与科研人员数量高达14 457人，远远高于其他5所高校。因此，按人均论文计算时，其论文产出能力和最后计算的指标分值要远远低于其他高校。中山大学的科技课题总数最高、授权国内专利数排名第二，但同样的原因，按人均计算后指标分值排名均靠后。因此，在6所高校中科技产出能力指数排名最末。

4.2 科技转化能力

鉴定成果表明科技成果得到业界认可，而签订合同表明成果转化为实际的生产实践，更能代表科技成果的转化能力。在本研究中，每百人签订合同数指标权重为 0.12，高于每百人鉴定成果数指标权重 0.09。根据表 6，在科技转化能力方面，华南理工大学、暨南大学和华南农业大学排名前三。在表 4 中，华南理工大学每百人鉴定成果数 0.14 项，排名靠后，但每百人签订合同数 6.1 项，排名第一，最后计算得出的科技转化能力指数为 17.4，排名最高。暨南大学和华南农业大学的每百人签订合同数分别为 2.38 项、1.46 项，排名第二、第三，最后科技转化能力指数排名也分别为第二、第三。

从表 3 可以看到，中山大学鉴定成果数 6 项和签订合同数 15 项，数值均较低。在教学与科研人员数量很高的情况下，按平均计算，其科技转化能力指数最低。

4.3 经济及社会效益

经济及社会效益是根据科技创新成果签订技术转让合同的经济效益和成果授奖数量进行评价。根据表 6，排名前三的高校分别是南方医科大学、华南理工大学和中山大学。根据表 4，南方医科大学人均合同收入 11 130 元，排名第二；平均合同收入 5 351 430 元，排名第一；每百人成果授奖 0.06 项，排名第二；经打分和计算后，经济及社会效益指数 32.08，排名最高。这表明南方医科大学的科技创新成果产生了很高的经济及社会效益。在表 4 中，华南理工大学人均合同收入 15 890 元，排名第一；平均合同收入 260 510 元，排名第三；经济及社会效益指数 31.36，仅次于南方医科大学，排名第二。

中山大学人均合同收入 400 元，排名较低，这与学校教学和科研人员数量很大有关。平均合同收入 383 470 元，排名第二，说明科技创新成果本身具有较高的应用价值，因此具有较高的经济效益。

4.4 科技创新力指数

科技创新力指数是高校科技创新综合能力的体现。根据表 6，排名前三的高校分别是华南理工大学、南方医科大学和暨南大学。其中华南理工大学科技创新力指数为 93.76，远高于南方医科大学和暨南大学的 76.48 和 71.51，说明华南理工大学的科技创新综合能力最强。

5. 高校科技创新力提升路径

5.1 政府部门做好制度设计，引导高校和科研人员参与科技创新

政府应强化高校作为科技创新主体的作用，从科技创新制度、政策及资金方面引导高校及其科研人员广泛参与科技创新。第一，政府可以在高校学科评估中，增加理、工、医学科科技创新评价的相关指标。评价指标应以均值为主，以相对客观地反映高校科技创人员的创新能力。对于评价结果优秀的高校与学科应给予资金奖励和政策支持。第二，政府应鼓励高校与地方、企业合作，如设立高校地方研究院、校企联合实验室等，在资金、人才引进和科研项目上给予相应支持，促进高校产学研水平的进一步提升，充分发挥高校在科技创新活动中的价值。

5.2 高校科研管理部门做好科技创新服务，营造良好的科技创新环境

高校科研管理部门除了科技创新的管理角色外，更应树立服务意识，强化服务职能。首先，积极引导教学与科研人员参与科技创新活动，在项目申报、专利申请、论文发表、成果鉴定等环节主动提供服务，

提高科技创新活动的参与度和科技创新活动效率。其次，与学校其他职能部门联动，共同做好科技创新服务。如与财务部门加强沟通，简化财务报账流程，做好项目财务服务工作。与人事部门共同拟定科技创新奖励措施，包括职称、收入、评优、人才项目推荐等。再次，关注科研人员职业发展，为不同类别和层次的科研人员设计科学、合理的职业发展路径。最后，应营造公平、公正的科技创新环境。不管是校外引进人才，还是本校培养人才，都应获得平等、公正的发展机会。

5.3 提升科技创新成果质量，激励科研成果转化

本论文研究发现，不同高校平均合同收入存在较大差异，这反映了高校科技创新成果的质量和应用价值有较大差异。政府和高校不仅要引导和鼓励教学、科研人员参与科技创新活动，还应努力提升科技创新成果质量。此外，还需要激励科研人员参与科技创新成果转化，不仅让科技创新投入得到回报，而且让科技创新成果能尽快服务国家的经济、社会发展需要，提升高校在社会科技创新活动中的主体价值。

6. 结　　语

本论文从人力资源投入产出效益视角分析高校科技创新力内涵，并构建了较为完整的高校科技创新力评价指标体系。利用该评价体系对广州地区 6 所高校进行了评价，结果表明科技创新成果产出数量不能完全反映科技创新能力。高校科技创新能力与教学科研人员的科技创新参与度、科技成果数量、科技成果市场应用价值及科技成果转化等多个因素密切相关。政府科技管理部门和高校科研管理部门应做好制度设计、政策导向和服务工作，引导和鼓励高校科研人员广泛参与科技创新，不断提高科技创新成果水平，从而为国家的经济建设与社会发展提供更加有力的智力保障。

参考文献

[1] 丁敬达，邱均平．科研评价指标体系优化方法研究——以中国高校科技创新竞争力评价为例［J］．科研管理，2010，31（4）：111－118.

[2] Jerry G，et al. Growth and productive efficiency of university intellectual property licensing［J］. Research Policy，2002（31）：109－124.

[3] Miyata Y. An empirical analysis of innovative activity of universities in the United States［J］. Technovation，2000（20）：413－425.

[4] Macho－Stadler I，et al. Licensing of university inventions：the role of a technology transfer office［J］. International Journal of Industrial Organization，2007（25）：483－510.

[5] Jerry G，et al. Who is selling the ivory tower? Sources of growth in university licensing［J］. Management Science，2002（1）：90－104.

[6] Ahmad D，et al. Assessment framework for the evaluation and prioritization of university inventions for licensing and commercialization［J］. Engineering Management Journal，2006（12）：28－36.

[7] 王章豹，徐枞巍．高校科技创新能力综合评价：原则、指标、模型与方法［J］．中国科技论坛，2005（2）：55－59.

[8] 吕建荣．中国高校科技创新能力的历史与现状［D］．西安：西北大学．2007.

[9] 邱均平，丁敬达，杨思洛，等．中国高校"创新指数"的评价与分析［J］．评价与管理，2010，8（3）：26－30.

[10] 邱均平．中国高校科研竞争力评价的意义和做法［J］．科技进步与对策，2004（8）：93－94.

[11] 马瑞敏，韩小林．中国高校科研创新力分类分层研究［J］．重庆大学学报：社会科学版，2012，18（2）：106－111.

［12］张浩，冯林．主成分分析法在高校科技创新能力评价中的应用［J］．武汉理工大学学报，2004（12）：157－161.

［13］施星国，张建华，仲伟俊．区域高校科技创新能力的评价研究［J］．研究与发展管理，2009，4（21）：106－111.

［14］柳洲，陈士俊．从学科会聚机制看跨学科科技创新团队建设［J］．科技进步与对策，2007，24（3）：165－168.

［15］于洋，黄忠德，于淼．高校科技创新团队建设的思考及政策建议［J］．研究与发展管理，2014，26（2）：129－132.

［16］李祖超，梁春晓．协同创新运行机制探析——基于高校创新主体的视角［J］．中国高教研究，2012（7）：81－84.

［17］蒋晓霞．地方高校区域性协同创新现状及策略研究——以广西高校为例［D］．桂林：广西师范大学，2014.

［18］朱红涛，刘永．基于层次分析法的数字图书馆信息服务质量评价研究［J］．情报科学，2007（5）：720－724.

［19］彭良玉．安徽高校科技创新能力评价指标体系［J］，中国科技资源导刊，2017，49（1）：84－89.

［20］中华人民共和国教育部科学技术司．2016年高等学校科技统计资料汇编［EB/OL］．［2016－05－28］．http：//www. moe. edu. cn/s78/A16/A16_tjdc/201703/t20170303_298076. html.

［21］国家知识产权局．专利检索及分析［EB/OL］．［2016－05－28］．http：//www. pss-system. gov. cn/sipopublicsearch/portal/uiIndex. shtml.

广东省中职学校图书馆建设研究

——以省属50所中职学校图书馆为例

李　萍　蒋永清　林惠琼　赖增珍

（广东省华侨职业技术学校图书馆　广州市）

摘　要：图书馆是学校的文献中心，是学生获取精神文化食粮的地方之一，在学校的教育中起着重要的作用。随着互联网的快速发展，中职学校图书馆处于一个改革转型的发展时期，本文将对广东省中职学校图书馆的建设进行研究，并对建设中存在的问题提出对策，为中职学校图书馆的建设提供借鉴依据。

关键词：中职图书馆；建设现状；发展对策

随着信息技术的快速发展，中职学校图书馆的发展面临着机遇与挑战，图书馆的信息化、移动化是图书馆未来发展的趋势。在这个大背景下，如何抓住眼前的机遇进行图书馆改革，发挥图书馆在学校教学科研中的重要作用，提升图书馆的服务质量和水平，创新服务模式，是中职学校图书馆建设的重要任务。

本文选取了广东省50所省属中职学校图书馆为样本，从信息资源建设、文献共享建设、人才队伍建设、服务模式创新、新技术应用这五个方面对中职学校图书馆的现状进行调查、分析和研究，并与广东省高校图书馆建设的现状进行对比研究，指出广东省中职学校图书馆建设中存在的问题，再结合实际提出相应的对策。

1. 广东省中职学校图书馆建设的现状及问题

1.1　信息资源建设方面

互联网的普及和发展直接改变了读者的阅读方式，因此读者对于电子资源的需求也越来越大。在我们所研究的50所省属中职学校图书馆中，只有30%的图书馆建设有专属的图书馆网站和数字图书馆，购买有数据库资源；只有23%的图书馆建立有本馆的微信公众号，可以为读者提供移动服务，让读者可以更便捷地获取电子资源；在这些图书馆中，很大一部分还是依托他们本学校高职院校部的信息资源。

通过这组研究数据，可以看出广东省中职学校图书馆在信息资源建设方面较为匮乏。造成这种现象的主要原因是图书馆网站的建设、数据库和电子图书等数字资源的购买，都需要一定的资金支撑，而很多中职学校图书馆并没有专项经费，使得图书馆心有余力而不足。同时，也体现出中职学校对图书馆的重视程度不够。

1.2　文献共享建设方面

随着信息技术的发展，单一的图书馆资源已无法满足社会不断变化的知识和信息需求，只有通过实现网络环境下文献信息资源共享，使信息资源向开放化、社会化的信息模式转变，才能适应和满足读者的需求。[1]

在我们研究的50所省属中职学校图书馆中，只有11所学校实现了文献资源共享，还是得益于他们的高职院校部，只有广东省陶瓷职业技术学校这一所学校与韩山师范学院图书馆实现了跨校的资源共享。可见很多中职学校的图书馆还并未意识到资源共享的重要性，另外，由于图书馆资源管理长期处于一种封闭的状态，管理者缺少一种先进的理念，并且大馆不愿与小馆共享，从而导致资源共享建设实施的难度加大。

1.3 人才队伍建设方面

随着现阶段图书馆的发展，高新技术手段不断在图书馆中得到应用，要求馆员必须具备图书馆专业知识和计算机网络技术，在一定程度上，中职图书馆馆员的业务水平决定了图书馆的整体水平，直接影响到图书馆的发展。[2]

调查发现，样本中的50所省属中职学校图书馆中，大部分图书馆专业人员所占比例很低，图书馆工作人员多是其他部门的分流人员或是特殊照顾对象，只能进行简单的借还工作，根本不具备必需的分类、编目、检索和计算机网络技术等专业知识，学校每年外出培训学习的机会也有限，因此所提供的服务也越来越不能满足读者日益多元化的需求。导致这种状况的很大一部分原因是学校领导对图书馆工作的认识存在误区，认为它只是一种简单且重复性高的劳动，只是办理简单的借还手续，不需要专业管理人员。

1.4 服务模式创新方面

学生和老师是学校图书馆服务的主要读者群体。根据调查显示，手机在读者中的普及率是100%，对于读者而言手机不仅是一个通信工具，而且是他们获取信息的主要渠道。[3]电子图书的普及使得读者对纸质图书的利用率越来越低，时下更流行的是一种叫微阅读的方式。读者多元化的需求，迫切地需要图书馆创新服务模式。

在我们研究的50所省属中职学校图书馆中，只有部分图书馆有自己专属的微信公众号，实现了图书馆移动服务的功能，读者可以直接用手机办理借阅手续、获取电子资源，只有几所学校图书馆购买有电子图书。大多数学校图书馆还是处于传统的服务模式阶段，仅限于读者到馆借阅等一些基础的服务，服务模式比较单一。

1.5 新技术应用方面

全球科技信息化的快速发展，使得图书馆面临着新一轮的变革，逐步由网络时代向数字时代迈进，越来越多的新技术运用到图书馆的建设中。例如云计算在图书馆中的运用（所谓云计算，就是以公开的标准和服务为基础，以互联网为中心，提供安全、快速、便捷的数据存储和网络计算服务，让互联网这片“云”成为每一个网民的数据中心和计算中心）和虚拟现实技术（VR）在图书馆中的运用（所谓VR技术，是指具有多感知、可视化、三维建模、沉浸性、交互性、想象性等特点，集成了多学科、多技术的一门综合技术）。[4]

通过调查研究样本中的50所中职学校图书馆，我们发现在图书馆建设中运用云计算的寥寥无几，虚拟现实技术（VR）在图书馆运用是零。中职学校图书馆由于软硬件等各方面条件的限制，在新技术运用方面一直是处于滞后的状态。

2. 与广东省高校图书馆建设现状的对比分析

图书馆、教学和办学规模是高校教育教学质量评估的三大支柱模块，作为这三大支柱之一的图书馆，高校领导对它的重视程度不言而喻，而且高校读者对图书馆有更广泛的需求，图书馆有着其他部门无法替代的作用。广东省中职学校图书馆的建设现状与广东省高校图书馆相比，存在着很大的差距，主要体现在以下几个方面：①高校图书馆每年都有几百万甚至上千万元的专项经费，图书馆可以利用这些经费大批量地购买新书、更换设备、购买电子资源（包括电子图书和数据库，这些数据库动辄几十万元，国外数据库更加昂贵）。而大部分中职学校图书馆没有专项经费，即使有也很少，根本无法支撑图书馆更好地发展。②高校图书馆拥有一支强大的人才队伍，图书馆准入的门槛在学历上最低是硕士研究生，有来自不同领域的专业人士，科研能力强，有创新精神，甚至有些图书馆专门设有信息部门负责开发、维护图书馆管理系统（例如暨大图书馆），能促进图书馆的发展。而中职学校图书馆与之相比，层次上已相差一大截，图书馆馆员能力参差不齐，馆内急缺专业的人才。③高校图书馆在服务模式方面体现出多元化，不断地创新服务方式，最大限度地满足读者的需求，顺应时代的发展，很好地运用微博、微信、数字图书馆等移动服务方式，为读者提供更便捷的服务。而中职学校图书馆能运用新服务模式的并不多，出现这种现状有方方面面的原因。④一般大的公共图书馆在新技术运用方面会走在前列，例如深圳市图书馆、东莞市图书馆和广州市图书馆，高校图书馆紧随其后，例如暨大图书馆、中大图书馆，云计算在高校图书馆应用比较广泛，虚拟现实技术（VR）现在在整个图书馆界处于起步阶段，相信在不久的将来会普及这项新技术。而中职学校图书馆在新技术运用方面反应慢，毕竟中职学校图书馆不是图书馆发展的风向标、领头羊，这也是由于很多客观条件的限制。通过这几个方面的比较可以看出，广东省中职学校图书馆发展的总体水平滞后于高校图书馆，这也表明中职学校图书馆的建设任重道远。

3. 结合广东省中职学校图书馆建设的实际情况，提出解决问题的相应对策

3.1 加大数字资源建设力度，开设图书馆专项经费

图书馆经费是图书馆建设发展的基础，没有经费一切都是空谈，因此学校领导应该重视图书馆的建设，开设图书馆专项经费。信息资源建设是图书馆发展的重头戏，当前读者对电子资源的需求越来越大，图书馆必须加大数字资源建设力度，改变中职学校图书馆数字资源匮乏的现状，树立图书馆科学发展观，合理调整馆藏结构。在纸质文献优化的基础上，根据各馆的实际需求，购买电子资源时遵循“量大质优”的原则。在经费允许的情况下可以适当地购买期刊数据库，为学校教职工提供科研资源。要有效地整合和利用网络信息资源，例如开放存取网、SocolarOA 平台、开放存取资源图书馆、DOAJ 期刊文献检索系统等里面的免费电子资源，馆员可整合后提供给读者利用。

3.2 加强馆际资源共享建设

中职学校图书馆首先要提高对图书馆资源共享的认识，可以由相对发展好的图书馆牵头整合各个馆的资源，例如由公共图书馆和高校图书馆带动中职图书馆，中职学校图书馆之间的资源共享，或者是每个区内部的馆际资源共享，实现图书馆电子资源的对接，馆际文献资料的互借；也要加强馆际交流，例如建立馆际互借 QQ 群、微信群，创建馆际网络化共享平台、馆际原文传递平台等。

3.3 搞好人文建设，构建一支自由但不松散、具有人文情怀、内求团结外求发展、学习型的人才队伍

中职图书馆应该引进专业技术人才，因为他们在图书馆的建设发展中起着重要的作用。加强对馆员的管理和培养，搞好图书馆的人文建设，构建一支专业素质高、凝聚力强、热爱学习、不断进取的人才队伍。学校应鼓励馆员搞科研，并建立相关的奖励机制，在促进馆员自身发展的同时，也能促进图书馆的发展。

提高馆员的职业素养可以采取以下方式：每年组织馆员参加公共图书馆和高校图书馆、相关协会和组织举办的图书馆业务知识培训班、学术交流会，不断提高馆员的业务水平；定期选派优秀馆员到其他强馆去进修、培训，让馆员掌握最新的信息和管理技术，了解当下图书馆的发展趋势，使其具备更强的业务能力和为读者服务的能力。

3.4 创新服务模式，由传统型服务模式向数字化服务、移动服务模式发展，满足读者的多元化、个性化服务需求

针对目前移动互联网和信息技术的发展情况，中职图书馆应转变服务模式，摒弃传统的单一服务模式。现今读者在网上借还和阅读已成为趋势，为了满足读者的多元化需求，中职图书馆可以建立数字图书馆和移动图书馆，读者只要有移动设备和网络就可以获取图书馆的电子资源，享受网上借还、预约、在线阅读、参考咨询、下载资源等便利服务。建立图书馆的微信服务号，利用微信这个平台与读者进行实时互动、阅读推广、馆藏书目检索、借还、微阅读、观看微视频等功能，为读者提供一站式的服务。对于还未实现服务模式转变的图书馆，可以向其他有经验的图书馆借鉴和学习，例如广州大学附中图书馆、广州贸职图书馆等，这些图书馆推出的新服务模式都深受读者的喜爱。图书馆可以结合本校读者的实际情况，挖掘馆员的创新精神，推出带有本校特色的服务模式，为读者提供多元化和个性化的服务。

3.5 积极向公共图书馆和高校图书馆靠近，学习和借鉴强馆的新技术

公共图书馆和高校图书馆无论在硬件还是软件上，都比中职学校图书馆具有更大的优势，整体的业务水平在图书馆界处于前列，对中职学校图书馆具有学习和借鉴的意义。中职学校图书馆应对新技术运用广泛关注，例如：将云计算运用在中职图书馆，可以创新图书馆信息资源服务平台，为读者提供更加丰富的信息资源，促进图书馆信息资源的整合和共享，最大限度地提高图书馆信息资源的使用率，降低信息资源的建设成本，这也是图书馆数字化建设未来发展的一个重要方向[5]；又如虚拟现实技术（VR）也将是图书馆未来发展的一个方向，美国得克萨斯 A&M 大学的伊万斯图书馆通过虚拟现实技术，让用户可以利用导航、浏览、阅读、聆听和远程接入的方式漫游图书馆，优化用户的体验[6]；中国高等教育数字图书馆的子项目“大学数字图书馆国际合作计划”，也应用了虚拟现实技术，安装其网站提供的程序平台组件，即可利用虚拟现实技术进行实时显示、限时绘制某些搜索到的信息和资源，并可以体验虚拟的检索室、阅览室。[7]这两个例子都证明，在不久的将来，会有越来越多的图书馆把虚拟现实技术（VR）运用于业务活动中，并使其慢慢地走向成熟。

4. 结　　语

中职学校图书馆应始终秉持“以人为本，读者至上”的图书馆服务理念，拓宽图书馆服务的范围，创新服务的模式，为读者带来更加便利、丰富、多元化和个性化的服务。随着“互联网+”时代的到来，中职学校图书馆应该牢牢把握住改革所面临的挑战和机遇，顺应时代发展的趋势，充分发挥图书馆在教育教学中的作用。

参考文献

[1] 周玮玮．网络环境下的图书馆资源共享［J］．科技情报开发与经济．2013（09）：100－101.
[2] 彭娜．中职学校图书馆的建设与发展［J］．科技创新导报．2016（11）：118－119.
[3] 李瑞斌．无线网络时代的高校图书馆服务模式创新探讨［J］．网络天地．2014（23）：32－33.

[4] 陆颖隽．虚拟现实技术在数字图书馆的应用研究［G］．中国博士学位论文全文数据库．2013.
[5] 霍岩．基于云计算的图书馆信息资源建设研究［J］．科技情报开发与经济．2015（2）：82－84.
[6] Yi Xiao D. Experiencing the library in a panoram avirtual reality environm ent［J］. Library Hi Tech，2000，18（2）：177－184.
[7] 王晨晨．虚拟现实技术及其在图书馆的应用［J］．图书馆学研究：应用版，2011（20）：34－37.